강정훈
감정평가 및 보상법규

강정훈 편저

2차 | 기출문제 암기장 제4판

8년 연속

★ 전 체
  수 석

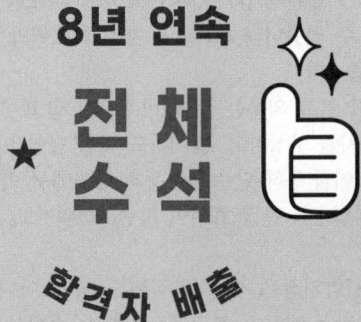

합 격 자 배 출

박문각 감정평가사

브랜드만족
1위
박문각

감정평가사 2차 감정평가 및 보상법규 시험의 관문을 통과하기 위해서는 단순한 조문 암기나 판례 정리에 그쳐서는 안 되고, 이를 실제 답안 작성에 연결할 수 있는 훈련이 반드시 필요합니다. 특히 감정평가 및 보상법규 과목은 행정법적 쟁점과 보상법규의 특수성이 결합된 영역으로, 시험장에서 출제되는 사례형 문제를 제한된 시간 안에 구조적으로 정리해 서술하는 능력이 핵심적인 합격 요건이 됩니다. 이러한 맥락에서 본 보상법규 기출문제 암기장은 각 연도별 기출문제를 법규 답안 형식으로 재구성하여, 수험생들이 실전 답안 작성 과정을 반복 훈련할 수 있도록 돕고자 마련되었습니다.

첫째, 이 보상법규 기출문제 암기장은 기출문제를 그대로 실전 답안화한 자료이므로, 단순한 요약이 아니라 실제 시험장에서 요구되는 목차 구성, 논점 배치, 판례 적용, 사안 포섭 과정을 그대로 보여줍니다. 따라서 감정평가사 2차 법규 수험생은 이를 통해 단순히 내용을 외우는 데 그치지 않고, '답안 작성의 흐름'을 체득할 수 있습니다. 곧, 설문을 어떻게 쪼개어 목차화할지, 어떤 부분에 판례를 배치할지, 그리고 마지막에 사안을 어떻게 포섭해야 득점력을 높일 수 있는지를 구체적으로 학습할 수 있습니다.

둘째, 보상법규 기출문제는 곧 출제위원이 중요하다고 판단한 쟁점의 집합체입니다. 이 보상법규 기출문제 암기장은 지난 시험의 출제 의도를 반영하고 있어, 수험생이 학습의 우선순위를 정하는 나침반 역할을 할 수 있습니다. 자칫 광범위하게 흩어져 있는 법규 논점을 무작정 암기하려 하면 효율성이 떨어지기 마련인데, 보상법규 기출문제를 중심으로 학습하면 출제 가능성이 높은 A급 논점을 확실히 다지는 데 효과적입니다.

셋째, 본 보상법규 기출문제 암기장은 자기답안 점검의 기준이 될 수 있습니다. 법규 GS스터디나 단과 종합문제에서 작성한 자신의 답안을 이 법규 기출문제 암기장과 비교하면, 빠뜨린 논점이나 서술 순서의 오류, 판례 적용의 미흡함을 즉각적으로 확인할 수 있습니다. 이는 곧 자기 피드백과 교정의 과정으로 이어져, 수험생이 같은 실수를 반복하지 않도록 도와줍니다.

넷째, 활용 방법에 있어서는 단순히 읽고 외우는 것에 머무르지 말고, "적극적인 복습"을 권합니다. 먼저 법규 기출문제를 보면서 스스로 목차를 구성하고, 짧게라도 직접 답안을 작성한 뒤 법규 기출문제 암기장 내용을 대조하는 것이 바람직합니다. 이를 통해 단순한 수동적 암기에서 벗어나, 실제 시험장에서 답안을 재현할 수 있는 능력이 길러집니다. 반복할수록 문장 표현이 자연스러워지고, 시험 시간 내에 안정적인 분량과 구조를 완성할 수 있게 될 것입니다.

마지막으로, 이 보상법규 기출문제 암기장은 결코 '완결된 교재'가 아니라 '수험생 스스로 답안을 완성해 가는 과정'에서 참고할 길잡이입니다. 따라서 반드시 본교재, 판례집, 종합문제집과 함께 병행하며 활용해야 합니다. 3교시 보상법규 시험장에서 필요한 것은 지식 그 자체가 아니라, 논점을 빠짐없이 구조화하여 설득력 있게 제시하는 힘이기 때문입니다.

본 암기장이 수험생 여러분께 있어 단순한 암기 자료가 아니라, 합격을 위한 실전 답안 훈련의 동반자가 되기를 바랍니다. 꾸준한 반복과 점검을 통해 법규 답안 작성의 틀을 체득한다면, 여러분은 합격에 한 걸음 더 다가갈 수 있을 것입니다. 특히 본서 재출간에 많은 도움을 주신 박문각 박용 회장님과 노일구 부장님 등 출판사 관계자 여러분들게 진심으로 감사드립니다. 그리고 해당 보상법규 기출문제 암기장 자료 정리에 많은 도움을 준 김가연 예비감정평가사님, 계미정 예비감정평가사님, 2026년 대비 법규베타팀에게도 감사드립니다. 고단한 수험과정에 계신 수험생분들의 등불이 되기를 바라며 감정평가사 최종 합격을 진심으로 기원합니다.

감정평가 및 보상법규 연구실에서
법학박사 강정훈 감정평가사

감정평가사란?

감정평가란 토지 등의 경제적 가치를 판정하여 그 결과를 가액으로 표시하는 것을 말한다. 감정평가사 (Certified Appraiser)는 부동산·동산을 포함하여 토지, 건물 등의 유무형의 재산에 대한 경제적 가치를 판정하여 그 결과를 가액으로 표시하는 전문직업인으로 국토교통부에서 주관, 산업인력관리공단에서 시행하는 감정평가사시험에 합격한 사람으로 일정기간의 수습과정을 거친 후 공인되는 직업이다.

시험과목 및 시험시간

가. 시험과목(감정평가 및 감정평가사에 관한 법률 시행령 제9조)

시험구분	시험과목
제1차 시험	❶ 「민법」 중 총칙, 물권에 관한 규정 ❷ 경제학원론 ❸ 부동산학원론 ❹ 감정평가관계법규(「국토의 계획 및 이용에 관한 법률」, 「건축법」, 「공간정보의 구축 및 관리 등에 관한 법률」 중 지적에 관한 규정, 「국유재산법」, 「도시 및 주거환경정비법」, 「부동산등기법」, 「감정평가 및 감정평가사에 관한 법률」, 「부동산 가격공시에 관한 법률」 및 「동산·채권 등의 담보에 관한 법률」) ❺ 회계학 ❻ 영어(영어시험성적 제출로 대체)
제2차 시험	❶ 감정평가실무 ❷ 감정평가이론 ❸ 감정평가 및 보상법규(「감정평가 및 감정평가사에 관한 법률」, 「공익사업을 위한 토지 등의 취득 및 보상에 관한 법률」, 「부동산 가격공시에 관한 법률」)

나. 과목별 시험시간

시험구분	교시	시험과목	입실완료	시험시간	시험방법
제1차 시험	1교시	❶ 민법(총칙, 물권) ❷ 경제학원론 ❸ 부동산학원론	09:00	09:30~11:30(120분)	객관식 5지 택일형
	2교시	❹ 감정평가관계법규 ❺ 회계학	11:50	12:00~13:20(80분)	

제2차 시험	1교시	**1** 감정평가실무	09:00	09:30~11:10(100분)	과목별 4문항 (주관식)
	중식시간 11:10 ~ 12:10(60분)				
	2교시	**2** 감정평가이론	12:10	12:30~14:10(100분)	
	휴식시간 14:10 ~ 14:30(20분)				
	3교시	**3** 감정평가 및 보상법규	14:30	14:40~16:20(100분)	

※ 시험과 관련하여 법률·회계처리기준 등을 적용하여 정답을 구하여야 하는 문제는 시험시행일 현재 시행 중인 법률·회계처리기준 등을 적용하여 그 정답을 구하여야 함

※ 회계학 과목의 경우 한국채택국제회계기준(K-IFRS)만 적용하여 출제

다. 출제영역 : 큐넷 감정평가사 홈페이지(www.Q-net.or.kr/site/value) 자료실 게재

응시자격 및 결격사유

가. 응시자격 : 없음

※ 단, 최종 합격자 발표일 기준, 감정평가 및 감정평가사에 관한 법률 제12조의 결격사유에 해당하는 사람 또는 같은 법 제16조 제1항에 따른 처분을 받은 날부터 5년이 지나지 아니한 사람은 시험에 응시할 수 없음

나. 결격사유(감정평가 및 감정평가사에 관한 법률 제12조, 2023.8.10. 시행)

다음 각 호의 어느 하나에 해당하는 사람

1. 파산선고를 받은 사람으로서 복권되지 아니한 사람
2. 금고 이상의 실형을 선고받고 그 집행이 종료(집행이 종료된 것으로 보는 경우를 포함한다)되거나 그 집행이 면제된 날부터 3년이 지나지 아니한 사람
3. 금고 이상의 형의 집행유예를 받고 그 유예기간이 만료된 날부터 1년이 지나지 아니한 사람
4. 금고 이상의 형의 선고유예를 받고 그 선고유예기간 중에 있는 사람
5. 제13조에 따라 감정평가사 자격이 취소된 후 3년이 지나지 아니한 사람. 다만, 제6호에 해당하는 사람은 제외한다.
6. 제39조 제1항 제11호 및 제12호에 따라 자격이 취소된 후 5년이 지나지 아니한 사람

📖 합격자 결정

가. 합격자 결정(감정평가 및 감정평가사에 관한 법률 시행령 제10조)
- 제1차 시험

  영어 과목을 제외한 나머지 시험과목에서 과목당 100점을 만점으로 하여 모든 과목 40점 이상이고, 전 과목 평균 60점 이상인 사람
- 제2차 시험
  - 과목당 100점을 만점으로 하여 모든 과목 40점 이상, 전 과목 평균 60점 이상을 득점한 사람
  - 최소합격인원에 미달하는 경우 최소합격인원의 범위에서 모든 과목 40점 이상을 득점한 사람 중에서 전 과목 평균점수가 높은 순으로 합격자를 결정

  ※ 동점자로 인하여 최소합격인원을 초과하는 경우에는 동점자 모두를 합격자로 결정. 이 경우 동점자의 점수는 소수점 이하 둘째 자리까지만 계산하며, 반올림은 하지 아니함

나. 제2차 시험 최소합격인원 결정(감정평가 및 감정평가사에 관한 법률 시행령 제10조)

📖 공인어학성적

가. 제1차 시험 영어 과목은 영어시험성적으로 대체
- 기준점수(감정평가 및 감정평가사에 관한 법률 시행령 별표 2)

| 시험명 | 토플 | | 토익 | 텝스 | 지텔프 | 플렉스 | 토셀 | 아이엘츠 |
	PBT	IBT						
일반응시자	530	71	700	340	65 (level-2)	625	640 (Advanced)	4.5 (Overall Band Score)
청각장애인	352	–	350	204	43 (level-2)	375	145 (Advanced)	–

- 제1차 시험의 과목 중 영어 과목은 제1차 시험 응시원서 접수마감일부터 역산(逆算)하여 5년이 되는 해의 1월 1일 이후에 실시된 다른 시험기관의 시험(이하 "영어시험"이라 한다)에서 취득한 성적(제1차 시험의 시험일 전까지 발표되는 성적으로서 제11조에 따른 공고에서 정하는 방법에 따라 확인된 성적으로 한정한다)으로 시험을 대체한다.

※ 이하 생략(공고문 참조)

차례

★ ★

CONTENTS | PREFACE | GUIDE

차례

★ ★

CONTENTS | PREFACE | GUIDE

기출문제

감정평가 및 보상법규

감정평가 및 보상법규 기출문제

01

주식회사 갑은 30년 넘게 서울특별시 A구에서 콘크리트 제조 공장을 허가받아 적법하게 운영하고 있다. 갑이 창고로 사용하고 있는 부지(이하 '이 사건 부지'라 함)는 백제 한성기의 왕성 유적으로 알려진 국가지정문화유산 B유적지의 보호구역에 있다. 학계 등은 B유적지의 완전한 복원을 위해서는 이 사건 부지의 수용 필요성을 오래전부터 제기해 왔고, 이 사건 부지에 있는 창고의 증축과정에서 백제 토성의 유물이 발견되기도 하였다. 한편, 관련 법령에 따라 B유적지를 관리하는 A구청장 乙은 B유적지의 정비 및 복원을 위하여 이 사건 부지에 대한 공익사업을 계획하고 국토교통부장관에게 사업인정 신청을 하였다. 국토교통부장관은 「공익사업을 위한 토지 등의 취득 및 보상에 관한 법률」(이하 '토지보상법'이라 함)에 따라 사업인정(이하 '이 사건 사업인정'이라 함)을 하고 이를 고시하였다. 甲은 다음과 같은 이유로 이 사건 사업인정 및 고시가 위법하다고 주장한다.

1. 이 사건 부지가 수용되면 공장 운영의 차질 및 콘크리트 공급 감소로 인한 건설 현장의 대혼란을 야기할 수 있으므로 문화유산 보호의 이유로는 수용될 수 없다.

2. 乙은 국가지정문화유산을 관리하는 행정청이지 수용 권한이 있는 것은 아니다. 다음 물음에 답하시오. 40점

(1) 토지보상법상 다음의 법적 성격을 설명하시오. 10점
   ① 사업인정 전과 후의 '보상에 관한 협의'
   ② 사업인정 후 '협의 취득'

(2) 갑 주장(1. 및 2.)의 타당성 여부를 검토하시오. 20점

(3) 이 사건 부지에 대한 수용이 진행될 경우, 甲의 영업손실에 대한 보상 요건을 설명하시오. 10점

〈공익사업을 위한 토지 등의 취득 및 보상에 관한 법률〉

제16조(협의)
사업시행자는 토지 등에 대한 보상에 관하여 토지소유자 및 관계인과 성실하게 협의하여야 하며, 협의의 절차 및 방법 등 협의에 필요한 사항은 대통령령으로 정한다.

제20조(사업인정)
① 사업시행자는 제19조에 따라 토지 등을 수용하거나 사용하려면 대통령령으로 정하는 바에 따라 국토교통부장관의 사업인정을 받아야 한다.

〈공익사업을 위한 토지 등의 취득 및 보상에 관한 법률 [별표]〉

1. 법 제20조에 따라 사업인정을 받아야 하는 공익사업
   (1) 「공간정보의 구축 및 관리 등에 관한 법률」에 따른 기본측량의 실시
   (2) 「공공토지의 비축에 관한 법률」에 따라 한국토지주택공사가 공공개발용 토지의 비축사업계획을 승인받은 공공개발용 토지의 취득
   (3) 「국립대학법인 서울대학교 설립·운영에 관한 법률」에 따른 국립대학법인 서울대학교의 학교용지 확보
   (4) 「국립대학법인 인천대학교 설립·운영에 관한 법률」에 따른 국립대학법인 인천대학교의 학교용지 확보
   (5) 「규제자유특구 및 지역특화발전특구에 관한 규제특례법」에 따른 특화사업
   (6) 「농어업재해대책법」에 따른 응급조치
   (7) 「대기환경보전법」 제4조에 따라 고시된 측정망설치계획에 따른 환경부장관 또는 시·도지사의 측정망 설치
   (8) 「문화유산의 보존 및 활용에 관한 법률」, 「자연유산의 보존 및 활용에 관한 법률」에 따른 문화유산과 자연유산의 보존·관리

〈공익사업을 위한 토지등의 취득 및 보상에 관한 법률 시행규칙〉

제45조(영업손실의 보상대상인 영업)

법 제77조 제1항에 따라 영업손실을 보상하여야 하는 영업은 다음 각 호 모두에 해당하는 영업으로 한다.

1. 사업인정고시일등 전부터 적법한 장소(무허가건축물등, 불법형질변경토지, 그 밖에 다른 법령에서 물건을 쌓아놓는 행위가 금지되는 장소가 아닌 곳을 말한다)에서 인적·물적시설을 갖추고 계속적으로 행하고 있는 영업. 다만, 무허가건축물등에서 임차인이 영업하는 경우에는 그 임차인이 사업인정고시일등 1년 이전부터 「부가가치세법」 제8조에 따른 사업자등록을 하고 행하고 있는 영업을 말한다.

2. 영업을 행함에 있어서 관계법령에 의한 허가등을 필요로 하는 경우에는 사업인정고시일등 전에 허가등을 받아 그 내용대로 행하고 있는 영업

〈문화유산의 보존 및 활용에 관한 법률〉

제83조(토지의 수용 또는 사용)

① 국가유산청장이나 지방자치단체의 장은 문화유산의 보존·관리를 위하여 필요하면 지정문화유산이나 그 보호구역에 있는 토지, 건물, 나무, 대나무, 그 밖의 공작물을 「공익사업을 위한 토지 등의 취득 및 보상에 관한 법률」에 따라 수용(收用)하거나 사용할 수 있다.

Question 02

국토교통부장관은 X도 Y시 소재의 공부상 지목이 대(垈)인 A토지를 표준지로 선정하여 2024.1.1. 기준 표준지공시지가를 1㎡당 550만원으로 2024.1.25. 결정·공시하였다. 이에 따라 X도 Y시장은 Y시 부동산가격공시위원회 심의를 거쳐 2024.5.31. 공부상 지목이 답(畓)인 갑 소유의 토지(이하 '이 사건 토지'라 함)의 개별공시지가를 1㎡당 85만원으로 결정·공시하고, 2024.6.3. 갑에게 이를 통지하였다. 다음 물음에 답하시오. 30점

(1) 이 사건 토지는 「국토의 계획 및 이용에 관한 법률」에 따른 도시계획시설인 공원 부지로 토지수용의 대상이 되었다. 2024.11.15. 이 사건 토지에 대하여 관할 토지수용위원회의 수용재결이 이루어졌다. 이에 甲은 2024.12.2. 수용보상금증액청구소송을 제기하면서 표준지공시지가결정의 위법을 주장하고 있다. 갑의 주장이 인용될 수 있는지를 검토하시오. 20점

(2) 갑은 2024.6.14. 이 사건 토지의 개별공시지가결정에 대하여 「부동산 가격공시에 관한 법률」에 따라 이의신청을 하였으나, 2024.6.28 기각결정을 통지받았다. 甲은 2024.7.30. 개별공시지가결정에 대하여 「행정심판법」에 따른 행정심판을 제기하였으나, 2024.8.30. 기각재결을 받았고, 재결서 정본은 2024.9.10. 甲에게 송달되었다. 甲은 2024.9.20. 개별공시지가결정에 대한 취소소송을 제기하였다. 甲이 제기한 취소소송의 제소기간 준수여부를 검토하시오. 10점

〈부동산 가격공시에 관한 법률〉

제11조(개별공시지가에 대한 이의신청)

① 개별공시지가에 이의가 있는 자는 그 결정·공시일부터 30일 이내에 서면으로 시장·군수 또는 구청장에게 이의를 신청할 수 있다.

② 시장·군수 또는 구청장은 제1항에 따라 이의신청 기간이 만료된 날부터 30일 이내에 이의신청을 심사하여 그 결과를 신청인에게 서면으로 통지하여야 한다. 이 경우 시장·군수 또는 구청장은 이의신청의 내용이 타당하다고 인정될 때에는 제10조에 따라 해당 개별공시지가를 조정하여 다시 결정·공시하여야 한다.

③ 제1항 및 제2항에서 규정한 것 외에 이의신청 및 처리절차 등에 필요한 사항은 대통령령으로 정한다.

〈공익사업을 위한 토지 등의 취득 및 보상에 관한 법률〉

제85조(행정소송의 제기)

① 사업시행자, 토지소유자 또는 관계인은 제34조에 따른 재결에 불복할 때에는 재결서를 받은 날부터 90일 이내에, 이의신청을 거쳤을 때에는 이의신청에 대한 재결서를 받은 날부터 60일 이내에 각각 행정소송을 제기할 수 있다. 이 경우 사업시행자는 행정소송을 제기하기 전에 제84조에 따라 늘어난 보상금을 공탁하여야 하며, 보상금을 받을 자는 공탁된 보상금을 소송이 종결될 때까지 수령할 수 없다.

② 제1항에 따라 제기하려는 행정소송이 보상금의 증감(增減)에 관한 소송인 경우 그 소송을 제기하는 자가 토지소유자 또는 관계인일 때에는 사업시행자를, 사업시행자일 때에는 토지소유자 또는 관계인을 각각 피고로 한다.

<행정소송법>

제20조(제소기간)

① 취소소송은 처분등이 있음을 안 날부터 90일 이내에 제기하여야 한다. 다만, 제18조 제1항 단서에 규정한 경우와 그 밖에 행정심판청구를 할 수 있는 경우 또는 행정청이 행정심판청구를 할 수 있다고 잘못 알린 경우에 행정심판청구가 있은 때의 기간은 재결서의 정본을 송달받은 날부터 기산한다.

Question 03

국토교통부장관은 「감정평가 및 감정평가사에 관한 법률」 제6조(감정평가서)에 반하는 감정평가서를 작성·발급하였다는 이유로 감정평가사 갑에게 3월의 업무정지 처분을 하였다. 갑은 위 처분에 대하여 행정심판을 청구하였고, 행정심판위원회는 "국토교통부장관은 갑에게 3월의 업무정지 처분을 2월의 업무정지 처분으로 변경하라"는 재결을 하였다. 국토교통부장관은 위 재결취지에 따라 "3월의 업무정지처분을 2월의 업무정지처분으로 변경한다."는 후속 변경처분을 하였다. 다음 물음에 답하시오. 20점

(1) 甲이 후속 변경처분을 받은 후에 취소소송을 제기하는 경우 어떠한 처분을 대상으로 하는지 검토하시오. 10점

(2) 위 행정쟁송이 있기 전, 국토교통부장관은 「감정평가 및 감정평가사에 관한 법률」상 업무정지처분을 갈음하여 과징금을 부과할 수 있는지, 그리고 갑이 과징금 납부의무를 불이행한 경우 국토교통부장관은 어떠한 조치를 할 수 있는지를 검토하시오. 10점

Question 04

A등은 감정평가법인을 설립하여 국토교통부장관의 설립인가를 받았다. 설립인가 자체의 하자는 없지만, 감정평가법인의 사원에 관한 「감정평가 및 감정평가사에 관한 법률」의 요건을 충족하지 못하여 설립행위에 문제가 있음을 확인한 경쟁업체의 감정평가사 甲은 소송을 통하여 이를 다투고자 한다. 이러한 감정평가법인의 설립행위와 인가행위의 관계를 설명하고, 甲은 어떠한 소송에서 어떠한 하자를 다툴 수 있는지를 검토하시오. 10점

Question 01 40점

[물음1] 10점 사업인정 전, 후 협의의 법적 성격

Ⅰ. 논점의 정리

토지보상법 제16조 및 제26조에서는 최소침해원칙의 구현을 위하여 협의 절차를 두고 있다. 이하에서는 사업인정 전과 후 협의의 법적 성격 및 협의 취득에 대하여 설명하고자 한다.

Ⅱ. 사업인정 전 협의의 법적 성격

1. 의의 및 취지[토지보상법 제16조]

사업인정 전 협의란 공익사업에 필요한 토지등을 공용수용 절차에 의하지 아니하고, 사업시행자가 토지소유자 및 관계인과의 협의에 의하여 수용목적물의 권리 취득을 협의하는 것으로 최소침해원칙 구현에 취지가 있다.

2. 법적 성격

① 사법상 계약설과 공법상 계약설이 대립하나, ② 판례는 보상합의는 사경제주체로서 행하는 사법상 매매의 성질을 가진다고 판시하였다. ③ 따라서 사업인정 전 협의는 판례의 태도와 사경제 주체로서 행하는 점을 고려하여 〈사법상 계약〉으로 보는 것이 타당하다고 판단된다.

Ⅲ. 사업인정 후 협의의 법적 성격

1. 의의 및 취지[토지보상법 제26조]

사업인정 후 협의란 사업인정 이후에 사업시행자가 공익사업에 필요한 토지 등에 대하여 토지소유자 및 관계인과 목적물에 대한 취득 및 보상에 관한 협의를 하는 것으로, 공익사업의 원활한 수행에 취지가 있다.

2. 법적 성격

① 사법상 계약설과 공법상 계약설이 대립하고, ② 판례는 사경제주체로서 행하는 사법상 계약의 실질을 가진다고 보았으나, ③ 사업시행자가 공용수용권의 주체로서 수용권을 실행하는 방법의 하나이며, 협의 불성립 시 재결에 의한다는 점을 고려하면 〈공법상 계약〉으로 보는 것이 타당하다.

IV. 사업인정 후 협의취득

1. 사업인정 후 협의취득

사업인정 전 협의와 후 협의는 모두 법률행위에 의한 물권변동의 형태로 〈승계취득〉으로 보는 것이 타당하며, 판례 또한 협의성립확인을 받지 않는 이상 승계취득의 효과를 가진다고 판시하고 있다.

2. 협의성립확인(토지보상법 제29조)

협의성립확인이란 토지소유자의 동의를 얻은 후 사업시행자가 관할 토지수용위원회에 협의성립확인을 받음으로써 재결로 간주하는 제도를 말하며, 협의성립확인은 〈원시취득〉의 효력을 가진다.

V. 사안의 해결

① 사업인정 전 협의는 사법상 매매의 성질을, 후 협의는 공법상 매매의 성질을 가진다고 보는 것이 타당하며, ② 양자 모두 승계취득의 효력을 가진다. 또한 법적 성격에 따라 사업인정 전 협의는 민사소송으로 후 협의는 공법상 당사자소송으로 다툴 수 있다고 판단된다.

(물음2) 20점 **甲 주장의 타당성 판단**

Ⅰ. 논점의 정리

건설 현장의 대혼란을 야기할 수 있으므로 수용될 수 없다고 보는 주장과 A구청장 乙에게 수용 권한이 없다는 甲의 주장에 대하여 검토하고자 한다.

Ⅱ. 사업인정의 개관

1. 사업인정의 의의, 취지, 법적 성질(토지보상법 제2조 제7호, 법 제20조)

① 사업인정이란 토지 등을 수용 또는 사용할 사업으로 결정하는 것을 말하며, ② 공익성 판단에 취지가 있으며, ③ 처분, 재량행위, 강학상 특허, 제3자효 형성행위의 성질을 가진다.

2. 사업인정의 요건

① 토지보상법 제4조 공익사업에 해당할 것, ② 공공필요가 있을 것, ③ 공공필요는 비례의 원칙으로 판단할 것, ④ 사업시행자의 수행능력과 의사가 있을 것을 요건으로 한다.

Ⅲ. 주장 1의 타당성 판단

1. 비례의 원칙의 의의 및 취지(행정기본법 제10조, 헌법 제37조)

비례의 원칙이란 행정 목적과 수단 사이에 적절한 비례관계가 있어야 한다는 원칙을 말한다.

2. 비례의 원칙의 내용

① 행정목적을 달성하는데 유효, 적절하여야 한다는 〈적합성의 원칙〉, ② 행정목적을 달성하는데 필요한 최소한도에 그쳐야 한다는 〈필요성의 원칙〉, ③ 행정작용으로 인한 국민의 이익 침해가 그 행정작용이 의도하는 공익보다 크지 아니하여야 한다는 〈상당성의 원칙〉의 단계적 심사구조를 거친다.

3. 사안의 적용

비례의 원칙에 의하면 백제 한성기 왕성 유적지는 역사적 가치가 인정되어 적합성과 필요성이 인정되고, 건설 현장의 혼란으로 침해되는 사익보다 공익이 더 크다고 보이는바 상당성이 인정된다고 판단된다. 따라서 주장 1의 타당성은 결여된다.

IV. 주장 2의 타당성 판단

1. 공물의 의의 및 문제점(토지보상법 제19조)

공물이란 행정주체에 의해 직접 행정 목적에 공용된 개개의 유체물을 말하며, 토지보상법 제19조 제2항에서는 특별히 필요한 경우가 아니면 수용하거나 사용할 수 없다고 규정하고 있는바, 별도의 용도폐지가 요구되는지와 특별한 필요의 해석이 문제된다.

2. 관련 규정의 검토(문화유산법 제83조)

국가유산청장이나 지방자치단체의 장은 문화유산의 보존·관리를 위하여 필요하면 지정문화유산이나 그 보호구역에 있는 토지, 건물, 나무, 대나무, 그 밖의 공작물을 토지보상법에 따라 수용하거나 사용할 수 있다고 규정하고 있다.

3. 관련 판례의 태도

공물의 수용가능성과 관련하여서는 풍납토성과 광평대군 묘역 판례가 있으며, 판례는 문화유산법은 지자체 등에게 국가지정유산에 대하여도 일정한 권한 또는 책무를 부여하고 있고, 문화유산법에 해당 문화유산의 지정권자만이 토지 등을 수용할 수 있다는 등의 제한을 두고 있지 않으므로, 지방자치단체의 장은 국가지정유산이나 그 보호구역에 있는 토지 등을 수용할 수 있다고 판시하였다.

4. 사안의 적용

관련 판례의 태도에 따르면 A구청장 乙에게도 수용권한이 있다고 보는 것이 타당한바,

주장 2의 경우에도 타당성이 결여된다고 판단된다.

V. 사안의 해결

① 비례의 원칙으로 보건대 공익이 더 크다고 보여지는바 수용될 수 없다고 주장하는 주장 1은 타당성이 결여되고, ② 판례의 태도에 따르면 乙도 수용권한이 있다고 판단되는바, 주장 2 또한 타당성이 없다고 판단된다.

(물음3) 10점 甲의 영업손실보상에 대한 요건

I. 영업손실보상의 의의 및 취지(토지보상법 제78조, 칙 제45조)

영업손실보상이란, 공익사업의 시행에 따라 영업을 폐업 또는 휴업하게 되는 경우 발생하는 손실을 보상하는 것으로서 일실손실의 보상, 생활보상의 성격을 가진다.

II. 영업손실보상의 요건

1. 시간적, 장소적, 계속적 요건(칙 제45조 제1호)

사업인정고시일등 전부터 적법한 장소에서 인적·물적시설을 갖추고 계속적으로 행하고 있는 영업이어야 하고, 무허가건축물 등에서 영업하는 임차인의 경우 사업인정고시일등 1년 전부터 사업자등록을 하고 행하는 영업일 것을 요건으로 한다.

2. 허가 요건(동조 제2호)

영업을 행함에 있어서 관계법령에 의한 허가 등을 필요로 하는 경우에는 사업인정고시일등 전에 허가 등을 받아 그 내용대로 행하고 있는 영업일 것을 요건으로 한다.

3. 판례의 유형별 검토

(1) 무허가 건축물의 경우

판례는 무허가건축물을 사업장으로 이용할 때, 소유자의 경우 영업보상을 부정한 바 있으며, 임차인의 경우에는 일정 요건하에서 인정하고 있고, 이에 대하여 형평의 원칙에 어긋나지 않는다고 하였다.

(2) 5일장 사건

5일장이 영업보상 대상인지 여부와 관련하여 음식을 준비하고 당일에는 종일 장사를 하는 등을 고려하면 계속성이 인정되어 영업보상이 인정된다고 보았다.

Ⅲ. 사안의 해결(甲의 영업손실보상 인정 여부)

甲의 경우 30년 넘게 당해 장소에서 콘크리트 제조 공장을 운영하였으며, 부정할 만한 다른 요건이 없는바 영업손실보상을 인정하는 것이 타당하다고 판단된다.　　　　　　(끝)

Question 02 30점

(물음1) 20점 甲 주장의 인용가능성 판단

Ⅰ. 논점의 정리

토지소유자 甲이 수용보상금증액청구소송을 제기하면서 표준지공시지가 결정의 위법을 주장할 수 있는지 하자의 승계 인정 여부를 통하여 검토한다.

Ⅱ. 관련 행정작용의 검토

1. 수용재결의 의의, 취지, 법적 성질(토지보상법 제34조, 제50조)

① 수용재결이란 사업인정의 고시가 있은 후 협의불성립 또는 불능의 경우 사업시행자의 신청에 따라 관할 토지수용위원회가 행하는 공용수용의 종국적 절차를 말하며, ② 공·사익 조화에 취지가 있고, ③ 처분, 재량행위이자 기속행위, 제3자효 형성행위, 공법상 대리의 성질을 가진다.

2. 표준지공시지가의 의의, 취지, 법적 성질(부동산공시법 제3조)

① 표준지공시지가는 부동산공시법상 국토교통부장관이 조사·평가한 단위면적당 적정가격으로 ② 토지의 적정가격 형성과 국민의 재산권 보호에 취지가 있으며, ③ 판례의 태도에 따르면 국민에게 직접적인 영향을 미치는 〈처분〉에 해당한다.

Ⅲ. 하자의 승계 인정 여부

1. 의의 및 취지

하자의 승계란 둘 이상의 처분이 연속되는 경우 선행행위의 하자를 이유로 하자 없는 후행행위의 위법을 다툴 수 있는 것을 말하며, 법적 안정성과 국민의 권리구제에 취지가 있다.

2. 전제요건

(1) 요건

① 선, 후행 행위가 모두 처분일 것, ② 선행행위에 단순 취소사유가 존재하고 불가쟁력이 발생하였을 것, ③ 후행행위에 고유한 위법이 없을 것을 요건으로 한다.

(2) 사안의 적용

표준지공시지가와 수용재결 모두 처분이며, 다른 요건 또한 별다른 문제가 존재하지 아니하는바, 요건을 충족한다고 판단된다.

3. 인정 범위

(1) 학설 및 판례

① 별개의 법률행위를 목적으로 하는 경우 하자의 승계를 부정하는 〈전통적 하자승계론〉, ② 선행행위의 구속력이 후행행위에 미치는 경우 부정된다고 보는 〈구속력이론〉이 대립하며, 판례는 별개의 법률행위를 목적으로 하는 경우에도 예측가능성과 수인가능성을 고려하여 판단하여야 한다고 판시하였다.

(2) 검토

생각건대, 국민의 권리구제 측면에서 보충적으로 예측가능성과 수인가능성을 고려하여 구체적 타당성을 기하는 것이 타당하다고 판단된다.

4. 판례의 유형별 검토

(1) 수용재결과 표준지공시지가(2007두13845)

판례는 위법한 표준지공시지가 결정에 대하여 즉각 시정요구를 하지 않았다는 점으로 수용재결에서 아예 위법을 주장할 수 없도록 하는 것은 수인한도를 넘는 불이익을 강요하는 것으로 하자의 승계를 인정한 바 있다.

(2) 긍정하는 판례와 부정하는 판례

① 긍정하는 경우로는 개별통지를 받지 못한 개별공시지가와 과세처분, 계고처분 판례가 있고, ② 부정하는 판례로는 사업인정과 수용재결, 표준지공시지가와 개별공시지가, 중개사무소 판례가 있다.

5. 사안의 적용

사안의 경우 표준지공시지가와 수용재결은 별개의 법률효과를 목적으로 하나, 판례의 태도에 따라 예측가능성과 수인가능성을 고려하면 하자의 승계를 인정하는 것이 타당하다고 판단된다. 따라서 甲주장은 인용될 것으로 판단된다.

IV. 사안의 해결

사안의 표준지공시지가와 수용재결의 하자의 승계가 인정되는바, 수용보상금증액청구소송을 제기하면서 표준지공시지가 결정의 위법을 주장하는 甲 주장은 인용될 수 있다고 판단된다.

(물음2) 10점 제소기간의 준수 여부

I. 개별공시지가 및 이의신청의 의의

1. 개별공시지가의 의의 및 취지(부동산공시법 제10조)

개별공시지가는 시·군·구청장이 공시기준일 당시 표준지공시지가를 기준으로 산정하는 개별토지의 단위면적당 가격으로, 조세 및 부담금 산정의 기준을 마련하여 행정 효율을 제고하는데 취지가 있다.

2. 개별공시지가 이의신청의 의의 및 취지(동법 제11조)

개별공시지가에 대하여 이의가 있는 자가 시·군·구청장에게 이의를 신청하고 시·군·구청장이 이를 심사하는 제도로서 이는 공시지가의 객관성을 확보하여 공신력을 높여주는 제도적 취지가 인정된다.

II. 이의신청의 성격 및 제소기간 판단

1. 관련 규정의 검토(행정기본법 제36조 제4항)

이의신청에 대한 결과를 통지받은 후 행정심판 또는 행정소송을 제기하려는 자는 그 결과를 통지받은 날부터 90일 이내에 행정쟁송을 제기할 수 있다고 규정하고 있다.

2. 관련 판례의 태도(2008두19987)

개별공시지가에 대하여 이의가 있는 자는 곧바로 행정소송을 제기하거나 부동산공시법에 따른 이의신청과 행정심판법에 따른 행정심판청구 중 어느 하나만을 거쳐 행정소송을 제기할 수 있을 뿐 아니라, 이의신청을 하여 그 결과 통지를 받은 후 다시 행정심판을 거쳐 행정소송을 제기할 수도 있다고 보아야 하고, 행정소송의 제소기간은 그 행정심판 재결서 정본을 송달받은 날부터 기산한다고 판시하였다.

3. 사안의 적용

(1) 이의신청의 성격

행정기본법 제36조 제4항 및 판례의 태도에 다르면 부동산공시법상 이의신청은 강학상 이의신청으로 보는 것이 타당한바, 행정심판의 제기가 가능하다.

(2) 제소기간의 판단

1) 제소기간의 의의 (행정소송법 제20조)

제소기간이란 처분의 상대방이 처분에 불복하여 소를 제기할 수 있는 기간으로, 제소기간이 모두 도과할 경우 불가쟁력이 발생한다.

2) 제소기간의 판단

판례의 태도에 따라 재결서 정본을 받은 날(2024.9.10.)부터 90일을 기산하면, 甲은 2024.9.20.에 소를 제기한바 제소기간은 준수하였다고 판단된다.

Ⅲ. 사안의 해결

사안의 경우 판례의 태도에 따르면 재결서 정본을 받은 날로부터 제소기간은 기산하는바, 甲이 제기한 취소소송의 제소기간을 준수하였다고 판단된다.　　　　　　　　　　　　(끝)

Question 03　20점

(물음1) 10점　취소소송의 소의 대상

Ⅰ. 논점의 정리

甲이 후속 변경처분을 받은 후 취소소송을 제기하는 경우 어떠한 처분을 소의 대상으로 하는지 판례를 토대로 설명한다.

Ⅱ. 업무정지처분의 의의 및 법적 성질(부동산공시법 제32조, 제39조)

업무정지처분이란 일정 기간 동안 업무를 하지 못하도록 하는 의무를 부과하는 것을 말하며, 부작위하명이자 2년 이하의 업무정지로 규정하여 법 문언상 재량행위의 성질을 가진다.

Ⅲ. 취소소송의 소의 대상

1. 대상적격의 의의(행정소송법 제19조)

행정소송법 제19조에서는 취소소송은 처분 등을 대상으로 한다고 규정하고 있으며, 처분 등이란 행정청이 행하는 구체적 사실에 관한 법집행으로서 공권력의 행사 또는 거부와 그 밖에 이에 준하는 행정작용 및 행정심판에 대한 재결을 말한다.

2. 관련 학설의 대립

① 〈병존설〉 변경된 원처분과 변경처분은 독립된 처분으로 모두 소의 대상이 된다는 견해

② 〈흡수설〉 원처분은 변경처분에 흡수되어 전부취소되었기 때문에 새로운 처분만이 소송의 대상이 된다는 견해

③ 〈역흡수설〉 변경처분은 원처분에 흡수되어 원처분만이 소의 대상이라는 견해

3. 관련 판례의 태도

판례는 감액처분으로도 아직 취소되지 않고 남아 있는 부분을 위법하다고 다투고자 하는 경우, 남은 부분을 항고소송의 대상으로 할 수 있을 뿐이고, 제소기간의 준수 여부도 동일하게 당초 처분을 기준으로 하여야 한다고 판시하였다.

4. 검토

판례의 태도에 따르면 감액처분을 한 경우 소의 대상은 당초 처분을 기준으로 변경된 원처분인 〈2월의 업무정지처분〉을 소의 대상으로 하는 것이 타당하다고 판단된다.

Ⅳ. 사안의 해결

사안의 경우 3월의 업무정지처분이 2월로 감액처분이 된 경우로, 판례의 태도에 따라 변경된 원처분인 〈2월의 업무정지〉를 소의 대상으로 하는 것이 타당하다.

(물음2) 10점 과징금과 관련한 논의

Ⅰ. 과징금의 의의, 취지, 성질(감정평가법 제41조)

① 과징금이란 행정법규의 위반으로 경제적 이익을 얻게 되는 경우 해당 위반으로 인한 경제적 이익을 박탈하기 위하여 그 이익액에 따라 행정기관이 과하는 행정상 제재금을 말하며, ② 업무정지처분에 갈음하여 부과되는 것으로 변형된 과징금에 속하며, ③ 공적업무 지장 개선에 취지가 있다.

Ⅱ. 과징금의 부과 가능 여부

1. 관련 규정의 검토(감정평가법 제6조)

감정평가법인등은 감정평가를 의뢰받은 때에는 지체 없이 감정평가를 실시한 후 감정평가서를 발급하여야 하며, 사무소 또는 명칭을 적고, 감정평가사가 서명과 날인을 하여야 한다고 규정한다.

2. 과징금의 부과 가능 여부

사안의 경우 행정쟁송이 있기 전에 업무정지 2개월의 처분을 받은바, 업무정지처분에 갈음하여 5천만원 이하(법인의 경우 5억)의 과징금을 부과할 수 있다고 판단된다.

Ⅲ. 국토교통부장관의 조치

1. 관련 규정의 검토(감정평가법 제44조 및 영 제46조)

① 감정평가법 제44조에서는 국토교통부장관은 납부기한까지 과징금을 납부하지 않은 경우 가산금을 징수할 수 있으며, 기간을 독촉하고 국세 체납처분의 예에 따라 징수할

	수 있다고 규정한다.
	② 영 제46조에서는 독촉은 납부기한이 지난 후 15일 이내에 서면으로 하여야 한다고 규정한다.
	2. 사안의 적용
	관련 규정에 따르면 국토교통부장관은 甲이 과징금 납부의무를 불이행하는 경우 기간을 정하여 독촉하고, 가산금을 징수할 수 있다고 판단된다.
Ⅳ.	**사안의 해결**
	사안의 경우 국토교통부장관은 업무정지처분에 갈음하여 과징금을 부과할 수 있다고 판단되며, 甲이 과징금 납부의무를 불이행한 경우 기간을 정하여 독촉 및 가산금을 징수할 수 있다고 판단된다. (끝)

Question **04** 10점

Ⅰ.	**감정평가법인 설립인가의 의의(감정평가법 제29조)**
	인가는 타인의 법률적 행위를 보충하여 법적 효력을 완성시키는 행정행위를 말하며, 감정평가법인 설립인가란 국토교통부장관이 감정평가법인의 설립행위를 보충하여 사인 간의 법인설립행위의 효력을 완성시켜주는 행위를 말한다.
Ⅱ.	**감정평가법인 설립인가의 법적 성질**
	1. 강학상 인가
	국토교통부장관의 법인설립인가는 행정청이 감정평가법인의 법률행위를 보충하여 효력을 완성시켜주는 행정행위로서 〈강학상 인가〉에 해당한다.

2. 기속행위

인가는 새로운 권리설정행위가 아니고 공익판단의 규정이 없는 점을 고려할 때 인가요건을 구비했다면 인가를 거부할 수 없는 〈기속행위〉로 봄이 타당하다.

Ⅲ. 甲이 제기하여야 하는 소송 및 하자

1. 제기하여야 하는 소송

법인설립인가는 항고쟁송의 대상인 처분에 해당한다. 따라서 국토교통부장관의 인가거부행위 등에 대해 항고쟁송에 의해 권리구제가 가능하다.

2. 다툴 수 있는 하자

기본행위인 감정평가법인 설립행위의 하자로 감정평가법인의 사원구성 등 설립요건 미충족 등을 전제로 감정평가법인 인가행위의 하자로 인가처분이 설립행위의 하자를 간과한 채 이루어진 경우, 감정평가법인 인가처분 자체의 위법성을 주장할 수 있다.

Ⅳ. 사안의 해결(양자의 관계 및 제기할 소송)

감정평가법인의 설립행위와 감정평가법인의 인가행위는 실체와 인가를 결합한 〈불가분의 관계〉를 가진다고 판단되며, 행정소송에서 설립요건 미충족 등을 전제로 인가처분 자체의 위법을 주장할 수 있다고 판단된다. (끝)

– 이하 여백 –

Question
01

A지방자치단체는 도로사업 부지를 취득하기 위하여 甲의 토지를 협의취득하여 공공용지의 협의취득을 원인으로 하는 소유권이전등기를 하였고, 乙의 토지에 대하여는 수용재결에 의하여 소유권을 취득한 후 소유권이전등기를 마쳤다. 그러나 甲과 乙의 토지(이하 '이 사건 토지'라 함)가 관내의 택지개발예정지구에 포함되자 A지방자치단체는 이 사건 토지가 도로사업에 더 이상 제공될 수 없는 상황에서 도로사업의 목적 달성이 불가능하다고 판단하여, 당초 협의취득 및 수용의 목적이 된 해당 도로사업을 폐지하였다. 이에 따라 甲과 乙에게 「공익사업을 위한 토지 등의 취득 및 보상에 관한 법률」에 의한 환매권이 발생하였다. 甲은 협의취득 당시에 수령한 보상금 상당 금액을 공탁한 후, A지방자치단체에게 환매의 의사 표시를 하고 소유권이전등기청구소송을 제기하였다. 한편, 乙이 환매권을 행사할 무렵 환매금액에 관한 A지방자치단체와 乙의 협의가 성립되지 아니하여, A지방자치단체는 환매 대상 토지의 현재 가격이 취득일 당시에 비하여 현저히 상승하였음을 들어 환매대금의 증액을 구하는 소송을 제기하였다. 다음 물음에 답하시오. 40점

(1) 乙의 환매권 및 乙에 대한 환매대금증액청구소송의 법적 성질을 각각 설명하시오. 15점

(2) 甲의 소유권이전등기청구소송에서, A지방자치단체는 환매 대상 토지 가격의 상승에 따른 환매대금증액청구권을 내세워 증액된 환매대금과 보상금 상당액의 차액을 지급할 것을 선(先)이행 또는 동시이행의 항변으로 주장할 수 있는지에 관하여 설명하시오. 10점

(3) 만약 乙의 토지에 대한 수용재결에 취소사유에 해당하는 하자가 있어 乙이 환매권 행사 이전에 수용재결의 하자를 이유로 자신의 소유권 회복을 위한 소유권이전등기말소청구소송을 제기한 경우, 그 승소 여부를 검토하시오(단, 수용재결에 불가쟁력이 발생하였음). 15점

〈공익사업을 위한 토지 등의 취득 및 보상에 관한 법률〉

제91조(환매권)
① 공익사업의 폐지·변경 또는 그 밖의 사유로 취득한 토지의 전부 또는 일부가 필요 없게 된 경우 토지의 협의취득일 또는 수용의 개시일(이하 이 조에서 '취득일'이라 한다) 당시의 토지소유자 또는 그 포괄승계인(이하 '환매권자'라 한다)은 다음 각 호의 구분에 따른 날부터 10년 이내에 그 토지에 대하여 받은 보상금에 상당하는 금액을 사업시행자에게 지급하고 그 토지를 환매할 수 있다.
  1. 사업의 폐지·변경으로 취득한 토지의 전부 또는 일부가 필요 없게 된 경우 : 관계 법률에 따라 사업이 폐지·변경된 날 또는 제24조에 따른 사업의 폐지·변경 고시가 있는 날

2. 그 밖의 사유로 취득한 토지의 전부 또는 일부가 필요 없게 된 경우 : 사업완료일
② ~ ③ 〈생략〉
④ 토지의 가격이 취득일 당시에 비하여 현저히 변동된 경우 사업시행자와 환매권자는 환매금액에 대하여 서로 협의하되, 협의가 성립되지 아니하면 그 금액의 증감을 법원에 청구할 수 있다.
⑤ 제1항부터 제3항까지의 규정에 따른 환매권은 「부동산등기법」에서 정하는 바에 따라 공익사업에 필요한 토지의 협의취득 또는 수용의 등기가 되었을 때에는 제3자에게 대항할 수 있다.

甲은 2023.8.23. 父로부터 A광역시 B구 소재의 토지(이하 '이 사건 토지'라 함)를 증여받았고, 이 사건 토지에 관하여 증여 당시에는 2023.1.1.을 기준일로 하는 개별공시지가가 ㎡당 2,200,000원으로 결정·고시되어 있었다. 甲은 이를 기초로 하여 산정한 증여세를 납부하고자 하였으나, 개별공시지가에 오류가 있음을 발견하여 「부동산 가격공시에 관한 법률」 제12조에 따른 개별공시지가 정정결정을 신청하였다. 그런데 B구의 구청장 乙은 甲의 정정결정신청에 대하여 정정불가 결정을 통지하였다. 한편 그 이후 乙은 이 사건 토지에 관하여 토지특성조사의 착오 등 지가산정에 잘못이 있다고 하여 B구 부동산가격 공시위원회의 심의를 거쳐 위 개별공시지가를 ㎡당 3,900,000원으로 정정하여 결정·고시하였다. 이에 관할 세무서장 丙은 이 사건 토지의 가액이 ㎡당 3,900,000원이라고 보아 이를 기초로 증여재산의 가액을 산정하여 증여세부과처분을 하였다. 다음 물음에 답하시오(단, 각 물음은 상호독립적임). 30점

(1) 甲이 乙의 정정불가 결정 통지를 대상으로 취소소송을 제기할 수 있는지를 설명하시오. 15점

(2) 甲은 乙의 개별공시지가 정정결정과 관련하여 i) 정정 사유가 있다고 하더라도 그 사유가 명백하여야만 비로소 정정할 수 있는데, 정정 사유가 명백하지 않음에도 불구하고 乙이 개별공시지가를 정정한 것은 위법하다고 주장하고 있다. 또한, ii) 설령 乙의 개별 공시지가 정정결정이 타당하다고 하여도 이 사건 토지에 관하여 증여 당시 고시되어 있던 종전의 개별공시지가를 기초로 하지 아니한 丙의 증여세부과처분은 위법하다고 주장하고 있다. 甲의 주장이 타당한지에 관하여 각각 설명하시오. 15점

〈부동산 가격공시에 관한 법률〉

제12조(개별공시지가의 정정)
시장·군수 또는 구청장은 개별공시지가에 틀린 계산, 오기, 표준지 선정의 착오, 그 밖에 대통령령으로 정하는 명백한 오류가 있음을 발견한 때에는 지체 없이 이를 정정하여야 한다.

〈행정소송법〉

제19조(취소소송의 대상)

취소소송은 처분 등을 대상으로 한다. 다만, 재결취소소송의 경우에는 재결 자체에 고유한 위법이 있음을 이유로 하는 경우에 한한다.

03

A감정평가법인(이하 'A법인'이라 함)은 B민간임대아파트 분양전환대책위원회(이하 'B대책위원회'라 함)와의 용역계약에 따라 해당 아파트의 분양전환 가격산정을 위한 감정평가서를 제출하였다. B대책위원회는 임대사업자 X의 의뢰를 받은 Y감정평가법인의 감정평가 결과와 A법인의 감정평가 결과가 크게 차이가 나자 국토교통부장관에게 각 감정평가에 대한 타당성조사 실시를 요청하였고, 국토교통부장관은 한국감정원으로 하여금 타당성조사를 실시하도록 하였다. 한국감정원은 B임대아파트 분양 전환 가격산정을 위한 감정평가가 모두 부적정하다는 타당성조사 결과를 국토교통부장관에게 통지하였다. 다음 물음에 답하시오. 20점

(1) 국토교통부장관은 타당성조사 결과에 근거하여 고의로 잘못된 평가를 한 A법인 소속 감정평가사 甲에 대하여 업무정지 6개월의 징계처분을 하였다. 이에 불복한 甲이 징계처분취소소송을 제기하였는바, 법원은 해당 징계 처분을 업무정지 3개월의 징계처분으로 감경하는 판결을 할 수 있는지에 관하여 설명하시오. 10점

(2) 국토교통부장관은 고의로 잘못된 평가를 한 甲이 소속된 A법인에 대하여 성실 의무에 위반하였다는 사유로 과징금부과처분을 하였다. A법인은 자신이 부담하여야 하는 성실의무를 충실히 이행하였다고 주장하며 과징금부과처분에 불복하고자 한다. 이때 A법인이 부담하는 성실의무의 내용을 설명하시오. 10점

04

「감정평가 및 감정평가사에 관한 법률」 제28조 제1항에 따른 손해배상책임을 보장하기 위하여 감정평가법인등이 하여야 하는 '필요한 조치'의 내용과 '필요한 조치'를 하지 아니한 경우 「감정평가 및 감정평가사에 관한 법률」에 따른 행정상 제재를 설명하시오. 10점

〈감정평가 및 감정평가사에 관한 법률〉

제28조(손해배상책임)

① 감정평가법인등이 감정평가를 하면서 고의 또는 과실로 감정평가 당시의 적정가격과 현저한 차이가 있게 감정평가를 하거나 감정평가 서류에 거짓을 기록함으로써 감정평가 의뢰인이나 선의의 제3자에게 손해를 발생하게 하였을 때에는 감정평가법인등은 그 손해를 배상할 책임이 있다.

Question 01 40점

[문제1-1] 15점 환매권과 환매대금증액소송의 법적 성질

Ⅰ. 논점의 정리

환매권의 법적 성질과 환매대금증액청구소송의 법적 성질에 대하여 관련 규정과 판례를 토대로 설명하고자 한다.

Ⅱ. 환매권의 의의 및 취지(토지보상법 제91조)

환매권이란 공익사업에 필요하여 취득한 토지가 필요 없게 되거나, 이용되지 아니하는 경우에 원래의 토지소유자가 일정한 요건하에 원래의 토지를 취득할 수 있는 권리를 말하며, 피수용자의 감정 존중과 재산권의 존속보장에 그 취지가 있다.

Ⅲ. 환매권의 법적 성질

1. 공권인지 사권인지 여부

(1) 관련 학설과 판례의 태도

① 학설은 공권설과 사권설이 대립하지만 ② 판례는 피청구인이 청구인들의 환매권 행사를 부인하는 의사표시를 하였다 하더라도, 민사소송절차에서 상대방의 주장을 부인하는 것에 불과하므로, 헌법소원심판의 대상이 되는 공권력의 행사라고 볼 수는 없다고 판시한 바 있다.

(2) 검토

관련 판례의 태도에 따르면 환매권은 사법관계로서 사인이 가지는 권리 역시 사권인바 환매권에 대한 분쟁은 사법상의 민사소송절차에 의할 것으로 보인다. 따라서 〈사권설〉로 봄이 타당하다.

2. 형성권

판례는 환매기간 내에 환매의 요건이 발생하면 환매권자가 지급 받은 보상금에 상당한 금액을 사업시행자에게 미리 지급하고 일방적으로 의사표시를 함으로써 사업시행자의 의사와 관계없이 환매가 성립한다고 판시한바, 환매권은 〈형성권〉의 성질을 가진다.

3. 채권적 효력

환매권은 형성권적 성질을 가지는바 의사표시만으로 즉시 물권적 효력이 발생하는 것이 아니고 채권채무관계가 되는 것으로 봄이 타당하다.

Ⅳ. 환매대금증액소송의 법적 성질

1. 환매대금증액소송의 의의 및 근거(법 제91조 제4항)

환매대금증액소송이란 토지의 가격이 취득일 당시에 비하여 현저히 변동된 경우 사업시행자와 환매권자는 환매금액에 대하여 서로 협의하되, 협의가 성립되지 아니하면 그 금액의 증감을 법원에 청구할 수 있는 것을 말한다.

2. 법적 성질

(1) 관련 판례의 태도

환매권은 형성권의 성질을 지니는바 환매권의 존부에 관한 확인을 구하는 소송 및 토지보상법 제91조 제4항에 따라 환매금액의 증감을 구하는 소송 역시 민사소송에 해당한다고 판시한바 있다.

(2) 검토

종전 판례는 공법상 당사자소송으로 다투어야 한다고 보았지만, 최근 판례와 규정에 따르면 민사소송을 제기함이 타당하다고 판단된다.

Ⅴ. 사안의 해결

관련 판례에 따르면 환매권은 사권적 성질, 형성권, 채권적 효력의 성질을 지니며, 환매대금증액소송은 민사소송에 의하여야 한다고 판단된다.

[문제1-2] 10점 선이행, 동시이행 항변의 주장 가능성

Ⅰ. 논점의 정리

토지보상법 제91조 제4항 및 동법 시행령 제48조에서 현저히 변동된 경우에 해당되는지 여부와 이를 토대로 선이행 또는 동시이행 항변 가능성에 대하여 설명한다.

Ⅱ. A지방자치단체 주장의 현저한 변동의 의미

1. 관련 규정의 검토(토지보상법 제91조 제4항)

토지의 가격이 취득일 당시에 비하여 "현저히 변동"된 경우 사업시행자와 환매권자는 환매금액에 대하여 서로 협의하되, 협의가 성립되지 아니하면 그 금액의 증감을 법원에 청구할 수 있다고 규정하고 있다.

2. 현저히 변동된 경우의 의미

토지보상법 시행령 제48조는 현저히 변동된 경우란, 환매권 행사 당시의 토지가격이 지급한 보상금에 환매 당시까지의 해당 사업과 관계없는 인근 유사토지의 지가변동률을 곱한 금액보다 높은 경우로 한다고 규정하고 있다.

Ⅲ. 선이행 또는 동시이행 항변의 주장 가능성

1. 관련 판례의 태도

환매권은 형성권으로서 환매권을 행사하기 위해서는 보상금 상당액을 미리 지급함으로써 족한 것이며, 사업시행자는 법원에 환매대금의 증액을 청구할 수 있을 뿐 증액된 환매대금과 보상금 상당액의 차액을 지급할 것을 선이행 또는 동시이행의 항변으로 주장할 수 없다고 판시한바 있다.

2. 검토

관련 판례의 태도에 따르면 A지방자치단체는 토지 가격의 상승에 따른 환매대금증액청구권을 내세워 선이행 또는 동시이행의 항변을 주장할 수 없다고 판단된다.

IV. 사안의 해결

토지보상법 시행령 제48조에 따라 판단하면 사안의 경우 A지방자치단체의 환매 대상 토지 가격의 상승은 현저한 변동에 해당한다고 봄이 타당하며, 관련 판례의 태도에 따라 선이행 또는 동시이행의 항변으로 주장할 수 없다고 판단된다.

[문제1-3] 15점 소유권이전등기말소청구소송 승소여부

I. 논점의 정리

乙이 소유권이전등기말소청구소송을 제기한 경우의 승소 여부에 대하여 선결문제의 효력 부인 가능 여부를 토대로 설명한다.

II. 관련 행정작용의 검토

1. 수용재결의 의의 및 법적 성질(토지보상법 제34조, 제50조)

재결이란 사업인정의 고시가 있은 후 협의불성립 또는 불능의 경우에 사업시행자의 신청에 의해 관할 토지수용위원회가 행하는 공용수용의 종국적 절차로서 공익과 사익의 조화에 취지가 있다. 수용재결은 ① 형성적 행정행위, ② 기속행위이자 재량행위, ③ 제3자효 행정행위의 성질을 가진다.

2. 수용재결의 취소사유

재결의 주체, 내용, 절차, 형식상의 하자가 있는 경우에 재결은 위법성이 문제된다. 이때 취소사유인지 여부는 중대명백설에 따라 판단하며, 중대하고 명백할 경우에는 무효사유가 될 것이며, 중대성과 명백성 중 하나라도 이르지 않는 경우에는 취소사유로 봄이 타당하다.

III. 선결문제

1. 선결문제의 의의

선결문제란 소송에서 본안판단을 함에 있어 행정행위의 위법여부 등의 확인 및 효력부인에 대한 해결이 필수적으로 전제가 되는 법문제를 말한다. 행정소송법 제11조에서는 "처분 등의 효력 유무 또는 존재 여부는 민사소송의 수소법원이 이를 심리·판단할 수 있다"고 규정하고 있다.

2. 구성요건적 효력과 선결문제

구성요건적 효력이란 하자 있는 행정행위라도 무효가 아닌 한 제3자의 국가기관은 그 행정행위의 존재 및 내용을 존중하여 스스로의 판단기초 내지 구성요건으로 삼아야 하는 구속력을 말한다. 종래의 학설은 선결문제를 공정력에 관련하여 언급하여 왔으나, 다른 국가기관에 대한 구속력이란 점에서 구성요건적 효력의 문제로 봄이 타당하다.

3. 선결문제의 유형 판단

(1) 위법성 확인의 경우

선결문제로서 위법성 판단은 단순한 위법성 심사에 그치는 것이므로 행정행위의 구성요건적 효력에 반하지 않는바 민사법원에서 행정행위의 위법성 확인이 가능하다고 봄이 타당하다.

(2) 효력부인의 경우

1) 관련 학설과 판례의 태도

① 효력을 부인할 수 없다는 〈부정설〉, 예외적으로 효력부인을 긍정하는 〈긍정설〉이 대립

하며, ② 판례는 선결문제에 대하여 당연무효로 인정될 경우에는 판단이 가능하나, 단순 취소사유에 그칠 때에는 법원이 효력을 부인할 수 없다고 판시하였다.

2) 검토

판례는 부정설의 입장을 취하고 있고, 취소소송의 배타적 관할 및 구성요건적 효력을 고려할 때 민사법원에서 행정행위의 효력부인은 할 수 없다고 봄이 타당하다.

Ⅳ. 사안의 해결(승소 여부)

乙의 토지에 대한 수용재결에 취소사유에 해당하는 하자가 있어, 판례의 태도에 따르면 민사법원은 효력부인을 할 수 없고, 기각판결이 될 것으로 판단되며, 乙은 승소하지 못할 것으로 판단된다. (끝)

Question 02 30점

[문제2-1] 15점 정정불가 결정 통지에 대한 취소소송

Ⅰ. 논점의 정리

정정불가 결정 통지를 대상으로 취소소송을 제기할 수 있는지 여부에 대하여 대상적격이 문제되는바, 이하에서 관련 규정과 판례에 따라 설명한다.

Ⅱ. 개별공시지가 및 개별공시지가의 정정

1. 개별공시지가의 의의, 취지, 법적 성질(부동산공시법 제10조)

개별공시지가란 시장·군수·구청장이 공시지가의 공시기준일 당시 표준지의 공시지가를 기준으로 산정한 개별토지의 단위면적당 가격을 말하며, 조세 및 부담금 산정의 기준이 되어 행정의 효율성 제고에 취지가 인정된다. 판례는 개별공시지가의 경우 국민에게 직접적인 영향을 미치는 처분으로 보고 있다.

2. 개별공시지가의 정정(부동산공시법 제12조)

개별공시지가의 정정이란 개별공시지가에 위산·오기 등 명백한 오류가 있는 경우 이를 직권으로 정정할 수 있는 제도로서 개별공시지가의 적정성을 담보하기 위함에 취지가 있다.

Ⅲ. 개별공시지가의 정정 불가 통지의 처분성

1. 취소소송의 의의 및 요건

취소소송이란 행정청의 위법한 처분이나 재결의 취소 또는 변경을 구하는 소송을 말하며, 대상적격, 협의의 소익, 원고적격, 제소기간, 피고적격을 요건으로 한다. 이하에서는 대상적격에 대하여 설명한다.

2. 취소소송의 대상(행정소송법 제2조, 제19조)

행정소송법 제19조에서는 취소소송은 처분 등을 대상으로 한다고 규정하고 있다. 여기서 "처분 등"이라고 함은 행정소송법 제2조에서 "행정청이 행하는 구체적 사실에 관한 법집행으로서의 공권력의 행사 또는 그 거부와 그 밖에 이에 준하는 행정작용 및 행정심판에 대한 재결"을 말한다고 규정하고 있다.

3. 거부가 처분이 되기 위한 요건

거부가 처분이 되기 위한 요건은 판례의 태도에 따라 ① 공권력행사의 거부일 것, ② 거부가 신청인의 권리·의무에 직접적인 영향을 미칠 것, ③ 법규상·조리상 신청권이 있을 것을 요건으로 한다.

4. 관련 판례의 태도

판례는 개별토지가격합동조사지침 제12조의3은 행정청이 개별토지가격결정에 명백한 오류가 있는 경우 직권으로 경정하도록 한 규정으로서 토지소유자 등 이해관계인이 경정결정을 신청할 수 있는 권리를 인정하고 있지 아니하므로, 행정청이 조정신청에 대하여 정정불가 결정 통지를 한 것은 이른바 관념의 통지에 불과할 뿐 항고소송의 대상이 되는 처분이 아니라고 판시한바 있다.

5. 검토

부동산공시법에서도 토지소유자가 정정을 신청할 수 있는 권리를 규정하고 있지 않으므로 법률상 조리상·신청권이 있다고 보기 어려운바 판례의 태도에 따라 처분성을 부정함이 타당하다고 판단된다.

IV. 사안의 해결(취소소송 제기 가능 여부)

사안의 경우 정정불가 결정 통지는 판례의 태도에 따라 관념의 통지로서 처분에 해당하지 않고, 이에 따라 대상적격이 인정되지 못하는바 취소소송을 제기할 수 없다고 판단된다.

[문제2-2] 15점 甲 주장의 타당성 여부

I. 논점의 정리

(ⅰ) 개별공시지가 정정결정이 위법하다는 주장에 대하여 부동산공시법 제12조 내용이 예시적 사항인지를 토대로 설명하고, (ⅱ) 직권정정의 효력인 소급효를 토대로 증여세 부과처분의 위법성 여부에 대하여 설명한다.

II. 개별공시지가를 정정한 것에 대한 위법성 주장

1. 개별공시지가의 정정사유(법 제12조, 영 제23조)

개별공시지가에 위산, 오기 등 명백한 오류를 발견한 경우 정정할 수 있다. 명백한 오류란, ① 토지소유자의 의견청취, 공시절차를 완전하게 이행하지 아니한 경우, ② 용도지역·용도지구 등 토지가격에 영향을 미치는 주요 요인의 조사를 잘못한 경우, ③ 토지가격비준표 적용에 오류가 있는 경우 등이 있다.

2. 명백하지 않음에도 정정할 수 있는지 여부

판례는 토지특성조사의 착오 또는 위산·오기는 지가산정에 명백한 잘못이 있는 경우의 예시로서 이러한 사유가 있으면 경정결정할 수 있는 것으로 보아야 하고 그 착오가 명백하여야 비로소 경정결정할 수 있다고 해석할 것은 아니라고 판시한바 명백하지 않음에도 정정은 가능하다고 판단된다.

3. 甲 주장의 타당성(개별공시지가 정정의 위법성 여부)

정정사유는 예시적 사항에 불과하고, 판례는 명백하여야 비로소 경정·결정할 수 있다고 해석할 것은 아니라고 판시한바, 명백하지 않더라도 정정을 할 수 있다고 봄이 타당하고, 이에 따라 甲 주장의 타당성은 인정되지 않는다고 판단된다.

Ⅲ. 증여세 부과 처분의 위법성 주장

1. 정정된 개별공시지가의 소급효

개별공시지가가 정정된 경우에는 새로이 개별공시지가가 결정·공시된 것으로 본다. 다만, 판례는 개별토지가격이 지가산정에 명백한 잘못이 있어 경정결정·공고되었다면 당초에 결정·공고된 개별토지가격은 그 효력을 상실하고 경정결정된 새로운 토지가격이 공시기준일에 소급하여 그 효력을 발생한다고 보고 있다.

2. 甲 주장의 타당성(증여세 부과처분의 위법성 여부)

판례의 태도에 따르면 정정된 개별공시지가는 소급효를 가진다고 봄이 타당하고, 당초에 결정·공고된 개별공시지가는 효력을 상실하는바 정정된 개별공시지가를 기준으로 행해진 증여세 부과와 처분은 타당하다고 판단된다. 따라서 甲 주장은 타당성이 결여된다고 판단된다.

Ⅳ. 사안의 해결

(ⅰ) 부동산공시법 제12조 정정사유는 예시적 규정에 불과하고, 판례의 태도에 따르면 명백하지 않더라도 정정을 할 수 있다고 봄이 타당한바 甲주장의 타당성은 결여된다고 판단된다.

(ⅱ) 정정된 개별공시지가는 소급효를 가지고 당초 개별공시지가는 효력을 상실하는바 사안의 증여세부과와 처분은 타당성이 인정되고 이에 따라 甲주장의 타당성은 결여된다고 판단된다.   (끝)

Question 03 20점

[문제3-1] 10점 일부취소판결 여부 등

Ⅰ. 논점의 정리

업무정지처분의 법적 성질 및 행정소송법 제4조 제1호 변경의 해석과 관련하여 일부취소판결이 허용될 수 있는지에 대하여 설명한다.

Ⅱ. 업무정지처분의 의의 및 법적 성질

업무정지처분은 업무정지처분은 일정한 기간 동안 업무를 하지 못하도록 하는 의무를 부과하는 것을 말한다. 업무정지처분은 부작위하명에 해당하며, 감정평가법 제39조에서는 2년 이하의 업무정지로 규정하여 법 문언상 재량행위의 성질을 가진다.

Ⅲ. 행정소송법 제4조 제1호 변경의 의미

1. 취소소송의 의의 및 성질(행정소송법 제4조)

취소소송이란 행정청의 위법한 처분 등을 취소 또는 변경하는 소송을 말하며, 성질의 경우 견해가 대립하나 취소소송의 개념상 형성소송설이 타당하다.

2. 행정소송법 제4조 제1호 변경의 의미

(1) 관련 학설과 판례의 태도

① 일부취소로 보는 〈소극적 변경설〉과 새로운 처분을 내용으로 하는 판결이 가능하다고 보는 〈적극적 변경설〉이 대립하나, ② 판례는 현행 행정소송법상 이행형성소송을 인정하지 않으므로 변경의 의미를 소극적 변경, 즉 일부취소를 의미하는 것으로 보고 있다.

(2) 검토

적극적 변경판결은 법원이 처분권한을 행사하는 것과 같은 결과를 가져오므로 권력분립의 원칙에 위배된다. 따라서 명문의 규정이 없는 한 소극적 변경인 일부취소를 의미한다고 보는 것이 타당하다.

IV. 일부취소판결의 가능성

1. 일부취소판결 허용기준

일부취소판결은 일부취소되는 부분이 분리가능하고, 당사자가 제출한 자료만으로 일부취소되는 부분을 명확히 확정할 수 있는 경우에는 일부취소가 가능하다고 보고 있다.

2. 사안의 일부취소판결 가능성

판례는 재량행위인 경우 처분청의 재량권을 존중하여 전부취소하여 처분청이 재량권을 행사하여 다시 적정한 처분으로 하도록 하여야 한다고 보고 있다. 따라서 업무정지처분은 재량행위로서 전부취소를 하여야 한다고 판단된다.

V. 사안의 해결(감경 판결의 가능성 여부)

업무정지처분은 재량행위로서 일부취소를 할 수 없다고 봄이 타당하다. 따라서 전부취소를 하고 다시 적정한 처분을 하도록 함이 타당하다고 판단되는바, 3개월의 징계처분으로 감경하는 판결은 인정될 수 없다고 보여진다.

[문제3-2] 10점 성실의무의 내용

Ⅰ. 논점의 정리

고의로 잘못된 평가를 한 甲이 소속된 A법인이 부담하는 성실의무의 내용에 대하여 관련 규정과 판례를 토대로 설명한다.

Ⅱ. 성실의무의 내용

1. 관련 규정의 검토

(1) 감정평가법 제25조

감정평가법인등은 제10조에 따른 업무를 하는 경우 품위를 유지하여야 하고, 신의와 성실로써 공정하게 하여야 하며, 고의 또는 중대한 과실로 업무를 잘못하여서는 아니 된다고 규정하고 있다.

(2) 감정평가법 제26조

감정평가법인등이나 그 사무직원 또는 감정평가법인등이었거나 그 사무직원이었던 사람은 업무상 알게 된 비밀을 누설하여서는 아니 되며, 다른 법령에 특별한 규정이 있는 경우는 제외한다고 규정하고 있다.

(3) 감정평가법 제27조

감정평가사 또는 감정평가법인등은 다른 사람에게 자기의 성명 또는 상호를 사용하여 제10조에 따른 업무를 수행하게 하거나 자격증·등록증 또는 인가증을 양도·대여하거나 이를 부당하게 행사하여서는 아니 된다고 규정하고 있다.

2. 관련 판례의 태도

감정평가법인등인 경우에 실질적인 감정평가업무는 소속감정평가사에 의하여 이루어질 수밖에 없으므로, 감정평가법인이 부담하는 성실의무란, 소속감정평가사에 대한 관리·감독

의무를 포함하여 공정한 감정평가결과가 도출될 수 있도록 노력할 의무를 의미한다고 판시한 바 있다.

Ⅲ. 결

감정평가법인등의 성실의무란 소속감정평가사에 대한 관리·감독의무를 포함하여 공정한 감정평가결과가 도출될 수 있도록 노력할 의무를 말한다. 따라서 A법인은 소속 감정평가사 甲의 잘못된 평가에 대하여 충분한 노력 의무를 행했는지 여부에 따라 성실의무 위반 여부가 판단될 것으로 보여진다.　　　　　　　　　　　　　　　　　　　　　　　(끝)

Question 04 30점

Ⅰ. 손해배상책임의 의의 및 취지(감정평가법 제28조)

감정평가법인등의 손해배상책임이란 감정평가사가 고의 또는 과실로 부당한 감정평가를 함으로써 타인에게 손해를 발생하게 한 때에 그 손해를 배상하는 것을 말하며, 의뢰인 및 제3자의 보호 도모 및 토지 등의 적정가격 평가 유도에 그 취지가 있다.

Ⅱ. 특칙인지 여부

감정평가법 제28조가 민법 제750조의 특칙인지 견해가 대립하나, 판례는 손해를 입게 된 감정평가 의뢰인이나 선의의 제3자는 법률상의 손해배상책임과 민법상의 불법행위로 인한 손해배상책임을 함께 물을 수 있다고 판시하여 특칙이 아니라고 보고 있다.

Ⅲ. 필요한 조치의 내용

(1) 손해배상을 위한 보험가입 등(시행령 제23조)

감정평가법인등은 손해배상책임을 보장하기 위하여 보증보험에 가입하거나 협회가 운영하는 공제사업에 가입해야 하여야 한다고 규정하고 있다.

(2) 국토교통부장관에게 보고(동법 제28조 제3항 및 제4항)

감정평가법인등은 법원의 확정판결을 통한 손해배상이 결정된 경우에는 그 사실을 국토교통부장관에게 알려야 한다고 규정하고 있다.

Ⅳ. 필요한 조치를 하지 아니한 경우 행정상 제재조치

필요한 조치를 하지 아니한 경우에는 ① 감정평가법 제32조 법인설립인가 및 2년 이내의 업무정지, ② 동법 제41조에 따른 변형된 과징금 부과, ③ 동법 제52조 제2항에 따라 400만원 이하의 과태료 부과가 가능할 것으로 판단된다.

Ⅴ. 행정상 제재조치에 대한 불복

설립인가 취소나 업무정지 처분, 과징금을 부과받은 경우에는 행정쟁송을 통하여 불복할 수 있고, 과태료처분에 대해서는 질서위반행위규제법에 따라 이의제기와 과태료재판을 통해 불복할 수 있다고 판단된다. 〈끝〉

– 이하 여백 –

01

A대도시의 시장은 국토의 계획 및 이용에 관한 법률에 따른 도시관리계획으로 관할 구역 내 ○○동 일대 90,000㎡ 토지에 공영주차장과 자동차정류장을 설치하는 도시계획시설사업결정을 한 후 지방공기업법에 따른 A대도시 X지방공사(이하 'X공사'라 함)를 도시계획시설사업의 시행자로 지정하고, X공사가 작성한 실시계획에 대해 실시계획인가를 하고 이를 고시하였다. 이에 따라 공익사업을 위한 토지 등의 취득 및 보상에 관한 법률(이하 '토지보상법'이라 함)에 의해 사업인정 및 고시가 이루어졌다. 한편, X공사는 사업대상구역 내에 위치한 20,000㎡ 토지를 소유한 甲과 토지수용을 위한 협의를 진행하였으나 협의가 성립되지 아니하여 관할 지방토지수용위원회에 토지수용의 재결을 신청하였다. 다음 물음에 답하시오(단, 각 물음은 상호독립적임). **40점**

(1) 토지보상법의 사업인정과 사업인정고시의 법적 성질에 관하여 설명하시오. **10점**

(2) 甲은 수용 자체가 위법이라고 주장하면서 관할 지방토지수용위원회의 수용재결과 중앙토지수용위원회의 이의재결을 거친 후 취소소송을 제기하였다. 취소소송의 대상적격과 피고적격에 관하여 설명하시오. **20점**

(3) 甲은 자신의 토지에 대한 보상금이 적으며, 일부 지장물이 손실보상의 대상에서 제외되었다는 이유로 관할 지방토지수용위원회의 수용재결에 불복하여 중앙토지수용위원회에 이의신청을 거쳤으나, 기각재결을 받았다. 甲이 이에 대하여 불복하는 경우 적합한 소송 형태를 쓰고 이에 관하여 설명하시오. **10점**

〈국토의 계획 및 이용에 관한 법률〉

제88조(실시계획의 작성 및 인가 등)

① 도시·군계획시설사업의 시행자는 대통령령으로 정하는 바에 따라 그 도시·군계획시설사업에 관한 실시계획(이하 "실시계획"이라 한다)을 작성하여야 한다.

② 도시·군계획시설사업의 시행자(국토교통부장관, 시·도지사와 대도시 시장은 제외한다. 이하 제3항에서 같다)는 제1항에 따라 실시계획을 작성하면 대통령령으로 정하는 바에 따라 국토교통부장관, 시·도지사 또는 대도시 시장의 인가를 받아야 한다. 다만, 제98조에 따른 준공검사를 받은 후에 해당 도시·군계획시설사업에 대하여 국토교통부령으로 정하는 경미한 사항을 변경하기 위하여 실시계획을 작성하는 경우에는 국토교통부장관, 시·도지사 또는 대도시 시장의 인가를 받지 아니한다.

제96조(「공익사업을 위한 토지 등의 취득 및 보상에 관한 법률」의 준용)

① 제95조에 따른 수용 및 사용에 관하여는 이 법에 특별한 규정이 있는 경우 외에는 「공익사업을 위한 토지 등의 취득 및 보상에 관한 법률」을 준용한다.

② 제1항에 따라 「공익사업을 위한 토지 등의 취득 및 보상에 관한 법률」을 준용할 때에 제91조에 따른 실시계획을 고시한 경우에는 같은 법 제20조 제1항과 제22조에 따른

사업인정 및 그 고시가 있었던 것으로 본다. 다만, 재결 신청은 같은 법 제23조 제1항 과 제28조 제1항에도 불구하고 실시계획에서 정한 도시·군계획시설사업의 시행기간 에 하여야 한다.

〈공익사업을 위한 토지 등의 취득 및 보상에 관한 법률〉

제28조(재결의 신청)

① 제26조에 따른 협의가 성립되지 아니하거나 협의를 할 수 없을 때(제26조 제2항 단서에 따른 협의 요구가 없을 때를 포함한다)에는 사업시행자는 사업인정고시가 된 날부터 1년 이내에 대통령령으로 정하는 바에 따라 관할 토지수용위원회에 재결을 신청할 수 있다.

제83조(이의의 신청)

① 중앙토지수용위원회의 제34조에 따른 재결에 이의가 있는 자는 중앙토지수용위원회 에 이의를 신청할 수 있다.

② 지방토지수용위원회의 제34조에 따른 재결에 이의가 있는 자는 해당 지방토지수용위 원회를 거쳐 중앙토지수용위원회에 이의를 신청할 수 있다.

③ 제1항 및 제2항에 따른 이의의 신청은 재결서의 정본을 받은 날부터 30일 이내에 하 여야 한다.

제84조(이의신청에 대한 재결)

① 중앙토지수용위원회는 제83조에 따른 이의신청을 받은 경우 제34조에 따른 재결이 위 법하거나 부당하다고 인정할 때에는 그 재결의 전부 또는 일부를 취소하거나 보상액을 변경할 수 있다.

② 제1항에 따라 보상금이 늘어난 경우 사업시행자는 재결의 취소 또는 변경의 재결서 정본을 받은 날부터 30일 이내에 보상금을 받을 자에게 그 늘어난 보상금을 지급하여 야 한다. 다만, 제40조 제2항 제1호·제2호 또는 제4호에 해당할 때에는 그 금액을 공탁할 수 있다.

Question 02

지적공부상 지목이 전인 甲 소유의 토지('이 사건 토지'라 함)는 면적이 2,000㎡이고, 이 중 330㎡ 토지에 주택이 건축되어 있고 나머지 부분은 밭으로 사용되고 있다. 그럼에도 불구하고 A도 B시의 시장(이하 'B시장'이라 함)은 지목이 대인 1개의 표준지의 공시지가 를 기준으로 토지가격비준표를 사용하여 2022.5.31. 이 사건 토지에 대하여 개별공시지 가를 결정, 공시하였다. B시장은 이 사건 토지에 대한 개별공시지가와 이의신청 절차를 갑에게 통지하였다. 다음 물음에 답하시오(단, 각 물음은 상호 독립적임). 30점

(1) 甲이 B시장의 개별공시지가 결정이 위법, 부당하다는 이유로 부동산 가격공시에 관한 법령에 따른 이의신청을 거치지 않고 행정심판법에 따른 취소심판을 제기할 수 있는지 여부와 이 사건 토지에 대한 개별공시지가 결정의 위법성에 관하여 설명하시오. 15점

(2) 甲은 개별공시지가 결정에 대하여 부동산 가격공시에 관한 법령에 따른 이의신청이나 행정심판법에 따른 행정심판과 행정소송법에 따른 행정소송을 제기하지 않았다. 그 후

B시장은 2022.9.15. 이 사건 토지에 대한 개별공시지가를 시가표준액으로 하여 재산세를 부과, 처분하였다. 이에 甲은 2022.12.5. 이 사건 토지에 대한 개별공시지가결정의 하자를 이유로 재산세부과처분에 대하여 취소소송을 제기하였다. 甲의 청구가 인용될 수 있는지 여부에 관하여 설명하시오. 15점

〈부동산 가격공시에 관한 법률〉

제10조(개별공시지가의 결정·공시 등)

① 시장·군수 또는 구청장은 국세·지방세 등 각종 세금의 부과, 그 밖의 다른 법령에서 정하는 목적을 위한 지가산정에 사용되도록 하기 위하여 제25조에 따른 시·군·구부동산가격공시위원회의 심의를 거쳐 매년 공시지가의 공시기준일 현재 관할 구역 안의 개별토지의 단위면적당 가격(이하 "개별공시지가"라 한다)을 결정·공시하고, 이를 관계 행정기관 등에 제공하여야 한다.

② 제1항에도 불구하고 표준지로 선정된 토지, 조세 또는 부담금 등의 부과대상이 아닌 토지, 그 밖에 대통령령으로 정하는 토지에 대하여는 개별공시지가를 결정·공시하지 아니할 수 있다. 이 경우 표준지로 선정된 토지에 대하여는 해당 토지의 표준지공시지가를 개별공시지가로 본다.

〈생략〉

④ 시장·군수 또는 구청장이 개별공시지가를 결정·공시하는 경우에는 해당 토지와 유사한 이용가치를 지닌다고 인정되는 하나 또는 둘 이상의 표준지의 공시지가를 기준으로 토지가격비준표를 사용하여 지가를 산정하되, 해당 토지의 가격과 표준지공시지가가 균형을 유지하도록 하여야 한다.

⑤ 시장·군수 또는 구청장은 개별공시지가를 결정·공시하기 위하여 개별토지의 가격을 산정할 때에는 그 타당성에 대하여 감정평가법인등의 검증을 받고 토지소유자, 그 밖의 이해관계인의 의견을 들어야 한다. 다만, 시장·군수 또는 구청장은 감정평가법인등의 검증이 필요 없다고 인정되는 때에는 지가의 변동상황 등 대통령령으로 정하는 사항을 고려하여 감정평가법인등의 검증을 생략할 수 있다.

제11조(개별공시지가에 대한 이의신청)

① 개별공시지가에 이의가 있는 자는 그 결정·공시일부터 30일 이내에 서면으로 시장·군수 또는 구청장에게 이의를 신청할 수 있다.

② 시장·군수 또는 구청장은 제1항에 따라 이의신청 기간이 만료된 날부터 30일 이내에 이의신청을 심사하여 그 결과를 신청인에게 서면으로 통지하여야 한다. 이 경우 시장·군수 또는 구청장은 이의신청의 내용이 타당하다고 인정될 때에는 제10조에 따라 해당 개별공시지가를 조정하여 다시 결정·공시하여야 한다.

③ 제1항 및 제2항에서 규정한 것 외에 이의신청 및 처리절차 등에 필요한 사항은 대통령령으로 정한다.

〈부동산 가격공시에 관한 법률 시행령〉

제21조(개별공시지가의 결정 및 공시)

① 시장·군수 또는 구청장은 매년 5월 31일까지 개별공시지가를 결정·공시하여야 한

다. 다만, 제16조 제2항 제1호의 경우에는 그 해 10월 31일까지, 같은 항 제2호의 경우에는 다음 해 5월 31일까지 결정·공시하여야 한다.

② 시장·군수 또는 구청장은 제1항에 따라 개별공시지가를 공시할 때에는 다음 각 호의 사항을 해당 시·군 또는 구의 게시판 또는 인터넷 홈페이지에 게시하여야 한다.

　　1. 조사기준일, 공시필지의 수 및 개별공시지가의 열람방법 등 개별공시지가의 결정에 관한 사항

　　2. 이의신청의 기간·절차 및 방법

③ 개별공시지가 및 이의신청기간 등의 통지에 관하여는 제4조 제2항 및 제3항을 준용한다.

제22조(개별공시지가에 대한 이의신청)

① 법 제11조 제1항에 따라 개별공시지가에 대하여 이의신청을 하려는 자는 이의신청서에 이의신청 사유를 증명하는 서류를 첨부하여 해당 시장·군수 또는 구청장에게 제출하여야 한다.

② 시장·군수 또는 구청장은 제1항에 따라 제출된 이의신청을 심사하기 위하여 필요할 때에는 감정평가법인등에게 검증을 의뢰할 수 있다.

03

A감정평가법인(이하 'A법인'이라 함)에 근무하는 B감정평가사(이하 'B'라 함)는 2020.4.경 갑 소유의 토지 (이하 '갑 토지'라 함)를 감정평가하면서 甲 토지와 이용가치가 비슷하다고 인정되는 부동산 가격공시에 관한 법률에 따른 표준지공시지가를 기준으로 감정평가를 하지도 않았고 적정한 실거래가보다 3배 이상 차이가 나는 금액으로 甲 토지를 감정평가하였다. 그러나 그 사실은 3년여가 지난 후 발견되었고 이에 따라 국토교통부장관은 감정평가관리·징계위원회(이하 '위원회'라 함)에 징계의결을 요구하였으며 위원회는 3개월의 업무정지를 의결하였고, 국토교통부장관은 위원회의 의결에 따라 2023.7.10. B에 대해서 3개월의 업무정지처분(2023.8.1.부터)을 결정하였으며 A법인과 B에게 2023.7.10. 위 징계사실을 통보하였다. 이에 B는 위 징계가 위법하다는 이유로 2023.7.14. 취소소송을 제기하면서 집행정지를 신청하였다. 집행정지의 인용가능성과 본안에서 B의 청구가 기각되는 경우 징계의 효력과 국토교통부장관이 취해야 할 조치에 관하여 설명하시오. 20점

〈감정평가 및 감정평가사에 관한 법률〉

제39조(징계)

① 국토교통부장관은 감정평가사가 다음 각 호의 어느 하나에 해당하는 경우에는 제40조에 따른 감정평가관리·징계위원회의 의결에 따라 제2항 각 호의 어느 하나에 해당하는 징계를 할 수 있다. 다만, 제2항 제1호에 따른 징계는 제11호, 제12호에 해당하는 경우 및 제27조를 위반하여 다른 사람에게 자격증·등록증 또는 인가증을 양도 또는 대여한 경우에만 할 수 있다.

　　1. 제3조 제1항을 위반하여 감정평가를 한 경우

　　2. 제3조 제3항에 따른 원칙과 기준을 위반하여 감정평가를 한 경우

〈생략〉

⑦ 제1항에 따른 징계의결은 국토교통부장관의 요구에 따라 하며, 징계의결의 요구는 위반사유가 발생한 날부터 5년이 지나면 할 수 없다.

제39조의2(징계의 공고)

① 국토교통부장관은 제39조 제1항 및 제2항에 따라 징계를 한 때에는 지체 없이 그 구체적인 사유를 해당 감정평가사, 감정평가법인등 및 협회에 각각 알리고, 그 내용을 대통령령으로 정하는 바에 따라 관보 또는 인터넷 홈페이지 등에 게시 또는 공고하여야 한다.

제40조(감정평가관리ㆍ징계위원회)

① 다음 각 호의 사항을 심의 또는 의결하기 위하여 국토교통부에 감정평가관리ㆍ징계위원회(이하 "위원회"라 한다)를 둔다.

〈생략〉

4. 제39조에 따른 징계에 관한 사항

〈감정평가 및 감정평가사에 관한 법률 시행령〉

[별표 3] 감정평가업자의 설립인가 취소와 업무정지의 기준(제29조 관련)

1. 일반기준

가. 위반행위의 횟수에 따른 행정처분의 기준은 최근 1년간(제2호 하목의 경우에는 최근 3년간을 말한다) 같은 위반행위(근거 법조문 내에서 위반행위가 구분되어 있는 경우에는 그 구분된 위반행위를 말한다)로 행정처분을 받은 경우에 적용한다. 이 경우 위반횟수는 같은 위반행위에 대하여 행정처분을 받은 날과 그 처분 후에 다시 같은 위반행위를 하여 적발된 날을 각각 기준으로 하여 계산한다.

〈생략〉

다. 국토교통부장관은 위반행위의 동기ㆍ내용 및 위반의 정도 등을 고려하여 처분기준의 2분의 1 범위에서 그 기간을 늘릴 수 있다. 다만, 늘리는 경우에도 총 업무정지기간은 2년을 넘을 수 없다.

2. 개별기준

위반행위	근거 법조문	행정처분기준		
		1차 위반	2차위반	3차이상 위반
라. 법 제3조 제1항을 위반하여 감정평가를 한 경우	법 제32조 제1항 제4호	업무정지 1개월	업무정지 3개월	업무정지 6개월
마. 법 제3조 제3항에 따른 원칙과 기준을 위반하여 감정평가를 한 경우	법 제32조 제1항 제5호	업무정지 1개월	업무정지 2개월	업무정지 4개월

Question 04 감정평가 및 감정평가사에 관한 법률 제21조에 따른 '사무소 개설 등'에 관하여 설명하시오. 10점

Question 01 40점

(물음 1-1) 사업인정과 사업인정고시 법적 성질 10점

Ⅰ. 논점의 정리

사업인정과 사업인정고시의 법적 성질에 따라 권리구제 방법이 달라지기에 이하 이에 대해 검토한다.

Ⅱ. 사업인정(토지보상법 제2조 제7호, 제20조)

1. 의의 및 취지

사업인정이란 공익사업을 토지 등을 수용 또는 사용할 사업으로 결정하는 것을 말한다. 이는 공용수용 행정에 있어서 수용행정 적정화, 피수용자의 사전적 권리구제에 취지가 인정된다.

2. 법적 성질

(1) 처분성

사업인정은 일정한 절차를 거칠 것을 조건으로 수용권을 설정하는 형성적 행정행위로서 행정소송법 제2조상 처분에 해당한다.

(2) 형성적 행정행위로 특허 및 재량행위

사업인정은 단순한 확인행위가 아니라 형성적 행위로 특허에 해당하고, 토지보상법 제21조에 따라 국토교통부장관은 사업인정 시 중앙 토지수용위원회의 협의를 거치고 이해관계인의 의견을 청취하는 점 등을 고려할 때 재량행위에 해당한다.

(3) 제3자효 행정행위

사업시행자에게는 수익적 효과를, 피수용자에게는 침익적 효과를 발생시키는 제3자효 행정행위이다.

Ⅲ. 사업인정고시(토지보상법 제22조)

1. 의의 및 취지

국토교통부장관은 토지보상법 제20조에 따른 사업인정을 하였을 때에는 지체 없이 그 뜻을 사업시행자, 토지소유자 및 관계인, 관계 시·도지사에게 통지하고 사업시행자의 성명이나 명칭, 사업의 종류, 사업지역 및 수용하거나 사용할 토지의 세목을 관보에 고시하여야 한다. 토지보상법 제25조에 따른 토지보전의무를 통한 보상투기를 방지하기 위해 고시한 날로부터 효력이 발생한다.

2. 법적 성질

통지로 보는 견해와 사업인정과 같이 특허로 보는 견해가 대립하나 불복과 관련하여 실익이 있으므로 사업인정과 사업인정고시를 통일적으로 〈특허〉로 파악함이 타당하다.

Ⅳ. 결

사업인정 및 사업인정 고시는 토지보상법상 별도의 불복규정이 없어 일반 행정심판법 및 행정소송법에 따라 불복하게 된다는 점에 특징이 있다.

(물음 1-2) 수용재결 불복 대상적격과 피고적격 20점

Ⅰ. 논점의 정리

토지소유자 갑이 토지보상법상 수용재결과 이의재결을 모두 거친 후 제기하는 취소소송의 대상적격과 피고적격에 관하여 이하 원처분주의 관점에서 검토한다.

Ⅱ. 관련 행정작용의 의의 및 취지

1. 수용재결(토지보상법 제34조, 제50조)

사업인정고시 이후 협의 불성립·불능의 경우, 사업시행자의 재결신청에 의해 관할 토지수용위원회가 행하는 수용 또는 사용 결정을 행하는 공용수용의 종국적 절차이다. 공·사익의 조화, 공익사업의 원활한 진행에 취지가 인정된다.

2. 이의재결(토지보상법 제83조, 제86조)

관할 토지수용위원회의 위법·부당한 재결에 불복하여 토지보상법 제83조에 따라 이의신청을 거친 경우 그 위법·부당에 대한 중앙토지수용위원회의 판단을 의미하며, 토지소유자 등의 권익구제에 그 취지가 있다.

Ⅲ. 대상적격 – 원처분주의와 재결주의 논의

1. 의의 및 취지

취소소송은 처분 등을 대상으로 한다. 다만 재결취소소송의 경우에는 재결 자체에 고유한 위법이 있음을 이유로 하는 경우에 한한다. 소 남용 방지 및 소송 경제상 취지가 있다.

2. 원처분주의와 재결주의

(1) 의의

〈원처분주의〉는 원처분을 소의 대상으로 하되 재결에 고유한 위법이 있는 경우 재결을 다툴 수 있게 하는 것이다. 〈재결주의〉는 재결을 소의 대상으로 하는 것을 말한다.

(2) 원처분주의 법적 근거

행정소송법 제19조에서 "취소소송은 처분 등을 대상으로 한다."라고 규정한다.

토지보상법 제85조 제1항에서도 "제34조에 대한 재결에 불복할 때에는 재결서를 받은 날부터 90일 이내"라고 하여 원처분주의를 관철하고 있다.

(3) 행정심판 재결의 고유한 하자의 의미(96누14661)

대법원 판례에 따라 행정소송법 제19조에서 말하는 "재결의 고유한 위법"이란 원처분에는 없고 재결에만 있는 재결청의 권한 또는 구성의 위법, 재결의 절차나 형식의 위법, 내용의

위법 등을 뜻하고, 그중 내용의 위법에는 위법·부당하게 인용재결을 한 경우가 해당한다.

3. 대법원 판례(2008두1504)

수용재결에 불복하여 취소소송을 제기하는 때에는 이의신청을 거친 경우에도 수용재결을 한 중앙토지수용위원회 또는 지방토지수용위원회를 피고로 하여 수용재결의 취소를 구하여야 하고, 다만 이의신청에 대한 재결 자체에 고유한 위법이 있음을 이유로 하는 경우에는 그 이의재결을 한 중앙토지수용위원회를 피고로 하여 이의재결의 취소를 구할 수 있다고 보아야 한다.

4. 소결

관련 규정과 판례의 태도에 따르면 원처분주의를 명문화한 것으로 판단된다. 따라서 재결 자체의 고유한 위법이 인정되지 않는다면 원처분을 대상으로 하는 것이 타당하므로 수용재결을 소의 대상으로 삼는 것이 타당하다.

IV. 피고적격(행정소송법 제13조)

1. 의의 및 취지

피고적격은 처분 등을 행한 행정청이 된다. 따라서 수용재결이 소의 대상이 되는 경우는 수용재결을 한 관할 토지수용위원회가 되고, 이의재결이 소의 대상이 된 경우에는 이의재결을 한 중앙토지수용위원회가 피고가 될 것이다.

2. 재결의 고유한 하자가 없는 경우 피고적격

토지보상법 제85조 제1항에 따라 사업시행자, 토지소유자 또는 관계인은 〈제34조에 따른 재결〉에 불복할 때 행정소송을 제기할 수 있다. 이때 수용재결에 불복 시 이의신청을 거친 경우에도 수용재결을 한 중앙토지수용위원회 또는 지방토지수용위원회를 피고로 하여 수용재결의 취소를 구하여야 한다고 판시하였다(대판 2010.1.28, 2008두1504).

3. 사안의 경우

사안에서 이의재결에 고유한 하자가 있는지에 대한 내용이 불명확한바, 토지소유자 甲은 수용

재결을 한 관할 토지수용위원회를 피고적격으로 하여 취소소송을 제기하는 것이 타당하다고

생각한다.

(물음 1-3) 보상금 불복 적합한 소송 형태 10점

Ⅰ. 논점의 정리

토지소유자 甲이 토지보상법상 보상금이 적다고 이의신청을 거쳤으나 기각재결을 받은

경우 이에 대한 불복으로 보상금증감청구소송을 제기할 수 있는바, 이하에서 구체적으로

설명하고자 한다.

Ⅱ. 적합한 소송의 형태

1. 관련 규정[토지보상법 제85조 제2항]

토지보상법 제85조 제2항에 따라 수용재결의 보상금에 대해 불복하는 경우에는 보상금증

감청구소송을 제기하여야 한다.

2. 검토 〈보상금증액청구소송〉

생각건대 갑이 적은 보상금에 대해 불복하고자 하는 점을 고려할 때 〈보상금증액청구소

송〉으로 다툼이 타당하다.

Ⅲ. 보상금증액청구소송

1. 의의 및 취지[토지보상법 제85조 제2항]

보상금증액청구소송은 보상금에 대한 직접적인 이해당사자인 사업시행자와 토지소유자 및

관계인이 보상금의 증감을 소송의 제기를 통해 직접 다툴 수 있도록 하는 당사자소송이다.

분쟁의 일회적 해결 도모에 그 취지가 있다.

2. 법적 성질

(1) 형식적 당사자소송

최근 토지보상법 제85조 제2항 개정으로 재결청이 피고에서 삭제되어 실질적으로는 수용재결의 내용을 다투면서도 그 법률관계의 한쪽 당사자를 피고로 하는 소송이므로 전형적인 형식적 당사자소송에 해당한다.

(2) 확인·급부소송

학설은 〈형성소송설〉과 〈확인·급부소송설〉이 대립한다. 판례는 실질적으로 보상액을 확인하고 지급을 명한다는 점에서 확인·급부소송의 입장이다.

생각건대 재결청 개입 없이 당사자 사이의 보상금 증감의 분쟁을 종국적으로 해결하려는 취지를 고려하여 〈확인·급부소송〉으로 봄이 타당하다.

3. 요건 및 특수성

(1) 제소기간 및 당사자

본래 당사자소송은 제소기간이 없으나, 토지보상법 제85조 제1항을 준용하여 재결서 정본을 받은 날부터 90일 이내, 이의재결서 정본을 받은 날부터 60일 이내에 제기할 수 있다. 또한 사업시행자는 토지소유자 및 관계인, 토지소유자 및 관계인은 사업시행자를 피고로 하여 소를 제기한다.

(2) 심리범위

보상금의 범위, 금액이 심리범위에 해당하고 판례는 보상금항목 간의 유용, 지연가산금, 잔여지수용도 심리범위에 포함한다는 태도를 보인다.

IV. 결

피수용자는 보상금증액청구소송을 통해 적은 보상금 액수와 손실보상 대상 여부를 다투는

것이 타당하다고 판단된다.   〈끝〉

Question 02 30점

개별공시지가의 이의신청과 취소소송

(물음 2-1) 개별공시지가의 이의신청과 행정심판, 개별공시지가의 위법성 15점

I. 논점의 정리

물음 1에서 부동산공시법상 이의신청이 있음에도 이를 거치지 않고 행정심판법상 취소심판을

제기할 수 있는지 검토한다. 물음 2에서는 甲 토지 중 1,670㎡은 현황 '전'임에도 불구하고

지목이 대인 표준지공시지가를 선정하여 개별공시지가를 결정한 경우 그 결정의 위법성에 대

해 검토한다.

II. 개별공시지가의 이의신청을 거치지 않고 행정심판을 제기할 수 있는지

1. 개별공시지가의 의의 및 취지[부동산공시법 제10조]

시·군·구청장이 시·군·구 부동산가격공시위원회의 심의를 받아 결정·공시하는 관할

구역 내 개별토지의 공시기준일 현재 단위면적당 가격이다. 국세, 지방세 등 각종 세금의

부과 및 관계 법령에 따른 지가산정의 활용에 그 취지가 있다.

2. 개별공시지가의 이의신청[부동산공시법 제11조]

(1) 의의 및 취지

개별공시지가에 대하여 이의가 있는 자가 그 결정·공시일부터 30일 이내에 서면으로 시·군

·구청장에게 이의를 신청하여 시·군·구청장이 이를 심사하는 제도이다. 공시지가의 적정

성 담보, 국민의 권익보호에 취지가 있다.

(2) 성격

1) 구별실익(행정심판법 제51조)

행정심판 재청구 금지의 원칙에 따라 심판청구에 대한 재결이 있으면 그 재결 및 같은 처분 또는 부작위에 대하여 다시 행정심판을 청구할 수 없다. 따라서 강학상 이의신청이라면 이의신청을 거치고도 행정심판 제기가 가능하여 구별실익이 있다.

2) 학설 및 관련 판례(2008두19987)

특별법상 행정심판으로 보는 견해, 강학상 이의신청으로 보는 견해가 대립한다. 최근 판례(대판 2010.1.28, 2008두19987)는 부동산공시법에 행정심판의 제기를 배제하는 명시적인 규정이 없고 이의신청과 행정심판은 그 절차 및 담당 기관에 차이가 있는 점 등을 고려할 때 〈강학상 이의신청〉으로 본다.

3) 검토

생각건대 부동산공시법상 행정심판을 배제하는 명시적 규정이 없는 점, 헌법 제107조 제3항의 사법절차 준용이 없는 점, 행정심판법 제4조상 개별공시지가 사안에서 전문성·특수성이 보이지 않는 점을 고려할 때 〈강학상 이의신청〉으로 봄이 타당하다.

3. 처분에 대한 이의신청(행정기본법 제36조 제4항)

이의신청의 결과를 받은 후 행정심판·행정소송을 제기하려는 자는 그 결과를 통지받은 날부터 90일 이내에 행정심판·행정소송을 제기할 수 있다.

4. 소결(행정심판제기 가능함)

개별공시지가의 이의신청은 강학상 이의신청으로 행정심판법 제51조 '재청구의 금지' 규정을 적용받지 않는바, 이의신청을 거치지 않더라도 행정심판법 제27조에 따라 처분이 있음을 안 날로 90일, 있은 날로 180일 이내에 행정심판 청구가 가능하다고 판단된다.

Ⅲ. 개별공시지가의 위법성 고찰

1. 표준지 선정에 있어서 위법

(1) 표준지공시지가 선정기준(부동산공시법 제10조 제4항)

개별공시지가를 결정·공시하는 경우 해당 토지와 유사한 이용가치를 지닌다고 인정되는 하나 또는 둘 이상의 표준지공시지가를 기준으로 토지가격비준표를 사용하여 지가를 산정하여야 한다.

(2) 검토

해당 토지 2,000㎡ 중에 주택이 건축되어 있는 토지는 330㎡이고, 나머지는 1,670㎡는 밭으로 이용 중이면 해당 개별공시지가 결정에 있어서 '대'인 표준지 1개만 선택한 경우에는 전체 토지의 이용상황이 고려되지 않아 위법한 표준지 선정이 된다고 생각한다.

2. 개별공시지가 결정의 위법성 검토

사안의 경우 1,670㎡는 현황 '전'이나 '대'인 표준지를 선정한바 그 선정에 하자가 있고, 이는 동법 제10조 절차를 완전히 이행하지 않은 경우이므로 개별공시지가 정정사유에 해당한다. 따라서 개별공시지가는 위법하며, 개별공시지가 결정의 위법은 통설과 판례에 따라 중대명백설 관점에서 내용상 중대한 하자이나 일반인의 관점에서는 명백한 하자로 보기 어려워 취소사유로 판단한다.

(물음 2-2) 개별공시지가와 과세처분 하자의 승계 15점

Ⅰ. 논점의 정리

갑은 개별공시지가의 하자를 이유로 재산세부과처분에 대하여 취소소송을 제기하려고 하는바, 하자의 승계 법리를 통해 甲의 청구의 인용가능성을 검토한다.

Ⅱ. 관련 행정작용의 법적 성질

1. 개별공시지가 결정

판례는 개별공시지가는 과세의 기준으로서 국민의 권리·의무 내지 법률상 이익에 직접적으로 관계된다고 하여 처분성을 긍정하였다.

2. 재산세부과처분

재산세부과처분은 금전납부를 명하는 급부하명으로서 처분에 해당한다.

Ⅲ. 하자의 승계 인정 여부

1. 의의 및 취지

둘 이상의 행정행위가 일련하여 발생하는 경우 선행행위의 위법을 이유로 후행행위를 다툴 수 있는가 하는 문제이다. 법적 안정성 및 헌법 제27조의 국민의 재판받을 권리의 조화에 취지가 인정된다.

2. 전제요건 충족 여부

(1) 하자의 승계 전제요건

① 선행행위와 후행행위 모두 처분일 것, ② 선행행위에 불가쟁력이 발생할 것, ③ 선행행위는 취소사유 위법일 것, ④ 후행행위는 적법할 것을 전제요건으로 한다.

(2) 사안의 경우

사안의 개별공시지가와 재산세부과는 모두 처분이고, 선행행위인 개별공시지가 결정은 취소사유 위법이며, 선행행위인 개별공시지가는 결정공시일인 2022.5.31.로부터 90일이 경과하여 불가쟁력이 발생하였고, 후행행위는 설문에서 언급이 없어 적법한 것을 전제로 하자의 승계 인정 여부를 검토한다.

3. 하자의 승계 인정 여부

(1) 학설

〈전통적인 하자의 승계론〉은 동일한 법률효과를 목적으로 하면 하자는 승계되고, 별개의 법률효과를 목적으로 하는 경우에는 하자는 승계되지 않는다고 보는 견해이다. 〈구속력 이론〉은 행정행위의 하자의 승계문제를 행정행위의 효력 중에서 불가쟁력이 발생한 선행 행위의 후행행위에 대한 구속력의 문제로 본다.

(2) 판례의 태도

위법한 개별공시지가를 기초로 한 과세처분 등 후행 행정처분에서 개별공시지가결정의 위법을 주장할 수 없도록 하는 것은 수인한도를 넘는 불이익을 강요하는 것으로서 이를 기초로 한 과세처분 등 행정처분의 취소를 구하는 행정소송에서도 선행처분인 개별공시지가 결정의 위법을 독립된 위법사유로 주장할 수 있다고 해석함이 타당하다(대판 1994.1.25, 93누8542).

(3) 검토

생각건대 예측가능성·수인가능성을 넘는 불이익이 존재한다면 별개의 법률효과를 목적으로 하더라도 하자승계를 긍정함이 타당하다고 판단된다.

4. 판례의 유형별 검토

(1) 하자 승계를 인정하는 경우

① 개별공시지가결정의 위법과 과세처분의 하자의 승계를 인정한 바 있다(대판 1994.1.25, 93누8542).

② 표준지공시지가결정의 하자와 수용재결 사이의 하자의 승계를 인정한 바 있다(대판 2008.8.21, 2007두13845).

(2) 하자 승계를 부정하는 경우

사업인정과 수용재결(대판 2009.11.26, 2009두11607), 표준지공시지가와 개별공시지가

결정(대판 1996.5.10, 95누9808), 표준지공시지가와 과세처분(대판 2022.5.13, 2018두

50147), 중개사무소 판례(대판 2019.1.31, 2017두40372)에서는 하자의 승계를 부정한

바 있다.

IV. 결

개별공시지가결정에 대하여 당사자에게 통지하였고, 이를 근거로 하여 재산세부과처분을

하였는바, 당사자는 충분히 예측가능하고, 수인가능성이 인정되므로 개별공시지가결정의

위법에 대하여 재산세부과처분을 다투면서 하자의 승계를 인정하기 어려워 甲의 청구는

인용될 수 없다고 판단된다.

Question 03 20점

징계 집행정지, 징계의 효력, 국토교통부장관의 조치

Ⅰ. 논점의 정리

사안에서 B평가사에 대한 업무정치처분의 집행정지 가능성과 징계의 효력, 국토교통부장

관이 취해야 할 조치를 검토한다.

Ⅱ. 감정평가법상 징계로서 업무정지처분

1. 의의·취지[감정평가법 제39조]

사안의 업무정지처분은 감정평가법 제10조상 업무를 금하는 부작위하명으로서 징계에 해

당한다. 감정평가법상 징계란 감정평가사가 동법 제39조 제1항 위반한 경우 위원회의 의

결에 따라 국토교통부장관이 내리는 결정으로 공정한 감정평가를 통해 감정평가업계 질서

확립의 취지가 있다.

2. 징계의 시효 완성 여부

징계시효에 대해서는 감정평가법 제39조 제7항 위반사유가 발생한지 5년 내에는 가능하기 때문에 해당 사안은 3년이 지나 발견되었지만 징계시효가 완성되지 않아 업무정지 징계는 가능하다고 생각된다.

Ⅲ. 징계처분(업무정지 3개월)에 대한 집행정지

1. 집행부정지 원칙 및 예외의 취지[행정소송법 제23조]

행정소송의 제기는 효력의 정지나 그 집행 또는 절차의 속행에 영향을 주지 않는다. 다만, 회복 불가능한 불이익을 방지할 긴급한 필요가 있는 경우 법원의 직권 또는 원고의 신청에 예외적으로 집행정지가 가능하다. 이는 국민의 권리구제와 소송경제에 그 취지가 있다.

2. 집행정지의 요건[적극적 요건/소극적 요건]

① 적극적 요건에는 집행정지대상인 처분 등이 존재할 것, 적법한 소송이 계속 중일 것, 회복하기 어려운 손해가 있을 것, 긴급을 필요로 할 것이 있고 ② 소극적 요건에는 공공복리에 중대한 영향을 미칠 우려가 없을 것, 본안청구가 이유 없음이 명백하지 않을 것이 있다.

3. 사안의 경우

사안은 업무정지라는 처분이 있으며 취소소송을 제기한바 적법한 소송이 계속 중이다. 또한 업무정지처분을 받으면 향후 업무가 불가능하며 이를 가중사유로 처벌을 받을 수 있는바 회복하기 어려운 손해가 있다. 이에 긴급을 필요로 하며 공공복리에 중대한 영향을 미칠 우려가 없고, 본안청구가 이유 없음이 명백하지 않은바 집행정지 요건을 충족한다고 판단된다.

Ⅳ. 징계의 효력 및 국토교통부장관이 취해야 할 조치

1. 징계의 효력

(1) B평가사 징계

판례는 법원이 집행정지 결정을 하면, 처분에서 정해둔 효력 기간은 판결선고 시까지 진행하지 않다가 판결이 선고되면 집행정지 결정의 효력이 소멸함과 동시에 처분의 효력이 부활하여 효력 기간이 다시 진행한다고 판시한바 甲의 청구가 기각되는 경우 집행정지 결정의 효력이 소멸함과 동시에 처분의 효력이 부활하는바 징계의 효력이 다시 진행된다.

(2) A법인 징계(감정평가법 제51조 양벌규정)

감정평가법 제51조는 개인의 업무에 관하여 동법 제49조, 제50조의 위반행위를 하면 그 행위자를 벌하는 외에 그 법인에게도 해당 조문의 벌금형을 부과한다고 규정한다. A법인은 B평가사가 공정한 감정평가를 하도록 주의·감독할 의무가 있음에도 이를 다하지 못한 점이 인정되고 이는 감정평가법 제25조 제1항의 신의성실의무를 위반한 것인바 동법 제49조 제5호상 벌칙대상에 해당한다. 따라서 A법인에게도 제49조 제5호 및 제51조에 의거하여 벌금형 부과가 가능하다.

2. 국토교통부장관의 조치

(1) 징계의 공고(감정평가법 제39조의2)

국토교통부장관은 제39조 제1항 및 제2항에 따라 징계를 한 때에는 지체 없이 그 구체적인 사유를 해당 감정평가사, 감정평가법인등 및 협회에 각각 알리고, 그 내용을 대통령령으로 정하는 바에 따라 관보 또는 인터넷 홈페이지 등에 게시 또는 공고하여야 한다.

(2) 징계사실의 통보 등(시행령 제36조 제1항 및 제2항)

국토교통부장관은 제39조의2 제1항에 따라 구체적인 징계사유를 알리는 경우에는 징계의 종류와 사유를 명확히 기재하여 서면으로 알려야 하며, 징계사유 통보일로부터 14일 이내에 징계를 받은 감정평가사의 성명·생년월일·소속된 감정평가법인등의 명칭 및 사무소 주소, 징계의 종류, 징계의 사유, 징계의 효력발생일을 관보에 공고해야 한다.

(3) 감정평가 정보체계 게시(시행령 제36조 제3항 및 제4항)

국토교통부장관은 제2항의 사항을 감정평가법 제9조에 따른 정보체계에도 게시해야 하며, 게시기간은 공고일로부터 자격·등록취소의 경우 3년, 업무정지의 경우 업무정지기간(업무정지기간이 3개월 미만인 경우에는 3개월), 견책의 경우 3개월의 기간까지로 한다.

V. 결

B평가사는 집행정지 인용은 가능하나, 본안 취소소송에서 기각판결을 받는 경우 업무정지 처분을 면치 못하리라 판단된다. 〈끝〉

Question 04 10점

감정평가법 제21조 사무소 개설등

I. 사무소 개설의 의의(감정평가법 제21조)

사무소 개설이란 감정평가사가 감정평가법 제10조에 따른 업무를 수행하기 위해 사무소를 개설하는 것을 말한다. 최근 사무소 개설 신고제도는 폐지되었다.

II. 감정평가사 합동사무소 구성

감정평가사는 그 업무를 효율적으로 수행하고 공신력을 높이기 위하여 합동사무소를 대통령 령으로 정하는 바에 따라 설치할 수 있다. 이 경우 합동사무소는 대통령령으로 정하는 수 이상의 감정평가사를 두어야 한다.

Ⅲ. 감정평가사 사무소 개설 결격사유

감정평가법 제12조 결격사유에 해당하는 경우, 동법 제18조 제1항 각 호에 해당하는 경우,

동법 제32조 제1항(제1호, 제7호 및 제15호는 제외한다)에 따라 설립인가가 취소되거나

업무가 정지된 감정평가법인의 설립인가가 취소된 후 1년이 지나지 아니하였거나 업무정

지기간이 지나지 아니한 경우 그 감정평가법인의 사원 또는 이사였던 사람에 해당되는

경우, 동법 제32조 제1항(제1호 및 제7호는 제외한다)에 따라 업무가 정지된 감정평가사

로서 업무정지기간이 지나지 아니한 사람에 해당되는 경우 사무소를 개설할 수 없다.

Ⅳ. 결

최근 감정평가사 사무소 소속 감정평가사의 감정평가법 성실의무 위반 등으로 사회적 물의

를 일으킨 사례가 있었다. 국민의 재산권을 보호하고 국민경제 발전을 위해 감정평가사는

사회적 책임을 다하기 위해 법령을 준수하고, 성실의무를 다하여 직무를 수행해야 한다고

생각한다.   (끝)

– 이하 여백 –

Question 01

X는 도시 및 주거환경정비법(이하 '도시정비법'이라 함)에 따른 재개발 정비사업조합이고, 甲은 X의 조합원으로서, 해당 정비사업구역 내에 있는 A토지와 B토지의 소유자이다. A토지와 B토지는 연접하고 있고 그 지목이 모두 대(垈)에 해당하지만, A토지는 사도법에 따른 사도가 아닌데도 불특정 다수인의 통행에 장기간 제공되어 왔고, B토지는 甲이 소유한 건축물의 부지로서 그 건축물의 일부에 임차인 乙이 거주하고 있다. X는 도시정비법 제72조 제1항에 따라 분양신청기간을 공고하였으나 甲은 그 기간 내에 분양신청을 하지 않았다. 이에 따라 X는 甲을 분양대상자에서 제외하고 관리처분계획을 수립하여 인가를 받았고, 그에 불복하는 행정심판이나 행정소송은 없었다. X는 도시정비법 제73조 제1항에 따른 甲과의 보상협의가 이루어지지 않자 A토지와 B토지에 관하여 관할 토지수용위원회에 수용재결을 신청하였고, 관할 토지수용위원회는 A토지와 B토지를 수용한다는 내용의 수용재결을 하였다. 다음 물음에 답하시오. 40점

(1) 甲이 수용재결에 대한 취소소송을 제기하면서, 'X가 도시정비법 제72조 제1항에 따라 분양신청기간과 그 기간 내에 분양신청을 할 수 있다는 취지를 명백히 표시하여 통지하여야 하는데도 이러한 절차를 제대로 거치지 않았다'고 주장할 경우에, 甲의 주장이 사실이라면 법원은 그것을 이유로 수용재결을 취소할 수 있는지 설명하시오(단, 사실심 변론종결 전에 도시정비법에 따른 이전고시가 효력을 발생한 경우와 그렇지 않은 경우를 구분하여 설명할 것). 10점

(2) 공익사업을 위한 토지 등의 취득 및 보상에 관한 법률 시행규칙(이하 '토지보상법 시행규칙'이라 함) 제26조 제1항에 따른 '사실상의 사도'의 요건을 설명하고, 이에 따라 A토지가 사실상의 사도로 인정되는 경우와 그렇지 않은 경우에 보상기준이 어떻게 달라지는지 설명하시오. 10점

(3) 주거이전비에 관하여 甲은 토지보상법 시행규칙 제54조 제1항에 따른 요건을 갖추고 있고, 乙은 같은 조 제2항에 따른 요건을 갖추고 있다. 관할 토지수용위원회는 수용재결을 하면서 甲의 주거이전비에 관하여는 재결을 하였으나 乙의 주거이전비에 관하여는 재결을 하지 않았다. 甲은 주거이전비의 증액을 청구하고자 하고, 乙은 주거이전비의 지급을 청구하고자 한다. 甲과 乙의 권리구제에 적합한 소송을 설명하시오. 20점

〈도시 및 주거환경정비법〉

제72조(분양공고 및 분양신청)
① 사업시행자는 제50조 제9항에 따른 사업시행계획인가의 고시가 있은 날(사업시행계획인가 이후 시공자를 선정한 경우에는 시공자와 계약을 체결한 날)부터 90일(대통령령으로 정하는 경우에는 1회에 한정하여 30일의 범위에서 연장할 수 있다) 이내에 다음

각 호의 사항을 토지등소유자에게 통지하고, 분양의 대상이 되는 대지 또는 건축물의 내역 등 대통령령으로 정하는 사항을 해당 지역에서 발간되는 일간신문에 공고하여야 한다. 다만, 토지등소유자 1인이 시행하는 재개발사업의 경우에는 그러하지 아니하다. 〈개정 2025.1.31.〉

1.~ 2. 〈생략〉

3. 분양신청기간

4. 〈생략〉

③ 대지 또는 건축물에 대한 분양을 받으려는 토지등소유자는 제2항에 따른 분양신청기간에 대통령령으로 정하는 방법 및 절차에 따라 사업시행자에게 대지 또는 건축물에 대한 분양신청을 하여야 한다.

제73조(분양신청을 하지 아니한 자 등에 대한 조치)

① 사업시행자는 관리처분계획이 인가·고시된 다음 날부터 90일 이내에 다음 각 호에서 정하는 자와 토지, 건축물 또는 그 밖의 권리의 손실보상에 관한 협의를 하여야 한다. 다만, 사업시행자는 분양신청기간 종료일의 다음 날부터 협의를 시작할 수 있다.

1. 분양신청을 하지 아니한 자

2.~ 4. 〈생략〉

② 사업시행자는 제1항에 따른 협의가 성립되지 아니하면 그 기간의 만료일 다음 날부터 60일 이내에 수용재결을 신청하거나 매도청구소송을 제기하여야 한다.

〈공익사업을 위한 토지 등의 취득 및 보상에 관한 법률 시행규칙〉

제54조(주거이전비의 보상)

① 공익사업시행지구에 편입되는 주거용 건축물의 소유자에 대하여는 해당 건축물에 대한 보상을 하는 때에 가구원수에 따라 2개월분의 주거이전비를 보상하여야 한다. 〈단서 생략〉

② 공익사업의 시행으로 인하여 이주하게 되는 주거용 건축물의 세입자(무상으로 사용하는 거주자를 포함하되, 법 제78조 제1항에 따른 이주대책대상자인 세입자는 제외한다)로서 사업인정고시일 등 당시 또는 공익사업을 위한 관계 법령에 따른 고시 등이 있은 당시 해당 공익사업시행지구 안에서 3개월 이상 거주한 자에 대해서는 가구원수에 따라 4개월분의 주거이전비를 보상해야 한다. 〈단서 생략〉

Question 02

국토교통부장관은 표준지로 선정된 A토지의 2022.1.1. 기준 공시지가를 1㎡당 1,000만원으로 결정·공시하였다. 국토교통부장관은 A토지의 표준지공시지가를 산정함에 있어 부동산 가격공시에 관한 법률 및 같은 법 시행령이 정하는 '토지의 일반적인 조사사항' 이외에 국토교통부 훈령인 표준지공시지가 조사·평가 기준상 상업·업무용지 평가의 고려사항인 '배후지의 상태 및 고객의 질과 양', '영업의 종류 및 경쟁의 상태' 등을 추가적으로 고려하여 평가하였다. 甲은 X시에 상업용지인 B토지를 소유하고 있다. X시장은 A토지를 비교표준지로 선정하여 B토지에 대한 개별공시지가를 1㎡당 1,541만원으로 결정·공시 후 이를 甲에게 통지하였다. 甲은 국토교통부장관이 A토지의 표준지공시지가를 단순히 행정청 내부에서만 효력을 가지는 국토교통부 훈령 형식의 표준지공시지가 조사·

평가 기준이 정하는 바에 따라 평가함으로써 결과적으로 부동산 가격공시에 관한 법령이 직접 규정하지 않는 사항을 표준지공시지가 평가의 고려사항으로 삼은 것은 위법하다고 주장하고 있다. 다음 물음에 답하시오. 30점

(1) 표준지공시지가 조사·평가 기준의 법적 성질에 비추어 甲 주장의 타당성 여부를 설명하시오. 20점

(2) 甲은 부동산 가격공시에 관한 법률 제11조에 따라 X시장에게 B토지의 개별공시지가에 대한 이의를 신청하였으나 기각되었다. 이 경우 甲이 기각결정에 불복하여 행정심판법 상의 행정심판을 제기할 수 있는지 설명하시오. 10점

〈부동산 가격공시에 관한 법률〉

제11조(개별공시지가에 대한 이의신청)

① 개별공시지가에 이의가 있는 자는 그 결정·공시일부터 30일 이내에 서면으로 시장·군수 또는 구청장에게 이의를 신청할 수 있다.

〈부동산 가격공시에 관한 법률 시행령〉

제6조(표준지공시지가 조사·평가의 기준)

① 법 제3조 제4항에 따라 국토교통부장관이 표준지공시지가를 조사·평가하는 경우 참작하여야 하는 사항의 기준은 다음 각 호와 같다. 〈각 호 생략〉

② 표준지에 건물 또는 그 밖의 정착물이 있거나 지상권 또는 그 밖의 토지의 사용·수익을 제한하는 권리가 설정되어 있을 때에는 그 정착물 또는 권리가 존재하지 아니하는 것으로 보고 표준지공시지가를 평가하여야 한다.

③ 제1항 및 제2항에서 규정한 사항 외에 표준지공시지가의 조사·평가에 필요한 세부기준은 국토교통부장관이 정한다.

〈표준지공시지가 조사·평가 기준〉

제23조(상업·업무용지)

① 상업·업무용지(공공용지를 제외한다)는 토지의 일반적인 조사사항 이외에 다음 각 호의 사항 등을 고려하여 평가하되, 인근지역 또는 동일수급권 안의 유사지역에 있는 토지의 거래사례 등 가격자료를 활용하여 거래사례비교법으로 평가한다. 〈단서 생략〉

   1. 배후지의 상태 및 고객의 질과 양
   2. 영업의 종류 및 경쟁의 상태
   3.~6. 〈생략〉

Question 03

감정평가사 甲은 A감정평가법인(이하 'A법인'이라 함)에 형식적으로만 적을 두었을 뿐 A법인에서 감정평가사 본연의 업무를 전혀 수행하지 않았고 그 법인의 운영에도 관여하지 않았다. 이에 대해 국토교통부장관은 감정평가관리·징계위원회의 의결에 따라 사전통지를 거쳐 감정평가사 자격취소처분을 하였다. 처분사유는 '甲이 A법인에 소속만 유지할 뿐 실질적으로 감정평가업무에 관여하지 아니하는 방법으로 감정평가사의 자격증을 대여하

였다'는 것이었고, 그 법적 근거로 감정평가 및 감정평가사에 관한 법률(이하 '감정평가법'이라 함) 제27조 제1항, 제39조 제1항 단서 및 제2항 제1호가 제시되었다. 甲은 사전통지서에 기재된 의견제출 기한 내에 청문을 신청하였으나 국토교통부장관은 '감정평가법 제13조 제1항 제1호에 따라 감정평가사 자격취소를 하려면 청문을 실시하여야 한다는 규정이 있지만, 명의대여를 이유로 하는 감정평가사 자격취소의 경우에는 청문을 실시하여야 한다는 규정이 없을 뿐 아니라 청문을 실시할 필요도 없다'는 이유로 청문을 실시하지 않았다. 甲에 대한 감정평가사 자격취소처분이 적법한지 설명하시오. 20점

〈감정평가 및 감정평가사에 관한 법률〉

제13조(자격의 취소)

① 국토교통부장관은 감정평가사가 다음 각 호의 어느 하나에 해당하는 경우에는 그 자격을 취소하여야 한다.

  1. 부정한 방법으로 감정평가사의 자격을 받은 경우
  2. 제39조 제2항 제1호에 해당하는 징계를 받은 경우

제27조(명의대여 등의 금지)

① 감정평가사 또는 감정평가법인등은 다른 사람에게 자기의 성명 또는 상호를 사용하여 제10조에 따른 업무를 수행하게 하거나 자격증·등록증 또는 인가증을 양도·대여하거나 이를 부당하게 행사하여서는 아니 된다.

제39조(징계)

① 국토교통부장관은 감정평가사가 다음 각 호의 어느 하나에 해당하는 경우에는 제40조에 따른 감정평가관리·징계위원회의 의결에 따라 제2항 각 호의 어느 하나에 해당하는 징계를 할 수 있다. 다만, 제2항 제1호에 따른 징계는 제11호, 제12호에 해당하는 경우 및 제27조를 위반하여 다른 사람에게 자격증·등록증 또는 인가증을 양도 또는 대여한 경우에만 할 수 있다.

  9. 제25조, 제26조 또는 제27조를 위반한 경우

② 감정평가사에 대한 징계의 종류는 다음과 같다.

  1. 자격의 취소
  2. 등록의 취소
  3. 2년 이하의 업무정지
  4. 견책

제45조(청문)

국토교통부장관은 다음 각 호의 어느 하나에 해당하는 처분을 하려는 경우에는 청문을 실시하여야 한다.

1. 제13조 제1항 제1호에 따른 감정평가사 자격의 취소
2. 제32조 제1항에 따른 감정평가법인의 설립인가 취소

Question 04 「감정평가 및 감정평가사에 관한 법률」상 감정평가법인등의 손해배상책임의 성립요건에 관하여 설명하시오. 10점

Question 01 40점

Ⅰ. 논점의 정리

〈물음 1〉에서는 관리처분계획인가에 있어서 절차상 하자가 있는 경우 수용재결에서 취소를 구할 수 있는지 검토한다.

〈물음 2〉에서는 토지보상법상 '사실상의 사도 요건'의 구체적 의미를, 판례를 근거로 검토하고 사안의 토지보상액을 산정한다.

〈물음 3〉에서는 주거이전비의 법적 성질을 검토하고 주거이전비에 대한 재결이 있는 경우와 재결이 이루어지지 않은 경우를 나누어 적절한 소송의 형태를 검토한다.

Ⅱ. 〈물음 1〉에 대하여

1. 관리처분계획인가 처분의 절차상 하자

도시정비법은 관리처분계획인가 전 분양신청기간 공고 및 분양신청에 대한 내용을 토지소유자 등에게 통지하도록 규정하므로 사안의 경우 토지소유자 甲에 대한 통지를 누락한 절차상 하자가 존재한다.

2. 절차상 하자의 독자적 위법성 및 위법의 정도

가. 학설은 행정·소송경제 측면 및 권리구제 측면에서 견해대립이 있으나, 판례는 재량행위인 식품위생법상 청문절차의 하자 및 기속행위인 과세처분의 절차상 하자를 이유로 처분의 위법이 있다고 판시하였다. 행정소송법 제30조 제3항에 따른 기속력 규정 및 헌법상 적법절차의 원칙을 고려하여 절차상 하자의 독자적 위법성을 긍정함이 타당하다.

나. 하자의 정도는 중대명백설에 따라 "취소사유"이다.

3. 이전고시 효력이 발생한 경우

판례는 이전고시에 따라 이미 형성된 법률관계를 유지하여 법적 안정성을 보호할 필요성이 현저한 점 등을 고려할 때, 이전고시의 효력이 발생한 이후에는 조합원 등이 수용재결이나

이의재결의 취소 또는 무효확인을 구할 법률상 이익이 없다고 판시한바, 수용재결의 취소

가 불가하다고 판단된다.

4. 이전고시 효력이 발생하지 않은 경우

판례는 분양신청기간의 통지 등은 반드시 거쳐야 할 필요적 절차인바, 이러한 통지 등의

절차를 제대로 거치지 않고 이루어진 수용재결은 위법하다고 판시한바 절차상 하자를 이유

로 수용재결의 취소를 구할 수 있다고 판단된다.

Ⅲ. 〈물음 2〉에 대하여

1. 사실상 사도의 의의 및 취지[토지보상법 시행규칙 제26조]

사도법상 사도 외의 사도로 허가권자의 허가를 받지 아니하고 형성된 사도를 말한다. 사실

상 사도는 인근 토지 평가액보다 낮게 평가하는데, 이는 화체이론에 근거한 정당보상에

근거가 있다.

2. 사실상 사도의 요건

① 도로개설 당시의 토지소유자가 자기 토지의 편익을 위하여 스스로 설치한 도로

② 토지소유자가 그 의사에 의하여 타인의 통행을 제한할 수 없는 도로

③ 건축법 제45조에 따라 건축허가권자가 그 위치를 지정·공고한 도로

④ 도로개설 당시의 토지소유자가 대지 또는 공장용지 등을 조성하기 위하여 설치한 도로

　를 말하며, 요건 ②의 구체적 의미는 판례를 근거로 이하 검토한다.

3. 관련 판례

판례는 도로부지로서의 이용이 고착화되어 종래의 표준적 이용상태로 원상회복하는

것은 법률상 금지되어 있을 뿐만 아니라 사실상 현저히 불가능한 정도에 이르러야

한다고 판시하였다.

4. 사안의 해결(사실상의 사도 인정 여부에 따른 보상기준)

(1) 사실상 사도로 보는 경우

인근 토지의 평가액의 1/3 이내로 평가한다. 인근 토지는 대상 도로부지가 도로로 이용되지 아니하였을 경우 예상되는 표준적 이용상황과 유사한 토지로 대상 토지와 위치상 가까운 토지를 말한다. 사안의 경우 B토지가 인근 토지라고 판단되므로 B토지 평가액의 1/3 이내로 평가한다.

(2) 사실상 사도로 보지 않는 경우

판례는 자기 토지의 편익을 위하여 스스로 설치한 도로 등 인근 토지에 비하여 낮은 가격으로 평가하여도 될 만한 사정이 있지 아니한 사도 외의 도로부지는 인근 토지 평가금액의 1/3 이내로 평가하여서는 안된다고 판시하였다. 따라서 사실상 사도로 보지 않는 경우에는 A토지가 도로부지로 이용되지 아니하였을 경우 예상되는 표준적인 이용상황을 기준으로 평가하되 지목 및 주변환경을 고려하여야 한다.

IV. 〈물음 3〉에 대하여

1. 주거이전비의 의의 및 취지(토지보상법 시행규칙 제54조)

공익사업의 시행으로 생활의 근거를 상실한 자에게 주거이전에 필요한 비용을 보상하는 것이다. 세입자의 조속한 주거이전을 통해 공익사업시행의 원활을 기하여 생활의 근거를 상실한 세입자에게 인간다운 생활을 할 수 있도록 함에 취지가 있다.

2. 주거이전비 청구권의 법적 성질

가. 판례는 공법상 권리로 당사자소송에 의해야 하며, 재결이 있는 경우 보상금증감청구소송, 주거이전비 이외의 내용을 다투는 경우에 취소소송을 제기한다고 판시하였다.

나. 주거이전비는 적법한 공익사업의 시행으로 발생하는 손실보상청구권으로 공법상 권리라고 봄이 타당하다.

3. 주거이전비를 규정한 토지보상법 시행규칙 제54조의 성격

가. 판례는 토지보상법 시행규칙 제54조가 당사자의 협의 또는 사업시행자의 재량으로 배제할 수 없는 강행규정이라고 판시하였다.

나. 주거이전비의 취지를 고려하여 요건을 갖춘 경우 보상의무가 발생한다고 보아 강행규 정으로 봄이 타당하다.

4. 주거이전비의 요건

(1) 소유자의 경우(칙 제54조 제1항)

주거용 건축물의 소유자에 대하여는 해당 건축물에 대한 보상을 하는 때에 가구원 수에 따라 2월분의 주거이전비를 보상하여야 하고, 실제 거주하고 있지 않거나 무허가건축물 등인 경우는 제외한다고 규정하고 있다.

(2) 세입자의 경우(칙 제54조 제2항)

주거용 건축물의 세입자로서 사업인정고시일 등 당시 또는 공익사업을 위한 관계법령에 의한 고시 등이 있은 당시 당해 공익사업시행 지구 안에서 3월 이상 거주한 자에 대하여 가구원 수에 따라 4월분의 주거이전비를 보상하여야 하며, 무허가건축물 등의 세입자는 1년 이상 거주를 요건으로 규정하고 있다.

5. 甲과 乙의 권리구제에 적합한 소송

(1) 관련 판례의 태도

판례는 주거이전비 보상청구권은 그 요건을 충족하는 경우 당연히 발생하는 것이므로 주거 이전비 보상청구소송은 당사자소송에 의하여야 하나, 재결이 이루어진 다음 세입자가 보상 금의 증감 부분을 다투는 경우에는 토지보상법 제85조 제2항에 규정된 행정소송에 따라, 보상금 이외의 부분을 다투는 경우에는 동조 제1항에 규정된 행정소송에 따라 권리구제를 받을 수 있다고 판시한바 있다.

(2) 사안의 적용
1) 토지소유자 甲의 권리구제
관련 판례의 태도에 따르면 甲은 재결을 하였고, 보상금 증액을 청구하고자 하는바, 토지보상법 제85조 제2항에 따라 〈보상금증액청구소송〉으로 다투는 것이 타당하다고 판단된다.
2) 임차인 乙의 권리구제
관련 판례의 태도에 따르면 乙은 세입자로서 재결을 하지 않은바, 공법상 당사자소송을 통하여 권리구제를 받을 수 있다고 판단된다. 〈끝〉

Question 02 30점

Ⅰ. 논점의 정리

〈물음 1〉에서는 법령보충적 행정규칙인 표준지공시지가 조사평가기준(이하 '조사평가기준')의 법규성을 검토하여 甲 주장의 타당성을 검토한다.

〈물음 2〉에서는 개별공시지가의 이의신청이 특별법상 행정심판인지 검토하여 이의신청 후 행정심판 청구가 가능한지 검토한다.

Ⅱ. 〈물음 1〉에 대하여

1. 표준지공시지가의 의의 및 효력(부동산공시법 제3조)

국토교통부장관이 부동산공시법상 절차에 따라 선정한 표준지를 조사·평가하여 중앙부동산가격공시위원회의 심의를 거쳐 공시한 표준지의 단위면적당 공시기준일 적정가격을 말한다. 표준지공시지가는 토지시장에 지가정보 제공, 토지거래의 기준, 국가 등이 행정목적을 위한 지가산정의 기준, 감정평가법인등이 토지를 평가하는 기준으로서의 효력이 있다(부동산공시법 제9조).

2. 표준지공시지가 조사평가 기준의 법규성

(1) 문제점

표준지공시지가 조사평가기준은 부동산공시법 제3조 제3항, 동법 시행령 제6조 제3항의 위임을 받았으나, 국토교통부 훈령으로 '법령보충적 행정규칙'으로서의 법규성이 문제된다.

(2) 학설

실질을 기준으로 하는 〈법규명령설〉, 형식을 기준으로 하는 〈행정규칙설〉, 헌법상 규정되지 않은 형식은 무효라는 〈위헌무효설〉, 법령을 구체화하는 행정규칙이라는 〈법령구체화 행정규칙설〉이 있다.

(3) 관련 판례

가. 판례는 법령보충적 행정규칙은 위임범위 내에서 상위법령과 결합하여 대외적 구속력을 갖는다고 판시하였다.

나. 동법인 부동산공시법 제3조 제8항의 위임을 받은 토지가격비준표에 관련하여 개별토지가격 산정에 있어서 법규적 성질을 갖는다고 판시한바 있다.

(4) 검토

토지가격비준표의 법규성을 인정하고 있는 점, 조사평가기준은 부동산공시법 제3조 제3항의 위임범위 내에서 표준지공시지가 조사평가의 구체적 기준을 규정하는 점을 고려하여 법규성을 긍정함이 타당하다. 다만, 견해의 대립이 있을 수 있는바, 법규성 인정 여부에 따른 甲 주장의 타당성을 검토한다.

3. 법규성이 인정되는 경우

조사평가기준은 표준지공시지가 조사평가에 있어서 구속력을 미치므로 부동산공시법에서 정하는 검토사항 외에 조사평가기준을 근거로 검토사항을 추가하여도 위법이 아닌바,

甲 주장의 타당성은 인정되지 않는다.

4. 법규성이 인정되지 않는 경우

조사평가기준의 법규성이 인정되지 않은 경우 부동산공시법에서 정하고 있는 검토사항 외에 조사평가기준을 근거로 검토사항을 추가한 경우 이를 기준으로 조사평가를 한 표준지 공시지가가 적정가격이라고 판단되지 아니하는 경우 위법성이 인정된다고 판단되므로 甲 주장의 타당성이 인정된다.

Ⅲ. 〈물음 2〉에 대하여

1. 개별공시지가의 이의신청의 의의 및 취지(부동산공시법 제10조)

개별공시지가에 이의가 있는 자가 시·군·구청장에 이의를 신청하고 시·군·구청장은 이를 심사하는 제도이다. 이는 개별공시지가의 적정성을 담보하고 당사자의 권익구제에 취지가 있다.

2. 개별공시지가의 법적 성질

판례는 과세처분과 관련하여 국민의 재산권에 직접적인 변동을 가져오는바 항고소송의 대상이 되는 〈처분〉이라고 판시하였다. 따라서 개별공시지가 결정공시는 행정심판법상 행정심판 청구대상에 해당한다.

3. 개별공시지가의 이의신청의 법적 성질

(1) 관련 판례

가. 종전 판례는 개별공시지가의 이의신청을 특별법상 행정심판이라고 판시하였다.

나. 최근 판례는 〈강학상 이의신청〉으로 보아 이의신청을 거친 후에도 행정심판법상 행정 심판을 제기할 수 있다고 판시하였다.

(2) 검토

개별공시지가의 이의신청은 처분청인 시·군·구청장에 이의신청을 하는 점, 사안의 전문성 및 특수성이 인정되지 않는 점(행정심판법 제4조), 부동산공시법상 취지를 고려하여 강학상 이의신청으로 봄이 타당하다.

4. 사안의 해결

(1) 행정심판 청구의 가능성

개별공시지가의 이의신청은 강학상 이의신청으로 행정심판법 제51조에 따른 행정심판 재청구 금지의 적용을 받지 않는바, 행정심판 청구가 가능하다.

(2) 현행 법제 기준

행정심판법상 행정심판 청구기간인 처분이 있음을 안 날로부터 90일, 처분이 있은 날로부터 180일 이내에 제기할 수 있다. 사안의 경우 개별공시지가 결정공시일로부터 90일 이내에 제기해야 한다.

(3) 행정기본법 제36조 제4항 기준

행정기본법 제36조 제4항을 적용하는 경우 이의신청 결과 통지일로부터 90일 이내에 행정심판을 제기할 수 있다. 〈끝〉

Question 03 20점

Ⅰ. 논점의 정리

사안의 경우 명의대여를 이유로 자격취소 처분을 하고 청문을 실시하지 않은 경우로서, 명의대여에 해당하는지 설명하고, 甲에 대한 자격취소처분이 적법한지에 대하여 설명한다.

II. 자격취소의 의의, 취지, 사유(감정평가법 제13조)

① 자격취소란 감정평가사의 지위를 박탈하는 행정청의 행정행위를 말하며, ② 공정한 감정평가 도모에 취지가 있고, ③ 부정한 방법으로 감정평가사의 자격을 받은 경우와 법 제39조 제2항 제1호에 해당하는 징계를 받은 경우 자격을 취소하도록 규정하고 있다.

III. 명의대여와 부당행사의 구분

1. 관련 규정의 검토(감정평가법 제27조)

감정평가사 또는 감정평가법인등은 다른 사람에게 자기의 성명 또는 상호를 사용하여 제10조에 따른 업무를 수행하게 하거나 자격증·등록증 또는 인가증을 양도·대여하거나 이를 부당하게 행사하여서는 아니 된다고 규정하고 있다.

2. 부당행사의 의미

판례는 자격증 부당행사란 감정평가사 자격증 등을 본래의 용도 외에 부당하게 행사하는 것을 의미하고, 감정평가법인에 적을 두기는 하였으나 당해 법인의 업무를 수행하거나 운영 등에 관여할 의사가 없고 실제로도 업무 등을 전혀 수행하지 않았다거나 업무를 실질적으로 수행한 것으로 평가하기 어려운 정도라면 자격증 부당행사에 해당한다고 판시한바 있다.

3. 사안의 경우(부당행사에 해당)

감정평가사 甲은 A감정평가법인에 형식적으로만 적을 두었을 뿐 A법인에서 감정평가사 본연의 업무를 전혀 수행하지 않았고 그 법인의 운영에도 관여하지 않은바 판례의 태도에 따라 부당행사에 해당한다고 판단된다.

Ⅳ. 이유제시상의 하자의 존재 여부

1. 처분의 이유제시(행정절차법 제23조)

행정청은 처분을 할 때에는 ① 신청 내용을 모두 그대로 인정하는 처분인 경우 ② 단순, 반복적인 처분 또는 경미한 처분으로서 당사자가 그 이유를 명백히 알 수 있는 경우, ③ 긴급히 처분을 할 필요가 있는 경우를 제외하고는 당사자에게 그 근거와 이유를 제시하여야 한다고 규정하고 있다.

2. 이유제시상의 하자의 존재 여부

해당 사안에서는 부당행사에 해당함에도 불구하고 자격취소처분을 하면서 명의대여를 한 것으로 처분사유를 밝히고 있는바, 처분에 대한 잘못된 이유를 제기한바 이유제시의 하자가 존재한다고 판단된다.

Ⅴ. 청문이 필수 절차인지 여부

1. 청문의 의의 및 취지(감정평가법 제45조)

청문이란 행정청이 어떠한 처분을 하기에 앞서 당사자 등의 의견을 직접 듣고 증거를 조사하는 절차를 말하며, 불이익 처분의 상대방에게 변론의 기회를 줌으로써 이해관계인의 권익을 보호에 취지가 있다.

2. 청문이 필수 절차에 해당하는지 여부

① 감정평가법 제45조에서는 부당한 방법으로 자격을 취득한 경우와 설립인가를 취소하는 경우 청문을 실시한다고 규정하고 있지만, ② 행정절차법 제22조는 신분·자격 박탈 등의 처분을 하는 경우 청문을 한다고 규정한바, 필수적 절차로 판단된다.

Ⅵ. 자격취소 처분의 적법 여부

사안의 경우 이유제시상 하자가 존재하고, 신분자격의 박탈로서 청문을 하여야 함에도

이를 결한 경우로 절차의 하자가 인정되는바, 자격취소 처분은 위법하다고 판단되며, 위법

성의 정도는 중대명백설에 따라 중대하나 일반인의 시각에서 위법하다고 보기 어려운바

〈취소사유〉에 해당한다고 판단된다.

Ⅶ. 사안의 해결

사안의 경우 이유제시상의 하자와 청문을 결한 하자가 인정되어 절차상 하자로서 甲에 대한

감정평가사 자격취소처분은 위법하다고 판단된다. 따라서 甲은 행정쟁송 또는 국가배상으로

권리구제를 받을 수 있을 것으로 판단된다.   〈끝〉

Question 04 10점

Ⅰ. 감정평가법상 손해배상책임의 의의 및 요건(감정평가법 제28조)

감정평가법인등이 감정평가를 하면서 감정평가 당시의 적정가격과 현저한 차이가 있게

감정평가하거나 감정평가서류에 거짓을 기록하여 감정평가의뢰인 또는 선의의 제3자에게

손해를 발생시킨 경우 그 손해를 배상해야 한다는 것이다.

Ⅱ. 손해배상책임 요건의 구체적인 의미

1. '감정평가법인등이 감정평가를 하면서'의 의미

가. 판례는 감정평가에 관한 직접적인 업무뿐만 아니라 임대차조사의 하자로 인한 손해도

　　손해배상책임을 진다고 판시하였다.

나. 감정평가업무에는 직접적인 감정평가뿐만 아니라 임대차조사 등 대상물건 확인 등의

　　업무도 포함되므로 감정평가절차 전반에 있어서 손해배상 책임을 인정함이 타당하다.

2. '적정가격'과 '현저한 차이'의 의미

가. 판례는 부동산공시법상 재평가 기준인 1.3배가 현저한 차이의 유일한 판단기준이 될

수 없으며 부당감정에 이른 감정평가사의 귀책사유를 고려하여 사회통념에 따라 탄력적으로 판단해야 한다고 판시하였고, 차이가 1.3배에 이르지 않더라도 감정평가 관계법령에 위반되어 자의적으로 평가한 경우는 현저한 차이에 의한 위법을 긍정한 바있다.

나. 부동산공시법 및 토지보상법상 재평가 기준인 1.3배와 110%는 무조건 적정가격의 현저한 차이를 결정하는 기준이라고 볼 수 없으므로, 감정평가사의 귀책사유를 고려하여 사회통념에 따라 탄력적으로 판단함이 타당하다.

3. '선의의 제3자'의 의미

가. 판례는 해당 감정평가서를 해당 목적 외의 목적으로 사용할 수 없다는 것을 고의 또는 과실로서 알지 못한 자도 선의의 제3자에 포함된다고 판시하였다.

나. 감정평가법상 손해배상규정의 취지를 고려하여 선의의 제3자인지는 고의 또는 과실 여부를 고려하여 폭넓게 인정함이 타당하다.

4. 인과관계 여부의 필요성

가. 판례는 부당한 감정평가와 초과대출로 인한 금융기관의 손해 사이에 상당한 인과관계가 인정되어 감정평가사의 손해배상책임을 긍정하였다.

나. 국가배상법상 인과관계 요건을 규정하는 점을 고려하여 부당감정과 손해 사이 인과관계 요건이 필요하다고 판단된다.

5. 위법성 요건의 필요성

감정평가법상 위법성을 손해배상 요건으로 규정하고 있지 않은바 문제된다. 생각건대, 부당한 감정평가에 위법성의 의미가 포함된다고 봄이 타당하다.

Ⅲ. 사안의 해결(신설 규정의 취지)

최근에는 감정평가법 제29조 제3항 및 제4항을 신설한 바 있다. 해당 규정에서는 손해배상액이 결정된 경우 국토교통부장관에게 알려야 하고, 손해배상능력 등에 대한 기준을 국토교통부령으로 정할 수 있다고 규정하고 이는 최근 전세사기 등과 관련하여 국민의 권리구제에 도모한 취지가 인정된다고 할 것이다. 〈끝〉

– 이하 여백 –

Question 01

국토교통부장관은 2013.11.18. 사업시행자를 'A공사'로, 사업시행지를 'X시 일대 8,958,000㎡'로, 사업시행기간을 '2013.11.부터 2017.12.까지'로 하는 '◇◇공구사업'에 대해서 「공익사업을 위한 토지 등의 취득 및 보상에 관한 법률」에 따른 사업인정을 고시하였고, 사업시행기간은 이후 '2020.12.까지'로 연장되었다. 甲은 ㉮토지 78,373㎡와 ㉯토지 2,334㎡를 소유하고 있는데, ㉮토지의 전부와 ㉯토지의 일부가 사업시행지에 포함되어 있다. 종래 甲은 ㉮토지에서 하우스 딸기농사를 지어 왔고, ㉯토지에서는 농작물직거래판매장을 운영하여 왔다. 甲과 A공사는 사업시행지 내의 토지에 대해 「공익사업을 위한 토지 등의 취득 및 보상에 관한 법률」에 따른 협의 매수를 하기 위한 협의를 시작하였다. 다음 물음에 답하시오(아래의 물음은 각 별개의 상황임). **40점**

(1) 협의 과정에서 일부 지장물에 관하여 협의가 이루어지지 않아 甲이 A공사에게 재결신청을 청구했으나 A공사가 재결신청을 하지 않는 경우 甲의 불복방법에 관하여 검토하시오. **15점**

(2) ㉮토지에 대하여 협의가 성립되지 않았고, A공사의 수용재결신청에 의하여 ㉮토지가 수용되었다. 갑은 ㉮토지가 수용되었음을 이유로 A공사를 상대로 「공익사업을 위한 토지 등의 취득 및 보상에 관한 법률」에 따른 재결절차를 거치지 않은 채 곧바로 농업손실보상을 청구할 수 있는지를 검토하시오. **10점**

(3) 협의가 성립되지 않아 사업시행지 내의 ㉯토지가 수용되었다. 그 후 갑은 ㉯토지의 잔여지에 대해서 2020.11.12. 잔여지수용청구를 하였다. 잔여지수용청구권의 법적 성질과 갑의 잔여지수용청구가 인정될 수 있는지를 검토하시오. **15점**

〈공익사업을 위한 토지 등의 취득 및 보상에 관한 법률〉

제28조(재결의 신청)
① 제26조에 따른 협의가 성립되지 아니하거나 협의를 할 수 없을 때(제26조 제2항 단서에 따른 협의 요구가 없을 때를 포함한다)에는 사업시행자는 사업인정고시가 된 날부터 1년 이내에 대통령령으로 정하는 바에 따라 관할 토지수용위원회에 재결을 신청할 수 있다.
② 〈생략〉

제30조(재결 신청의 청구)
① 사업인정고시가 된 후 협의가 성립되지 아니하였을 때에는 토지소유자와 관계인은 대통령령으로 정하는 바에 따라 서면으로 사업시행자에게 재결을 신청할 것을 청구할 수 있다.
② 〈이하 생략〉

제77조(영업의 손실 등에 대한 보상)
① 영업을 폐업하거나 휴업함에 따른 영업손실에 대하여는 영업이익과 시설의 이전비용 등을 고려하여 보상하여야 한다.
② 농업의 손실에 대하여는 농지의 단위면적당 소득 등을 고려하여 실제 경작자에게 보상하여야 한다. 다만, 농지소유자가 해당 지역에 거주하는 농민인 경우에는 농지소유자와 실제 경작자가 협의하는 바에 따라 보상할 수 있다.
③ 〈이하 생략〉

02

갑은 A시에 토지를 소유하고 있다. A시장은 갑의 토지 등의 비교표준지로 A시 소재 일정 토지(2020.1.1. 기준 공시지가는 1㎡당 1,000만원이다)를 선정하고, 갑의 토지 등과 비교표준지의 토지가격비준표상 총 가격배율 1.00으로 조사함에 따라 갑의 토지의 가격을 1㎡당 1,000만원으로 산정하였다. A시장으로부터 산정된 가격의 검증을 의뢰받은 감정평가사 을은 갑의 토지가 비교표준지와 비교하여 환경조건, 획지조건 및 기타 조건에 열세에 있고, 특히 기타조건과 관련하여 비교표준지는 개발을 위한 거래가 이어지고 있으나, 갑의 토지 등은 개발 움직임이 없다는 점을 '장래의 동향'으로 반영하여 91%의 비율로 열세에 있다고 보아, 비교표준지의 공시지가를 약 83.9%의 비율로 감액한 1㎡당 839만원을 개별공시지가로 정함이 적정하다는 검증의견을 제시하였다. A시장은 A시 부동산 가격공시위원회의 심의를 거쳐 이 검증의견을 그대로 받아들여 2020.5.20. 갑의 토지의 개별공시지가를 1㎡당 839만원으로 결정·공시하고, 갑에게 개별통지하였다. 갑은 토지가격비준표에 제시된 토지특성에 기초한 가격배율을 무시하고, 을이 감정평가방식에 따라 독자적으로 지가를 산정하여 제시한 검증의견을 그대로 반영하여 개별공시지가를 결정한 것은 위법하다고 보아, 「부동산 가격공시에 관한 법률」제11조에 따라 2020.6.15. 이의신청을 제기하였고, 2020.7.10. 이의를 기각하는 내용의 이의신청결과가 갑에게 통지되었다. 다음 물음에 답하시오(아래의 물음은 각 별개의 상황임). 30점

(1) 갑은 2020.9.10. 개별공시지가결정에 대해 취소소송을 제기하였다. 갑이 제기한 취소소송은 제소기간을 준수하였는가? 10점

(2) 갑이 개별공시지가결정에 대해 다투지 않은 채 제소기간이 도과하였고, 이후 갑의 토지에 대해 수용재결이 있었다. 갑이 보상금의 증액을 구하는 소송에서 개별공시지가 결정의 위법을 주장하는 경우, 갑의 주장은 인용될 수 있는가? 20점

〈부동산 가격공시에 관한 법률〉

제11조(개별공시지가에 대한 이의신청)

① 개별공시지가에 이의가 있는 자는 그 결정·공시일부터 30일 이내에 서면으로 시장·군수 또는 구청장에게 이의를 신청할 수 있다.

② 시장·군수 또는 구청장은 제1항에 따라 이의신청 기간이 만료된 날부터 30일 이내에 이의신청을 심사하여 그 결과를 신청인에게 서면으로 통지하여야 한다. 이 경우 시장·군수 또는 구청장은 이의신청의 내용이 타당하다고 인정될 때에는 제10조에 따라 해당 개별공시지가를 조정하여 다시 결정·공시하여야 한다.

〈부동산 가격공시에 관한 법률 시행령〉

제18조(개별공시지가의 검증)

① 〈생략〉

② 법 제10조 제5항 본문에 따라 검증을 의뢰받은 감정평가법인등은 다음 각 호의 사항을 검토·확인하고 의견을 제시해야 한다.

　1. 비교표준지 선정의 적정성에 관한 사항

　2. 개별토지 가격 산정의 적정성에 관한 사항

　3. 산정한 개별토지가격과 표준지공시지가의 균형 유지에 관한 사항

　4. 산정한 개별토지가격과 인근 토지의 지가와의 균형 유지에 관한 사항

　5. 표준주택가격, 개별주택가격, 비주거용 표준부동산가격 및 비주거용 개별부동산가격 산정 시 고려된 토지 특성과 일치하는지 여부

　6. 개별토지가격 산정 시 적용된 용도지역, 토지이용상황 등 주요 특성이 공부(公簿)와 일치하는지 여부

　7. 그 밖에 시장·군수 또는 구청장이 검토를 의뢰한 사항

〈행정심판법〉

제3조(행정심판의 대상)

① 행정청의 처분 또는 부작위에 대하여는 다른 법률에 특별한 규정이 있는 경우 외에는 이 법에 따라 행정심판을 청구할 수 있다.

Question 03

감정평가사 갑과 을은 「감정평가 및 감정평가사에 관한 법률」에 따른 감정평가준칙을 위반하여 감정평가를 하였음을 이유로 업무정지처분을 받게 되었으나, 국토교통부장관은 그 업무정지처분이 「부동산 가격공시에 관한 법률」에 따른 표준지공시지가 공시 등의 업무를 정상적으로 수행하는데 지장을 초래할 우려가 있음을 들어, 2021.4.1. 갑과 을에게 업무정지처분을 갈음하여 각 3천만원의 과징금을 부과하였다. 다음 물음에 답하시오. 20점

(1) 갑은 부과된 과징금이 지나치게 과중하다는 이유로 국토교통부장관에게 이의신청을 하였고, 이에 대해서 국토교통부장관은 2020.4.30. 갑에 대하여 과징금을 2천만원으로 감액하는 결정을 하였다. 갑은 감액된 2천만원의 과징금도 과중하다고 생각하여 과징금부과처분의 취소를 구하는 소를 제기하고자 한다. 이 경우 갑이 취소를 구하여야 하는 대상은 무엇인지 검토하시오. 10점

(2) 을은 2021.6.1. 자신에 대한 3천만원의 과징금부과처분의 취소를 구하는 소를 제기하였다. 이에 대한 심리 결과 법원이 적정한 과징금 액수는 1천 5백만원이라고 판단하였을 때, 법원이 내릴 수 있는 판결의 내용에 관하여 검토하시오. 10점

Question 04

「감정평가 및 감정평가사에 관한 법률」 제25조에 따른 감정평가법인 등의 '성실의무 등'의 내용을 서술하시오. 10점

Question 01 40점

Ⅰ. 〈물음 1〉에 대하여

1. 논점의 정리

토지소유자 甲의 재결신청에 대해 A공사가 재결신청을 하지 않은 경우, 이러한 A공사의 행위가 거부처분인지, 부작위인지 여부를 검토하고, 이에 대한 甲의 불복 방법에 대해 검토한다.

2. 관련 행정작용의 검토

(1) 협의 및 재결신청의 의의

협의란 공익사업에 대한 사업시행자와 토지소유자 간의 합의로, 사업인정 전/후 협의가 있다(토지보상법 제16조, 제26조). 반면 재결신청이란 사업인정고시 후 협의가 성립되지 아니하거나 협의를 할 수 없는 때 사업시행자가 사업인정고시가 있은 날부터 1년 이내에 관할 토지수용위원회에 재결을 신청할 수 있는 것을 의미한다(토지보상법 제28조).

(2) 재결신청청구의 의의 및 요건

1) 재결신청청구의 의의 및 취지

재결신청청구란 협의불성립의 경우 토지소유자 및 관계인이 사업시행자에게 재결신청을 조속히 할 것을 청구하는 권리를 의미한다. 이는 법률관계의 조속한 확정 및 공평부담의 견지에서 토지소유자에게 인정되는 권리라는 점에서 그 취지가 인정된다.

2) 재결신청청구의 요건(토지보상법 제30조)

① 재결신청청구권의 청구권자는 토지소유자 및 관계인이고 사업시행자가 피청구권자가 됨이 원칙이나, 판례의 태도에 따라 업무대행자에게 신청이 가능하고, ② 청구기간은 협의가 성립되지 못한 경우 재결신청을 청구할 수 있는바, 청구의 기간은 협의기간 만료일부터 재결신청기간 만료일까지이고, ③ 청구의 형식은 서면으로 하여야 할 것을 요건으로 한다.

3) 재결신청청구 거부 시 거부가 처분이 되기 위한 요건

거부가 처분이 되기 위해서는 ① 거부행위가 공권력의 행사에 해당할 것, ② 거부행위가 신청인의 권리·의무에 직접적인 영향을 미칠 것, ③ 국민에게 법규상·조리상의 신청권이 있을 것을 요건으로 한다.

4) 재결신청청구 부작위 시 부작위의 의미

재결신청청구의 부작위란 당사자의 신청(재결신청)에 대하여 상당한 기간 내에 일정한 처분을 하여야 할 법률상 의무가 있음에도 불구하고 이를 하지 아니하는 것을 의미하며, 당사자의 적법한 신청, 상당한 기간의 경과, 처분의무의 존재, 처분의 부작위를 요건으로 한다.

3. 甲의 불복방법

(1) 재결신청청구거부 시에 거부처분취소소송으로 불복

A공사가 재결신청을 거부한 것은 공권력 행사에 대한 거부로서, 재결의 조속한 확정을 바라는 토지소유자의 권리의무에 직접적인 영향을 미치며, 토지소유자는 재결신청청구권의 행사가 가능한바, A공사의 재결신청청구의 거부는 처분에 해당한다. 따라서 거부처분취소소송의 제기를 통해 권리구제를 받을 수 있다.

(2) 부작위위법확인소송으로 불복

甲은 A공사에게 재결신청청구권에 기하여 재결신청을 청구하였으나, A공사가 아무런 처분을 하지 않고 있는바, 이는 부작위에 해당한다. 따라서 甲은 부작위위법확인소송을 통해 권리구제를 받을 수 있다.

4. 사례의 해결(관련 판례의 검토)

토지소유자나 관계인의 재결신청청구에도 사업시행자가 재결신청을 하지 않을 때 토지소유자나 관계인은 사업시행자를 상대로 거부처분취소소송 또는 부작위위법확인소송의

방법으로 다투어야 한다는 대법원 판례에 따라 甲은 권리구제를 받을 수 있다.

Ⅱ. 〈물음2〉에 대하여

1. 논점의 정리

농업손실보상의 법적 성질과 재결전치주의 관련 판례의 검토를 통해 물음에 답하도록 한다.

2. 농업손실보상청구권의 의의 및 법적 성질

(1) 농업손실보상청구권의 의의 및 취지(토지보상법 제77조 제2항, 칙 제48조)

농업손실보상이란 공익사업지구에 편입되는 농지에 대하여 해당 지역의 단위 경작면적당 농작물 수입의 2년분을 보상하는 것으로, 합리적 기대이익의 상실에 대한 보상의 관점에서 그 취지가 인정된다.

(2) 농업손실보상청구권의 법적 성질

농업손실보상의 법적 성질에 대해 공권인지 사권인지 견해가 대립하나, 최근 판례는 농업손실손상청구권에 대해 적법한 공권력의 행사에 의한 특별한 희생으로서 공법상 권리라고 판시한바 있다. 사업시행자수용권설을 근거로 공권으로 봄이 타당하다고 판단된다.

3. 재결절차 없이 곧바로 농업손실보상 청구할 수 있는지

(1) 관련 판례의 태도

판례는 농업손실에 대한 보상을 받기 위해서는 토지보상법에 규정된 재결절차를 거친 다음 그 재결에 대한 불복이 있는 때에 비로소 토지보상법 제83조 내지 제85조에 따라 권리구제를 받을 수 있을 뿐, 이러한 재결절차를 거치지 않은 채 곧바로 사업시행자를 상대로 손실보상을 청구하는 것은 허용되지 않는다고 판시하였다.

(2) 검토(소결)

토지보상법 규정의 내용과 입법취지, 재결절차를 거치도록 하는 것이 사업의 효율적 수행을 도모한다는 점 및 농업손실보상은 공권이라는 점을 고려할 때, 판례의 태도와 같이 재결절차를 거치지 않은 채 곧바로 사업시행자를 상대로 손실보상을 청구하는 것은 타당하지 않는다고 판단된다.

Ⅲ. 〈물음 3〉에 대하여

1. 논점의 정리

잔여지수용청구권의 법적 성질 및 잔여지수용청구 요건에 대한 검토를 통해 물음에 답하도록 한다.

2. 잔여지수용청구권의 의의 및 법적 성질

(1) 잔여지수용청구권의 의의 및 취지(토지보상법 제74조)

잔여지수용이란 일단의 토지 일부가 협의매수 또는 수용됨으로 인하여 잔여지를 종래의 목적에 사용하는 것이 현저히 곤란한 때에 토지소유자의 청구에 의해 사업시행자가 잔여지를 매수하거나 수용하는 것을 말한다. 이는 헌법상 정당보상의 원칙과 피수용자의 실질적 권리보호의 취지에서 인정된다.

(2) 잔여지수용청구권의 법적 성질

잔여지수용청구권의 법적 성질에 대해 공권인지 사권인지에 대한 견해가 대립하나 판례는 잔여지수용청구권은 손실보상의 일환으로 토지소유자에게 부여되는 권리로서 그 요건을 구비한 때에는 잔여지를 수용하는 토지수용위원회의 재결이 없더라도 그 청구에 의하여 수용의 효과가 발생하는 형성권적 성질을 가진다고 판시한바, 공권이자 형성권의 성질을 가진다고 보는 것이 타당하다.

3. 잔여지수용청구가 인정될 수 있는지

(1) 잔여지수용청구의 요건

1) 관련 규정의 검토(토지보상법 시행령 제39조)

① 대지로서 면적이 너무 작거나 부정형 등의 사유로 건축물을 건축할 수 없거나 곤란한 경우, ② 농지로서 폭이 좁고 부정형 등의 사유로 영농이 현저히 곤란한 경우, ③ 교통이 두절되어 사용이나 경작이 불가능한 경우, ④ 종래의 목적대로 사용하는 것이 곤란한 경우 잔여지를 매수하거나 수용하여 줄 것을 청구할 수 있다.

2) 사안의 경우

사안의 경우 하우스 딸기농사를 지은 토지부분이 모두 수용됨으로써, 이를 판매하기 위한 농작물직거래판매장으로 운영되기 위한 토지를 종래의 목적대로 사용하는 것이 현저히 곤란하게 되었다고 판단되는 바, 잔여지수용청구권의 요건을 충족한다고 판단된다.

(2) 잔여지수용청구의 시기

1) 관련 규정의 검토(토지보상법 제74조)

공익사업의 시행으로 인하여 잔여지를 종래의 목적에 사용하는 것이 현저히 곤란할 때에는 해당 토지소유자는 사업시행자에게 잔여지를 매수하여 줄 것을 청구할 수 있고, 매수에 관한 협의가 성립되지 아니한 경우 관할 토지수용위원회에 수용을 청구할 수 있으며, 사업 완료일까지 하여야 한다.

2) 사안의 경우

사안의 경우 협의가 성립되지 않아 사업의 공사완료일 전에 관할 토지수용위원회에 잔여지 수용을 청구한 것으로서, 잔여지수용청구의 요건을 충족한다.

Ⅳ. 사례의 해결

사안의 경우 일단의 토지 중 일부가 공익사업에 편입됨으로 인하여 종래의 목적대로 잔여지를 사용할 수 없는 경우로서, 사업의 공사완료일 전에 협의가 성립하지 않아 잔여지수용청구를 한바, 甲의 잔여지수용청구는 인정될 것이다.   〈끝〉

Question 02   30점

Ⅰ. 〈물음 1〉에 대하여

1. 논점의 정리

개별공시지가의 이의신청이 특별법상 행정심판인지의 여부 및 취소소송의 제소기간의 검토를 통해 물음에 답하도록 한다.

2. 개별공시지가의 의의 및 법적 성질

(1) 개별공시지가의 의의 및 취지(부동산공시법 제10조)

개별공시지가란 시·군·구청장이 세금의 부과 등을 위하여 공시기준일 현재 결정·공시하는 개별토지의 단위면적당 가격이다. 이는 과세의 효율성과 적정성에 그 취지가 인정된다.

(2) 개별공시지가의 법적 성질

개별공시지가의 법적 성질에 대해 견해가 대립하나, 판례의 태도와 같이 개별공시지가는 국민의 권리·의무에 영향을 주는바, 처분성을 인정함이 타당하다고 판단된다.

3. 개별공시지가의 이의신청이 강학상 이의신청인지

(1) 개별공시지가의 이의신청과 행정심판의 구별실익

행정심판법 제51조에서 행정심판 재청구 금지를 규정하고 있으므로, 개별공시지가의 이의신청이 행정심판법상의 행정심판이라면 이의신청을 거쳐 다시 행정심판을 제기할 수 없기 때문에 구별실익이 있다.

(2) 개별공시지가의 이의신청의 법적 성질(부동산공시법 제11조)

판례에 의하면 부동산공시법에 행정심판의 제기를 배제하는 명시적인 규정이 없고, 부동산 공시법상 이의신청과 행정심판은 그 절차 및 담당기관에 차이가 있다고 판시한다. 따라서 개별공시지가의 이의신청은 강학상 이의신청이라 봄이 타당하다고 판단된다.

4. 취소소송의 제소기간

(1) 제소기간의 의미 및 취소소송의 제소기간

제소기간이란 소송을 제기할 수 있는 시간적 간격을 의미하며, 제소기간 경과 시 "불가쟁력" 이 발생하여 소를 제기할 수 없다. 행정소송법 제20조에 의하면 처분이 있는 날로부터 1년, 안 날로부터 90일 이내에 소를 제기해야 한다.

(2) 사례의 해결(소결)

사안의 경우 이의신청이 기각되어 원래의 개별공시지가 결정공시일인 5월 20일을 기준으로 하면 9월 10일 현재 제소기간을 경과하였다고 볼 수 있다. 그러나 최근 표준지공시지가의 이의신청과 관련한 판례의 태도 및 행정기본법 제36조 제4항에 따르면 이의신청의 결과를 통지받은 날인 7월 10일을 기준으로 할 시에는 제소기간을 경과하지 않아 적법한 취소소송이 제기된다고 볼 수 있다고 판단된다.

II. 〈물음 2〉에 대하여

1. 논점의 정리

개별공시지가와 수용재결 간의 하자승계가 가능한지 여부에 대한 문제로, 해당 사안이 하자승계의 요건을 충족하는지 여부의 검토를 통해 문제를 해결한다.

2. 하자승계 요건 검토[소송의 인용가능성]

(1) 수용재결의 의의 및 법적 성질(토지보상법 제34조, 제50조)

수용재결이란 공용수용의 종국적 절차로서 사업시행자에게 부여된 수용권의 구체적 내용을 결정하고 그 실행을 완성시키는 형성적 행정행위이다.

(2) 하자승계의 의의 및 요건

1) 하자승계의 의의

하자의 승계란 둘 이상의 행정행위가 연속적으로 행해지는 경우 선행행위의 하자를 이유로 후행행위를 다툴 수 있는가의 문제이다.

2) 하자승계의 전제요건 및 충족 여부

● 하자승계의 전제요건

하자승계는 ① 선·후행행위 모두 처분일 것, ② 선행행위에 불가쟁력이 발생할 것, ③ 선행행위의 위법이 단순 취소사유일 것, ④ 후행행위에 고유한 하자가 없을 것을 요건으로 한다.

● 사안의 경우

① 개별공시지가와 수용재결 모두 처분에 해당하며, ② 개별공시지가의 제소기간이 경과하여 불가쟁력이 발생하였다. ③ 토지가격비준표를 무시하고 검증되었다고 하여 바로 위법이라고 볼 수는 없겠으나, 논의의 전개를 위해 개별공시지가의 선행처분은 취소사유로 전제하며, ④ 후행 수용재결에 대한 위법 내용은 별도로 적시됨이 없으나 위법이 없는 것으로 전제하여 하자승계의 요건을 충족한 것으로 보고 논의를 전개하도록 한다.

3. 하자승계의 인정범위

(1) 학설

① 〈전통적 하자승계론〉은 선·후행행위가 하나의 법률효과를 목적으로 하는 경우 하자승계를 인정한다. 반면 ② 〈구속력 이론〉은 별개의 법률효과를 목적으로 하는 경우에도 예측

· 수인가능성이 없는 경우 하자승계를 인정한다.

(2) 판례 및 검토

판례는 원칙적으로 선·후행행위의 법률효과 동일성 여부로 판단하면서도, 예외적으로 법률효과가 서로 다른 경우라도 수인가능성과 예측가능성을 고려하여 판단하여야 한다고 판시하였다. 생각건대, 법적 안정성의 요청과 국민의 권리구제의 조화측면에서 판례의 태도가 타당하다고 판단된다.

4. 판례의 유형별 검토

(1) 하자 승계를 인정하는 판례

① 개별통지를 하지 않은 경우 위법한 개별공시지가결정에 시정하도록 요구하지 않았다는 이유로 위법을 주장할 수 없도록 하는 것은 수인한도를 넘는 불이익을 강요하는 것으로서 하자의 승계를 인정한 바 있다(대판 1994.1.25, 93누8542). ② 표준지공시지가 결정의 하자와 수용재결 사이의 하자의 승계를 인정한 바 있다(대판 2008.8.21, 2007두13845).

(2) 하자 승계를 부정하는 판례

① 사업인정함에 있어 토지세목고시를 누락하는 경우 수용재결처분의 취소를 구하거나 무효확인을 구할 수 없다고 판시하여 하자 승계를 부정한 바 있다(대판 2009.11.26, 2009두11607). ② 사업인정의 절차 하자의 위법을 들어 수용재결 처분의 취소를 구하거나 무효확인을 구할 수는 없다고 판시하여 하자 승계를 부정한 바 있다(대판 2000.10.13, 2000두5142). ③ 최근 중개사무소 판례에서는 하자의 승계를 부정한 바 있다(대판 2019.1.31, 2017두40372).

5. 사례의 해결

① 개별공시지가와 수용재결은 별개의 법률효과를 목적으로 하며, ② 개별공시지가에 대한 결정·공시가 있었던 점 등으로 미루어 보아 수인가능성과 예측가능성 여부 또한 문제되

지 않는다고 판단된다. 따라서 하자승계의 요건을 충족하지 못하는 바, 甲의 주장은 인용될

수 없다고 판단된다. 〈끝〉

Question 03 20점

I. 〈물음 1〉에 대하여

1. 논점의 정리

甲이 감액된 2천만원의 과징금도 과중하다고 생각하여 취소소송을 제기하려고 하는 경우, 甲이 취소를 구하여야 하는 대상이 무엇인지 판례를 토대로 검토한다.

2. 과징금부과처분의 의의 및 법적 성질

(1) 과징금부과처분의 의의(감정평가법 제41조)

과징금이란 행정법상 의무위반 행위로 얻은 경제적 이익을 박탈하기 위한 금전상 제재금을 말한다. 감정평가법상 과징금은 계속적인 공적업무수행을 위하여 업무정지처분에 갈음하여 부과되는 것으로 변형된 과징금에 속한다.

(2) 과징금부과처분의 법적 성질

과징금 부과행위는 과징금 납부의무를 명하는 행위이므로 급부하명에 해당한다. 또한 감정평가법 제41조에서는 "과징금을 부과할 수 있다"고 규정하고 있으므로 재량행위에 해당한다.

3. 2천만원으로 감액한 과징금 부과처분의 소의 대상

(1) 학설(변경처분 시 소의 대상)

① 변경된 원처분과 변경처분은 독립된 처분으로 모두 소송의 대상이라는 견해와 ② 원처분은 변경처분에 흡수되어 변경처분만 소의 대상이 된다는 견해, ③ 변경처분은 원처분에

흡수되어 변경된 원처분만이 소송의 대상이라는 견해가 대립한다.

(2) 판례

판례는 감액처분으로도 아직 취소되지 않고 남아 있는 부분이 위법하다 하여 다투고자 하는 경우, 감액처분을 항고소송의 대상으로 할 수는 없고, 당초 징수결정 중 감액처분에 의하여 취소되지 않고 남은 부분을 항고소송의 대상으로 할 수 있을 뿐이며, 그 결과 제소기간의 준수 여부도 감액처분이 아닌 당초 처분을 기준으로 판단해야 한다고 판시하였다.

(3) 검토 및 사안의 경우

생각건대, 당초부터 유리하게 변경되어 존속하는 감경된 처분을 대상으로 소송을 제기하여야 하는 것이 권리구제 측면에서 타당하다고 판단된다. 따라서 사안의 경우 변경된 원처분인 2천만원을 소송의 대상으로 하는 것이 타당하다고 판단된다.

4. 사례의 해결

변경된 원처분인 2천만원 과징금 부과처분을 소송의 대상으로 하되, 부가적으로 제소기간은 4월 30일을 기준으로 보는 것이 타당하다고 보여진다.

Ⅱ. 〈물음 2〉에 대하여

1. 논점의 정리

사안은 일부취소판결의 경우로서, 가분성과 특정성의 여부 검토를 통해 법원의 판결의 내용을 검토한다.

2. 행정소송법 제4조 제1호 변경의 의미

① 일부취소로 보는 〈소극적 변경설〉과 새로운 처분을 내용으로 하는 판결이 가능하다고 보는 〈적극적 변경설〉이 대립하나, ② 판례는 변경의 의미는 일부취소이고 적극적 변경판결

이 허용되지 않는다고 판시한바, 소극적 변경인 일부취소를 의미한다고 보는 것이 타당하다.

3. 일부취소판결의 가능성

(1) 학설

청구의 일부분에만 위법이 있는 경우, 일부취소를 할 것인가, 아니면 전부취소를 할 것인가에 대한 견해가 대립한다.

(2) 판례의 태도

① 판례는 외형상 하나의 행정처분이라 하더라도 가분성, 특정가능성이 있는 경우 일부취소판결이 가능하다고 판시하였다. 반면 ② 영업정지처분 등이 재량권남용에 해당한다고 판단될 때에는 위법한 처분으로서 그 처분의 취소를 명할 수 있을 따름이고, 업무정지처분의 적정성 여부는 사법심사의 범위를 벗어난다고 판시하여 일부취소판결을 부정한 판례가 있다.

(3) 검토

소송의 경제성 측면에서 일부취소를 인정한 판례의 태도와 같이 가분성과 특정성 여부에 따라 일부취소판결 여부를 결정하는 것이 타당하다고 판단된다.

(4) 사안의 경우

과징금 부과처분은 상기 검토한 바와 같이 재량행위이며, 사안의 경우와 같이 업무정지처분에 갈음하여 부과된 변형된 과징금은 가분성과 특정성이 인정되기 어려운바 일부취소판결이 불가하다고 판단된다.

4. 사례의 해결

사안의 경우 3천만원의 과징금 부과처분 전체를 취소하는 판결을 하는 것이 타당하다고 판단된다. 〈끝〉

Question 04 _{10점}

1. 개설

국민의 재산권 보호와 국가경제 발전을 위해서는 공정한 감정평가가 이루어져야 하는바, 감정평가법에서는 감정평가법인등의 성실의무 등에 대해 규정한다.

2. 감정평가법 제25조의 구체적인 내용

(1) 감정평가법인등의 성실의무(감정평가법 제25조)

① 감정평가법인등은 감정평가업무를 행함에 있어 품위를 유지하여야 하고, 신의와 성실로써 공정하게 감정평가를 하여야 하며, 고의 또는 중대한 과실로 잘못된 평가를 하여서는 아니 된다. ② 감정평가법인등은 자기 또는 친족, 그 밖에 불공정한 감정평가를 할 우려가 있는 경우에는 감정평가를 하여서는 아니 되며, ③ 토지 등의 매매업을 직접 하여서는 아니 된다. 또한 ④ 수수료와 실비 외에는 업무와 관련된 대가를 받아서는 아니 되며, 감정평가 수주의 대가로 금품 또는 재산상의 이익을 제공하거나 제공하기로 약속하여서는 아니 된다. ⑤ 감정평가사는 둘 이상의 감정평가법인 또는 감정평가사무소에 소속될 수 없다.

(2) 관련 판례의 검토

판례는 감정평가사는 성실하고 공정하게 분석을 해야 할 의무가 있고, 평가액의 산출근거를 논리적으로 밝히는 데 신중을 기하여야 한다. 만약 위와 같이 하는 것이 곤란한 경우라면 평가를 하지 말아야지 자의적으로 평가액을 산정하여서는 아니 된다고 판시하였다.

3. 감정평가법상 성실의무 위반 시

성실의무 등을 위반한 경우에는 행정상 책임과 아울러 형사상 책임을 물을 수 있으며, 감정평가법 제28조에 따른 손해배상책임을 부담할 수 있다. 〈끝〉

— 이하 여백 —

Question
01

A 시장 甲은 1990년에 「자연공원법」에 의하여 A 시내 산지 일대 5㎢를 'X시립공원'으로 지정·고시한 다음, 1992년 X시립공원 구역을 구분하여 용도지구를 지정하는 내용의 'X시립공권 기본계획'을 결정·공고하였다. 甲은 2017년에 X시립공원구역 내 10,000㎡ 부분에 다목적 광장 및 휴양관(이하 '이 사건 시설'이라 한다)을 설치하는 내용의 'X시립공원 공원계획'을 결정·고시한 다음, 2018년에 甲이 사업시행자가 되어 이 사건 시설에 잔디광장, 휴양관, 도로, 주차장을 설치하는 내용의 'X시립공원 공원사업'(이하 '이 사건 시설 조성사업'이라 한다) 시행계획을 결정·고시하였다. 甲은 이 사건 시설 조성사업의 시행을 위하여 그 사업구역 내에 위치한 토지(이하 '이 사건 B토지'라 한다)를 소유한 乙과 손실보상에 관한 협의를 진행하였으나 협의가 성립되지 않자 수용재결을 신청하였다. 관할 지방토지수용위원회의 수용재결 및 중앙토지수용위원회의 이의재결에 모두 이 사건 B토지의 손실보상금은 1990년의 X시립공원 지정 및 1992년의 X시립공원 용도지구 지정에 따른 계획제한을 받는 상태대로 감정평가한 금액을 기초로 산정되었다. 다음 물음에 답하시오. 40점

(1) 乙은 위 중앙토지수용위원회의 이의재결이 감정평가에 관한 법리를 오해함으로써 잘못된 내용의 재결을 한 경우에 해당한다고 판단하고 있다. 乙이 「공익사업을 위한 토지 등의 취득 및 보상에 관한 법률」에 따라 제기할 수 있는 소송의 의의와 특수성을 설명하시오. 15점

(2) 乙이 (1)에서 제기한 소송에서 이 사건 B토지에 대한 보상평가는 1990년의 X시립공원 지정·고시 이전을 기준으로 하여야 한다고 주장한다. 乙의 주장은 타당한가? 10점

(3) 한편, 丙이 소유하고 있는 토지(이하 '이 사건 C토지'라 한다)는 「문화유산법」상 보호구역으로 지정된 토지로서 이 사건 시설 조성사업의 시행을 위한 사업구역 내에 위치하고 있다. 甲은 공물인 이 사건 토지 C토지를 이 사건 시설 조성 사업의 시행을 위하여 수용할 수 있는가? 15점

〈공익사업을 위한 토지 등의 취득 및 보상에 관한 법률〉

제19조(토지 등의 수용 또는 사용)

① 사업시행자는 공익사업의 수행을 위하여 필요하면 이 법에서 정하는 바에 따라 토지 등을 수용하거나 사용할 수 있다.

② 공익사업에 수용되거나 사용되고 있는 토지 등은 특별히 필요한 경우가 아니면 다른 공익사업을 위하여 수용하거나 사용할 수 없다.

〈공익사업을 위한 토지 등의 취득 및 보상에 관한 법률 시행규칙〉

제23조(공법상 제한을 받는 토지의 평가)

① 공법상 제한을 받는 토지에 대하여는 제한받는 상태대로 평가한다. 다만, 그 공법상 제한이 당해 공익사업의 시행을 직접 목적으로 하여 가하여진 경우에는 제한이 없는 상태를 상정하여 평가한다.

② 당해 공익사업의 시행을 직접 목적으로 하여 용도지역 또는 용도지구 등이 변경된 토지에 대하여는 변경되기 전의 용도지역 또는 용도지구 등을 기준으로 평가한다.

〈자연공원법〉

제19조(공원사업의 시행 및 공원시설의 관리)

① 공원사업의 시행 및 공원시설의 관리는 특별한 규정이 있는 경우를 제외하고는 공원관리청이 한다.

② 공원관리청은 공원사업을 하려는 경우에는 환경부령으로 정하는 기준에 따라 공원사업 시행계획을 결정하고 고시하여야 한다.

제22조(토지 등의 수용)

① 공원관리청은 공원사업을 하기 위하여 필요한 경우에는 공원사업에 포함되는 토지와 그 토지에 정착된 물건에 대한 소유권 또는 그 밖의 권리를 수용하거나 사용할 수 있다.

② 제19조 제2항에 따라 공원사업 시행계획을 결정·고시한 때에는 「공익사업을 위한 토지 등의 취득 및 보상에 관한 법률」 제20조 제1항 및 제22조에 따른 사업인정 및 사업인정의 고시를 한 것으로 보며, 재결신청은 같은 법 제23조 제1항 및 제28조 제1항에도 불구하고 공원사업 시행계획에서 정하는 사업기간 내에 할 수 있다.

③ 〈생략〉

④ 제1항에 따른 수용 또는 사용에 관하여는 이 법에 특별한 규정이 있는 경우를 제외하고는 「공익사업을 위한 토지 등의 취득 및 보상에 관한 법률」을 준용한다.

〈문화유산법〉

제83조(토지의 수용 또는 사용)

① 국가유산청장이나 지방자치단체의 장은 문화유산의 보존·관리를 위하여 필요하면 지정문화유산이나 그 보호구역에 있는 토지, 건물, 나무, 대나무, 그 밖의 공작물을 「공익사업을 위한 토지 등의 취득 및 보상에 관한 법률」에 따라 수용(收用)하거나 사용할 수 있다.

Q uestion

02

A시의 시장 甲은 2018.5.31. 乙·丙 공동소유의 토지 5,729㎡(이하 '이 사건 토지'라고 한다)에 대하여 2018.1.1. 기준 개별공시지가를 ㎡당 2,780,000원으로 결정·고시하였다. 乙은 2018.6.19. 甲에게 「부동산 가격공시에 관한 법률」 제11조에 따라 이 사건 토지의 개별공시지가를 ㎡당 1,126,850원으로 하향 조정해 줄 것을 내용으로 하는 이의신청을 하였다. 이에 대하여 甲은 이 사건 토지의 개별공시지가 결정 시 표준지 선정에 문제가 있음을 발견하고, A시 부동산가격공시위원회의 심리를 거쳐 2018.7.1. 위 개별공시지가를 ㎡당 2,380,000원으로 정정하여 결정·고시하였고, 동 결정서는 당일 乙에게 송달되었다. 丙은 2018.6.20. 위 이의신청과는 별개로 이 사건 토지의 개별공시지가를 ㎡당 1,790,316원으로 수정해 달라는 취지의 행정심판을 청구하였고, B행정심판위원회는 2018.8.27. 이 사건 토지의 개별공시지가를 ㎡당 2,000,000원으로 하는 변경재결을 하였고, 동 재결서 정본은 2018.8.30. 丙에게 송달되었다. 다음 물음에 답하시오. 30점

(1) 부동산 가격공시에 관한 법령상 개별공시지가의 정정사유에 관하여 설명하시오. 5점

(2) 위 사례에서 乙과 丙이 취소소송을 제기하려고 할 때, 소의 대상과 제소기간의 기산일에 관하여 각각 설명하시오. 10점

(3) 한편, 丁은 A시의 개별공시지가 산정업무를 담당하고 있는 공무원이다. 丁은 개별예정지구인 C지역의 개별공시지가를 산정함에 있어 토지의 이용상황을 잘못 파악하여 지가를 적정가격보다 훨씬 높은 가격으로 산정하였다. 이를 신뢰한 乙은 C지역의 담보가치보다 훨씬 높은 가격으로 산정하였다. 이를 신뢰한 乙은 C지역의 담보가치가 충분하다고 믿고 그 토지에 근저당설정 등기를 마치고 수백억원의 투자를 하였지만, 결국 수십억원에 해당하는 큰 손해를 보았다. 이에 乙은 丁의 위법한 개별공시지가 산정으로 인하여 위 손해를 입었다고 주장하며, 국가배상소송을 제기하고자 한다. 동 소송에서 乙은 丁의 직무상 행위와 자신의 손해 사이의 인과관계를 주장한다. 乙의 주장의 타당성에 관하여 개별공시지가제도의 입법목적을 중심으로 설명하시오. 15점

〈부동산 가격공시에 관한 법률〉

제12조(개별공시지가의 정정)

시장·군수 또는 구청장은 개별공시지가에 틀린 계산, 오기, 표준지 선정의 착오, 그 밖에 대통령령으로 정하는 명백한 오류가 있음을 발견한 때에는 지체 없이 이를 정정하여야 한다.

〈행정소송법〉

제19조(취소소송의 대상)

취소소송은 처분 등을 대상으로 한다. 다만, 재결취소소송의 경우에는 재결 자체에 고유한 위법이 있음을 이유로 하는 경우에 한한다.

제20조(제소기간)

① 취소소송은 처분 등이 있음을 안 날부터 90일 이내에 제기하여야 한다. 다만, 제18조 제1항 단서에 규정한 경우와 그 밖에 행정심판청구를 할 수 있는 경우 또는 행정청이

행정심판청구를 할 수 있다고 잘못 알린 경우에 행정심판청구가 있은 때의 기간은 재결서의 정본을 송달받은 날부터 기산한다.

②∼③ 〈생략〉

Question 03

甲과 乙은 감정평가사 자격이 없는 공인회계사로서, 甲은 A주식회사의 부사장 겸 본부장이고 乙은 A주식회사의 상무의 직에 있는 자이다. 甲과 乙은 A주식회사 대표 B로부터 서울 소재의 A주식회사 소유 빌딩의 부지를 비롯한 지방에 있는 같은 회사 전 사업장 물류센터 등 부지에 대한 자산 재평가를 의뢰받고, 회사의 회계처리를 목적으로 부지에 대한 감정평가등 자산재평가를 실시하여 그 결과 평가대상 토지(기존의 장부상 가액 3천억원)의 경제적 가치를 7천억원의 가액으로 표시하고, 그 대가로 1억 5,400만원을 받았다. 이러한 甲과 乙의 행위는 「감정평가 및 감정평가사에 관한 법률」상의 감정평가업자의 업무에 해당하는지 여부에 관하여 논하시오. 20점

Question 04

「감정평가 및 감정평가사에 관한 법률」에 따른 감정평가의 기준 및 감정평가 타당성 조사에 관하여 각각 설명하시오. 10점

Question 01 40점

I. 〈물음 1〉에 대하여

1. 논점의 정리

토지보상법에서는 재결에 대하여 별도의 불복절차로 특별법상 행정심판인 토지보상법 제83조의 이의신청과 동법 제85조 제2항의 보상금증감청구소송을 규정하고 있다. 이하 보상금증감청구소송의 의의 및 특수성에 대해 구체적으로 설명하도록 한다.

2. 보상금증감청구소송의 의의 및 취지, 법적 성질 등

(1) 의의 및 취지(토지보상법 제85조 제2항)

보상금증감청구소송이란 보상금의 증감에 관한 소송으로 사업시행자와 토지소유자 등은 각각을 피고로 제기하는 당사자소송이다. 분쟁의 일회적 해결 및 신속한 권리구제에 그 취지가 있다.

(2) 법적 성질

① 보상금증감청구소송은 실질은 재결이라는 처분을 다투면서 법률관계 일방당사자를 피고로 하여 제기하는 형식적 당사자소송이다. 종전 피고에서 재결청이 삭제되면서 순수한 의미의 형식적 당사자소송으로 거듭나게 되었다.

② 보상금증감청구소송은 법원이 정당보상액을 확인하고 그 부족액의 급부를 명하는 확인·급부소송의 성질을 갖는다.

(3) 소송의 대상

보상금증감청구소송은 관할 토지수용위원회가 행한 재결로 형성된 법률관계인 보상금의 증감에 관한 것을 소송의 대상으로 삼아야 한다.

3. 보상금증감청구소송의 특수성

(1) 제소기간 및 제기요건

① 제85조에서는 소의 대상으로 제34조 재결을 규정하고 있으므로 원처분을 소의 대상으로 하고, ② 재결서 정본 송달일로부터 90일 또는 이의재결서 정본 도달일로부터 60일 이내에, ③ 양 당사자는 각각을 피고로 하여, ④ 관할 법원에 소를 제기할 수 있다.

(2) 심리범위

① 손실보상의 지급방법, ② 손실보상액의 범위, 보상액과 관련한 보상면적, ③ 지연손해금, ④ 잔여지수용 여부, ⑤ 보상항목 간의 유용도 심리범위에 해당한다고 본다.

(3) 청구의 병합

수용재결과 보상금에 관하여 모두 불복이 있는 경우에 재결 취소소송에 보상금증감청구소송을 병합하여 제기할 수 있는지가 문제되나 분쟁의 일회적 해결을 위해 청구의 병합을 인정함이 타당하다.

(4) 보상액 항목 상호 간 유용 문제

판례는 행정소송의 대상이 된 물건 중 일부 항목에 관한 보상액은 과소하고 다른 항목의 보상액은 과다한 경우에는, 항목 상호 간의 유용을 허용하여 과다부분과 과소부분을 합산하여 보상금액을 결정하여야 한다고 판시한바, 상호 간 유용이 허용된다고 봄이 타당하다.

Ⅱ. 〈물음 2〉에 대하여

1. 논점의 정리

B토지를 1990년 X시립공원 지정·고시 이전을 기준으로 보상하여야 한다는 乙 주장의 타당성을 공법상 제한받는 토지의 보상평가기준을 통해 검토한다.

2. 공법상 제한받는 토지의 의의 및 취지

공법상 제한받는 토지란 관계법령에 의해 가해지는 토지의 이용규제나 제한을 받는 토지를 말하며, 개발이익 내지 손실을 제외하는데 취지가 있다.

3. 공법상 제한받는 토지의 근거 및 종류

(1) 토지보상법 시행규칙 제23조

토지보상법 시행규칙 제23조는 공법상 제한받는 토지에 대하여 제한받는 상태대로 평가하는 것을 원칙으로 하나, 종류에 따라 보상평가기준을 달리한다.

(2) 일반적 제한 및 개별적 제한

① 일반적 제한은 제한 그 자체로 목적이 완성되고 구체적 사업의 시행이 필요하지 않은 경우로 그 제한받는 상태대로 평가한다.

② 개별적 제한은 그 제한이 구체적 사업의 시행을 필요로 하는 경우로, 개별적 제한이 해당 공익사업의 시행을 직접 목적으로 가해진 경우에는 그 제한이 없는 상태로 평가한다.

4. 관련 판례의 검토[대판 2019.9.25, 2019두34982]

자연공원법에 의한 '자연공원 지정' 및 '공원용도지구계획에 따른 용도지구 지정'은, 그와 동시에 구체적인 공원시설을 설치·조성하는 내용의 '공원시설계획'이 이루어졌다는 특별한 사정이 없는 한 구체적인 공원사업의 시행을 직접 목적으로 한 것이 아니므로, '일반적 계획제한'에 해당한다 판시하였다.

5. 소결

시립공원 지정 및 시립공원 용도지구 지정과 동시에 해당 토지에 구체적인 공원시설을 설치·조성하겠다는 내용의 '공원시설계획'이 수립·결정된 바 없고, 그로부터 27년이 경과한 시점에 이르러서야 비로소 시립공원 구역 전부가 아니라 그중 일부(10,000㎡)에 국한하여 공원시설계획이 수립·결정되었으므로, 시립공원 용도지구 지정은 '일반적 계획제한'에 해당한다 할 것이다. 따라서 乙의 주장은 타당하지 않으며, 제한받는 상태대로 평가하여야 한다(전체공원 5㎢ : 1/50로 전체 중 일부만 공원시설계획이 수립·결정됨).

Ⅲ. 〈물음 3〉에 대하여

1. 논점의 정리

이미 보호구역으로 지정된 토지를 다른 공익사업을 위하여 수용할 수 있는가의 문제로, 공물의 수용가능성과 관련한 학설 및 판례를 통해 이를 검토한다.

2. 공물의 의의[토지보상법 제19조]

공물이란 국가·지방자치단체 등의 행정주체에 의해 직접 행정목적에 공용된 개개의 유체물을 말한다.

3. 공물의 수용가능성

(1) 문제점

토지보상법 제19조 제2항에서는 특별한 필요가 있는 경우 수용할 수 있다고 규정하는바, 공물에 대한 용도폐지 여부와 특별한 필요의 해석 논의가 필요하다.

(2) 학설

① 공물을 사용하고 있는 기존의 사업의 공익성보다 해당 공물을 수용하고자 하는 사업의 공익성이 큰 경우에 용도폐지의 선행 없이도 해당 공물에 대한 수용이 가능하다는 견해와,

② 공물은 이미 공적목적에 제공되고 있기 때문에 먼저 용도폐지가 되지 않는 한 수용의 대상이 될 수 없다는 견해가 대립한다.

(3) 판례 및 검토(대판 2019.2.28, 2017두71031, 대판 1996.4.26, 95누13241)

판례는 광평대군 묘역 관련하여 공물의 수용에 대하여 용도폐지 없이 수용이 가능하다고 판시하였다. 공물의 수용가능성을 일률적으로 부정하는 것은 토지보상법 제19조 제2항의 해석상 타당하지 않으므로, 공물이라도 '특별한 필요시'가 인정되는 경우 수용이 가능하다고 판단된다.

4. 특별한 필요의 판단기준

특별한 필요의 여부는 비례의 원칙을 통해 판단 가능하다. 비례의 원칙이란 행정작용에 있어서 행정목적과 행정수단 사이에는 합리적인 비례관계가 있어야 한다는 원칙이다(행정 기본법 제10조). 비례의 원칙은 적합성의 원칙, 최소침해의 원칙, 상당성의 원칙의 단계적 심사구조를 통해 검토된다.

5. 소결

해당 토지는 문화유산법상 보호구역으로 지정된 공물이나, 사안의 공원사업을 위해서는 수용이 필요한바 이는 적합성 및 필요성의 원칙에 부합하며, 공원사업을 위해 달성되는 공익이 더 크다고 판단되는바 이는 상당성의 원칙을 충족한다. 따라서 이와 같은 공익 간 비교·형량을 통한 공원사업의 정당성이 인정되는바 C토지의 수용이 가능하다고 판단된다.　〈끝〉

Question 02 30점

I. 〈물음 1〉에 대하여

1. 개별공시지가 정정의 개념(부동산공시법 제12조)

개별공시지가 정정이란 개별공시지가에 틀린 계산·오기 등 '명백한 오류'가 있는 경우 이를 직권으로 정정할 수 있는 제도로 이는 부동산공시법 제12조에 근거하며, 개별공시지가의 적정성을 담보하기 위한 수단이다.

2. 개별공시지가의 정정사유(법 제12조, 영 제23조)

개별공시지가의 정정사유로는 ① 공시절차를 완전하게 이행하지 아니한 경우, ② 토지가격에 영향을 미치는 주요 요인의 조사를 잘못한 경우, ③ 토지가격비준표의 적용에 오류가 있는 경우 등이 있다.

3. 개별공시지가 정정의 효과

개별공시지가가 정정된 경우 새로이 개별공시지가가 결정·공시된 것으로 본다. 판례는 개별공시지가 정정 시 당초 결정·공고된 개별공시지가는 효력을 상실하고, 새로운 개별지가가 공시기준일에 소급하여 효력이 발생한다고 본다.

Ⅱ. 〈물음 2〉에 대하여

1. 논점의 정리

해당 사안은 乙과 丙의 공동소유의 토지이며, 乙은 변경의 처분에 따른, 丙은 변경재결에 따른 소의 대상이 문제된다. 이하 각각의 소의 대상과 제소기간의 기산일에 대하여 관련 규정과 판례를 통하여 검토하도록 한다.

2. 乙의 경우

(1) 행정기본법 제36조 제4항 이의신청의 통지를 받은 경우 소송의 대상

행정기본법 제36조 제4항에서는 "이의신청에 대한 결과를 통지받은 후 행정심판 또는 행정소송을 제기하려는 자는 그 결과를 통지받은 날부터 90일 이내에 제1항의 처분에 대하여 행정심판 또는 행정소송을 제기할 수 있다."라고 규정하고 있다. 따라서 이의신청을 하여 기각결정된 경우 원처분을 소송의 대상으로 하고, 이의신청 결과 변경된 처분을 한 경우에는 규정에 따라 변경된 처분을 소송의 대상으로 삼아야 한다.

(2) 소의 대상(대판 2008.2.15, 2006두3957)

판례는 행정청이 과징금 부과처분을 하였다가 감액처분을 한 것에 대하여 그 감액처분으로도 아직 취소되지 않고 남아 있는 부분이 위법하다고 하여 다투는 경우 감액처분 후 남은 원처분을 소송의 대상으로 함이 타당하다 판시한바 있다. 위와 같은 판례의 태도에 비추어 볼 때 사안의 경우 변경되고 남은 변경된 원처분이 타당하지만, 행정기본법 제36조 제4항이 개정되어 이의신청을 받아들여 변경된 처분을 한 경우에는 변경된 처분을 소송의 대상으로 하도록 하고 있어 2,380,000원으로 하여 개별공시지가 결정 처분을 소송의 대상으로 삼으면 된다고 판단된다.

(3) 제소기간

2008두19987 판례의 태도에 따르면 개별공시지가의 불복에 대해서는 이의신청 통보결과를 통지받은 날로부터 90일 이내에 행정소송을 제기할 수 있다. 또한 최근 제정된 행정기본법 제36조 제4항에 따라 이의신청에 대한 결과를 통지받은 후 행정심판 또는 행정소송을 제기하려는 자는 그 결과를 통지받은 날로부터 90일 이내에 행정심판 또는 행정소송을 제기할 수 있다. 따라서 사안의 경우 이의신청 결과를 통지받은 날(송달된 날)인 2018.7.1.부터 제소기간을 기산한다.

3. 丙의 경우

(1) 소의 대상(대판 2007.4.27, 2004두9302)

판례는 행정심판위원회의 변경명령재결에 따라 처분청이 변경재결을 한 경우, 취소소송의 대상은 변경된 내용의 당초처분이지 변경처분은 아니고, 제소기간의 준수 여부도 변경처분이 아니라 변경된 내용의 당초처분을 기준으로 판단하여야 한다고 판시하였다. 위와 같은 판례의 태도로 볼 때, 해당 사안의 소송의 대상은 변경된 내용의 당초처분이 된다 할 것이다(2,780,000원 → 2,000,000원 변경된 원처분인 2,000,000원이 소의 대상임).

(2) 제소기간(송달된 날 기준, 안 날부터 90일 이내에 제기)

丙은 행정소송법 제20조 규정에 따라 행정심판청구 후 소송의 제소는 재결서의 정본을 송달받은 날부터 기산하는 바, 2018.8.30.(송달된 날)로부터 기산한다.

4. 소결[행정심판의 재결 형성력으로 통일적인 기준]

乙과 丙이 한 필지 토지의 공동소유자라는 측면에서 행정심판의 인용재결은 형성력이 있어 당사자뿐만 아니라 제3자에게도 효력을 미쳐서 행정심판에 의한 변경재결은 을에게도 미쳐서 종국적으로 2018.8.30. 기준 90일 이내에 소송을 제기하면 될 것으로 판단된다 (2,000,000원 변경된 원처분을 2018.8.30. 기준 90일 이내 소송제기함은 타당함).

Ⅲ. 〈물음 3〉에 대하여

1. 논점의 정리

국가배상소송의 의의 및 요건의 검토를 통해 개별공시지가의 위법성 여부를 검토하고, 丁의 직무상 행위와 乙의 손해 사이의 인과관계 여부를 판단하도록 한다.

2. 국가배상소송

(1) 국가배상소송의 의의 및 요건(국가배상법 제2조 제1항)

국가 또는 지방자치단체는 공무원이 직무를 수행하면서 고의 또는 과실로 법령에 위반하여 타인에게 손해를 입힌 때에 그 손해를 배상하여야 하며, 직무상 불법행위와 손해발생 사이에 상당한 인과관계가 있어야 한다.

(2) 개별공시지가의 위법 여부

판례는 담당공무원은 적정한 개별공시지가가 결정·공시되도록 조치할 직무상 의무가 있고, 이러한 직무상 의무는 국민의 재산권 보장을 목적으로 하여 규정된 것이라 봄이 타당하므로 직무상 위법 여부가 인정된다고 판시하였다.

(3) 소결

사안의 경우 개별공시지가를 산정함에 있어서 토지의 이용상황을 잘못 판단한 것은 위의 판례의 내용으로 보아 직무상 의무를 위반한 것으로 판단된다.

3. 丁의 직무상 행위와 乙의 손해 사이의 인과관계 여부

(1) 개별공시지가의 입법목적

개별공시지가는 그 산정목적이 개발부담금의 부과, 토지 관련 조세부과 등 다른 법령이 정하는 목적을 위해 지가를 산정하는 경우에 그 산정 기준이 되는 범위 내에서는 납세자인 국민 등의 재산상 권리·의무에 직접적인 영향을 미칠 수 있다.

(2) 乙의 손해 사이의 인과관계 여부

판례에서는 개별공시지가가 해당 토지의 거래 또는 담보제공을 받음에 있어 그 실제 거래가액 또는 담보가치를 보장한다거나 어떠한 구속력을 미친다고 할 수는 없다고 판시하였다.

(3) 소결

판례와 개별공시지가의 산정목적 범위 등을 종합적으로 고려해 보면 이는 예견가능성의 범위를 넘어서는 것이고 부동산공시법의 목적과 기능, 그 보호법익의 범위를 넘어서는 것이다. 따라서 양자 간의 상당한 인과관계가 있다고 보기 어렵다.

4. 결

개별공시지가는 공적업무의 기준이 되는바, 이를 산정 시 직무상 의무를 다하지 않은 것은 위법사유가 된다 할 것이나, 부동산공시법의 보호법익의 보호범위를 넘었고 상당한 인과관계가 없어 국가배상책임은 인정되지 않는다. 〈끝〉

Question 03 [20점]

Ⅰ. 논점의 정리

사안은 공인회계사인 甲과 乙의 업무행위가 감정평가업무에 해당하는지에 관한 것으로, 감정평가업무를 하기 위한 요건을 검토하고, 사안의 행위가 이에 해당하는지 여부를 판단하도록 한다.

Ⅱ. 감정평가업무를 하기 위한 요건

1. 감정평가법인등의 의의 및 요건

최근 감정평가법이 개정되어 감정평가법 제2조의 '감정평가업자'가 '감정평가법인등'으로 개정되었다. '감정평가법인등'이란 신고를 한 감정평가사와 인가를 받은 감정평가법인을 의미한다.

2. 사안의 경우

공인회계사 甲과 乙은 신고를 한 감정평가사가 아니므로, 감정평가법인등의 요건을 충족하지 못한다. 따라서 甲과 乙은 감정평가법에 따른 감정평가사 자격을 인정할 수 없다.

Ⅲ. 甲과 乙의 업무행위가 감정평가법인등의 업무에 해당하는지

1. 감정평가의 개념

감정평가란 토지 등의 경제적 가치를 판정하여 그 결과를 가액으로 표시하는 것을 말하며, 감정평가업이란 타인의 의뢰에 따라 일정한 보수를 받고 토지 등의 감정평가를 업으로 행하는 것을 말한다.

2. 감정평가법인등의 업무[감정평가법 제10조]

감정평가법인등은 부동산공시법에 따라 감정평가법인등이 수행하는 업무, 부동산공시법 제8조 제2호에 따른 목적을 위한 토지 등의 감정평가, 자산재평가법에 따른 토지 등의 감정평가업무 등의 업무를 수행한다.

3. 관련 판례의 검토(공인회계사가 자산재평가를 하는 경우 감정평가 업무에 해당하는지 여부)

공인회계사의 토지감정평가 판례에서는 타인의 의뢰를 받아 감정평가법이 정한 토지에 대한 감정평가를 행하는 것은 회계서류에 대한 전문적 지식이나 경험과는 관계가 없어 '회계에 관한 감정' 또는 '그에 부대되는 업무'에 해당한다고 볼 수 없고, 다른 직무의 범위에 포함된다고 볼 수도 없다고 판시하였다.

4. 소결

사안에서 공인회계사 甲과 乙의 행위는 토지 등의 경제적 가치를 가액으로 표시한 것으로 감정평가에 해당한다. 판례 등의 태도를 비추어 볼 때 이러한 甲과 乙의 행위는 (구)부동산공시법 제43조 제2호에 의하여 처벌되는 행위에 해당하고, 특별한 사정이 없는 한 법령에 의한 행위로서 정당행위에 해당한다고 볼 수 없을 것이다.

IV. 사례의 해결

甲과 乙은 감정평가법인등에 해당하지 않은 자이나, 감정평가법에 따른 감정평가행위를 한 것으로 이는 위법하다. 이러한 위법행위는 감정평가법에 따른 벌칙의 대상으로 실제 이 사건 대법원 판례는 벌금형으로 종결되었다.   〈끝〉

Question 04 10점

I. 감정평가기준(감정평가법 제3조)

1. 토지 감정평가 시(제3조 제1항)

토지를 감정평가하는 경우에는 그 토지와 이용가치가 비슷하다고 인정되는 표준지공시지가를 기준으로 하되, 적정한 실거래가가 있는 경우에는 이를 기준으로 할 수 있다.

2. 재무제표, 담보권의 설정·경매 등 평가 시(제3조 제2항)

주식회사 등의 외부감사에 관한 법률에 따른 기업의 재무제표 작성에 필요한 감정평가와 담보권의 설정·경매 등의 평가 시에는 해당 토지의 임대료, 조성비용 등을 고려하여 감정평가할 수 있다.

Ⅱ. 타당성조사(감정평가법 제8조 및 동법 시행령 제8조)

1. 타당성조사의 의의

감정평가가 감정평가법 또는 다른 법률에서 정하는 절차와 방법 등에 따라 타당하게 이루어졌는지를 조사하는 것을 의미한다. 타당성조사를 할 경우에는 해당 감정평가법인등 및 이해관계인에게 의견진술기회를 주어야 한다.

2. 타당성조사를 실시하는 경우(시행령 제8조 제1항)

국토교통부장관은 감정평가법 제47조에 따른 지도·감독을 위한 감정평가법인등의 사무소 출입·검사 또는 제49조에 따른 표본조사의 결과, 그 밖의 사유에 따라 조사가 필요하다고 인정되는 경우와 관계 기관 또는 이해관계인이 조사를 요청하는 경우 타당성조사를 할 수 있다.

3. 타당성조사를 하지 아니하거나 중지하는 경우(시행령 제8조 제2항)

법원의 판결에 따라 확정된 경우, 재판에 계류 중이거나 수사기관에서 수사 중인 경우, 토지보상법 등 관계법령에 따라 감정평가와 관련한 권리구제절차가 진행 중이거나 권리구제절차를 이행할 수 있는 경우, 타당성조사의 실익이 없는 경우 등 타당성조사를 하지 아니하거나 중지할 수 있다.

Ⅲ. 관련 문제(감정평가의 공신력과 대외적 신뢰성 확보)

최근 감정평가 및 감정평가사에 관한 법률을 감정평가법과 감정평가사법으로 분법하자는 움직임이 있는데, 감정평가의 기준과 감정평가사의 운영에 대한 기준을 분리하여 국민들에게 신뢰를 주는 감정평가시장 구축이 필요하다 할 것이다.   〈끝〉

– 이하 여백 –

Question 01 관할 A시장은 「부동산 가격공시에 관한 법률」에 따라 甲소유의 토지에 대해 공시기준일을 2018.1.1.로 한 개별공시지가를 2018.6.28. 결정·공시하고('당초 공시지가') 甲에게 개별 통지하였으나, 이는 토지가격비준표의 적용에 오류가 있는 것이었다. 이후 甲소유의 토지를 포함한 지역 일대에 개발 사업이 시행되면서 관련법에 의한 부담금 부과의 대상이 된 甲의 토지에 대해 A시장은 2018.8.3. 당초 공시지가에 근거하여 甲에게 부담금을 부과하였다. 한편 甲소유 토지에 대한 당초 공시지가에 이의가 있는 인근 주민 乙은 이의신청기간이 도과한 2018.8.10. A시장에게 이의를 신청하였고, A시장은 甲소유 토지에 대한 당초 공시지가를 결정할 때 토지가격비준표의 적용에 오류가 있었음을 이유로 「부동산 가격공시에 관한 법률」제12조 및 같은법 시행령 제23조 제1항에 따라 개별공시지가를 감액하는 정정을 하였고, 정정된 공시지가는 2018.9.7. 甲에게 통지되었다. 다음 물음에 답하시오(아래 물음은 각각 별개의 독립된 상황임). 40점

(1) 甲은 정정된 공시지가에 대해 2018.10.22. 취소소송을 제기하였다. 甲의 소송은 적법한가? 15점

(2) 甲은 이의신청기간이 도과한 후에 이루어진 A시장의 개별공시지가 정정처분은 위법하다고 주장한다. 甲의 주장은 타당한가? 10점

(3) 만약, A시장이 당초 공시지가에 근거하여 甲에게 부담금을 부과한 것이 위법한 것이더라도, 이후 A시장이 토지가격비준표를 제대로 적용하여 정정한 개별공시지가가 당초 공시지가와 동일하게 산정되었다면, 甲에 대한 부담금 부과의 하자는 치유되는가? 15점

〈부동산 가격공시에 관한 법률〉

제11조(개별공시지가에 대한 이의신청)
① 개별공시지가에 이의가 있는 자는 그 결정·공시일부터 30일 이내에 서면으로 시장·군수 또는 구청장에게 이의를 신청할 수 있다.
②~③ 〈생략〉

제12조(개별공시지가의 정정)
시장·군수 또는 구청장은 개별공시지가에 틀린 계산, 오기, 표준지 선정의 착오, 그 밖에 대통령령으로 정하는 명백한 오류가 있음을 발견한 때에는 지체 없이 이를 정정하여야 한다.

〈부동산 가격공시에 관한 법률 시행령〉

제23조(개별공시지가의 정정사유)
① 법 제12조에서 "대통령령으로 정하는 명백한 오류"란 다음 각 호의 어느 하나에 해당하는 경우를 말한다.

1. 법 제10조에 따른 공시절차를 완전하게 이행하지 아니한 경우
2. 용도지역·용도지구 등 토지가격에 영향을 미치는 주요 요인의 조사를 잘못한 경우
3. 토지가격비준표의 적용에 오류가 있는 경우
② 〈생략〉

02
甲은 골프장을 보유·운영해 왔는데, 그 전체 부지 1,000,000m² 중 100,000m²가 도로 건설 사업부지로 편입되었고, 골프장은 계속 운영되고 있다. 위 사업부지로 편입된 부지 위에는 오수처리시설이 있었는데, 수용재결에서는 그 이전에 필요한 비용으로 1억원의 보상금을 산정하였다. 다음 물음에 답하시오. 30점

(1) 甲은 골프장 잔여시설이 종전과 동일하게 운영되려면 위 오수처리시설을 대체하는 새로운 시설의 설치가 필요하다고 보아 그 설치에 드는 비용 1억 5천만원을 보상받아야 한다고 주장한다. 甲의 주장은 법적으로 타당한가? 10점

(2) 甲은 골프장 잔여시설의 지가 및 건물가격 하락분에 대하여 보상을 청구하려고 한다. 이때 甲이 제기할 수 있는 소송에 관하여 설명하시오. 20점

〈공익사업을 위한 토지 등의 취득 및 보상에 관한 법률〉
제73조(잔여지의 손실과 공사비 보상)
① 사업시행자는 동일한 소유자에게 속하는 일단의 토지의 일부가 취득되거나 사용됨으로 인하여 잔여지의 가격이 감소하거나 그 밖의 손실이 있을 때 또는 잔여지에 통로·도랑·담장 등의 신설이나 그 밖의 공사가 필요할 때에는 국토교통부령으로 정하는 바에 따라 그 손실이나 공사의 비용을 보상하여야 한다. 다만, 잔여지의 가격 감소분과 잔여지에 대한 공사의 비용을 합한 금액이 잔여지의 가격보다 큰 경우에는 사업시행자는 그 잔여지를 매수할 수 있다.
②~⑤ 생략

제75조의2(잔여 건축물의 손실에 대한 보상 등)
① 사업시행자는 동일한 소유자에게 속하는 일단의 건축물의 일부가 취득되거나 사용됨으로 인하여 잔여 건축물의 가격이 감소하거나 그 밖의 손실이 있을 때에는 국토교통부령으로 정하는 바에 따라 그 손실을 보상하여야 한다. 다만, 잔여 건축물의 가격 감소분과 보수비(건축물의 나머지 부분을 종래의 목적대로 사용할 수 있도록 그 유용성을 동일하게 유지하는 데에 일반적으로 필요하다고 볼 수 있는 공사에 사용되는 비용을 말한다. 다만, 「건축법」 등 관계 법령에 따라 요구되는 시설 개선에 필요한 비용은 포함하지 아니한다)를 합한 금액이 잔여 건축물의 가격보다 큰 경우에는 사업시행자는 그 잔여 건축물을 매수할 수 있다.
②~⑤ 생략

Question
03

X군에 거주하는 어업인들을 조합원으로 하는 A수산업협동조합(이하 'A조합'이라 함)은 조합원들이 포획·채취한 수산물의 판매를 위탁받아 판매하는 B수산물위탁판매장(이하 'B위탁판매장'이라 함)을 운영하여 왔다. 한편, B위탁판매장 운영에 대해서는 관계 법령에 따라 관할 지역에 대한 독점적 지위가 부여되어 있었으며, A조합은 B위탁판매장 판매액 중 일정비율의 수수료를 지급받아 왔다. 그런데, 한국농어촌공사는 「공유수면 관리 및 매립에 관한 법률」에 따라 X군 일대에 대한 공유수면매립면허를 받아 공유수면매립사업을 시행하였고, 해당 매립사업의 시행으로 인하여 사업대상지역에서 어업활동을 하던 A조합의 조합원들은 더 이상 조업을 할 수 없게 되었다. A조합은 위 공유수면매립사업지역 밖에서 운영하던 B위탁 판매장에서의 위탁판매사업의 대부분을 중단하였고, 결국에는 B위탁판매장을 폐쇄하기에 이르렀다. 이에 따라 A조합은 공유수면매립사업으로 인한 위탁판매수수료 수입의 감소에 따른 영업 손실의 보상을 청구하였으나, 한국농어촌공사는 B위탁판매장이 사업시행지 밖에서 운영되던 시설이었고 「공유수면 관리 및 매립에 관한 법률」상 직접적인 보상 규정이 없음을 이유로 보상의 대상이 아니라고 주장한다. 한국농어촌공사의 주장은 타당한가? 20점

Question
04

「공익사업을 위한 토지 등의 취득 및 보상에 관한 법률」 제26조는 수용재결 신청 전에 사업시행자로 하여금 수용대상 토지에 관하여 권리를 취득하거나 소멸시키기 위하여 토지소유자 및 관계인과 교섭하도록 하는 협의제도를 규정하고 있다. 이에 따른 협의가 수용재결 신청 전의 필요적 전치절차인지 여부와 관할 토지수용위원회에 의한 협의성립의 확인의 법적 효과를 설명하시오. 10점

Question 01 **40점**

I. 논점의 정리

해당 사안은 최근 사회적으로 문제가 되고 있는 개별공시지가의 쟁점에 대한 논의로, 〈물음 1〉에서 부동산공시법상 정정된 개별공시지가에 대한 취소소송 제기의 적법성을 묻고 있다. 〈물음 2〉에서는 이의신청기간이 경과한 후에 이루어진 정정처분의 위법성을 다루고 있으며, 〈물음 3〉에서는 甲에 대한 부담금 부과가 위법한 것이라도, 향후 A시장이 위법사항을 수정하여 정정한 개별공시지가가 당초 공시지가와 동일한 경우 하자의 치유가능성을 판단한다.

II. 〈물음 1〉 甲 취소소송의 적법성

1. 개별공시지가의 개념 및 성질

(1) 개별공시지가의 의의 및 취지(부동산공시법 제10조)

부동산공시법상 개별공시지가란 시장·군수·구청장이 세금 및 부담금의 부과 등에 활용하기 위하여 공시기준일 현재 개별토지의 단위면적당 적정가격을 공시한 것을 의미하며, 이는 과세부담의 효율성, 적정성 취지에서 인정된다.

(2) 법적 성질

판례는 과세의 기준이 되는바 처분성이 있다고 판시하였다. 개별공시지가가 과세·부담금 산정의 근거가 되는 행정목적을 고려할 때 처분성을 인정하는 것이 타당하다.

2. 취소소송의 적법성 판단

(1) 대상적격 판단(행정소송법 제19조)

행정소송법 제19조는 "취소소송은 처분 등을 대상으로 한다."고 규정하고 있다. 개별공시지가는 세금 및 부담금 산정의 근거로 처분성이 인정된다. 사안의 개별공시지가는 부담금 산정의 근거가 되고, 판례도 처분성을 인정한바 대상적격이 인정된다.

(2) 법률상 이익의 판단(행정소송법 제12조 전문)

행정소송법 제12조에 따라 취소소송은 취소를 구할 법률상 이익이 있는 자가 제기할 수 있다. 甲은 개별공시지가에 따라 부담금을 납부할 지위에 있는 자로, 이를 다툼으로 재산권을 보호할 수 있다. 판례에 따를 시 개별공시지가는 공시기준일에 소급하여 효력이 발생한다. 따라서 甲은 정정된 개별공시지가에 대한 법률상 이익이 존재한다.

(3) 제소기간 판단

1) 개별공시지가의 직권정정 개념(부동산공시법 제12조)

개별공시지가의 직권정정제도란 개별공시지가에 틀린 계산·오기 등 '명백한 오류'가 있는 경우 이를 직권으로 정정할 수 있는 제도로 부동산공시법 제12조에 근거하며, 개별공시지가의 적정성을 담보하기 위한 수단이다.

2) 개별공시지가 정정의 효과

개별공시지가가 정정된 경우 새로이 개별공시지가가 결정·공시된 것으로 본다. 판례는 효력발생시기에 대해 개별공시지가 정정 시 당초 결정·공고된 개별공시지가는 효력을 상실하고, 새로운 개별지가가 공시기준일에 소급하여 효력이 발생한다고 본다. 또한 국민의 정정신청은 행정청의 직권발동을 촉구하는 것으로 거부가 항고소송의 대상이 되는 처분이 아니라고 판시하여 별도의 처분으로 보지 않는다.

3. 사례의 해결

행정소송법 제20조는 취소소송의 제소기간을 처분 등이 있음을 안 날로부터 90일 이내, 있은 날로부터 1년으로 규정한다. 사안의 경우 통지가 있었으므로 90일 이내 규정이 적용된다. 이때 정정된 공시지가는 기존 18.6.28.에 소급되어 효력이 발생하므로, 제소기간도 이 시점을 기준으로 기산한다. 따라서 소제기일인 18.10.22. '안 날'인 통지일로부터 90일이 초과된바, 해당 취소소송은 〈각하〉될 것이다.

Ⅲ. 〈물음 2〉 정정처분의 위법성 판단

1. 개별공시지가의 이의신청(부동산공시법 제11조)

개별공시지가의 이의신청이란 개별공시지가에 이의가 있을 시 결정·공시일로부터 30일 이내에 이의를 신청하는 것을 의미한다. 이는 세금 및 부담금 산정에 앞서 기초가 되는 개별공시지가의 타당성을 담보하기 위한 취지가 있다.

2. 개별공시지가의 정정사유(부동산공시법 시행령 제23조)

부동산공시법 시행령 제23조에서는 개별공시지가의 정정사유가 되는 '명백한 오류'를 규정한다. 명백한 오류는 ① 공시절차 미이행, ② 주요 요인을 잘못 조사한 경우, ③ 토지가격비준표 적용에 오류가 있는 경우가 있다.

3. 사례의 해결

(1) 이의신청기간 및 정정사유 충족 여부

부동산공시법 제10조에 따라 이의신청은 결정·공시일로부터 30일 이내에 해야 하나, 乙의 이의신청은 이를 위반하였다. 단, 토지가격비준표 적용에 오류가 있는 甲의 개별공시지가는 시행령 제23조에 따른 명백한 오류에 따른 정정사유이다. 판례는 이의신청에 대해 행정청 내부심사절차에 불과하여 행정심판·소송을 제기할 수 있다고 판시했다.

(2) 개별공시지가 정정처분의 위법성 판단

부동산공시법 및 국토부 질의회신을 고려하는 경우 개별공시지가의 명백한 오류가 있을 때에는 이의신청과 별도로 정정이 가능할 것이다. 따라서 사안의 경우 신청기간이 경과하였으나, 명백한 오류가 존재하는 바 이의신청과 별개로 정정이 가능하므로 甲 주장은 타당성이 결여된다.

Ⅳ. 〈물음 3〉 개발부담금 하자의 치유가능성

1. 하자치유의 의의 및 취지

하자치유란 성립 당시의 하자를 사후에 보완하여 행정행위의 효력을 유지하는 것을 의미한다. 이는 행정행위의 무용한 반복을 방지하여 행정 능률성을 달성하기 위한 취지에서 인정된다.

2. 하자의 치유 인정가능성

하자치유의 인정 여부에 대해서는 ① 행정능률성 달성취지에서 〈긍정하는 견해〉, ② 소송권리·신뢰보호 취지에서 〈부정하는 견해〉, ③ 국민의 공격방어권을 침해하지 않는 범위 내에서 행정능률 취지의 〈제한적 긍정설〉이 대립한다. 판례는 제한적 긍정설의 입장이며, 이는 국민의 공격방어권을 침해하지 않는 범위 내에서 제한적으로 인정되어 행정경제성을 달성하여야 할 것이다.

3. 하자의 치유 인정범위

판례는 ① 행정행위의 위법이 취소사유이며, 절차·형식상 하자에 해당하는 경우 하자치유가 가능하다는 입장이다. 그러나 ② 위법이 무효사유이거나, 내용상 하자에 해당하는 경우 하자치유가 불가능하다고 판시하였다.

4. 하자의 치유 인정시기

하자의 치유의 인정시기에 대해서는 ① 소송제기 전, ② 쟁송제기 전, ③ 소송 종결 시 등의 견해가 대립한다. 판례의 경우 "불복(쟁송) 여부 결정 및 불복신청에 편의를 주는 기간 이내"에 가능하다고 판시한바, 쟁송 제기 이전까지 하자치유가 가능할 것으로 판단된다.

5. 사례의 해결

(1) 토지가격비준표 적용 오류의 하자 종류

개별공시지가의 산정절차에서는 토지가격비준표의 적용을 규정하고 있다. 사안의 경우 토지가격비준표 적용에 오류가 있었고, 이는 중대한 위반이나 일반인의 입장에서는 위법성이 명백하다 보기 어려운 〈취소사유의 하자〉이다. 이때 개별공시지가 산정 시 토지가격비준표 오류에 대해 판례는 내용상 하자에 해당한다 판시하여, 사안의 개별공시지가는 〈내용상 하자〉에 해당한다고 판단된다.

(2) 소결(판례)

A시장이 정정한 개별공시지가가 당초와 동일하게 산정되었다고 하더라도, 해당 개별공시지가는 '내용상 하자'를 구성하고 있으므로 하자치유가 불가능하다. 따라서 甲에 대한 부담금 부과처분은 위법하므로, 甲은 부담금 부과처분 자체에 대한 불복을 통해 권리를 구제받을 수 있을 것이다. 판례의 경우도 하자치유를 인정하는 경우 납부자는 위법한 처분에 대한 가산금 납부의무를 부담하게 되는 등 불이익이 존재하는 바, 종전의 위법한 공시지가 결정과 내용이 동일하다는 사정만으로 위법한 개별공시지가에 기초한 개발 부담금이 치유될 수 없다 판시하였다.   〈끝〉

Question **02** 30점

Ⅰ. 논점의 정리

〈물음 1〉은 토지보상법상 공익사업에 편입되는 사업부지와 그 시설물에 대한 보상가능성 검토이다. 〈물음 2〉는 골프장 잔여시설의 지가 및 건물가격 하락분에 대한 보상청구 시 소송방법에 대한 검토이다. 이하, 토지보상법상 잔여지 및 잔여 건축물 등에 대해 구체적으로 검토하도록 한다.

Ⅱ. 〈물음 1〉 甲주장의 타당성

1. 잔여지 손실보상(토지보상법 제73조)

잔여지 손실보상은 동일한 소유자에게 속하는 일단의 토지의 일부가 취득되거나 사용됨으로 인하여 잔여지의 가격이 감소하거나 통로·담장 등의 공사가 필요할 때 손실이나 공사의 비용을 보상하는 것을 의미한다. 동 규정의 경우 잔여지에 대한 가격감소 및 공사비에 대한 규정이므로, 사안에서는 甲이 주장하는 오수처리시설 대체시설에 대한 비용보상에 적용될 수 없다고 판단된다.

2. 토지보상법상 잔여 건축물 등의 손실보상 규정

(1) 건축물 등 물건의 보상(토지보상법 제75조)

토지보상법 제75조에서 건축물 및 지장물의 보상은 '이전비보상'을 원칙으로 하나, 이전이 불가능하거나 이전비가 가격을 초과하는 경우 및 직접사용을 목적으로 하는 경우 '가격보상'을 규정한다. 사안의 경우 토지보상법 제75조 제1항에 따라 이전비로 보상금을 산정하였다.

(2) 잔여 건축물의 손실에 대한 보상(토지보상법 제75조의2)

토지보상법 제75조의2에서는 동일한 소유자에게 속하는 일단의 건축물의 일부가 취득됨으로 잔여 건축물의 가격이 감소하거나 손실이 있을 때 보상을 규정하고 있다. 사안의 경우에 골프장 잔여시설의 일부가 취득되어 건축물의 가격이 감소한 경우 손실보상의 청구가 가능할 것이다.

3. 사안의 경우

사안의 甲은 오수처리시설을 대체하는 새로운 시설 설치를 주장하나, 해당 보상금은 토지보상법 제75조 제1항에 따라 이전비로 보상되었고, 잔여지 및 잔여 건축물에 대한 보상인 법 제73조 및 제75조의2를 유추적용할 여지가 없는 것으로 판단된다. 따라서 甲주장의 타당성은 결여된다.

Ⅲ. 〈물음 2〉 甲이 제기할 수 있는 소송

1. 개설

취소 및 무효소송의 경우 재결의 취소 후 다시 재결을 받아야 하는 바, 보상금 및 보상범위를 다투는 일회적 권리구제수단인 보상금증감청구소송을 중점적으로 살펴보도록 한다. 이하에서는 소송이 아닌 특별법상 행정심판인 이의신청도 간단히 언급하도록 한다.

2. 이의신청(토지보상법 제83조)

이의신청이란 위법·부당한 수용재결에 불복이 있는 소유자·시행자가 중앙토지수용위원회에 이의를 신청하는 것을 의미한다. 이는 특별법상 행정심판이며, '~할 수 있다'로 규정되어 행정심판임의주의의 성격이다. 이의재결이 있는 경우 재결의 전부 또는 일부의 취소가 가능하며, 이의재결이 확정된 경우 확정판결과 동일한 효력을 갖는다.

3. 보상금증감청구소송(토지보상법 제85조 제2항)

(1) 보상금증감청구소송의 의의 및 취지

보상금증감청구소송이란 토지수용위원회의 재결에 불복하여 보상금에 대해 다투는 소송으로 시행자 및 소유자가 피고가 되어 수용재결의 취소 없이 보상금 및 보상대상에 대해 다투는 일회적인 권리구제 취지의 소송을 의미한다.

(2) 소송의 형식

보상금증감청구소송은 법률관계 일방당사자를 피고로 하여 제기하는 〈형식적 당사자소송〉의 형식을 갖는다. 따라서 소송의 피고는 사업시행자 및 토지소유자 등이며, 법령의 개정으로 재결청을 토지보상법에서 삭제하였다.

(3) 법적 성질

1) 학설

보상금증감청구소송의 법적 성질에 대해서는 ① 수용재결을 취소하고 보상금을 결정하는 〈형성소송〉으로 보는 견해와 ② 보상금의 지급을 명하거나 금액의 과부만을 따지는 〈확인·급부소송〉으로 보는 견해가 대립한다.

2) 판례 및 검토

판례는 보상금증감청구소송에 대해 보상금의 증감 및 지급을 구하는 확인·급부소송으로 판시하였으며, 이는 일회적인 권리구제를 위해 타당하다고 판단된다.

(4) 보상금증감청구소송의 특수성

보상금증감청구소송은 ① 보상금의 증감과 동시에 잔여지 수용 범위 등의 보상대상 범위를 판단하고, ② 재결서 정본 도달일로부터 90일 또는 이의재결서 정본 도달일로부터 60일 이내에 제기가 가능하며, ③ 일회적 권리구제 취지에서 취소소송과 병합하여 제기할 수 있다는 특수성이 있다.

4. 사례의 해결

사안의 경우 골프장 전체부지 중 일부 편입 부분에서 발생한 잔여시설의 지가 및 건물가격 하락분에 대한 보상이므로, 수용재결의 취소 없이 보상범위 및 보상금의 과부에 대해 일회적으로 판단할 수 있는 보상금증감청구소송이 타당할 것이라고 생각한다.　　　　〈끝〉

Question 03 20점

I. 논점의 정리

물음에서는 공익사업을 위한 토지 등의 취득 및 보상에 관한 법률(이하 '토지보상법')상 공익사업시행지구 밖의 간접손실보상에 대해 묻고 있다. 이를 위해 간접손실보상의 개념과 법적 성격 및 법적 근거를 검토하고, 간접손실보상의 규정과 판례를 통하여 고찰하여 보고자 한다.

Ⅱ. 한국농어촌공사의 주장 타당성 검토

1. 간접손실보상 개념

(1) 의의 및 취지(토지보상법 제79조 제2항)

간접손실보상이란 공익사업시행으로 사업지구 밖에서 발생한 손실에 대한 전보로 이는 공공복리 증진 및 재산권 보호 취지가 있다. 소음·진동과 같은 물리적 손실은 손해배상으로, 사회·경제적 손실은 간접손실보상으로 해결한다.

(2) 간접손실보상의 법적 성질

① 간접손실은 손실이 있은 후에 행하는 〈사후보상〉이고 ② 간접적이라는 점을 제외하고는 일반 손실보상과 동일하므로 〈재산권 보상〉으로 볼 수 있으며 ③ 침해가 있기 전 생활상태의 회복을 위한 것이라는 점에서 〈생활보상〉의 성격도 가지며, ④ 공법상 원인이 되는 행위에 기인하여 발생하는바, 〈공권〉의 성격을 갖는다.

2. 법적 근거

손실보상이 헌법 제23조 제3항에 해당하는지에 대해 긍정설과 부정설이 대립한다. 판례는 헌법 제23조 제3항은 사업지구 밖 간접손실보상에 해당한다고 판시하였고, 이는 국민재산권에 대한 보호 취지에서 타당하다. 이외에도 간접손실보상은 토지보상법 제79조 제2항 및 동법 시행규칙 제59조~제65조에 명문의 규정을 둔다.

3. 간접손실보상의 요건

(1) 간접손실의 발생

간접손실보상의 대상이 되기 위해서는 ① 공익사업지구 밖의 재산권 소유자로서, ② 면허·허가 여부 등 손실의 발생이 예견 가능하고, ③ 손실범위가 특정 가능해야 한다.

(2) 특별한 희생

특별한 희생이란 사회적 제약을 넘는 과도한 권익 침해를 의미한다. 특별한 희생의 판단에 대해서는 인적 범위의 특정가능성을 판단하는 '형식설'과 침해의 성질 및 강도를 고려하는 '실질설'을 종합적으로 고려해야 할 것이다.

(3) 보상규정의 존재

간접손실보상의 요건이 되기 위해서는 보상근거 규정이 존재해야 한다. 토지보상법 시행규칙 제59조부터 제65조에서는 간접손실 유형별 근거 규정을 두고 있다. 명시적인 근거규정이 없는 경우 판례는 헌법 제23조 제3항 및 관계규정을 유추적용하여 간접손실보상을 해결하고 있다. 이는 국민의 권리보호 취지에서 타당하다고 생각한다.

4. 사안의 경우

(1) 토지보상법 시행규칙 제64조 규정

토지보상법 시행규칙 제64조에서는 공익사업지구 밖 영업손실보상에 대해 규정하고 있다. 영업손실의 보상대상이 되는 영업을 하는 자가 '배후지의 3분의 2 이상이 상실되어 영업을 계속할 수 없는 경우'이거나 '진출입의 단절로 휴업이 불가피한 경우'에 해당하는 경우 영업손실에 따른 간접손실보상을 받을 수 있을 것이다.

(2) 간접손실보상 가능성

사안의 경우 '공익사업시행지구 밖'에서 관계법령에 따른 '독점적 지위(예견가능성)'가 부여되어 '판매액 중 일정비율의 수수료를 지급받아 온(손실의 특정가능성)' B위탁판매장이 폐쇄되었다. 이러한 손실은 위탁판매장을 운영하는 A조합으로 '인적 범위의 특정이 가능(형식설)'하고, 판매장 폐쇄로 '재산권의 과도한 정도의 침해(실질설)'인 바, 특별한 희생에 해당된다. 또한 물음상 구체적인 판단이 어려우나 토지보상법 시행규칙 제64조 요건에 해당하는 경우 이에 근거하여 손실보상이 가능하고, 해당 요건을 미충족하는 경우 명시적 근거규정 흠결로 헌법 제23조 제3항 및 관계규정을 유추적용하여 보상이 가능하다고 생각된다. 따라서 간접손실보상이 가능하므로, 한국농어촌공사의 보상 대상이 아니라는 주장은 타당성이 결여된다고 판단된다.   〈끝〉

Question 04 10점

Ⅰ. 논점의 정리

이하에서는 토지보상법에 따른 협의가 수용재결 신청 전의 필요적 전치절차인지 여부를 검토하고 협의성립확인의 법적 효과에 대하여 설명하도록 한다.

Ⅱ. 협의가 수용재결 신청 전 필요적 전치절차인지 여부

1. 협의의 개념 및 법적 성질(토지보상법 제16조 및 제26조)

협의란 양 당사자 간의 의사합치로 공공복리의 증진과 국민의 재산권보호 취지에서 인정된다. 판례는 당사자 간의 의사합치로 사권으로 판시하였다. 토지보상법에서는 사업인정 전 협의(법 제16조)와 사업인정 후 협의(법 제26조)로 일련의 절차를 두고 있으며, 협의가 성립하는 경우 목적물의 승계취득 및 계약의 구속성 등의 효과가 발생한다.

2. 필요적 전치절차인지 여부

사업인정 전 협의(토지보상법 제16조)는 〈임의적 절차〉이나, 사업인정 후 협의(토지보상법 제26조)는 〈필수적 절차〉이다. 협의가 성립하지 아니하였으나, 조서 내용에 변동이 없을 때에는 협의절차를 거치지 않을 수 있다. 토지보상법 규정을 검토해 볼 때 토지보상법 제16조 또는 제26조 협의를 한번은 반드시 거쳐야 하는 필수적 절차로 판단된다.

Ⅲ. 협의성립확인의 법적 효과

1. 의의 및 성질(토지보상법 제29조) - 재결로 간주(원시취득)

협의성립확인이란 토지보상법 제26조에 따른 협의가 성립한 경우 수용재결의 신청기간 이내에 토지소유자 등의 동의를 얻어 토지수용위원회의 확인을 받는 것을 의미한다. 이는 불안정한 계약상 지위를 확고히 하는 확인행위로 원활한 공익사업의 달성 취지에서 인정된다.

2. 법적 효과(재결효, 차단효, 불가변력)

① 수용목적물을 원시취득하고, 위험부담 이전, 대행·대집행 가능성, 인도이전의무, 손실보상청구권 등 〈재결의 효력〉이 발생한다. ② 당사자는 확인된 협의의 성립이나 내용을 다툴 수 없는 〈차단효〉가 발생하며, ③ 협의성립확인은 토지수용위원회가 공권에 따른 확인을 하는 행위로 법원의 판결과 유사한 〈불가변력〉의 효과가 발생한다.   〈끝〉

– 이하 여백 –

01

A도 도지사 甲은 도내의 심각한 주차난을 해결하기 위하여 A도내 B시 일대 40,000m²(이하 '이 사건 공익사업구역'이라 함)를 공영주차장으로 사용하고자 사업계획을 수립하고 「공익사업을 위한 토지 등의 취득 및 보상에 관한 법률」(이하 '토지보상법'이라 함)에 따른 절차를 거쳐, 국토교통부장관의 사업인정을 받고 이를 고시하였다. 이후 甲은 이 사건 공익사업구역 내 주택 세입자 乙 등이 이 사건 공익사업이 시행되는 동안 임시로 거주할 수 있도록 B시에 임대아파트를 건립하여 세입자에게 제공하는 등 이주대책을 수립·시행하였다. 한편, 乙은 「공익사업을 위한 토지 등의 취득 및 보상에 관한 법률 시행규칙」(이하 '토지보상법 시행규칙'이라 함) 제54조 제2항에 해당하는 세입자이다. 다음 물음에 답하시오. 40점

(1) 乙은 토지보상법 시행규칙에 따른 주거이전비를 받을 수 있는 권리를 포기한다는 취지의 '임대아파트 입주에 따른 주거이전비 포기각서'를 甲에게 제출하고 위 임대아파트에 입주하였지만, 이후 관련 법령이 임대아파트와 같은 임시수용시설 등을 제공받는 자를 주거이전비 지급대상에서 배제하지 않고 있는 점을 알게 되었다. 이에 乙은 위 포기각서를 무시하고 토지보상법 시행규칙상의 주거이전비를 청구하였다. 乙의 주거이전비 청구의 인용 여부에 관하여 논하시오. 30점

(2) 한편, 丙은 이 사건 공익사업구역 밖에서 음식점을 경영하고 있었는데, 이 사건공익사업으로 인하여 자신의 음식점의 주출입로가 단절되어 일정 기간 휴업을 할 수 밖에 없게 되었다. 이때 丙은 토지보상법령상 보상을 받을 수 있는가? 10점

⟨공익사업을 위한 토지 등의 취득 및 보상에 관한 법률 시행규칙⟩

제54조(주거이전비의 보상)
① 공익사업시행지구에 편입되는 주거용 건축물의 소유자에 대하여는 해당 건축물에 대한 보상을 하는 때에 가구원수에 따라 2개월분의 주거이전비를 보상하여야 한다. 다만, 건축물의 소유자가 해당 건축물 또는 공익사업시행지구 내 타인의 건축물에 실제 거주하고 있지 아니하거나 해당 건축물이 무허가건축물등인 경우에는 그러하지 아니하다.
② 공익사업의 시행으로 인하여 이주하게 되는 주거용 건축물의 세입자(무상으로 사용하는 거주자를 포함하되, 법 제78조 제1항에 따른 이주대책대상자인 세입자는 제외한다)로서 사업인정고시일등 당시 또는 공익사업을 위한 관계 법령에 따른 고시 등이 있은 당시 해당 공익사업시행지구 안에서 3개월 이상 거주한 자에 대하여는 가구원수에 따라 4개월분의 주거이전비를 보상해야 한다. 다만, 무허가건축물등에 입주한 세입자로서 사업인정고시일등 당시 또는 공익사업을 위한 관계 법령에 따른 고시 등이 있은 당시 그 공익사업지구 안에서 1년 이상 거주한 세입자에 대해서는 본문에 따라 주거이전비를 보상해야 한다.

Question 02

甲은 2014.3.경 감정평가사 자격을 취득한 후, 2015.9.2.부터 2017.8.3.까지 '乙 감정평가법인'의 소속 감정평가사였다. 또한 甲은 2015.7.7.부터 2017.4.30.까지 '수산업협동조합 중앙회(이하 '수협'이라 함)'에서 상근계약직으로 근무하였다. 관할 행정청인 국토교통부장관 A는 甲이 위와 같이 수협에 근무하면서 일정기간 동안 동시에 乙 감정평가법인에 등록하여 소속을 유지하는 방법으로 감정평가사 자격증을 대여하거나 부당하게 행사했다고 봄이 상당하여, 「감정평가 및 감정평가사에 관한 법률」(이하 '감정평가법'이라 함) 제27조가 규정하는 명의대여 등의 금지 또는 자격증 부당행사 금지에 위반하였다는 것을 이유로 징계처분을 내리고자 한다. 다음 물음에 답하시오. 30점

(1) 국토교통부장관 A가 甲에 대하여 위와 같은 사유로 감정평가법령상의 징계를 하고자 하는 경우, 징계절차에 관하여 설명하시오. 20점

(2) 위 징계절차를 거쳐 국토교통부장관 A는 甲에 대하여 3개월간의 업무정지 징계처분을 하였고, 甲은 해당 처분이 위법하다고 보고 관할 법원에 취소소송을 제기하였다. 이 취소소송의 계속 중 국토교통부장관 A는 해당 징계처분의 사유로 감정평가법 제27조의 위반사유 이외에, 징계처분 당시 甲이 국토교통부장관에게 등록을 하지 아니하고 감정평가업무를 수행하였다는 동법 제17조의 위반사유를 추가하는 것이 허용되는가? 10점

〈감정평가 및 감정평가사에 관한 법률〉

제17조(등록 및 갱신등록)
① 제11조에 따른 감정평가사 자격이 있는 사람이 제10조에 따른 업무를 하려는 경우에는 대통령령으로 정하는 바에 따라 실무수습 또는 교육연수를 마치고 국토교통부장관에게 등록하여야 한다.
②~④ 생략

제27조(명의대여 등의 금지)
① 감정평가사 또는 감정평가법인등은 다른 사람에게 자기의 성명 또는 상호를 사용하여 제10조에 따른 업무를 수행하게 하거나 자격증·등록증 또는 인가증을 양도·대여하거나 이를 부당하게 행사하여서는 아니 된다.
② 누구든지 제1항의 행위를 알선해서는 아니 된다.

Question 03

서울의 A구청장은 이 사건 B토지의 비교표준지로 A구의 C토지(2017.1.1. 기준 공시지가는 1m²당 810만원임)를 선정하고 이 사건 B토지와 비교표준지 C의 토지가격비준표상 토지특성을 조사한 결과 총 가격배율이 1.00으로 조사됨에 따라 이 사건 각 토지의 가격을 1m²당 810만원으로 산정하였다. 감정평가사 D는 A구청장으로부터 이와 같이 산정된 가격의 검증을 의뢰받고 이 사건 각 토지가 비교표준지와 비교하여 환경조건, 획지조건 및 기타조건에서 열세에 있어 비교표준지의 공시지가를 약 83.9%의 비율로 감액한 1m²당 680만원을 개별공시지가로 정함이 적정하다는 검증의견을 제시하였다. A구청장은 이 검증의견을 받아들여 2017.5.30.에 이 사건 각 토지의 개별공시지가를 1m²당 680만원으로 결정·공시하였다.

B토지소유자는 1m²당 680만원으로 결정·공시된 B토지의 개별공시지가에 대하여 1m²당 810만원으로 증액되어야 한다는 취지로 이의신청을 제기하였다. B토지소유자의 이의신청에 따라 A구청장은 감정평가사 E에게 이 사건 토지의 가격에 대한 검증을 의뢰하였다. 검증을 담당한 감정평가사 E는 토지특성 적용 및 비교표준지 선정에는 오류가 없으나 인근 지가와의 균형을 고려하여 개별공시지가를 1m²당 700만원으로 증액함이 상당하다는 의견을 제시하였다(이 사건 토지가 비교표준지와 비교하여 환경조건 및 획지조건에서 열세에 있다고 보아 비교표준지의 공시지가에 대하여 약 86.5%의 비율로 감액).

이에 A구청장은 A구 부동산가격공시위원회의 심의를 거쳐 이 검증의견을 받아들여 B토지에 대하여 1m²당 700만원으로 개별공시지가결정을 하였다. 이에 대하여 B토지소유자는 토지가격비준표와 달리 결정된 개별공시지가결정은 위법하다고 주장한다. 이 주장은 타당한가? **20점**

〈부동산 가격공시에 관한 법률〉

제10조(개별공시지가의 결정·공시 등)

① 시장·군수 또는 구청장은 국세·지방세 등 각종 세금의 부과, 그 밖의 다른 법령에서 정하는 목적을 위한 지가산정에 사용되도록 하기 위하여 제25조에 따른 시·군·구부동산가격공시위원회의 심의를 거쳐 매년 공시지가의 공시기준일 현재 관할 구역 안의 개별토지의 단위면적당 가격(이하 "개별공시지가"라 한다)을 결정·공시하고, 이를 관계 행정기관 등에 제공하여야 한다.

②~③ 〈생략〉

④ 시장·군수 또는 구청장이 개별공시지가를 결정·공시하는 경우에는 해당 토지와 유사한 이용가치를 지닌다고 인정되는 하나 또는 둘 이상의 표준지의 공시지가를 기준으로 토지가격비준표를 사용하여 지가를 산정하되, 해당 토지의 가격과 표준지공시지가가 균형을 유지하도록 하여야 한다.

⑤ 〈이하 생략〉

〈부동산 가격공시에 관한 법률 시행령〉

제18조(개별공시지가의 검증)

① 〈생략〉

② 법 제10조 제5항 본문에 따라 검증을 의뢰받은 감정평가법인등은 다음 각 호의 사항을 검토·확인하고 의견을 제시해야 한다.

1. 비교표준지 선정의 적정성에 관한 사항

2. 개별토지가격 산정의 적정성에 관한 사항

3. 산정한 개별토지가격과 표준지공시지가의 균형 유지에 관한 사항

4. 산정한 개별토지가격과 인근 토지의 지가와의 균형 유지에 관한 사항

5. 표준주택가격, 개별주택가격, 비주거용 표준부동산가격 및 비주거용 개별부동산가격 산정 시 고려된 토지 특성과 일치하는지 여부

6. 개별토지가격 산정 시 적용된 용도지역, 토지이용상황 등 주요 특성이 공부(公簿)와 일치하는지 여부

7. 그 밖에 시장·군수 또는 구청장이 검토를 의뢰한 사항

Question 04 부동산 가격공시에 관한 법령상 중앙부동산가격공시위원회에 관하여 설명하시오. 10점

Question 01 40점

I. 〈물음 1〉에 대하여

1. 논점의 정리

주거이전비의 기본개념과 소유자와 세입자 요건 및 법적 성질, 권리구제 등을 검토한다. 그리고 임시 수용시설을 제공받은 을이 포기각서를 무시하고, 갑에게 주거이전비를 청구한 것의 인용 여부를 논하고자 한다.

2. 주거이전비의 의의 및 취지(토지보상법 시행규칙 제54조)

주거이전비란 공익사업으로 주거용 건축물이 편입되어 생활의 근거를 상실한 자에게 주거이전에 필요한 비용을 산정하여 보상하는 것을 말한다. 이는 종전생활상태 회복, 헌법에 명시된 인간다운 생활유지 등에 그 취지가 있다.

3. 주거이전비의 요건 및 지급

(1) 소유자(토지보상법 시행규칙 제54조 제1항)

공익사업지구에 편입되는 주거용 건축물의 소유자에 대하여는 가구원수에 따라 2개월분의 주거이전비를 보상하여야 한다. 다만, 소유자가 해당 건축물 또는 타인의 건축물에 실제 거주하지 않거나, 건축물이 무허가건축물인 경우는 제외한다.

(2) 세입자(토지보상법 시행규칙 제54조 제2항)

주거용 건축물의 세입자로서 사업인정고시일 등이 있는 당시 공익사업지구 내에 3개월 이상 거주한 자에 대하여는 가구원수의 4개월분의 주거이전비를 보상하여야 한다. 무허가 건축물의 경우 1년 이상 거주한 경우 보상하여야 한다.

(3) 산정방법

도시근로자가구 가구원수별 월평균 가계지출비를 기준으로 산정하도록 하고 있다. 1~5인

은 기준상 월평균 가계지출비를 적용하고, 6인 이상은 별도의 산식을 적용한다.

4. 법적 성질

(1) 공법상 권리

판례는 주거이전비는 당해 공익사업 시행지구 안에 거주하는 세입자들의 조기이주를 장려하여 사업추진을 원활하게 하려는 정책적인 목적과 사회보장적인 차원에서 지급되는 급원의 성격을 가지므로, 공법상의 권리이고, 보상을 둘러싼 쟁송은 행정소송에 의하여야 한다고 판시한바, 〈공법상 권리〉로 보는 것이 타당하다.

(2) 강행규정

판례는 주거이전비는 사회보장적 차원에서 지급하는 금원으로 보아야 하므로, 사업시행자의 세입자에 대한 주거이전비 지급의무를 정하고 있는 토지보상법 시행규칙 제54조 제2항은 당사자 합의 또는 사업시행자 재량에 의하여 적용을 배제할 수 없는 강행규정이라고 판시한바, 〈강행규정〉의 성질을 가진다고 판단된다.

5. 불복 시 구제수단

(1) 쟁송형태

판례는 주거이전비는 토지보상법상 공법상 권리이므로 당사자소송으로 다툰다고 판시하였다. 따라서 쟁송은 민사소송이 아니라 행정소송에 의하여야 한다.

(2) 토지보상법 제85조 행정소송의 제기

세입자는 주거이전비에 대한 재결이 이루어진 후 보상금의 증액에 대하여는 토지보상법 제85조 제2항의 보상금증액청구소송으로 다투고, 이외의 경우에는 동법 제85조 제1항의 취소소송으로 다툰다.

6. 인용 여부

(1) 주거이전비 청구요건의 충족 검토

을은 공영주차장에 관한 공익사업지구 내 거주하는 세입자로서 사안에서는 구체적으로 명시되어 있지 않으나, 적법건축물일 경우 사업인정고시일 등 전부터 3개월 이상, 무허가 건축물일 경우 1년 이상 거주하였다면 주거이전비 요건을 충족한다.

(2) 강행규정 위반 여부

을의 주거이전비 포기각서는 판례 등에 비추어 볼 때 강행규정을 위반한 것으로 판단된다.

(3) 인용 여부

을은 갑과 주거이전비 포기각서를 작성하였으나 토지보상법상 주거이전비 지급의무는 강행규정이므로 당사자 간의 합의로 배제할 수 없다. 따라서 을이 포기각서를 무시하고 주거이전비를 청구한 것은 인용될 것으로 판단된다.

7. 사안의 정리

주거이전비는 사회보장적 차원의 금원적 성격을 가지는 공법상 권리로서 행정소송으로 다툰다. 을이 주거이전비 포기각서를 작성하더라도 이는 배제할 수 없는 강행규정이므로 을의 청구는 인용될 것이다.

Ⅱ. 〈물음 2〉에 대하여

1. 논점의 정리

간접손실보상(공익사업시행지구 밖의 손실보상)의 개념과 요건을 설명하고, 토지보상법 제79조와 시행규칙 제64조를 통해 병이 보상받을 수 있는지 검토한다.

2. 간접손실보상의 개념

간접손실보상이란 공익사업으로 인하여 사업시행지구 밖의 소유자 등에게 필연적으로 발생한 손실로서, 간접손실보상이란 간접손실에 대한 보상을 의미한다. 이는 부대적 손실과 구별되는 개념이다.

3. 간접손실보상의 요건

(1) 요건

간접손실보상은 ① 공익사업의 시행에 포함된 사업지구 밖의 제3자가 입은 손실일 것, ② 손실의 예견가능성이 있고, 손실범위를 특정할 수 있을 것, ③ 특별한 희생일 것, ④ 보상 규정이 존재할 것을 요건으로 한다. 사안의 경우 공익사업구역 밖에서 제3자가 입은 손실로서, 손실의 예견가능성과 손실범위가 특정가능한바 이하에서 특별한 희생과 보상 규정의 존재 여부에 대하여 설명한다.

(2) 특별한 희생의 판단

특별한 희생이란 재산권에 일반적으로 내재된 사회적 제약을 넘는 특별한 공용침해를 말하며, 형식적 기준설과 실질적 기준설이 대립하나, 판례의 태도에 따라 양 기준을 종합적으로 고려하여 판단하는 것이 타당하다. 사안의 경우 공익사업으로 인하여 자신의 음식점의 주출입로가 단절되어 일정 기간 휴업을 할 수 밖에 없게 되어 수인가능성을 넘는 침해가 있다고 보여지는바, 특별한 희생에 해당한다고 판단된다.

(3) 보상 규정의 존재

칙 제64조에서는 칙 제45조에 따른 영업손실의 보상대상이 되는 자가 진출입로의 단절 등으로 휴업하는 것이 불가피한 경우 손실보상하도록 규정하고 있다. 사안의 경우 공익사업으로 인하여 음식점의 주출입로가 단절되어 일정 기간 휴업을 할 수 밖에 없는바 해당 규정에 충족한다고 판단된다.

4. 사안의 해결

사안의 경우 칙 제64조의 요건에 해당하여 보상규정이 존재하는바 간접손실보상의 요건에 충족되므로 丙은 손실보상을 받을 수 있다고 봄이 타당하다고 판단된다. 〈끝〉

Question 02 30점

I. 〈물음 1〉에 대하여

1. 문제의 소재

국토교통부장관은 갑의 감정평가법 제27조 위반을 징계하고자 한다. 제27조 위반이 자격 증 명의 대여와 부당행사 중 어느 것에 해당하는지 검토하고, 징계의 종류 및 절차, 그리고 감정평가관리·징계위원회를 통해 이를 설명하고자 한다.

2. 관련규정의 위반 여부

(1) 감정평가법 제27조 규정

감정평가사 또는 감정평가법인등은 다른 사람에게 자기의 성명 또는 상호를 사용하여 동법 제10조에 따른 업무를 수행하게 하거나, 자격증·등록증 등을 양도·대여하거나 이를 부 당하게 행사하여서는 아니 된다고 규정하고 있다.

(2) 자격증 명의대여와 부당행사 구분

명의대여는 자격증 자체를 타인에게 대여하거나 다른 사람이 자격자로 행세하게 빌려주는 것이고, 부당행사는 본래의 용도가 아닌 다른 용도로 행사하는 것을 의미한다. 사례의 경 우 갑은 실질적으로 업무를 수행한 것이라고 보기 어려워 부당행사에 해당한다고 볼 수 있다.

3. 감정평가법 제27조 위반에 대한 징계절차

(1) 징계의 종류

감정평가법 제39조상 징계의 종류에는 ① 자격의 취소, ② 등록의 취소, ③ 2년 이하의 업무정지, ④ 견책 등이 있다.

(2) 감정평가법상 징계절차

1) 징계 의결의 요구(영 제34조 제1항)

국토교통부장관은 감정평가사에게 법 제39조 각 호의 어느 하나에 따른 징계사유가 있다고 인정하는 경우에는 증명서류를 갖추어 감정평가관리·징계위원회에 징계의결을 요구하여야 한다.

2) 징계당사자에게 통보(영 제34조 제2항)

감정평가관리·징계위원회는 징계의결의 요구를 받으면 지체 없이 징계요구 내용과 징계 심의기일을 해당 감정평가사에게 통지하여야 한다.

3) 의견진술(영 제41조)

당사자는 감정평가관리·징계위원회에 출석하여 구술 또는 서면으로 자기에게 유리한 사실을 진술하거나 필요한 증거를 제출할 수 있다.

4) 징계의결(영 제35조)

징계위원회는 징계의결의 요구를 받은 날부터 60일 이내에 징계에 관한 의결을 하여야 한다. 다만, 부득이한 사유가 있는 때에는 징계위원회의 의결로 30일에 한하여 그 기간을 연장할 수 있다.

5) 징계 사실의 서면 통지 및 징계의 공고(영 제36조)

① 국토교통부장관은 감정평가법 제39조의2 제1항에 따라 구체적인 징계사유를 알리는 경우에는 징계의 종류와 사유를 명확히 기재하여 서면으로 알려야 하며, ② 법 제39조의2 제1항에 따라 같은 항에 따른 징계사유 통보일부터 14일 이내에 징계의 종류 등을 관보에 공고하여야 한다.

4. 감정평가관리 · 징계위원회(감정평가법 제40조)

(1) 취지와 구성

감정평가사에 대한 징계의 공정성을 확보하고, 감정평가사에 대한 사회적 · 경제적 중요성이 대두됨에 따라 감정평가법 제40조에 의거하여 구성되게 되었다. 위원회는 국토교통부장관의 징계의결 요구에 따라 이루어지며 13명으로 구성된다.

(2) 법적 지위

위원회는 다수의 위원으로 구성되는 합의제 행정기관이고, 반드시 설치해야 하는 필수기관이다. 또한 위원회는 의결권을 가진 의결기관이다.

5. 사안의 정리

갑은 자격증 부당 행사에 해당하므로 감정평가법 제27조 규정을 위반하였는바 동법 제39조에 의거 징계를 하여야 하고, 징계의 종류에는 4가지가 있다. 징계절차는 감정평가법 및 행정절차법상에 각각 규정되어 있고, 징계는 감정평가관리 · 징계위원회의 결정에 따라 이루어지게 된다.

Ⅱ. 〈물음 2〉에 대하여

1. 논점의 정리

갑의 징계처분에 있어 국토교통부장관이 감정평가법 제17조의 규정을 추가하는 것이 허용되는지에 대해 처분사유의 추가·변경의 개념을 설명하고, 기본적 사실관계의 동일성 여부를 통해 검토한다.

2. 처분사유의 추가·변경의 의의 및 취지

처분청이 소송 중에 처분 당시에는 존재하였으나 처분의 근거로 제시하지 않았던 처분사유를 추가하거나 변경하는 것으로, 이는 처분의 적법성 확보에 취지가 있으며, 하자를 사후에 보완하는 하자의 치유와 구별된다.

3. 처분사유의 추가·변경 적용 여부

행정소송법상 명문규정이 없는바 인정 여부의 검토가 필요하다. 학설에는 긍정설, 부정설, 제한적 긍정설이 있으며, 판례는 기본적 사실관계의 동일성이 인정되는 한도 내에서 가능하다고 보아 제한적 긍정설의 입장을 가지고 있다.

4. 기본적 사실관계의 동일성 판단

(1) 판단기준

시간적 한계는 처분 당시 객관적으로 존재하였던 사실을 의미하며, 객관적 한계로는 ① 사회적 사실관계의 동일성, ② 시간적·장소적 근접성, ③ 행위의 태양, 권리관계의 동일성 등을 종합적으로 판단하여야 한다.

(2) 허용 여부

감정평가법 제17조는 등록 및 갱신등록에 대한 규정으로 동법 제27조 규정과 비추어 볼 때, 사회적 사실관계의 동일성과 권리관계의 동일성 등이 인정되지 않는다고 보이는바 기본적 사실관계가 동일하지 않다고 판단된다.

5. 사안의 정리

국토교통부장관은 감정평가법 제17조를 위반사유로 추가하고자 하나, 이는 기본적 사실 관계가 동일하지 않다고 보이므로 위반사유의 추가는 허용되지 않을 것으로 판단된다.

〈끝〉

Question 03 20점

Ⅰ. 논점의 정리

토지가격비준표의 법적 성질을 검토한 후, 개별공시지가와 관련된 규정을 통해 토지가격 비준표와 달리 결정된 개별공시지가결정의 위법을 주장하는 B토지 소유자의 주장이 타당 한지 검토한다.

Ⅱ. 관련 행정작용

1. 토지가격비준표

국토교통부장관이 시·군·구청장에게 제공하는 개별공시지가 산정을 위한 표준지와 개 별토지의 가격형성요인에 관한 표준적인 비교표이다. 부동산공시법 제3조 제8항에 근거한 대표적인 법령보충적 행정규칙이다.

2. 개별공시지가

시·군·구청장이 공시지가를 기준으로 산정한 공시기준일 현재 결정·공시한 개별토지 의 단위면적당 가격으로 부동산공시법 제10조에 근거한다.

Ⅲ. 토지가격비준표의 법적 성질

1. 법령보충적 행정규칙의 개념과 문제점

법령보충적 행정규칙이란 법령의 위임에 의해 법령을 보충하는 법규사항을 정하는 행정규칙이다. 상위법령의 위임을 받은 고시·훈령형식인 법령보충적 행정규칙의 대외적 구속력 (법규성)이 인정되는지가 문제된다.

2. 학설

① 실질을 중시하여 대외적 구속력을 인정하는 법규명령설, ② 형식을 중시하는 행정규칙설, ③ 상위법령에 의한 수권 여부에 따라 판단하는 수권여부기준설, ④ 헌법이 규정한 형식에 위배된다고 보는 위헌무효설 등이 있다.

3. 판례

법령보충적 행정규칙은 상위법령의 구체적 위임에 따라 그 위임한계를 벗어나지 않는 한 상위법령과 결합하여 대외적 구속력을 갖는다고 판시하였고, 토지가격비준표는 개별토지가격 합동조사지침과 결합하여 법령보충적 구실을 하는 법규성을 갖는다고 판시하였다.

IV. 개별공시지가결정의 위법성 논의

1. 관련 규정

부동산공시법 제10조 제4항은 시·군·구청장이 표준지공시지가를 기준으로 토지가격비준표를 사용하여 개별공시지가를 산정하되, 해당 토지의 가격과 표준지공시지가의 균형을 유지하도록 하여야 한다고 규정하고 있다. 또한 동법 시행령 제18조 제2항 제4호는 개별공시지가 검증을 의뢰받은 감정평가법인등은 산정한 개별토지가격과 인근 토지의 지가 및 전년도 지가와의 균형유지에 관한 사항을 검토·확인하고 의견을 제시하여야 한다고 규정하고 있다.

2. 관련 판례의 태도

판례는 토지가격비준표를 사용하여 산정된 지가와 감정평가법인등의 검증의견 등을 종합하여 표준지공시지가와 균형을 유지하여 개별공시지가를 결정할 수 있고, 토지가격비준표를 사용하여 산정한 지가와 달리 결정되었거나, 감정평가사의 검증 의견에 따라 결정되었다는 이유만으로 개별공시지가 결정이 위법하다고 볼 수 없다고 판시한바 있다.

3. 위법성 검토

A구청장이 토지가격비준표를 기준으로 산정한 B토지소유자의 개별공시지가의 경우 당초 810만원에서 감정평가사에 의해 680만원으로 감액되었고, 이후 감정평가사 E에 의해 700만원으로 결정되었다. 이는 관련규정에 비추어 볼 때 적정한 개별공시지가의 검증이라고 판단되는바 단순히 토지가격비준표와 다르게 결정된 개별공시지가의 결정이 위법하다고 주장하고 있는 B토지소유자의 주장은 타당하다고 보기 어려울 것이다.

V. 사안의 정리

토지가격비준표는 법령보충적 행정규칙으로서 상위 법령인 부동산공시법과 결합하여 법규명령의 성질을 갖는바 대외적 구속력이 있다고 판단된다. 또한 관련 규정에 의해 토지가격비준표와 달리 결정된 개별공시지가에 대한 B토지소유자의 주장은 타당하지 못하다고 판단된다.　　　　　　　　　　　　　　　　　　　　　　　　　　　　〈끝〉

Question 04 10점

I. 중앙부동산가격공시위원회의 의의와 규정

부동산공시법 제24조에서는 부동산의 적정가격 형성과 조세 및 부담금의 합리성을 도모하기 위해 일정업무의 심의를 담당하는 중앙부동산가격공시위원회를 규정하고 있다.

II. 중앙부동산가격공시위원회의 법적 성격

1. 합의제 행정기관

중앙부동산가격공시위원회는 복수의 구성원으로서 의사결정하여 공정한 행정작용을 도모

하기 위한 합의제 행정기관에 해당한다.

2. 심의기관

의결의 구속력에 따라 동의기관, 심의기관, 자문기관 등이 있으며, 중앙부동산가격공시위원회는 구속력이 없는 심의기관에 해당한다.

3. 심의의 효과

중앙부동산가격공시위원회는 심의기관으로서 의결을 거치지 않은 경우 절차의 하자가 되며, 의결에 반한 경우 구속력이 없어 반드시 위법하게 되는 것은 아니다.

Ⅲ. 중앙부동산가격공시위원회의 업무와 구성

중앙부동산가격공시위원회는 표준지공시지가, 표준주택, 비주거용 표준부동산 등의 적정가격에 대한 심의를 담당한다. 또한 차관 등의 위원장, 부위원장과 일정요건의 위원을 중심으로 구성하고 있다.　　　　　　　　　　　　　　　　　　　　　　　　　　　　　　　〈끝〉

－ 이하 여백 －

Question **01**

甲은 A시의 관할 구역 내 X토지를 소유하고 있다. A시는 그동안 조선업의 지속적인 발전으로 다수의 인구가 거주하였으나 최근 세계적인 불황으로 인구가 급격하게 감소하고 있다. 국토교통부장관은 A시를 국제관광 특구로 발전시킬 목적으로 「기업도시개발 특별법」이 정하는 바에 따라 X토지가 포함된 일단의 토지를 기업도시개발구역으로 지정하고, 개발사업시행자인 乙이 작성한 기업도시개발계획(동법 제14조 제2항에 따른 X토지 그 밖의 수용 대상이 되는 토지의 세부목록 포함. 이하 같다)을 승인·고시하였다. 乙은 협의 취득에 관한 제반 절차를 준수하여 X토지에 대한 수용재결을 신청하였고 중앙토지수용위원회는 그 신청에 따른 수용재결을 하였다. 다음 물음에 답하시오. 40점

(1) 甲은 기업도시개발계획승인에 대한 취소소송의 제소기간이 도과한 상태에서, 「공익사업을 위한 토지 등의 취득 및 보상에 관한 법률」 제21조 제2항에 따른 중앙토지수용위원회 및 이해관계자의 의견청취절차를 전혀 시행하지 않은 채 기업도시개발계획승인이 발급된 것이 위법함을 이유로 수용재결 취소소송을 제기하려고 한다. 甲의 소송상 청구가 인용될 수 있는 가능성에 관하여 설명하시오(단, 소송요건은 충족된 것으로 본다). 20점

(2) 甲은 수용재결 취소소송을 제기하면서, 乙이 기업도시개발계획승인 이후에 재정상황이 악화되어 수용재결 당시에 이르러 기업도시개발사업을 수행할 능력을 상실한 상태가 되었음에도 불구하고 수용재결을 한 위법이 있다고 주장한다. 甲의 소송상 청구가 인용될 수 있는 가능성에 관하여 설명하시오(단, 소송요건은 충족된 것으로 본다). 10점

(3) 중앙토지수용위원회는 보상금을 산정하면서, X토지는 그 용도지역이 제1종 일반주거지역이기는 하지만 기업도시개발사업의 시행을 위해서 제3종 일반주거지역으로 변경되지 않은 사정이 인정되므로 제3종 일반주거지역으로 변경이 이루어진 상태를 상정하여 토지가격을 평가한다고 설시하였다. 이에 대해 乙은 X토지를 제1종 일반주거지역이 아닌 제3종 일반주거지역으로 평가한 것은 공법상 제한을 받는 토지에 대한 보상금 산정에 위법이 있다고 주장하면서 보상금감액청구소송을 제기하고자 한다. 乙의 소송상 청구가 인용될 수 있는 가능성에 관하여 설명하시오(단, 소송요건은 충족된 것으로 본다). 10점

〈공익사업을 위한 토지 등의 취득 및 보상에 관한 법률〉

제21조(협의 및 의견청취 등)

① 〈생략〉

② 별표에 규정된 법률에 따라 사업인정이 있는 것으로 의제되는 공익사업의 허가·인가·승인권자 등은 사업인정이 의제되는 지구지정·사업계획승인 등을 하려는 경우 제1

항에 따라 제49조에 따른 중앙토지수용위원회와 협의하여야 하며, 대통령령으로 정하는 바에 따라 사업인정에 이해관계가 있는 자의 의견을 들어야 한다.

③ 〈생략〉

〈공익사업을 위한 토지 등의 취득 및 보상에 관한 법률 시행규칙〉

제23조(공법상 제한을 받는 토지의 평가)

① 공법상 제한을 받는 토지에 대하여는 제한받는 상태대로 평가한다. 다만, 그 공법상 제한이 당해 공익사업의 시행을 직접 목적으로 하여 가하여진 경우에는 제한이 없는 상태를 상정하여 평가한다.

② 당해 공익사업의 시행을 직접 목적으로 하여 용도지역 또는 용도지구 등이 변경된 토지에 대하여는 변경되기 전의 용도지역 또는 용도지구 등을 기준으로 평가한다.

〈기업도시개발 특별법〉

제11조(개발계획의 승인 등)

① 제4조에 따라 개발구역의 지정을 제안하는 자는 지정 제안 시 기업도시개발계획(이하 "개발계획"이라 한다)을 작성하여 국토교통부장관의 승인을 받아야 한다. 〈이하 생략〉

②~③ 〈생략〉

④ 관계 중앙행정기관의 장은 제3항에 따른 협의를 요청받은 날부터 20일 이내에 의견을 제출하여야 한다.

〈이하 생략〉

제14조(토지 등의 수용·사용)

① 시행자는 개발구역에서 개발사업을 시행하기 위하여 필요할 때에는 「공익사업을 위한 토지 등의 취득 및 보상에 관한 법률」 제3조에 따른 토지·물건 또는 권리(이하 "토지 등"이라 한다)를 수용 또는 사용(이하 "수용 등"이라 한다)할 수 있다.

② 제1항을 적용하는 경우에 수용 등의 대상이 되는 토지 등의 세부 목록을 제11조 제6항에 따라 고시한 때에는 「공익사업을 위한 토지 등의 취득 및 보상에 관한 법률」 제20조 제1항 및 제22조에 따른 사업인정 및 사업인정의 고시가 있은 것으로 본다.

③~⑨ 〈생략〉

⑩ 제1항에 따른 토지 등의 수용 등에 관하여 이 법에 특별한 규정이 있는 경우를 제외하고는 「공익사업을 위한 토지 등의 취득 및 보상에 관한 법률」을 준용한다.

Question 02

도지사 A는 "X국가산업단지 내 국도 대체우회도로개설사업"(이하 '이 사건 개발사업'이라 함)의 실시계획을 승인·고시하고, 사업시행자로 B시장을 지정하였다. B시의 시장은 이 사건 개발사업을 시행함에 있어 사업시행으로 인하여 건물이 철거되는 이주대상자를 위한 이주대책을 수립하면서 훈령의 형식으로 'B시 이주민지원규정'을 마련하였다.

위 지원규정에서는 ① 이주대책대상자 선정과 관련하여, 「공익사업을 위한 토지 등의 취득 및 보상에 관한 법률」 및 그 시행령이 정하고 있는 이주대책대상자 요건 외에 '전세대원이 사업구역 내 주택 외 무주택'이라는 요건을 추가적으로 규정하는 한편, ② B시의 이주택지 지급 대상에 관하여, 과거 건축물양성화기준일 이전 건물의 거주자의 경우 소지가(조성되지 아니한 상태에서의 토지가격) 분양대상자로, 기준일 이후 건물의 거주자의 경우 일반우선 분양대상자로 구분하고 있는 바, 소지가 분양대상자의 경우 1세대당 상업용지 3평을 일반분양가로 추가 분양하도록 하고, 일반우선분양대상자의 경우 1세대 1필지 이주택지를 일반분양가로 우선분양할 수 있도록 하고 있다.

B시의 시장은 이주대책을 실시하면서 이 사건 개발사업 구역 내에 거주하는 甲과 乙에 대하여, 甲은 공익사업을 위한 토지 등의 취득 및 보상에 관한 법령이 정한 이주대책대상자에 해당됨에도 위 ①에서 정하는 요건을 이유로 이주대책대상자에서 배제하는 부적격 통보를 하였고, 소지가 분양대상자로 신청한 乙에 대해서는 위 지원규정을 적용하여 소지가 분양대상이 아닌 일반우선분양대상자로 선정하고, 이를 공고하였다. 다음 물음에 답하시오. 30점

(1) 甲은 'B시 이주민지원규정'에서 정한 추가적 요건을 이유로 자신을 이주대책대상자에서 배제한 것은 위법하다고 주장한다. 甲의 주장이 타당한지에 관하여 설명하시오. 15점

(2) 乙은 자신을 소지가 분양대상자가 아닌 일반우선 분양대상자로 선정한 것은 위법하다고 보아 이를 소송으로 다투려고 한다. 乙이 제기하여야 하는 소송의 형식을 설명하시오. 15점

Question 03

지목은 대(垈)이지만 그 현황이 인근 주민의 통행에 제공된 사실상 도로인 토지를 대상으로 「도시 및 주거환경정비법」에 따른 매도청구권을 행사하는 경우와 「공익사업을 위한 토지 등의 취득 및 보상에 관한 법률」에 따른 수용재결이 행하여지는 경우에 관하여 다음 물음에 답하시오. 20점

(1) 매도청구권 행사에 따른 쟁송절차와 수용재결에 따른 보상금을 다투는 쟁송절차의 차이점을 설명하시오. 10점

(2) 토지의 감정평가방법과 그 기준에 있어 매도청구권이 행사되는 경우와 수용재결이 행하여지는 경우의 차이점을 설명하시오. 10점

Question 04 甲 소유의 토지를 포함하는 일단의 토지가 「공공토지의 비축에 관한 법률」에 따라 X읍 –Y읍 간 도로사업용지 비축사업(이하 '이 사건 비축사업'이라 함) 지역으로 지정되었고, 한국토지주택공사를 사업시행자로 하여 2014.3.31. 이 사건 비축사업에 대하여 「공익사업을 위한 토지 등의 취득 및 보상에 관한 법률」에 따른 사업인정 고시가 있었다. 한편, 관할 도지사는 X읍–Z읍 간 도로확포장공사와 관련하여 2016.5.1. 도로구역을 결정·고시하였는데, 甲의 토지는 도로확포장공사가 시행되는 도로구역 인근에 위치하고 있다. 이후 이 사건 비축사업을 위하여 甲 소유의 토지에 대해서 2016.7.5. 관할 토지수용위원회의 수용재결이 있었는 바, 위 도로확포장공사로 인하여 상승된 토지가격이 반영되지 않은 감정평가가격으로 보상금이 결정되었다. 이에 甲은 도로확포장공사로 인한 개발이익이 배제된 보상금 결정은 위법하다고 주장하는바, 甲의 주장이 타당한지에 관하여 설명하시오. 10점

Question 01 40점

I. 〈물음 1〉 甲 청구의 인용가능성

1. 논점의 정리

사안에서 의견청취절차를 거치지 않은 것의 위법 여부 및 정도, 위법하다면 후행행위인 수용재결단계에서 선행행위인 사업인정단계의 하자를 승계하여 그 위법을 주장할 수 있는지 문제된다.

2. 의견청취절차 하자의 위법 여부

(1) 절차하자 여부

토지보상법 제21조는 국민의 재산권 보장 및 최소침해의 원칙 달성을 위해 의견청취절차를 규정하고 있다. 기업도시개발특별법은 토지보상법을 준용하는 규정을 두고 있어, 사안에서 의견청취절차를 시행하지 않은 것은 절차하자에 해당한다.

(2) 절차하자의 독자적 위법성 인정 여부

인정 여부와 관련하여 ① 긍정설과 ② 부정설이 대립한다. 생각건대, 절차규정의 취지와 국민의 권익구제 측면에서 절차적 하자의 독자적 위법성을 인정하는 것이 타당하고, 판례 또한 기속행위와 재량행위인지 상관없이 독자적 위법성을 인정하고 있다.

(3) 위법의 정도(취소사유인지)

의견청취를 하지 않은 것은 중요법률내용에 반하는 것으로 볼 수 있으나, 일반인의 견지에서 명백하지 않으므로 취소 정도의 사유에 해당한다.

3. 하자의 승계가능성

(1) 사업인정과 수용재결의 법적 성질

사업인정과 재결은 국민의 권리에 구체적인 영향을 미치는 바 처분성이 있는 형성행위이

다. 사업인정의 경우 재량행위, 제3자효 행정행위이고, 재결은 기속행위이며 준사법적 행위의 성질을 갖는다.

(2) 하자승계의 의의 및 취지

둘 이상의 행정행위가 연속적으로 행해지는 경우, 선행행위의 하자를 이유로 후행행위를 다툴 수 있는가의 문제를 말한다. 이는 법적 안정성과 국민의 권리구제의 조화에 그 취지가 인정된다.

(3) 논의의 전제

① 선·후행행위 모두 처분일 것, ② 선행행위의 하자가 취소사유일 것, ③ 후행행위가 적법할 것, ④ 선행행위에 불가쟁력이 발생할 것을 요한다. 사안의 경우 사업인정과 수용재결 모두 처분이고 절차의 하자로 사업인정에 취소사유가 존재하고, 취소소송의 제소기간이 도과하여 불가쟁력이 발생하였고 후행 행위에 대하여 구체적 언급이 없으나 고유한 하자가 없는 것으로 보고 이하에서 설명한다.

(4) 하자의 승계 인정범위

1) 학설

① 전통적 하자승계론은 양 행위가 결합하여 동일 효과를 목적으로 하는 경우에는 선행행위의 하자승계를 인정한다.

② 새로운 견해인 구속력이론은 선행행위의 불가쟁력이 후행행위를 구속하여 하자승계를 부정하려면, 대물적·대인적·시적 한계, 예측·수인가능성이 요구된다고 본다.

2) 판례 및 검토

판례는 대체로 전통적 하자승계론의 입장이나, 별개의 효과를 목적으로 하는 경우라도 예측·수인가능성이 없다면 하자승계를 인정한다. 전통적 견해를 따르되, 예측·수인가능성을 고려하여 구체적 타당성을 기하는 판례의 입장이 타당하다.

(5) 하자의 승계 인정 여부

1) 판례의 유형별 검토

① 하자의 승계를 인정한 경우로는 표준지공시지가와 수용재결, 개별공시지가와 과세처분, 계고처분 등이 있고, ② 하자의 승계를 부정한 경우로는 사업인정과 수용재결, 표준지공시지가와 과세처분, 중개사무소 판례 등이 있다.

2) 하자의 승계 인정 여부

전통적 하자승계론으로 검토해 볼 때, 사업인정과 수용재결은 별개의 법적 효과를 지향하고, 구속력론의 입장에서 여러 가지 한계를 고려하더라도, 선행행위인 사업인정의 절차적 위법을 이유로 후행 수용재결 단계에서 다툴 수는 없다고 판단된다.

4. 사안의 해결(甲 청구의 인용가능성)

사업인정 과정에서 의견청취를 하지 않은 것은 취소사유에 해당하나, 사업인정과 수용재결은 별개의 효과를 목적으로 하며, 예외적으로 하자를 승계할 만한 사실관계도 보이지 않는 바, 그 위법을 후행 수용재결단계에서 다툴 수는 없다고 보인다. 따라서 甲의 청구는 인용되기 어려울 것이다.

Ⅱ. 〈물음 2〉 甲 청구의 인용가능성

1. 논점의 정리

사업인정 이후 중대한 사정변경이 발생한 것을 고려하지 않고 수용재결을 한 것에 위법이 있는지를 2009두1051 판결을 중심으로 검토해 본다.

2. 사업인정을 하기 위한 요건

① 토지보상법 제4조의 공익사업에 해당되고, ② 해당사업에 공공필요가 인정되어야 하며, 이는 비례원칙에 따라 비교·형량해서 판단해야 한다. 또한, 판례는 ③ 사업시행자에게 해당 공익사업을 수행할 의사와 능력이 있을 것을 요구하는바, 이하에서 해당 판례를 자세히 검토하도록 한다.

3. 관련 판례의 검토[대판 2011.1.27, 2009두1051]

(1) 사업시행자의 공익사업 수행의사와 능력

공익사업 수행의사와 능력이 없는 자에게 타인의 재산권을 강제로 박탈할 수 있는 수용권을 설정하여 줄 수는 없으므로, 사업시행자의 공익사업 수행의사와 능력이 사업인정의 요건이라고 보아야 한다.

(2) 수용재결의 내용상 요건인지

판례는 사업인정 후 사정변경 등으로 사업인정 요건을 충족하지 못하게 된 경우에도, 여전히 그 사업인정에 기하여 수용권을 행사하는 것은 수용권의 남용에 해당한다고 한다. 헌법 제23조의 입법취지를 고려할 때, 판례가 판시한 요건은 수용재결의 내용상 요건으로 판단된다.

4. 사안의 해결[甲 청구의 인용가능성]

사업인정 이후 재정상황 악화로 사업시행자가 사업수행능력을 상실했다는 甲의 주장이 맞다면, 이는 수용재결의 요건을 충족하지 못한 것으로, 판례에서의 수용권의 남용에 해당하여 甲의 청구는 인용될 가능성이 있다고 판단된다.

Ⅲ. 〈물음 3〉 乙청구의 인용가능성

1. 논점의 정리

사안의 용도지역이 해당 공익사업 시행을 위해 변경되지 않은 경우, 어느 기준으로 평가할지에 관한 문제로서, 관련 법령, 판례 등을 검토해본다.

2. 공법상 제한을 받는 토지의 평가

토지보상법 시행규칙 제23조는 공법상 제한을 받는 토지에 대하여는 제한받는 상태대로 평가하되 해당 공익사업을 직접목적으로 하여 제한을 받게 되거나 용도지역·지구 등이 변경된 토지는 제한받기 전 또는 용도지역·지구 등의 변경 전을 기준으로 평가하도록 규정하고 있다.

3. 관련 판례

판례는 어느 수용대상 토지에 관하여 특정 시점에서 용도지역 등의 지정 또는 변경을 하지 않은 것이 특정 공익사업의 시행을 위한 것일 경우 이는 해당 공익사업의 시행을 직접목적으로 하는 제한이라고 보아 용도지역 등의 지정 또는 변경이 이루어진 상태를 상정하여 토지가격을 평가하여야 한다고 판시한바 있다.

4. 사안의 해결(乙 청구의 인용가능성)

토지보상법 시행규칙 제23조에 근거할 때, 공법상 제한을 받는 상태대로 평가해야 할 것이나, 사안에서 해당 기업도시개발사업의 시행을 위해 제3종 일반주거지역으로 변경되지 않은 사정이 있다면 이 또한 해당 사업을 직접 목적으로 하는 제한이라고 볼 수 있다. 따라서 제1종 일반주거지역으로 평가해야 한다는 을의 주장은 타당성이 결여되어 인용되지 못할 것으로 판단된다.   〈끝〉

Question 02 [30점]

Ⅰ. 〈물음 1〉에 대하여

1. 논점의 정리

이주대책 관련 일반론을 개관한 후 갑이 토지보상법령상 이주대책대상자임에도 추가요건을 이유로 대상자에서 배제한 것이 위법하다는 갑의 주장이 타당한지에 관하여 검토해보도록 한다.

2. 이주대책의 의의 및 취지(토지보상법 제78조)

이주대책이란 공익사업 시행으로 인해 생활의 근거를 상실한 자에게 사업시행자가 택지를 조성하거나 주택을 건설·공급하는 것을 말한다. 판례는 생활보상의 일환으로 국가의 적극적이고 정책적인 배려에 의해 마련된 제도로 보고 있다.

3. 이주대책대상자 요건(법 제78조, 시행령 제40조)

사업시행자는 공익사업의 시행으로 주거용 건축물을 제공하는 자에게 이주대책을 수립·실시해야 하고, 이주대책대상자는 무허가건축물 소유자가 아닐 것, 관계법령에 따른 고시 등이 있은 날부터 계약체결일 또는 수용재결일까지 계속적으로 거주하고 있을 것(예외사유 있음), 타인 소유 건축물에 거주하는 세입자가 아닐 것이 요구된다.

4. 이주민지원규정에 의한 대상자 배제의 위법성

(1) 이주민지원규정의 법적 성질

훈령으로서 행정조직 내부 사무처리기준으로 제정된 일반적·추상적 규범인 행정규칙에 해당하는바, 대외적 구속력은 없다고 판단된다.

(2) 사업시행자의 재량 여부

판례는 사업시행자가 이주대책 내용을 결정함에 있어 재량을 갖는다는 입장을 취하되, 이주대책 대상자의 범위를 확대하는 기준을 수립하여 실시하는 것은 허용되는 것으로 판시한다. 따라서 범위를 확대하는 것은 가능하나, 축소하는 기준은 형평에 어긋나는 것으로 판단된다.

(3) 사안 규정의 위법성 여부

사안의 이주민지원규정은 훈령의 형식으로 행정규칙에 해당하고, 사업시행자가 이주대책 내용결정에 대해 재량권을 가지나, 이주대책대상자의 범위를 축소시키는 것으로서, 객관적 합리성 및 타당성이 결여되어 위법한 것이라고 판단된다.

5. 甲 주장의 타당성 여부

甲은 토지보상법령상 요건을 충족함에도 불구하고, 이주민지원규정상 추가요건에 의해 이주대책대상자에서 배제되었고, 위 규정은 비록 사업시행자가 내용 결정에 재량권을 가지나, 이주대책대상자의 범위를 축소시키는 데 있어 객관적 합리성 및 타당성이 결여되는 것으로 판단된다. 따라서 甲의 주장은 타당성이 있다고 생각된다.

Ⅱ. 〈물음 2〉에 대하여

1. 논점의 정리

물음의 해결을 위해 이주대책대상자 확인·결정의 법적 성질을 관련 판례를 통해 검토한 후, 을이 고려할 수 있는 소송의 형식을 판단하고자 한다.

2. 대법원 판례의 변화

(1) 종전 판례 다수견해

대법원 다수의견은 사업시행자가 확인·결정하여야만 비로소 구체적인 수분양권이 발생한다고 판시한다. 따라서 확인결정행위는 재량행위로서 형성적 행정처분의 성격을 갖는다.

(2) 최근의 전원합의체 판결

최근 전원합의체 판결은 토지보상법 제78조 제1항 및 제4항 본문을 당사자의 합의 또는 사업시행자의 재량에 의하여 적용을 배제할 수 없는 강행법규라고 판시하여 종전 판결을 변경하였다. 이에 따라 사실상 이주대책대상자에게 실체적 권리를 부여한 측면이 있다고 할 것이다.

3. 乙이 제기할 수 있는 소송의 형식

(1) 행정소송가능성

1) 확인결정의 처분성 및 기속행위 여부

이주대책 대법원 판례가 변경됨에 따라 사업시행자는 일정한 요건이 되는 경우 반드시 이주대책 수립·실시의무를 부담하고, 피수용자들에게는 실체적 권리가 생겼다. 따라서 확인·결정처분은 확인·이행처분이며, 기속행위라고 판단된다.

2) 행정소송 제기 가능성

사안에서 본인이 일반우선 분양대상자가 아닌 소지가 분양대상자라는 乙의 주장이 맞다면, 乙은 취소소송 또는 무효등확인소송의 제기가 가능할 것이라고 판단된다.

(2) 당사자소송 제기가능성

사안에서 乙의 주장이 타당하다면, 신청기간을 경과하였거나 사업시행자가 미리 수분양권을 부정하거나 이주대책에 따른 분양절차가 종료된 경우 및 기타 확인판결을 얻음으로써 분쟁이 해결되고 권리구제가 가능한 경우 등에 해당한다면 당사자소송으로 수분양권 또는 그 법률상 지위의 확인을 구할 수 있다고 판단된다. 〈끝〉

Question 03 20점

I. 〈물음 1〉에 대하여

1. 각 개념의 의의

① 도시정비법상 매도청구권이란 재건축에 참여하는 토지등소유자가 재건축에 불참한 토지등소유자에게 토지·건물의 매도를 청구하는 권리이다(도시정비법 제64조).

② 수용재결에 따른 보상금증감청구소송이란 보상금 증감의 다툼에 대해 직접적 이해관계를 가진 당사자인 사업시행자와 토지소유자 등이 소송제기를 통해 직접 다투는 당사자

소송을 말한다(토지보상법 제85조 제2항).

2. 각 쟁송절차의 차이점

(1) 절차

① 매도청구는 성실한 협의를 거치고 곧바로 소송으로 이어지나, ② 수용재결에 따른 쟁송절차는 협의를 거치고, 수용재결평가, 이의재결평가, 보상금증감청구소송의 과정을 거친다.

(2) 제척기간 및 제소기간의 적용

① 매도청구권의 경우 유효한 재건축의 결의가 있은 뒤, 그 결의에 찬성하지 않은 자에게 참가 여부를 회답할 것을 촉구하고, 2개월의 제척기간이 적용된다.

② 보상금증감청구소송의 경우는 수용재결에 불복할 경우 재결서를 받은 날부터 90일 내, 이의신청을 거친 경우 이의재결서정본을 송달일로부터 60일 내에 제기해야 한다는 제소기간 규정이 적용된다.

(3) 원고 및 피고

① 매도청구권 행사의 경우 원고는 재건축조합이고, 피고는 조합설립에 동의하지 아니한 자이다.

② 보상금을 다투는 경우 소송을 제기하는 자가 토지소유자 또는 관계인일 때에는 사업시행자를, 사업시행자일 때에는 토지소유자 또는 관계인을 각각 피고로 한다.

(4) 지연가산금

① 사업시행자가 기간을 넘겨 매도청구소송을 제기한 경우 토지 등 소유자에게 지연일수에 따른 이자를 지급하여야 하며, 이자는 100분의 15이하의 범위에서 이율을 적용하고,

② 보상금증감청구소송의 경우에는 토지보상법 제87조에 따라 소송촉진법 제3조에 따른

법정이율을 적용하여 보상금에 가산하여 지급하는 차이가 존재한다.

Ⅱ. 〈물음 2〉에 대하여

1. 토지의 감정평가방법

(1) 매도청구권이 행사되는 경우

매도청구에 있어 시가는 재건축사업의 시행을 전제로 평가한 가격, 즉 재건축으로 인해 발생할 것으로 예상되는 개발이익이 포함된 가격이다. 따라서 지목이 대이나 현황이 사실상 도로인 토지의 경우 인근 대지 시가와 동일하게 평가하되, 개별요인을 고려하여 감액평가하는 방법으로 산정하는 것이 타당하다고 판단된다.

(2) 수용재결이 행사되는 경우

수용재결에서 시가의 의미는 토지보상법 제67조에 의거 협의 당시 또는 재결 당시의 가격이며, 개발이익이 배제된 가격이다. 따라서 이 경우 사실상 사도는 토지보상법 시행규칙 제26조에 따라 인근 토지의 1/3 이내로 평가하되, 그 도로의 개설경위, 목적, 소유관계, 이용상태, 주위환경, 인접토지의 획지면적 등을 고려해야 한다.

2. 토지의 감정평가기준

(1) 매도청구권이 행사되는 경우

매도청구 소송감정의 기준시점은 '매매계약 체결의제일'인 바, 감정평가실무상으로는 법원에서 제시하는 날이 된다.

시가의 의미에는 재건축 사업으로 인해 발생할 것으로 예상되는 개발이익이 포함되어 있다.

(2) 수용재결이 행사되는 경우

토지보상법 제67조에 따라 기준시점은 수용재결일이 되며, 해당 공익사업으로 인한 개발이익을 배제하여 평가하게 된다.　　　　　　　　　　　　　　　　　〈끝〉

Question 04 [10점]

Ⅰ. 토지보상법상 개발이익의 배제

1. 개발이익의 의의 및 배제의 필요성

개발이익이란 정상지가 상승분을 초과하여 사업시행자나 토지소유자에게 귀속되는 토지가액의 증가분을 말한다. 이는 토지소유자 노력과는 관계없는 이익인바, 토지보상법 제67조 제2항에서 개발이익 배제를 보상기준으로 명시하고 있다.

2. 개발이익 배제규정

법 제67조 제2항, 제70조 제5항, 시행규칙 제23조 등의 규정을 종합해 보건대, 해당 공익사업으로 인하여 토지 등의 가격이 변동되거나, 해당 공익사업을 직접 목적으로 공법상 제한 등이 가해진 경우에는 가격 변동 이전의 공시지가를 적용하고, 변경 전 공법상 제한을 기준으로 평가한다.

3. 관련 판례

판례는 해당 공익사업을 직접 목적으로 하는 가격변동은 이를 고려함 없이 수용재결 당시의 가격을 기준으로 적정가격을 정하여야 하나, 해당 공익사업과 관계 없는 다른 사업의 시행으로 인한 개발이익은 이를 배제하지 아니한 가격으로 평가하여야 한다고 판시하고 있다.

Ⅱ. 甲 주장의 검토

1. 관련 판례의 태도

판례는 해당 공익사업을 직접 목적으로 하는 가격변동은 이를 고려함 없이 수용재결 당시 가격을 기준으로 적정가격을 정하여야 하나, 해당 공익사업과 관계없는 다른 사업의 시행으로 인한 개발이익은 이를 배제하지 아니한 가격으로 평가하여야 한다고 판시한바 있다.

2. 甲 주장의 검토

(1) 이 사건 비축사업과 도로확포장공사의 동일성

사안의 이 사건 비축사업과 도로확포장공사는 사업주체 및 사업의 근거법이 상이한바, 두 사업은 별개의 사업에 해당한다고 판단된다.

(2) 개발이익 반영 여부에 대한 고려

이 사건 비축사업과 도로확포장공사는 지리적으로 인접하고 있긴 하지만 사업의 동일성이 인정되지 않는 별개의 사업으로 판단되는 바, 甲 소유 토지 평가 시 도로확포장공사로 인해 상승된 토지가치 가격이 반영되어야 할 것으로 판단된다.

Ⅲ. 사례의 해결(甲 주장의 타당성)

관련 규정 및 판례에 비추어, 도로확포장공사는 사안의 비축사업과 다른 사업에 해당하는 바, 도로확포장공사로 인한 개발이익이 배제된 보상금결정이 위법하다는 甲의 주장은 타당해 보인다. 〈끝〉

– 이하 여백 –

「공익사업을 위한 토지 등의 취득 및 보상에 관한 법률」(이하 '토지보상법'이라 함)의 적용을 받는 공익사업으로 인하여 甲은 사업시행자인 한국도시철도공단 乙에게 협의절차를 통해 자신이 거주하고 있던 주거용 건축물을 제공하여 생활의 근거를 상실하게 되었다고 주장하면서 토지보상법 제78조 제1항에 따른 이주대책의 수립을 신청하였다. 이에 대해 乙은 "위 공익사업은 선형사업으로서 철도건설에 꼭 필요한 최소한의 토지만 보상하므로 사실상 이주택지공급이 불가능하고 이주대책대상자 중 이주정착지에 이주를 희망하는 자의 가구수가 7호(戶)에 그치는 등 위 공익사업은 토지보상법 시행령 제40조 제2항에서 규정하고 있는 이주대책을 수립하여야 하는 사유에 해당되지 아니한다"는 이유를 들어 甲의 신청을 거부하였다. 다음 물음에 답하시오. 40점

(1) 乙이 甲에 대한 거부처분을 하기에 앞서 행정절차법상 사전통지와 이유제시를 하지 아니한 경우 그 거부처분은 위법한가? 20점

(2) 만약 甲이 거부처분 취소소송을 제기하였다면, 乙은 그 소송 계속 중에 처분의 적법성을 유지하기 위해 "甲은 주거용 건축물에 계약체결일까지 계속하여 거주하고 있지 아니하였을 뿐만 아니라 이주정착지로의 이주를 포기하고 이주정착금을 받은 자에 해당하므로 토지보상법 시행령 제40조 제2항에 따라 이주대책을 수립할 필요가 없다"는 사유를 추가·변경할 수 있는가? 20점

〈공익사업을 위한 토지 등의 취득 및 보상에 관한 법률〉

제78조(이주대책의 수립 등)
① 사업시행자는 공익사업의 시행으로 인하여 주거용 건축물을 제공함에 따라 생활의 근거를 상실하게 되는 자(이하 "이주대책대상자"라 한다)를 위하여 대통령령으로 정하는 바에 따라 이주대책을 수립·실시하거나 이주정착금을 지급하여야 한다.
② 〈이하 생략〉

〈공익사업을 위한 토지 등의 취득 및 보상에 관한 법률 시행령〉

제40조(이주대책의 수립·실시)
① 〈생략〉
② 이주대책은 국토교통부령으로 정하는 부득이한 사유가 있는 경우를 제외하고는 이주대책대상자 중 이주정착지에 이주를 희망하는 자의 가구 수가 10호(戶) 이상인 경우에 수립·실시한다. 다만, 사업시행자가 「택지개발촉진법」 또는 「주택법」 등 관계 법령에 따라 이주대책대상자에게 택지 또는 주택을 공급한 경우(사업시행자의 알선에 의하여 공급한 경우를 포함한다)에는 이주대책을 수립·실시한 것으로 본다. 〈이하 생략〉

제41조(이주정착금의 지급)
사업시행자는 법 제78조 제1항에 따라 다음 각 호의 어느 하나에 해당하는 경우에는 이주

대책대상자에게 국토교통부령으로 정하는 바에 따라 이주정착금을 지급해야 한다.
1. 이주대책을 수립·실시하지 아니하는 경우
2. 이주대책대상자가 이주정착지가 아닌 다른 지역으로 이주하려는 경우
〈이하 생략〉

〈행정절차법〉
제21조(처분의 사전 통지)
① 행정청은 당사자에게 의무를 부과하거나 권익을 제한하는 처분을 하는 경우에는 미리 다음 각 호의 사항을 당사자 등에게 통지하여야 한다.
　　1. 처분의 제목
　　2. 당사자의 성명 또는 명칭과 주소
　　3. 처분하려는 원인이 되는 사실과 처분의 내용 및 법적 근거
　　4. 제3호에 대하여 의견을 제출할 수 있다는 뜻과 의견을 제출하지 아니하는 경우의 처리방법
　　5. 의견제출기관의 명칭과 주소
　　6. 의견제출기한
　　7. 그 밖에 필요한 사항

제23조(처분의 이유 제시)
① 행정청은 처분을 할 때에는 다음 각 호의 어느 하나에 해당하는 경우를 제외하고는 당사자에게 그 근거와 이유를 제시하여야 한다.
　　1. 신청 내용을 모두 그대로 인정하는 처분인 경우
　　2. 단순·반복적인 처분 또는 경미한 처분으로서 당사자가 그 이유를 명백히 알 수 있는 경우
　　3. 긴급히 처분을 할 필요가 있는 경우
② 행정청은 제1항 제2호 및 제3호의 경우에 처분 후 당사자가 요청하는 경우에는 그 근거와 이유를 제시하여야 한다.

Question 02

甲은 2015.3.16. 乙로부터 A광역시 B구 소재 도로로 사용되고 있는 토지 200m²(이하 '이 사건 토지'라 함)를 매수한 후 자신의 명의로 소유권 이전등기를 하였다. 한편, 甲은 A광역시지방토지수용위원회에 "사업시행자인 B구청장이 도로개설공사를 시행하면서 사업인정고시가 된 2010.4.6. 이후 3년 이상 이 사건 토지를 사용하였다"고 주장하면서 「공익사업을 위한 토지 등의 취득 및 보상에 관한 법률」(이하 '토지보상법'이라 함) 제72조 제1호를 근거로 이 사건 토지의 수용을 청구하였다. 이에 대해 A광역시지방토지수용위원회는 "사업인정고시가 된 날로부터 1년 이내에 B구청장이 재결신청을 하지 아니하여 사업인정은 그 효력을 상실하였으므로 甲은 토지보상법 제72조 제1호를 근거로 이 사건 토지의 수용을 청구할 수 없다"며 甲의 수용청구를 각하하는 재결을 하였다. 다음 물음에 답하시오. **30점**

(1) A광역시지방토지수용위원회의 각하재결에 대하여 행정소송을 제기하기 전에 강구할 수 있는 甲의 권리구제수단에 관하여 설명하시오. 10점

(2) 甲이 A광역시지방토지수용위원회의 각하재결에 대하여 행정소송을 제기할 경우 그 소송의 형태와 피고적격에 관하여 설명하시오. 20점

〈공익사업을 위한 토지 등의 취득 및 보상에 관한 법률〉

제23조(사업인정의 실효)
① 사업시행자가 제22조 제1항에 따른 사업인정의 고시(이하 "사업인정고시"라 한다)가 된 날부터 1년 이내에 제28조 제1항에 따른 재결신청을 하지 아니한 경우에는 사업인정고시가 된 날부터 1년이 되는 날의 다음 날에 사업인정은 그 효력을 상실한다.
② 〈이하 생략〉

제72조(사용하는 토지의 매수청구 등)
사업인정고시가 된 후 다음 각 호의 어느 하나에 해당할 때에는 해당 토지소유자는 사업시행자에게 해당 토지의 매수를 청구하거나 관할 토지수용위원회에 그 토지의 수용을 청구할 수 있다. 이 경우 관계인은 사업시행자나 관할 토지수용위원회에 그 권리의 존속(存續)을 청구할 수 있다.
1. 토지를 사용하는 기간이 3년 이상인 경우
2. 〈이하 생략〉

Question 03
국방부장관은 국방·군사에 관한 사업을 위하여 국토교통부장관으로부터 甲 소유의 토지를 포함한 200필지의 토지 600,000m²에 관하여 「공익사업을 위한 토지 등의 취득 및 보상에 관한 법률」 제20조에 따른 사업인정을 받았다. 그러나 국토교통부장관은 사업인정을 하면서 동법 제21조에 규정된 이해관계인의 의견을 청취하는 절차를 거치지 않았다. 한편, 국방부장관은 甲과 손실보상 등에 관하여 협의하였으나 협의가 성립되지 않았다. 국방부장관은 재결을 신청하였고 중앙토지수용위원회는 수용재결을 하였다. 甲은 수용재결에 대한 취소소송에서 사업인정의 절차상 하자를 이유로 수용재결의 위법성을 주장할 수 있는가? (단, 국토교통부장관의 사업인정에 대한 취소소송의 제소기간은 도과하였음) 20점

Question 04
국토교통부장관은 감정평가법인등 甲이 「감정평가 및 감정평가사에 관한 법률」(이하 '감정평가법'이라 함) 제10조에 따른 업무 범위를 위반하여 업무를 행하였다는 이유로 甲에게 3개월 업무정지처분을 하였다. 甲은 이러한 처분에 불복하여 취소소송을 제기하였으나 소송계속 중 3개월의 정지기간이 경과되었다. 감정평가법 제32조 제5항에 근거하여 제정된 감정평가법 시행령 제29조 [별표 3] '감정평가법인등의 설립인가의 취소와 업무의 정지에 관한 기준'에 따르면, 위 위반행위의 경우 위반횟수에 따라 가중처분을 하도록 규정하고 있다(1차 위반 시 업무정지 3개월, 2차 위반 시 업무정지 6개월, 3차 위반 시 업무정지 1년). 甲은 업무정지처분의 취소를 구할 법률상 이익이 있는가? 10점

Question 01 40점

Ⅰ. 〈물음 1〉에 대하여

1. 논점의 정리

〈물음 1〉의 해결을 위해 거부처분에 앞서 사전통지와 이유제시 절차가 필수적 절차인지 검토하여 절차하자로서 위법성이 있는지와 절차하자의 독자적 위법성을 검토한다.

2. 이주대책의 의의 및 취지(토지보상법 제78조)

토지보상법상 이주대책이란 공익사업의 시행으로 주거용 건축물을 제공함에 따라 생활의 근거를 상실한 자들에 대해 종전의 생활상태를 원상회복함과 동시에 인간다운 삶을 보장해 주기 위한 생활보상의 일환으로 국가의 적극적 정책배려로 마련된 제도를 말한다.

3. 사전통지와 이유제시를 결한 경우 처분의 위법성

(1) 사전통지를 결한 경우

1) 사전통지의 의의 및 취지(행정절차법 제21조)

행정청이 불이익한 처분을 함에 앞서 처분에 관한 일정 사실을 미리 처분 상대방에게 통지하는 것으로, 이는 행정절차의 참여보장, 처분의 자의성 방지 등에 취지가 있다.

2) 사전통지를 하지 않아도 되는 예외사유

① 공공의 안전 등을 위하여 긴급한 필요가 있는 경우, ② 법령 등에서 일정 처분을 하여야 할 사실이 증명된 경우, ③ 처분의 성질상 의견청취가 현저히 곤란하거나 불필요한 경우에는 사전통지 절차를 하지 않을 수 있다.

(2) 이유제시를 결한 경우

1) 이유제시의 의의(행정절차법 제23조)

이유제시란 행정청이 처분을 함에 있어 처분의 근거와 이유를 제시하는 절차로 이유부기라고도 한다.

2) 이유제시를 하지 않아도 되는 예외사유

① 신청내용을 모두 그대로 인정하는 경우, ② 단순·반복적인 처분 또는 경미한 처분으로 당사자가 그 이유를 명백히 알 수 있는 경우, ③ 긴급한 처분을 할 필요가 있는 경우에는 이유제시를 하지 않을 수 있다.

(3) 관련 판례의 검토

판례는 "행정청이 침해적 처분을 하면서 상대방에게 사전 통지를 하지 아니하거나 의견제출의 기회를 주지 아니하였다면 사전통지를 하지 않아도 되는 예외사유에 해당하지 않는 한 그 처분은 위법하여 취소를 면할 수 없다."라고 판시하였다. 또한 "행정청은 처분을 하는 때에는 원칙적으로 당사자에게 근거와 이유를 제시하여야 한다."고 판시하여 이유제시를 하지 않아도 되는 예외사유에 해당하지 않는 한 해당 절차를 결한 처분은 위법하다고 보았다.

(4) 사전통지와 이유제시를 결한 경우 처분의 위법성

사안의 경우 이주대책 거부처분에 앞서 사전통지와 이유제시 절차는 처분의 상대방 보호를 위해 필수적 절차라고 판단되며 위와 같은 절차를 거치지 않아도 되는 예외사유에 해당한다고 볼 수 없다고 판단된다. 따라서 이러한 사전통지와 이유제시를 결한 처분은 절차하자를 구성하여 위법성이 인정된다고 판단된다.

4. 사전통지와 이유제시 절차 하자의 독자적 위법성

(1) 개설

행정처분에 절차상 위법이 있는 경우 절차상 위법이 해당 행정처분의 독립된 취소사유가 되는가에 대해 견해의 대립이 있다.

(2) 학설 및 판례

학설은 ① 〈적극설〉은 행정소송법 제30조 제3항을 논거로 절차하자의 독자적 위법성을 긍정

하며, ② 〈소극설〉은 행정 및 소송경제 측면에서 절차하자의 독자적 위법성을 부정한다. ③

〈절충설〉은 기속행위와 재량행위를 구분하여 재량행위에 있어 절차하자의 독자적 위법성을

긍정한다. 판례는 기속행위와 재량행위의 구분 없이 절차하자의 독자적 위법성을 인정하고

있다.

(3) 검토

행정소송법 제30조 제3항의 논거와 국민의 권익구제 측면에서 행정절차의 적법성 보장이

중시되는 바, 절차하자의 독자적 위법성을 인정함이 타당하다고 판단된다.

Ⅱ. 〈물음 2〉에 대하여

1. 논점의 정리

〈물음 2〉는 취소소송 계속 중에 처분사유 추가·변경 가능성이 쟁점으로 관련 판례를 중

심으로 검토한다.

2. 처분사유 추가·변경의 의의 및 취지

처분사유 추가·변경이란 취소소송 계속 중에 처분청이 당초 처분의 근거와 이유로 삼았던

사유 외에 새로운 처분사유를 추가·변경하는 것을 말하며, 처분의 적법성 보장에 취지가

있다.

3. 처분사유 추가·변경의 가능성

(1) 문제점

행정소송법에서 처분사유 추가·변경에 관한 명문의 규정이 없는바, 학설과 판례의 해석

에 대한 검토가 요구된다.

(2) 학설

① 〈긍정설〉은 행정 및 소송경제 측면에서 긍정하며, ② 〈부정설〉은 처분 상대방의 방어권 보장 및 행정절차중시화 측면에서 부정한다. ③ 〈제한적 긍정설〉은 법률적합성 원칙상 원칙적으로 부정되나, 구체적 사안에 따라 제한적으로 긍정하는 견해 등이 대립한다.

(3) 판례 – "기본적 사실관계의 동일성"

1) 판례의 태도

판례는 "행정처분의 취소를 구하는 항고소송에서 처분청은 당초 처분의 근거로 삼은 사유와 기본적 사실관계에 있어서 동일성이 있다고 인정되는 한도 내에서는 다른 사유를 추가하거나 변경할 수 있다."라고 판시한바 있다.

2) 기본적 사실관계의 동일성의 의미

판례는 "기본적 사실관계가 동일하다는 것은 처분사유를 법률적으로 평가하기 이전의 구체적인 사실에 착안하여 그 기초적인 사회적 사실관계가 기본적인 점에서 동일한 것을 말한다."라고 판시한바 있다.

(4) 검토

법률적합성 측면과 상대방의 방어권 보장의 조화의 문제로서 상대방의 권익을 침해하지 않는 행위 내에서 판례의 태도에 따라 기본적 사실관계의 동일성(① 법률적 평가 이전 사회적 사실관계의 동일성, ② 시간적·장소적 근접성, ③ 행위의 태양 및 결과의 동일성)이 인정되는 경우 처분사유의 추가·변경이 가능하다고 봄이 타당하다고 판단된다.

4. 처분사유 추가·변경의 가능성(사례의 해결)

(1) 법률적 평가 이전 사회적 사실관계의 동일성 여부

사안에서 이주대책이라고 하는 동일한 소송물로 사회적 사실관계의 동일성이 인정된다고

판단된다.

(2) 시간적·장소적 근접성, 행위의 태양·결과의 동일성 여부

해당 사안은 동일 소송물인 이주대책에 대한 사실심 변론종결 이전으로 시간적·장소적 근접성이 인정되며, 처분 당시 존재하였던 선형사업으로서의 한계와 토지보상법 시행령 제40조 제2항의 '부득이한 사유가 있는 경우'에는 이주대책대상자 중 이주정착지로의 이주를 희망하는 가구 수가 10호 미만으로 이주대책을 수립·실시할 필요가 없다는 의미도 내포하고 있다고 판단되는바 행위의 결과·태양의 동일성이 인정된다고 판단된다.

(3) 처분사유 추가·변경의 가능성

사안의 경우 위와 같이 기본적 사실관계의 동일성이 인정되는바 처분사유 추가·변경이 가능하다고 판단된다. ⟨끝⟩

Question 02 [30점]

Ⅰ. 논점의 정리

⟨물음 1⟩에서는 甲이 A광역시지방토지수용위원회의 각하재결에 대해 행정소송 제기 전 강구할 수 있는 권리구제 수단으로서 토지보상법 제83조에서 규정된 이의신청을 검토한다. ⟨물음 2⟩에서는 확장수용 중 완전수용에 관한 권리구제로서 토지보상법 제85조 제2항의 보상금증감청구소송이 그 쟁점인바 이하 소송의 형태와 피고적격에 대해 검토한다.

Ⅱ. 완전수용의 개관

1. 완전수용의 의의 및 근거[토지보상법 제72조]

완전수용이란 토지를 사용함으로써 족하나 토지사용으로 발생되는 토지소유자의 권익침해를 구제하기 위해 수용보상을 가능토록 하기 위한 제도를 말한다.

2. 완전수용 청구권의 행사요건

완전수용은 ① 토지사용기간이 3년을 넘는 경우, ② 사용으로 인해 토지형질이 변경된 경우, ③ 해당 토지에 토지소유자의 건축물이 있는 경우에 청구권의 행사가 가능하다.

3. 완전수용 청구권의 법적 성질 - 형성권(판례)

판례는 완전수용청구권은 토지보상법 제74조 제1항이 정한 잔여지 수용청구권과 같이 손실보상의 일환으로 토지소유자에게 부여되는 권리로서 청구에 의하여 수용의 효과가 발생하는 형성권의 성질을 가진다고 판시한바, 〈공권〉이자 〈형성권〉의 성질을 가진다고 보는 것이 타당하다.

Ⅲ. 〈물음 1〉 행정소송 제기 전 甲의 권리구제수단

1. 이의신청(토지보상법 제83조) - 특별법상 행정심판

(1) 이의신청의 의의

이의신청이란 관할 토지수용위원회의 재결에 대하여 이의가 있는 자가 중앙토지수용위원회에 이의를 신청할 수 있는 제도를 말한다.

(2) 이의신청의 절차 및 효력(동법 제83조 및 제86조)

이의신청은 재결서 정본을 받은 날부터 30일 이내에 처분청을 경유하여 중앙토지수용위원회에 이의신청이 가능하다. 이의신청에 대한 재결이 확정된 때에는 민사소송법상 확정판결이 있는 것으로 보며 재결서 정본은 집행력 있는 판결의 정본과 동일한 효력을 갖는다.

2. 검토 - 신속한 권리구제

토지보상법 제83조 이의신청은 제소기간 특례를 두어 수용을 둘러싼 법률관계의 조속한 확정을 통해 피수용자의 불안한 법적 지위를 신속하게 해결하는데 취지가 있다. 따라서 A광역시지방토지수용위원회의 각하재결에 대하여 甲은 이의신청을 통하여 권리구제를 받을 수 있다고 판단된다.

Ⅳ. 〈물음 2〉 행정소송 제기 시 그 소송의 형태와 피고적격

1. 보상금증감청구소송의 의의 및 취지(토지보상법 제85조 제2항)

보상금증감청구소송은 보상금에 대해 직접적인 이해당사자인 사업시행자와 피수용자가 보상금의 다과를 다투는 소송이다. 이는 분쟁의 일회적 해결, 조속한 법률관계 확정, 권리구제 우회방지 등에 취지가 있다.

2. 소송의 형태 - 형식적 당사자소송

보상금증감청구소송은 실질은 재결이라는 처분을 다투면서 법률관계 일방당사자를 피고로 하여 제기하는 형식적 당사자소송이다. 종전 피고에서 재결청이 삭제되면서 순수한 의미의 형식적 당사자소송으로 거듭나게 되었다.

3. 소송의 성질 - 확인·급부소송

형성소송설, 확인·급부소송설의 견해대립이 있으나, 보상금증감청구소송은 법원이 정당보상액을 확인하고 그 부족액의 급부를 명하는 확인·급부소송의 성질을 갖는다고 봄이 타당하다 판단된다.

4. 보상금증감청구소송의 심리범위

(1) 문제점

보상금증감청구소송의 심리범위에 대한 견해대립이 있다. 궁극적으로 잔여지 수용 여부가 심리범위에 포함되는지에 따라 피수용자의 효율적 권리구제수단이 결정될 것이다.

(2) 학설

① 〈긍정설〉은 수용의 범위에 따라 보상금이 달라지는바, 보상원인이 되는 수용범위에 대한 결정도 그 심리범위에 포함된다고 본다.

② 〈부정설〉은 손실보상 범위에 관한 문제로 단순한 보상문제로 볼 수 없는바 손실범위에 대한 재결을 다투는 방법에 의해야 한다고 본다.

(3) 관련 판례 검토

판례는 "토지보상법 제74조에 규정되어 있는 잔여지수용청구권은 손실보상의 일환으로 토지소유자에게 부여되는 권리로서 그 요건을 구비한 때에는 청구에 의해 수용의 효과가 발생하는 형성권적 성질을 가지므로, 잔여지수용청구를 받아들이지 않은 토지수용위원회의 재결에 대해 토지소유자가 불복하여 제기하는 소송은 토지보상법 제85조 제2항에 규정된 보상금증감에 관한 소송에 해당하여 사업시행자를 피고로 하여야 한다."고 판시한바 있다.

(4) 검토

분쟁의 일회적 해결을 위한 보상금증감청구소송의 취지와 판례의 태도에 따라 피수용자의 효과적이고 신속한 권리구제를 위해 보상금증감청구소송의 심리범위에는 잔여지수용 여부도 포함된다고 봄이 타당하다 판단된다.

5. 피고적격

상기 검토한 바와 완전수용 청구권은 잔여지수용청구권과 같이 형성권적 성질을 갖는바, 완전수용의 청구에 대해 각하재결을 한 관할 토지수용위원회의 결정에 불복하여 토지소유자가 제기하는 소송은 보상금증감청구소송에 해당하여 사업시행자를 피고로 하여야 한다.

V. 사례의 해결

1. 〈물음 1〉 甲은 행정소송 제기 전 토지보상법 제83조 이의신청을 통해 신속한 권리구제가 가능하다 판단된다.

2. 〈물음 2〉 甲의 완전수용청구를 받아들이지 않은 A광역시지방토지수용위원회의 각하재결에 불복하여 제기하는 소송은 토지보상법 제85조 제2항 보상금증감청구소송에 해당

하여 사업시행자를 피고로 하여야 한다고 판단된다. 〈끝〉

Question 03 [20점]

I. 논점의 정리

사안은 甲이 사업인정의 절차상 하자를 이유로 수용재결의 위법성을 주장할 수 있는지에 관한 것으로서 사업인정과 수용재결의 하자승계 인정 여부가 그 쟁점이다.

II. 사업인정과 수용재결

1. 사업인정

(1) 의의 및 법적 성질(토지보상법 제20조)

사업인정이란 특정 공익사업이 토지보상법 제4조 각 호에 해당함을 확인하고 사업시행자에게 일정 절차의 이행을 조건으로 수용권을 설정하여주는 것을 의미한다. 이는 설권적 형성행위로서 처분성이 인정된다.

(2) 해당 사업인정의 위법성 및 그 정도

토지보상법 제21조에 의하면 국토교통부장관은 사업인정 시 이해관계인의 의견을 청취하여야 한다. 이는 법상 규정으로 이와 같이 반드시 거쳐야 할 절차를 누락한 경우 절차하자를 구성하여 위법하다. 판례는 절차하자의 독자적 위법성을 인정하고 있으며, 이를 취소사유라고 보고 있다.

2. 수용재결(토지보상법 제34조, 제50조)

수용재결이란 공용수용 절차의 종국적 절차로서 수용목적물에 대해 사업시행자에게 보상금 지급·공탁을 조건으로 권리를 취득하게 하고, 피수용자에게는 권리를 상실시키는 것을 말한다. 이는 국민의 권리·의무에 직접 영향을 미치는 것으로 그 처분성이 인정된다.

Ⅲ. 사업인정과 수용재결의 하자승계 인정 여부

1. 하자승계의 의의 및 취지

하자승계란 둘 이상의 행정행위가 연속적으로 행해지는 경우, 선행행위의 하자를 이유로 후행행위를 다툴 수 있는가의 문제를 말한다. 이는 법적 안정성과 국민의 권리구제의 조화에 그 취지가 인정된다.

2. 하자승계의 전제요건

① 선·후행행위 모두 처분일 것, ② 선행행위의 불가쟁력이 발생할 것, ③ 선행행위의 위법이 단순 취소사유일 것, ④ 후행행위의 고유한 하자가 없을 것을 전제요건으로 한다. 사안의 경우 사업인정과 수용재결 모두 처분이고, 사업인정에 단순 취소사유가 존재하고, 제소기간이 도과하여 불가쟁력이 발생하였고 후행행위에 고유한 하자가 없다고 보여지는바 요건이 충족되는 것으로 판단된다.

3. 하자승계 인정 여부

(1) 학설

① 전통적 하자승계론은 양 행위가 결합하여 동일 효과를 목적으로 하는 경우에는 선행행위의 하자승계를 인정한다.

② 새로운 견해인 구속력론은 선행행위의 불가쟁력이 후행행위를 구속하여 하자승계를 부정하려면, 대물적·대인적·시적 한계, 예측·수인가능성이 요구된다고 본다.

(2) 판례 및 검토

판례는 전통적 하자승계론의 입장이나, 별개의 효과를 목적으로 하는 경우라도 예측·수인가능성이 없다면 하자승계를 인정한다. 전통적 견해를 따르되, 예측·수인가능성을 고려하여 구체적 타당성을 기하는 판례의 입장이 타당하다.

4. 판례의 유형별 검토

(1) 하자의 승계를 인정하는 경우

① 표준지공시지가와 수용재결(대판 2008.8.21, 2007두13845), ② 개별공시지가와 과세처분(대판 1994.1.25, 93누8542), ③ 계고처분(대판 1999.4.27, 97누6780)판례는 하자의 승계를 인정한 바 있다.

(2) 하자의 승계를 부정하는 경우

① 사업인정과 수용재결(대판 2009.11.26, 2009두11607), ② 표준지공시지가와 개별공시지가 결정(대판 1996.5.10, 95누9808), ③ 표준지공시지가와 과세처분(대판 2022.5.13, 2018두50147), ④ 중개사무소 판례(대판 2019.1.31, 2017두40372)에서는 하자의 승계를 부정한 바 있다.

IV. 사례의 해결

사업인정과 수용재결은 별개의 법률효과를 목적으로 하는바 하자승계가 부정된다고 판단된다(판례동지). 사안에서 사업인정 후 협의불성립되었으나 다투지 아니하여 사업인정에 불가쟁력이 발생한 이상 예측가능성과 수인가능성을 들어 하자승계를 인정하기는 어렵다고 판단된다. 따라서 사안의 경우 불가쟁력이 발생한 사업인정의 위법성을 이유로 수용재결의 위법성을 주장할 수는 없다고 판단된다. 〈끝〉

Question 04 10점

I. 논점의 정리

사안은 업무정지처분의 기간경과로 처분의 효력이 소멸되었음에도 해당 업무정지처분을 다툴 수 있는지에 대한 협의의 소익이 쟁점으로 관련판례를 중심으로 검토한다.

Ⅱ. 감정평가법 시행령 제29조 [별표 3]의 법적 성질

1. 개설

감정평가법 시행령 제29조 [별표 3]은 대통령령 형식이나, 실질은 행정규칙으로 대외적 구속력 여부가 문제된다.

2. 학설 및 판례

법규명령설, 행정규칙설, 수권여부기준설 등의 학설이 대립하며, 최근 판례는 제재적 행정처분의 가중사유나 전제요건에 관한 규정에 대해 법규명령인지 여부와 무관하게 대외적 구속력을 인정하고 있다(대판(전) 2006.6.22, 2003두1684).

3. 검토

감정평가법 시행령 제29조 [별표 3]은 대통령령 형식으로 위임규정이 있고, 상위법과 결합하여 법규적 내용을 구성하는바 대외적 구속력을 인정함이 타당하다고 판단된다.

Ⅲ. 甲은 업무정지처분의 취소를 구할 법률상 이익이 있는지

1. 협의의 소익(권리보호의 필요)의 의의 및 취지(행정소송법 제12조 제2문)

협의의 소익이란 본안판단을 행할 현실적 필요성으로, 이는 남소방지와 재판청구권보장 사이의 조화문제이다.

2. 관련 판례의 검토(대판(전) 2006.6.22, 2003두1684)

판례는 "선행처분을 받은 상대방이 그 처분의 존재로 인해 장래 받을 불이익은 구체적이고 현실적인 것이므로, 상대방에게는 선행처분을 다툴 필요가 있다."라고 판시하여 처분의 효력이 소멸한 경우에도 협의의 소익을 인정하였다.

Ⅳ. 사례의 해결

사안의 甲은 업무정지처분의 기간경과로 처분의 효력이 소멸된 경우라도 대외적 구속력이 인정되는 감정평가법 시행령 제29조 [별표 3]에 따라 장래 받을 불이익은 현실적·구체적인 것으로 국민의 재판청구권을 보장한 헌법의 취지와 효과적인 권리구제를 목적으로 하는 행정소송법의 등에 비추어 선행처분을 다툴 법률상 이익이 있다고 판단된다. 〈끝〉

– 이하 여백 –

Question 01

「공익사업을 위한 토지 등의 취득 및 보상에 관한 법률」(이하 '공익사업법'이라 한다)에 따라 도로확장건설을 위해 사업인정을 받은 A는 해당 지역에 위치한 甲의 토지를 수용하고자 甲과 협의를 시도하였다. A는 甲과 보상액에 관한 협의가 이루어지지 않자 공익사업법상의 절차에 따라 관할 토지수용위원회에 재결을 신청하였다. 그런데 관할 토지수용위원회는 「감정평가에 관한 규칙(국토교통부령)」에 따른 '감정평가실무기준(국토교통부 고시)'과는 다르게 용도지역별 지가변동률이 아닌 이용상황별 지가변동률을 적용한 감정평가사의 감정결과를 채택하여 보상액을 결정하였다. 그 이유로 해당 토지는 이용상황이 지가변동률에 더 큰 영향을 미친다는 것을 들었다. 다음 물음에 답하시오. 40점

(1) 甲은 보상액 결정이 '감정평가실무기준(국토교통부 고시)'을 따르지 않았으므로 위법이라고 주장한다. 甲의 주장은 타당한가? 20점

(2) 甲은 위 토지수용위원회의 재결에 불복하여 공익사업법에 따라 보상금의 증액을 구하는 소송을 제기하고자 한다. 이 소송의 의의와 그 특수성을 설명하시오. 20점

Question 02

B시에 거주하는 甲은 2005년 5월 자신의 토지 위에 주거용 건축물을 신축하였다. 그런데 甲은 건축허가요건을 충족하지 못하여 행정기관의 허가 없이 건축하였다. 甲은 위 건축물에 입주하지 않았으나, 친척인 乙이 자신에게 임대해 달라고 요청하여 이를 허락하였다. 乙은 필요시 언제든 건물을 비워주겠으며, 공익사업시행으로 보상의 문제가 발생할 때에는 어떠한 보상도 받지 않겠다는 내용의 각서를 작성하여 임대차계약서에 첨부하였다. 乙은 2006년 2월 위 건축물에 입주하였는데, 당시부터 건축물의 일부를 임의로 용도변경하여 일반음식점으로 사용하여 왔다. 甲의 위 토지와 건축물은 2015년 5월 14일 국토교통부장관이 한 사업인정고시에 따라서 공익사업시행지구에 편입되었다. 甲은 이 사실을 알고 동년 6월에 위 건축물을 증축하여 방의 개수를 2개 더 늘려 자신의 가족과 함께 입주하였다. 다음 물음에 답하시오. 30점

(1) 위 甲의 건축물은 「공익사업을 위한 토지 등의 취득 및 보상에 관한 법률」에 따른 손실보상의 대상이 되는지, 만일 된다면 어느 범위에서 보상이 이루어져야 하는지 설명하시오. 10점

(2) 甲과 乙은 주거이전비 지급대상자에 포함되는지 여부를 지급요건에 따라서 각각 설명하시오. 20점

Question 03

甲은 C시 소재 전(田) 700m²(이하 '이 사건 토지'라고 한다)의 소유자로서, 여관 신축을 위하여 부지를 조성하였는데, 진입로 개설비용 3억원, 옹벽공사비용 9천만원, 토목설계비용 2천만원, 토지형질변경비용 1천만원을 각 지출하였다. 그런데 건축허가를 받기 전에 국토교통부장관이 시행하는 고속도로건설공사에 대한 사업인정이 2014년 7월 15일 고시되어 이 사건 토지 중 500m²(이하 '이 사건 수용대상토지'라고 한다)가 공익사업시행지구에 편입되었고, 2015년 7월 17일 관할 토지수용위원회에서 수용재결이 있었다. 그 결과 이 사건 토지에서 이 사건 수용 대상 토지를 제외한 나머지 200m²(이하 '이 사건 나머지 토지'라고 한다)는 더 이상 여관 신축의 용도로는 사용할 수 없게 되어 그 부지조성비용은 이 사건 나머지 토지의 정상적인 용도에 비추어 보았을 때에는 쓸모없는 지출이 되고 말았다. 이에 甲은 이 사건 나머지 토지에 들인 부지조성비용에 관하여 손실보상의 지급을 청구하고자 한다. 다음 물음에 답하시오. 20점

(1) 위 청구권의 법적 근거에 관하여 설명하시오. 10점

(2) 甲은 다른 절차를 거치지 않고 바로 국가를 상대로 손실보상을 청구하는 소송을 제기할 수 있는가? 10점

Question 04

감정평가사 甲은 토지소유자 乙로부터 그 소유의 토지(이하 '이 사건 토지'라고 한다)를 물류단지로 조성한 후에 형성될 이 사건 토지에 대한 추정시가를 평가하여 달라는 감정평가를 의뢰받아 1천억원으로 평가하였다(이하 '이 사건 감정평가'라고 한다). 甲은 그 근거로 단순히 인근 공업단지 시세라고 하며 공업용지 평당 3백만원 이상이라고만 감정평가서에 기재하였다. 그러나 얼마 후 이 사건 토지에 대한 경매절차에서 법원의 의뢰를 받은 감정평가사 丙은 이 사건 토지의 가격을 1백억원으로 평가하였다. 평가금액 간에 10배에 이르는 현저한 차이가 발생하자 사회적으로 문제가 되었다. 이에 국토교통부장관은 적법한 절차를 거쳐 甲에게 "부동산의 적정한 가격을 산정하기 위해서는 정확한 자료를 검토하고 이를 기반으로 가격형성요인을 분석하여야 함에도 그리하지 않은 잘못이 있다."는 이유로 징계를 통보하였다. 이에 대해 甲은 이 사건 감정평가는 미래가격 감정평가로서 비교표준지를 설정할 수 없어 부득이하게 인근 공업단지의 시세를 토대로 평가하였던 것이고, 미래가격 감정평가에는 구체적인 기준이 따로 없으므로 일반적인 평가방법을 따르지 않았다고 해서 자신이 잘못한 것은 아니라고 주장한다. 甲의 주장은 타당한가? 10점

Question 01 40점

I. 〈물음 1〉에 대하여

1. 논점의 정리

〈물음 1〉에서는 토지보상법상 보상법률주의와 법정평가로 인한 보상 등과 감정평가 실무기준의 법적 성질을 검토하고, 보상액 결정이 감정평가 실무기준을 따르지 않아 위법이라는 甲 주장의 타당성을 감정평가실무기준의 대외적 구속력 여부를 나누어 고찰하고자 한다.

2. 보상액 결정 - 보상법률주의와 법정평가 보상주의

(1) 보상법률주의(헌법 제23조 제3항 근거)

헌법 제23조 제3항에 따라 공용수용과 손실보상을 개별법률에 법률을 유보하여 보상금 산정 및 결정시 법적 근거를 마련하도록 하고 있다.

(2) 법적 평가 보상주의

토지보상법 제70조 제1항에서는 토지의 보상에 대해서 법정 공시지가 기준으로 보상하도록 규정하고 있다.

3. 감정평가실무기준의 법적 성질

(1) 개설

〈물음 1〉에서는 감정평가실무기준을 따르지 않았기 때문에 해당 보상액이 위법하다고 주장하는 바, 실무기준의 법적 성질에 따라 주장의 타당성 여부가 결정될 것이다.

(2) 법령보충적 행정규칙의 법적 성질

1) 문제점

감정평가실무기준은 국토교통부 고시로, 형식은 행정규칙이지만, 감칙에 위임규정이 있어 법령보충적 행정규칙의 성질을 갖는다. 이러한 형식과 내용이 다른 법령보충적 행정규칙의 법적 성질에 대하여 견해의 대립이 있다.

2) 학설

실질적 측면에서 법규명령으로 보아야 한다는 〈법규명령설〉과 형식적 측면에서 행정규칙으로 보아야 한다는 〈행정규칙설〉이 있으며, 그 밖에 〈수권여부설〉, 〈규범구체화설〉, 〈위헌무효설〉등의 견해의 대립이 있다.

3) 판례

판례는 행정규칙의 형식으로 그 법령의 내용이 될 사항을 구체적으로 정하고 있다면 당해 법령의 위임한계를 벗어나지 아니하는 한, 상위법령과 결합하여 대외적 구속력이 있는 법규명령으로서의 효력을 갖는다고 판시한바 있다.

4) 검토

위임의 한계를 넘지 않고, 구체적 위임에 근거하여 법령을 보충하여 구체적인 법규사항을 정하는 행정규칙은 국회입법원칙에 반하지 않다는 점, 법규명령으로서 법령보충규칙의 존재를 명문으로 인정하고 있다는 점 등에서 〈법규명령설〉이 타당하다고 판단된다.

(3) 감정평가실무기준의 법적 성질

1) 판례

감정평가실무기준은 감정평가의 공정성과 신뢰성을 제고하기 위한 것으로 평가사로 하여금 이를 준수하도록 권장하는 목적의 규범에 불과하여 법적구속력을 인정하지 않는다고 판시한바 있다.

2) 감정평가실무기준의 법적 성질

우리 헌법은 보상법률주의를 택하고 있으며, 토지의 경우 공시지가 기준보상으로 법정보상

평가를 규정하고 있다. 판례는 감정평가실무기준을 내부적인 기준으로 보아 법적 구속력을

인정하고 있지 않다. 그러나 실무에서는 감정평가를 함에 있어서 감칙에 위임을 통해 만들

어진 감정평가실무기준은 감정평가법인등에게는 구속력을 미치기 때문에 법원의 재판규범

성을 인정하는 것이 타당하다고 보인다.

4. 甲 주장의 타당성

(1) 감정평가실무기준의 대외적 구속력이 인정되는 경우

감정평가실무기준의 대외적 구속력이 인정되기에 이와 다르게 평가하는 것은 위법하다고

보인다. 위의 대외적 구속력을 인정한다고 하더라도 용도지역별 지가변동률을 적용하지

않고, 이용상황별 지가변동률을 적용한 것은 상위법령의 취지에도 부합되지 않는 것이다.

법규성이 있는 실무기준을 따르지 않는 것은 위법하다고 할 것이며, 따라서 甲 주장은

타당하다고 보인다.

(2) 감정평가실무기준의 대외적 구속력이 부정되는 경우

대외적 구속력이 인정되지 않는 경우 실무기준은 단순 행정규칙으로, 토지보상평가가 감정

평가사에 의해 보상법률주의에 입각하여 법정공시지가로 평가가 행해지고, 그 법정 기준을

지키면서 이용상황 등을 고려하여 시점수정을 하였다면 행정청 내부의 사무처리기준에

불과한 실무기준을 지키지 않았다고 하여 바로 위법이라고 할 수 없다. 따라서 甲 주장의

타당성이 인정되지 않는다고 생각된다.

II. 〈물음 2〉에 대하여

1. 논점의 정리

보상금증감청구소송은 일회적인 해결을 위해 토지보상법상 특수한 형태의 행정소송으로,

〈물음 2〉는 보상금의 증액을 구하는 소송을 제기하고자 하는바, 보상금증감청구소송의

법적 성질과 특수성에 대해 설명하도록 한다.

2. 보상금증감청구소송의 의의 및 소송의 성질

(1) 보상금증감청구소송의 의의 및 취지(토지보상법 제85조 제2항)

토지수용위원회의 재결에 불복하여 사업시행자, 토지소유자 및 관계인이 보상금의 증액을 청구하는 소송을 보상금증감청구소송이라 한다. 이는 분쟁의 일회적 해결, 소송경제, 권리구제의 신속성 및 실효성 확보에 취지가 있다.

(2) 소송의 성질

보상금증감청구소송은 소송을 제기함에 있어서 그 법률관계의 일방 당사자를 피고로 하는 소송으로 형식적 당사자소송이라 할 것이다. 또한 헌법상 정당보상조항에 의하여 당연히 발생·확정되는 정당보상액을 확인하고, 부족액의 급부를 구하는 확인·급부소송의 성격을 갖는다.

(3) 소송의 대상

형식적 당사자소송의 대상은 법률관계로서 보상금증감청구소송은 관할 토지수용위원회가 행한 재결로 형성된 법률관계인 보상금의 증감에 관한 것을 소송의 대상으로 삼아야 한다.

3. 보상금증감청구소송의 특수성

(1) 제기요건(제소기간 특례 등)

① 토지보상법 제85조에서는 소의 대상으로 제34조 재결을 규정하고 있으므로 원처분을 소의 대상으로 하고, ② 재결서 정본 송달일로부터 90일 또는 이의재결서 정본 도달일로부터 60일 이내에, ③ 양 당사자는 각각을 피고로 하여, ④ 관할 법원에 소를 제기할 수 있다.

(2) 심리범위

① 손실보상의 지급방법, ② 손실보상액의 범위, 보상액과 관련한 보상면적, ③ 지연손해금, ④ 잔여지수용 여부, ⑤ 보상항목 간의 유용도 심리범위에 해당한다고 본다.

(3) 판결의 효력

보상금증감청구소송에서 법원은 스스로 증감을 결정할 수 있고 토지수용위원회는 별도의 처분을 할 필요가 없다. 법원의 판결이 있게 되면 기판력, 형성력, 기속력이 발생하고, 소의 각하·기각 또는 취하의 효과로서 법정이율의 가산지급이 적용되는 것으로 보아야 할 것이다.

Ⅲ. 사례의 해결

1. 보상액 결정에 있어서 실무기준을 따르지 않았으므로 위법하다는 甲주장은 실무기준의 대외적 구속력 여부에 따라 달라질 수 있다고 생각된다. 다만 판례는 실무기준의 대외적 구속력을 인정하지 않는바 실무기준을 따르지 않은 보상액 결정은 위법하지 않다고 판단된다.

2. 토지보상법 제85조 제2항의 보상금증액청구소송에서 형식적 당사자소송으로 특칙을 규정하고 있는 것은 국민의 재산권 보호를 위한 것으로 평가된다. 〈끝〉

Question 02 30점

Ⅰ. 논점의 정리

본 사안은 토지보상법상 공익사업을 진행함에 있어 피수용자가 토지보상법 제25조 토지보전의무를 이행하지 아니하고 불법건축물을 신축 또는 증축하는 경우에 보상대상이 되는지 여부와, 주거용 건축물은 주거이전비 대상이므로 주거이전비 지급대상자가 되는지 관련 규정과 판례를 통해 고찰해 보기로 한다.

Ⅱ. 〈물음 1〉에 대하여

1. 무허가건축물 등의 의의 및 보상대상 여부

(1) 무허가건축물 등의 의의

토지보상법 시행규칙 제24조에서는 건축법 등 관계법령에 의하여 허가를 받거나 신고를 하고 건축 또는 용도변경을 하여야 하는 건축물을 허가를 받지 아니하고 건축 또는 용도변경한 건축물을 무허가건축물이라 한다.

(2) 보상대상 여부

토지보상법 제25조 제1항에서는 토지보전의무를 규정하고 있는 바 토지보상법 제25조를 위반한 무허가건축물 등은 보상대상에서 제외된다고 할 것이다.

2. 무허가건축물 등의 보상범위에 대한 판단

(1) 소유자 무허가건축물 자체에 대한 보상과 보상특례 적용 여부

1) 판례

① 판례는 적법 건축물인지 여부와 관계없이 사업인정고시 이전에 건축된 건물이기만 하면 손실보상의 대상이 된다고 판시한바 있으며, ② 사업인정고시가 된 경우 고시된 토지에 건축물을 건축하려는 자는 토지보상법 제25조에 정한 허가를 따로 받아야 하고 허가 없이 건축된 건축물은 손실보상을 청구할 수 없다고 판시한바 있다.

2) 사안의 적용

1989.1.24. 이전의 무허가건축물 등은 적법한 건축물로 보아 보상대상이 되지만, 1989.1.24. 이후의 무허가건축물은 사업인정고시 전에 건축된 건축물 자체만 보상대상이 되고, 원칙적으로 주거이전비, 주거용 건축물 최저보상특례, 재편입가산금은 적용되기 어려울 것으로 판단된다.

(2) 임차인 乙에 대한 영업보상 여부

임차인 乙은 2006년 2월에 입주하여 건축물을 임의로 용도 변경하여 일반음식점으로 사용하여 왔지만 사업자등록 여부는 물음에 없다. 토지보상법 시행규칙 제45조에서는 적법한 장소를 전제하지만 임차인의 경우에는 적법한 장소에 대한 규정의 예외로서 무허가건축물 등에서 영업하는 약자를 보호하기 위한 규정으로 임차인 乙에 대한 영업보상은 행해지는 것이 타당하다.

3. 결

① 소유자 甲의 무허가건축물은 토지보전의무 위반으로 보상대상에서 제외하고, 사업인정고 시 이전의 무허가건축물 자체는 보상대상이 되지만 토지보상법상 주거용 부동산에 대한 특례규정은 적용되기 어렵다고 보인다.

② 임차인 乙은 사업인정고시일 등 1년 전부터 상당 오랜 기간 영업을 지속한 바, 토지보 상법 시행규칙 제45조 단서 규정 특례에 따라 보상하는 것이 타당하다고 생각된다.

Ⅲ. 〈물음 2〉에 대하여

1. 주거이전비의 의의[토지보상법 시행규칙 제54조]

토지보상법상 주거이전비는 주거용 부동산에 대한 가치보상 특례로서 인간다운 생활을 영위하고, 생활의 안정을 위한 제도이다.

2. 주거이전비 지급 요건

(1) 주거용 건축물의 소유자(칙 제54조 제1항)

공익사업시행지구에 편입되는 주거용 건축물의 소유자에 대하여 해당 건축물에 대한 보상을 하는 때에 가구원수에 따라 2개월분의 주거이전비를 보상하여야 한다. 다만, 건축물의 소유자가 해당 건축물 또는 공익사업시행지구 내 타인의 건축물에 실제 거주하고 있지 아니하거나 해당 건축물이 무허가건축물 등인 경우에는 그러하지 아니하다.

(2) 주거용 건축물의 세입자(임차인)(칙 제54조 제2항)

공익사업의 시행으로 인하여 이주하게 되는 주거용 건축물의 세입자로서 사업인정고시일 전부터 해당 공익사업시행지구 안에서 3개월 이상 거주한 자에 대하여는 가구원수에 따라 4개월분의 주거이전비를 보상하여야 한다. 다만, 무허가건축물 등에 입주한 세입자의 경우 1년 이상 거주한 세입자에 대하여는 본문에 따라 주거이전비를 보상하여야 한다.

3. 주거이전비 지급대상자 여부 검토

(1) 소유자 甲

甲은 소유자로 무허가건축물에서는 관련 규정과 판례를 검토해 볼 때 주거이전비 지급대상자가 되기 어려울 것으로 판단된다.

(2) 임차인 乙

사업시행자의 세입자에 대한 토지보상법 시행규칙 제54조 제2항은 주거이전비 지급규정은 강행규정이라고 보아야 한다. 판례들을 검토해 볼 때 세입자는 2006년 2월에 무허가 주거용 건축물에 최초 입주를 하였으나, 2015년 5월 14일 사업인정고시 당시에 건축물 일부를 임의로 용도변경하여 일반음식점으로 사용하였다. 사용하는 건물 전부를 불법 용도변경하여 일반음식점으로 사용하였다면 주거이전비 대상에서 제외하는 것이 타당하다고 보인다.

4. 결

① 소유자 甲에 대한 주거이전비는 무허가건축물 등의 소유자로 보상대상에 포함되지 않는다고 보인다. ② 세입자 乙의 경우 주거용에 입주한 뒤, 일부 음식점으로 불법용도 변경하였지만, 전부 용도변경하지 않고 일부 주거용으로 사용하였다면 주거이전비 대상이 될 수도 있다고 판단된다. 이는 구체적 사실관계를 따져서 당사자의 권익구제를 도모하는 것이 타당하다고 생각된다. 〈끝〉

Q̃uestion 03 20점

I. 〈물음 1〉에 대하여

1. 잔여지의 손실 및 비용 보상 가능성

(1) 관련 규정의 검토(토지보상법 제73조 제1항)

사업시행자는 동일한 소유자에 속하는 일단의 토지 일부가 공익사업에 편입되어 잔여지의 가격이 감소하거나, 그 밖의 손실이 있을 때 또는 잔여지에 통로, 구거, 담장 등 신설 등 그 밖의 공사가 필요할 때에는 국토교통부령이 정하는 바에 따라 그 손실이나 공사의 비용을 보상하여야 하며, 비용을 합한 금액이 잔여지 가격보다 큰 경우 잔여지를 매수할 수 있다고 규정하고 있다.

(2) 사안의 적용

사안의 경우 수용 대상 토지를 제외한 나머지 200㎡은 더 이상 여관 신축의 용도로 사용할 수 없게 되었으므로 부지조성비용에 대하여 보상을 받을 수 있을 것으로 판단된다.

2. 잔여지 매수 및 수용 청구 가능성

(1) 관련 규정의 검토(토지보상법 제74조)

동일한 토지소유자에게 속하는 수용목적물인 일단의 토지 일부가 수용됨으로 인하여 잔여지를 종래 목적으로 사용하는 것이 현저히 곤란한 때 토지소유자는 사업시행자에게 잔여지 매수를 청구할 수 있으며, 사업인정 이후에는 토지수용위원회에 수용 청구를 할 수 있고, 수용의 청구는 매수에 관한 협의가 성립되지 아니한 경우에만 사업완료일까지 할 수 있다고 규정하고 있다.

(2) 사안의 적용

사안의 경우 해당 사업으로 인하여 더 이상 종래 목적인 신축 용도로 사용이 불가능한바 잔여지 매수 또는 수용청구가 가능할 것으로 판단된다.

3. 사업폐지 등에 대한 보상 가능성(칙 제57조)

칙 제57조에서는 공익사업의 시행으로 인하여 건축물의 건축을 위한 건축허가 등 관계법령에 의한 절차를 진행 중이던 사업 등이 폐지·변경 또는 중지되는 경우 그 사업 등에 소요된 법정수수료 그 밖의 비용 등의 손실에 대하여 보상하여야 한다고 규정한바, 〈사안의 경우〉 부지조성비용을 보상받을 수 있다고 판단된다.

4. 구체적 검토 기준(2008두822)

판례는 잔여지에 지출된 부지조성비용은 잔여지의 감소로 인한 손실보상액을 산정할 때 반영되는 것일 뿐 별도의 보상대상이 아니므로, 별도의 보상대상으로 인정되지 않는다면 토지소유자에게 의견 진술할 기회를 부여하고 그 당부를 심리·판단하여야 한다고 판시한바 있다.

5. 사안의 해결

관련 규정에 따르면 토지소유자 甲은 ① 토지보상법 제73조 제1항에 따른 잔여지 손실 및 비용보상과 ② 동법 제74조에 따른 잔여지 매수 또는 수용청구, ③ 동법 시행규칙 제57조에 따라 부지조성비용을 손실보상받을 수 있다고 판단되며, 구체적 검토 기준에 따른 보상이 이루어져야 한다고 판단된다.

Ⅱ. 〈물음 2〉에 대하여

1. 논점의 정리

잔여지 감가보상에 대한 청구방법과 관련하여 甲이 다른 절차를 거치지 않고 바로 국가를 상대로 손실보상청구 소송을 제기할 수 있는지 여부를 토지보상법 제73조 제4항의 내용을 검토하여 판단하도록 한다.

2. 잔여지 손실보상청구 규정 및 판례

(1) 잔여지 손실보상청구 규정

토지보상법 제73조 제4항을 검토하면 동법 제9조 제6항 및 제7항을 준용하도록 하고 있다.

(2) 판례의 태도

판례에서는 잔여지 또는 잔여 건축물 가격감소 등으로 인한 손실보상을 받기 위해서는 토지보상법 제34조, 제50조 등에 규정된 재결절차를 거친 다음 그 재결에 대하여 불복할 때 동법 제83조 내지 제85조에 따라 권리구제를 받을 수 있을 뿐이며 특별한 사정이 없는 한 이러한 재결절차를 거치지 않은 채 곧바로 사업시행자를 상대로 손실보상을 청구하는 것은 허용되지 않는다고 할 것이라고 판시하고 있다.

(3) 소결

잔여지 관련 규정과 판례의 태도로 보아 결국 토지보상법상 재결을 거쳐 재결의 불복절차를 거치는 것이 타당하다.

3. 사례의 해결

甲이 다른 절차를 거치지 않고 바로 국가를 상대로 손실보상청구 소송을 제기할 수 없다. 사업시행자와 성실히 협의하고 협의가 성립되지 않으면 재결신청을 거쳐 재결이 나온 후 이에 불복 시 제83조 이의신청 및 제85조 보상금증감청구소송을 통해 권리구제를 받을 수 있을 것이다. 〈끝〉

Question 04 10점

I. 논점의 정리

본 사안의 감정평가사 甲의 미래가격 감정평가가 일반적인 평가방법을 따르지 않았다고 하여 잘못된 평가로 감정평가법상 징계 통보되었는 바, 감정평가사 甲이 잘못 평가한 것이 아니라고 하는 주장의 타당성을 관련 규정과 판례를 통해 검토해 보고자 한다.

II. 관련 규정 및 판례의 검토

1. 관련 규정

감정평가에 관한 규칙 제6조에서는 현황기준 원칙과 그 예외로서 조건부 평가를 규정하고 있다. 그 밖에 감정평가법 제3조 기준, 제25조 성실의무 등이 관련규정에 해당한다.

2. 판례의 태도

(1) 조건부평가에 대한 감정평가사의 역할

감정평가사가 특수한 조건을 반영한 가격 또는 현재가 아닌 시점의 가격을 기준으로 정하는 경우에는, 반드시 그 조건 또는 시점을 분명히 하고 특히 조건이 수반된 미래 시점의 가격이라면 그 조건과 시점을 모두 밝힘으로써 감정평가서를 열람하는 자가 오인하지 않도록 하여야 한다고 판시한바 있다.

(2) 정상적으로 평가하기 곤란한 경우

감정평가사는 공정하고 합리적인 평가액의 산정을 위하여 성실하고 공정하게 자료검토 및 가격형성요인의 분석을 하여야 하고, 구체적인 비교 분석을 통하여 평가액의 산출 근거를 논리적으로 밝히는데 더욱 신중을 기하여야 하고 구체적이고 논리적인 가격형성 요인 분석이 어렵다고 하여 자의적으로 평가액을 산정하여서는 아니 된다고 판시한바 있다.

III. 사안의 해결 - 甲 주장의 타당성 검토

甲은 단순히 인근 공업단지 시세라 하여 공업용지를 평당 3백만원 이상이라고만 감정평가서에 기재하였는 바, 감정평가법 제25조 성실의무 위반에 해당한다고 볼 수 있으며, 관련 규정과 판례로 보아 잘못된 평가라고 할 것이다. 위 내용을 토대로 감정평가사 甲 주장의 타당성은 인정되지 않는다. 〈끝〉

- 이하 여백 -

Question 01

S시의 시장 A는 K구의 D지역(주거지역)을 「도시 및 주거환경정비법」(이하 "도정법"이라함)상 정비구역으로 지정·고시하였다. 그러자 이 지역의 주민들은 조합을 설립하여 주택재개발사업을 추진하기 위해 도정법에서 정한 절차에 따라 조합설립추진위원회를 구성하였고, 동 추진위원회는 도정법 제35조의 규정에 의거하여 D지역의 일정한 토지등소유자의 동의, 정관, 공사비 등 정비사업에 드는 비용과 관련된 자료 등을 첨부하여 A로부터 X조합설립인가를 받아 등기하였다. X조합은 조합총회를 개최하고 법 소정의 소유자 동의등을 얻어 지정개발자로서 Y를 사업시행자로 지정하였다. 다음 물음에 답하시오. 40점

(1) D지역의 토지소유자 중 甲이 "추진위원회가 주민의 동의를 얻어 X조합을 설립하는 과정에서 '건설되는 건축물의 설계의 개요' 등에 관한 항목 내용의 기재가 누락되었음에도 이를 유효한 동의로 처리하여 조합설립행위에 하자가 있다."고 주장하며 행정소송으로 다투려고 한다. 이 경우 조합설립인가의 법적 성질을 검토한 다음, 이에 기초하여쟁송의 형태에 대해 설명하시오. 20점

(2) Y는 정비사업을 실시함에 있어 이 사업에 반대하는 토지등소유자 乙 등의 토지와 주택을 취득하기 위하여 「공익사업을 위한 토지 등의 취득 및 보상에 관한 법률」에 의거한乙 등과 협의가 성립되지 않아 지방토지수용위원회의 수용재결을 거쳤는데, 이 수용재결에 불복하여 Y가 중앙토지수용위원회에 이의재결을 신청하여 인용재결을 받았다. 이경우 乙 등이 이 재결에 대해 항고소송을 제기한다면 소송의 대상은 무엇인가? 20점

Question 02

甲은 A시의 시외로 나가는 일반도로에 접한 자신 소유의 X토지에 교통로를 개설하고 대형음식점을 운영하고 있다. A시에서는 X토지와 이에 접하여 연결된 Y·W토지의 소유권을 취득하여 혼잡한 교통량을 분산할 목적으로 「국토의 계획 및 이용에 관한 법률」에 의거하여 우회도로를 설치한다는 방침을 결정하고, A시의 시장은 X·Y·W토지의 개별공시지가 및 이 개별공시지가 산정의 기초가 된 P토지의 표준지공시지가와 생산자물가상승률 등을 반영하여 산정한 보상기준가격을 내부적으로 결정하고 예산확보를 위해 중앙부처와 협의 중이다. 다음 물음에 답하시오. 30점

(1) 甲은 보상이 있을 것을 예상하여 더 많은 보상금을 받기 위해 「부동산 가격공시에 관한법률」에 의거하여 감정평가사를 통해 산정된 P토지의 표준지공시지가에 불복하여 취소소송을 제기하려고 한다. 이 경우 甲에게 법률상 이익이 있는지 여부를 검토하시오. 15점

(2) 위 취소소송에 P토지의 소유자인 丙이 소송에 참가할 수 있는지 여부와 甲이 확정 인용판결을 받았다면 이 판결의 효력은 Y·W토지의 소유자인 乙에게도 미치는지에 대하여 설명하시오. 15점

Question 03 법원으로부터 근저당권에 근거한 경매를 위한 감정평가를 의뢰받은 감정평가사 乙이 감정평가 대상토지의 착오로 실제 대상토지의 가치보다 지나치게 낮게 감정평가액을 산정하였다. 토지소유자인 甲이 이에 대해 이의를 제기하였음에도 경매담당 법관 K는 乙의 감정평가액을 최저입찰가격으로 정하여 경매절차를 진행하였으며, 대상토지는 원래의 가치보다 결국 낮게 丙에게 낙찰되어 甲은 손해를 입게 되었다. 甲이 법관의 과실을 이유로 국가배상을 청구할 경우 이 청구의 인용가능성을 검토하시오. 20점

Question 04 「공익사업을 위한 토지 등의 취득 및 보상에 관한 법률」상 사업인정 전 협의와 사업인정 후 협의의 차이점에 대하여 설명하시오. 10점

Question 01 40점

I. 〈물음 1〉에 대하여

1. 논점의 정리

해당 사안은 조합설립행위에 하자가 있는 경우에 조합설립행위에 대한 효력을 다투는 소송을 제기하여야 하는지 아니면 설립행위의 하자를 이유로 조합설립인가처분의 효력을 다투는 소송을 다투어야 하는지가 쟁점이다. 이는 조합설립인가의 법적 성질과 관련되는 문제로 이에 대한 법적 성질과 쟁송형태를 검토하고자 한다. 특히 최근 판례에서는 조합설립인가처분은 설권적 처분의 성격을 갖는다고 판시한바, 이를 검토하여 문제를 해결하고자 한다.

2. 조합인가의 법적 성질

(1) 재개발조합의 법적 지위

조합은 재개발사업이라는 공행정목적을 수행함에 있어서 행정주체의 지위에 서며, 재개발사업이라는 공행정목적을 직접적으로 달성하기 위하여 행하는 조합의 행위는 원칙상 공법행위라고 보아 조합은 공공조합으로서 공법인이라고 할 수 있다.

(2) 조합인가의 법적 성질

1) 인가로 보는 견해

인가란 제3자의 법률행위를 보충해서 그 효력을 완성시켜주는 행정행위로서 인가를 받지 않고 행한 행위는 무효가 된다. 종전 학설과 판례는 토지 등 소유자 중 조합설립에 동의하는 자들의 합의에 의하여 작성된 정관과 동의서 등을 조합설립 인가 시 제출하는 서류 등을 심사하여 조합설립이라는 기본행위의 유효함을 확인함으로써 그 조합설립의 법률상 효력을 완성시키는 보충행위로 판단하였다. 따라서 기본행위인 조합설립에 하자가 있더라도 그에 대하여 취소 또는 무효확인을 소구할 법률상 이익은 없다고 보았다.

2) 특허로 보는 견해

특허란 상대방에게 특별한 권리나 능력을 창설해주는 행위를 말한다. 최근 대법원 판례에서는 조합설립인가처분은 단순히 사안들의 조합설립 행위에 대한 보충행위로서의 성질을 갖는 것에 그치는 것이 아니라 법령상 요건을 갖출 경우 도시정비법상 주택재개발 사업을 시행할 수 있는 권한을 갖는 행정주체로서 지위를 부여하는 설권적 처분의 성격을 갖는다고 판시하였다.

(3) 검토

행정청의 조합설립인가처분은 판례의 태도에 따라 설권적 처분으로 보아 특허로 봄이 타당하다고 생각된다.

3. 조합설립행위의 하자에 대한 권리구제

조합설립인가를 특허로 본다면 조합설립행위는 조합인가처분이라는 행정처분을 하는 데 필요한 요건 중 하나에 불과한 것이어서 조합설립행위에 하자가 있다면 그 하자를 이유로 직접 항고소송의 방법으로 조합설립인가처분의 취소 등으로 불복하여야 한다고 생각된다.

Ⅱ. 〈물음 2〉에 대하여

1. 논점의 정리

최근 판례와 토지보상법 제83조, 제85조의 규정과 행정소송법 제19조의 단서 등을 검토하여 원처분주의와 재결주의를 논하고 본 사안을 해결하고자 한다.

2. 원처분주의와 재결주의에 대한 논의

(1) 원처분주의와 재결주의 논의의 전제

원처분과 재결은 모두 공권력의 작용인 행정행위로서 항고소송의 대상이 될 수 있다. 그러나 판결의 모순 또는 저촉이나 소송경제를 고려하여 소송의 대상을 제한할 필요가 있다.

이에 대한 입법주의의 원처분주의와 재결주의가 있다.

(2) 의의

1) 원처분주의

원처분주의란 원처분과 재결에 다 같이 소를 제기할 수 있으나 원처분의 위법은 원처분에 대한 항고소송에서만 주장할 수 있고, 재결에 대한 항고소송에서는 재결 자체의 고유한 하자에 대해서만 주장할 수 있도록 하는 제도이다.

2) 재결주의

재결주의란 원처분에 대한 제소는 허용되지 않고 재결에 대해서만 행정소송의 대상으로 인정하되, 재결에 대한 취소소송 또는 무효등확인소송에서 재결자체의 위법뿐만 아니라 원처분의 위법사유도 아울러 주장할 수 있도록 하는 제도를 말한다.

(3) 행정소송법의 태도

행정소송법 제19조, 제38조는 원처분과 아울러 재결에 대해서도 취소소송이나 무효등확인소송을 제기할 수 있도록 하면서 단지 재결에 대한 소송에 대해서는 재결 자체의 고유한 위법이 있음을 이유로 하는 경우에 한하여는 원처분주의 입장이다.

(4) 토지보상법의 재결주의 채택 여부

기존 판례는 재결주의 입장을 취한 바 있으나, 토지보상법 제85조는 이의신청 임의주의로 변경함에 행정소송법 일반원칙인 원처분주의를 따름은 논리 필연적이며 문언상 타당하다고 보인다.

(5) 판례의 검토(2008두1504)

수용재결에 불복하여 취소소송을 제기하는 때에는 이의신청을 거친 경우에도 수용재결을 한 중앙토지수용위원회 또는 지방토지수용위원회를 피고로 하여 수용재결의 취소를 구하여야 하고, 다만 이의신청에 대한 재결 자체에 고유한 위법이 있음을 이유로 하는 경우에는 그 이의재결을 한 중앙토지수용위원회를 피고로 하여 이의재결의 취소를 구할 수 있다고 보아야 한다고 판시하고 있다.

3. 재결고유의 하자유형

재결고유의 하자유형으로 주체, 절차, 형식, 내용의 하자가 있으나 내용상 하자의 경우 견해 대립이 있다. 판례는 '재결청의 권한 또는 구성의 위법, 재결의 절차나 형식의 위법, 내용의 위법은 위법부당하게 인용재결을 한 경우에 해당한다'고 판시한바 내용상 하자를 재결 고유의 하자로 인정하고 있다.

4. 사안의 해결

현 행정소송법 원처분주의 입장에서 乙은 수용재결에 대해 항고소송을 제기하여야 할 것이다. 토지보상법 제83조, 제85조의 문언상 내용과 행정소송법 제19조의 단서 등을 종합하고, 최근 판례에 따라 원처분주의에 입각하여 수용재결을 대상으로 항고소송을 제기해야 할 것이다. 〈끝〉

Question 02 30점

I. 〈물음 1〉에 대하여

1. 논점의 정리

사안에서는 甲은 보상이 있을 것을 예상하여 P토지의 표준지공시지가에 불복하여 취소소송을 제기하려고 하는 바, 甲에게 법률상 이익이 있는지 여부가 쟁점이다. 즉, 행정소송법 제12조에서는 "법률상 이익이 있는 자"가 취소소송을 제기할 수 있다고 규정하고 있고, 토지보상법 제70조에서는 공시지가를 기준으로 보상하도록 규정하고 있으므로 甲이 더 많은 보상금을 받을 수 있는 개연성으로 법률상 이익이 인정되는지를 관련 규정과 판례를 통해 검토해보고자 한다.

2. 행정소송법 제12조 법률상 이익

(1) 법률상 이익(원고적격)의 정의

행정소송법 제12조에서는 '법률상 이익이 있는 자'로 규정하고 있는 바, 행정소송에서 본안 판결을 받을 수 있는 자격을 말한다.

(2) 행정소송법 제12조상 법률상 이익의 의미

1) 학설

침해된 권리회복이라는 〈권리구제설〉, 근거법상 보호되는 이익구제인 〈법률상 이익구제설〉, 소송법상 보호가치 있는 이익구제라는 견해, 행정의 적법성 통제라는 적법성보장설의 견해가 있다.

2) 판례

판례는 법률상 이익을 처분의 근거법률에 의해 보호되는 직접적·구체적 이익으로 판시하고 있다.

3) 검토

권리구제설은 원고의 범위를 제한하고, 소송법상 보호가치 있는 이익구제설은 보호가치 있는 이익의 객관적 기준이 결여되는 문제가 있다. 또한 적법성보장설은 객관소송화의 우려가 있다. 따라서 취소소송을 주관적, 형성소송으로 보면 법률상 이익구제설이 타당하다고 생각된다.

(3) 법률의 범위

근거 법률은 물론 관련 법규까지도 포함되는 견해와 헌법상 기본권 및 민법상 일반원칙까지 포함하는 견해가 있으며, 대법원은 관계법규와 절차법규정의 취지도 고려하는 등 보호규범의 범위를 확대하는 경향을 보이고 있다.

3. 사안의 해결

(1) 관련 규정의 검토

부동산공시법 제3조, 제7조 및 시행령 제12조에 근거하고 있으며, 토지보상법 제70조에서는 취득하는 토지의 보상에 대하여 공시지가 기준보상을 규정하고 있다.

(2) 甲에게 법률상 이익이 있는지 여부

헌법 제23조에서 정당한 보상을 법률로써 받도록 하고 있으며, 토지보상법 규정을 검토하면 제70조에 의거 부동산공시법에 따른 공시지가를 기준으로 보상하도록 규정하고 있다. 따라서 P토지의 공시지가가 甲토지의 보상금 산정의 기초가 되므로 P토지의 공시지가는 甲의 재산권에 중요한 영향을 미친다고 볼 수 있다. 따라서 甲은 본인의 토지에 영향을 미치는 표준지공시지가가 직접적·구체적으로 본인의 이해관계에 얽혀있으므로 판례와 통설인 법률상 이익구제설의 입장에서 행정소송상 권리구제를 받을 법률상 이익이 있는 것으로 판단되어 취소소송을 제기할 수 있을 것이다.

Ⅱ. 〈물음 2〉에 대하여

1. 논점의 정리

사안에서는 甲이 P토지의 공시지가를 대상으로 취소소송을 제기하는 경우 P토지의 소유자인 丙이 자신의 권리보호를 위하여 소송에 참가할 수 있는지 여부와 해당 취소소송에서 인용판결을 받는다면 소송당사자가 아닌 乙에게도 판결의 효력이 미치는지 즉, 취소판결의 제3자효에 관하여 기술하고자 한다.

2. 행정소송법상 제3자의 소송참가

(1) 행정소송법 제16조 제3자의 소송참가의 의의

제3자의 소송참가라 함은 소송의 결과에 의하여 권리 또는 이익의 침해를 받을 제3자가 있는 경우에 당사자 또는 제3자의 신청 또는 직권에 의하여 그 제3자를 소송에 참가시키는 제도를 말하며, 이는 제3자의 권익을 보호하기 위한 제도이다.

(2) 제3자의 행정소송 참가의 요건

① 타인 간의 취소소송 등이 계속되고 있을 것, ② 소송의 결과에 의해 권리 또는 이익의 침해를 받을 제3자일 것을 요건으로 한다.

3. 취소판결의 제3자효[형성력]

(1) 취소판결의 의의 및 취지

계쟁처분 또는 재결의 취소판결이 확정된 때에는 해당 처분 또는 재결은 처분청의 취소를 기다릴 것 없이 당연히 효력을 상실하는데 이를 형성력이라고 한다. 형성력은 위법상태를 시정하여 원상을 회복하는 소송이라는 취소소송의 목적을 달성하기 위하여 인정되는 효력이다.

(2) 취소판결의 대세적 효력

1) 대세효의 의의

취소판결의 취소의 효력은 소송에 관여하지 않은 제3자에 대하여도 미치는데 이를 취소의 대세적 효력이라고 한다. 행정소송법 제29조 제1항은 이를 명문으로 규정하고 있다.

2) 취소판결의 제3자효의 내용과 제3자의 범위

취소판결의 형성력은 제3자에 대하여도 발생하며, 제3자는 취소판결의 효력에 대항할 수 없다. 행정상 법률관계를 통일적으로 규율하고자 하는 대세효 인정의 취지에 비추어 취소판결의 효력이 미치는 제3자는 모든 제3자를 의미하는 것으로 보는 것이 타당하다.

3) 일반처분의 취소의 제3자효

일반처분은 불특정 다수인을 상대방으로 하여 불특정 다수인에게 효과를 미치는 행정행위를 말한다. 일반처분의 취소의 소급적 효과가 소송을 제기하지 않은 자에게도 미치는가에 대해서 견해의 대립이 있으나 행정소송법 제29조의 취지에 비추어 볼 때, 일반처분의 경우에도 제3자의 범위를 한정할 이유는 없다고 생각된다.

4. 사례의 해결

① 위 취소소송에 P토지의 소유자인 丙이 제3자로서 소송참가를 통하여 자신의 권익을 주장할 수 있다.

② 甲이 확정인용판결을 받았다면 이 판결의 효력은 Y·W토지의 소유자 乙인 제3자도 판결의 내용에 구속된다. 또한 乙은 甲이 제기한 취소소송에 참가하여 자신의 권익을 주장할 수 있으며, 만약 소송에 참가하지 못한다면 재심청구를 통해 권익보호를 실현할 수 있을 것으로 생각된다. 〈끝〉

Question 03 20점

I. 논점의 정리

본 사안에서 경매담당 법관의 착오로 지나치게 낮게 선정된 감정평가액을 기초로 최저입찰가를 결정하여 소유자에게 손해가 발생한 경우, 법관의 과실로 국가배상을 청구할 수 있는지의 여부를 묻고 있는 바, 이하에서 국가배상법 제2조의 요건을 중심으로 고찰해 보고, 최근 국가배상 판례를 중심으로 사례를 해결하고자 한다.

Ⅱ. 국가배상청구(공무원의 과실책임) 요건

1. 국가배상청구의 의의 및 성질(국가배상법 제2조)

국가배상이란 국가 등 행정기관의 위법한 행정작용으로 인하여 발생한 손해에 대하여 국가 등의 행정기관이 배상하여 주는 제도를 말한다. 판례는 국가배상법을 민법상 특별법으로 보아 민사소송으로 해결하나 행정기관의 행정작용을 원인으로 하는 것이므로 당사자소송을 통하여 해결함이 타당하다고 생각된다.

2. 국가배상법 제2조 국가배상책임요건

국가배상법 제2조에 의한 국가배상책임이 성립하기 위해서는 ① 공무원이 직무를 집행하면서 타인에게 손해를 가하였을 것, ② 공무원의 가해 행위는 고의 또는 과실로 법령에 위반하여 행하여졌을 것, ③ 손해가 발생하였고, 공무원의 불법한 가해행위와 손해 사이에 인과관계가 있을 것이 요구된다.

Ⅲ. 판례의 검토

1. 대판 2007.12.27, 2005다62747 검토

최근 대법원 판례에서는 공무원에게 부과된 직무상 의무의 내용이 단순히 공공 일반의 이익을 위한 것이거나 행정기관 내부의 질서를 규율하기 위한 것이 아니고 전적으로 또는 부수적으로 사회구성원 개인의 안전과 이익을 보호하기 위해 설정된 것이라면, 공무원이 그와 같은 직무상 의무를 위반함으로 인하여 피해자가 입은 손해에 대하여는 상당한 인과관계가 인정되는 범위 내에서 국가가 배상책임을 지는 것이고, 이때 상당 인과관계의 유무를 판단함에 있어서는 일반적인 결과발생의 개연성은 물론 직무상 의무를 부과하는 행동규범의 목적, 그 수행하는 직무의 목적 내지 기능으로부터 예견 가능한 행위 후의 사정, 가해행위의 태양 및 피해의 정도 등을 종합적으로 고려해야 한다고 판시하고 있다.

2. 대판 2008.1.31, 2006다913 검토

매각물건명세서에 매각대상 부동산의 현황과 권리관계에 관한 사항을 제출된 자료와 다르게 작성하거나 불분명한 사항에 관하여 잘못된 정보를 제공함으로써 매수인의 매수 신고가격 결정에 영향을 미쳐 매수인으로 하여금 불측의 손해를 입게 하였다면, 국가는 이로 인하여 매수인에게 발생한 손해에 대한 배상책임을 진다고 할 것이라고 판시하고 있다.

Ⅳ. 사안의 해결

상기의 대법원 판례를 통해서 집행법원이나 경매담당 공무원이 위와 같은 직무상의 의무를 위반하여 매각물건명세서에 매각대상 부동산의 잘못된 현황과 권리관계에 관한 사항을 제출된 자료와 다르게 작성하거나 불분명한 사항에 관하여 잘못된 정보를 제공함으로써 매수인의 매수신고가격결정에 영향을 미쳐 매수인으로 하여금 불측의 손해를 입게 하였다면, 국가는 이로 인하여 매수인에게 발생한 손해에 대한 배상책임이 있다고 보고 있으므로, 위와 같이 경매담당 법관 K가 토지소유자 이의제기가 있었음에도 지나치게 낮은 가격으로 경매를 진행하여 손해를 입힌 경우라면 국가배상 청구를 통해 권리구제를 받을 수 있을 것으로 판단된다. 〈끝〉

Question 04 10점

Ⅰ. 개설(의의 및 근거)

토지보상법상 협의란 사업시행자와 피수용자가 목적물에 대한 권리취득 및 소멸 등을 위하여 행하는 합의를 말한다. 이는 최소침해행위의 실현 및 사업의 원활한 시행에 취지가 있다. 토지보상법에서는 사업인정 전 협의(제16조)와 사업인정 후 협의(제26조)로 나누어 규정하고 있는 바, 이하에서는 양자의 차이점에 대해서 기술하고자 한다.

Ⅱ. 사업인정 전 협의와 사업인정 후 협의의 차이점

1. 양 협의의 법적 성질

사업인정 전 협의의 경우 판례 및 다수설은 사법상 매매로 보며, 사업인정 후 협의의 경우 판례는 사법상 매매로 보지만 다수 학자들은 공법상 계약으로 보고 있다.

2. 양 협의의 절차적 차이

사업인정 전 협의는 임의적 절차이나 사업인정 후의 협의는 원칙적으로 필수이지만 사업인정 전에 협의를 거쳤으면 협의 내용에 변동이 없는 경우에는 생략이 가능하다. 따라서 사업인정 전·후 협의 중 한번은 반드시 협의를 거쳐야 한다.

3. 양 협의의 내용상 차이

사업인정 전 협의의 경우에는 협의성립확인제도가 없으나, 사업인정 후 협의에는 협의성립확인제도가 있다. 사업인정 후 협의성립확인을 통해 재결로 간주하고, 차단효가 생기면서 사업시행자는 토지 등의 소유권을 원시취득하게 된다.

4. 협의 성립 시 취득 효과의 차이

① 사업인정 전의 경우 사법상 매매로서 승계취득의 효과가 발생하나, ② 사업인정 후 협의의 경우에는 승계취득이지만 협의성립확인을 받게 되면 재결로 간주되어 원시취득의 효과가 발생하는 차이점이 있다.

5. 협의불성립 시 효과

① 사업인정 전 협의가 불성립한 경우 강제취득 절차를 진행하나, ② 사업인정 후 협의의 경우에는 사업시행자가 토지보상법 제28조에 의거 토지수용위원회에 재결을 신청할 수 있고, 피수용자는 동법 제30조에 의거 재결신청청구권을 행사할 수 있다는 차이점이 존재한다.

6. 권리구제 상의 차이

① 사업인정 전 협의는 사법상 매매의 성질을 가지는바 민사소송에 따라 권리구제를 받을 수 있으나, ② 사업인정 후 협의의 경우 사법상 매매로 본다면 민사소송으로, 공법상 계약으로 본다면 공법상 당사자소송으로 권리구제를 받을 수 있으며, 협의성립확인을 받을 경우 재결로 간주하여 재결의 불복에 따라 권리구제를 받을 수 있다는 차이점이 존재한다.   〈끝〉

– 이하 여백 –

Question 01

甲은 S시에 600m²의 토지를 소유하고 있다. S시장 乙은 2002년 5월 「국토의 계획 및 이용에 관한 법률」에 의거하여 수립한 도시관리계획으로 甲의 토지가 포함된 일대에 대하여 공원구역으로 지정하였다가 2006년 5월 민원에 따라 甲의 토지를 주거지역으로 변경지정하였다. 乙은 2010년 3월 정부의 녹색도시조성 시책에 부응하여 도시근린공원을 조성하고자 甲의 토지에 대하여 녹지지역으로 재지정하였다. 다음 물음에 답하시오. 40점

(1) 甲은 乙이 2010년 3월 그의 토지에 대하여 녹지지역으로 재지정한 것은 신뢰보호의 원칙에 위배될 뿐만 아니라 해당 토지 일대의 이용상황을 고려하지 아니한 결정이었다고 주장하며, 녹지지역 지정을 해제할 것을 요구하고자 한다. 甲의 주장이 법적으로 관철될 수 있는가에 대하여 논하시오. 20점

(2) 乙은 공원조성사업을 추진하기 위하여 甲의 토지를 수용하였는데, 보상금산정 시 녹지지역을 기준으로 감정평가한 금액을 적용하였다. 그 적법성 여부를 논하시오. 20점

Question 02

甲은 S시에 임야 30,000m²를 소유하고 있다. S시장은 甲 소유의 토지에 대하여 토지의 이용상황을 실제 이용되고 있는 '자연림'으로 하여 개별공시지가를 산정한 다음 A감정평가법인에 검증을 의뢰하였는데, A감정평가법인이 그 토지의 이용상황을 '공업용'으로 잘못 정정하여 검증지가를 산정하고, 시(市) 부동산가격공시위원회가 검증지가를 심의하면서 그 잘못을 발견하지 못하였다. 이에 따라 甲 소유토지의 개별공시지가가 적정가격보다 훨씬 높은 가격으로 결정·공시되었다. B은행은 S시의 공시지가를 신뢰하고, 甲에게 70억원을 대출하였는데, 甲이 파산함에 따라 채권회수에 실패하였다. 다음 물음에 답하시오. 30점

(1) B은행은 S시를 대상으로 국가배상을 청구하였다. S시의 개별공시지가 결정행위가 국가배상법 제2조상의 위법행위에 해당하는가에 관하여 논하시오. 20점

(2) S시장은 개별공시지가제도의 입법목적을 이유로 S시 담당 공무원들의 개별공시지가 산정에 관한 직무상 행위와 B은행의 손해 사이에 상당인과관계가 없다고 항변한다. S시장의 항변의 타당성에 관하여 논하시오. 10점

Question 03
국토교통부장관 乙은 감정평가사 甲이 감정평가업무를 행하면서 고의로 잘못된 평가를 하였다는 것을 이유로, 「감정평가 및 감정평가사에 관한 법률」 제32조 제1항 제11호 및 동법 시행령 제29조 [별표 3]에 따라 6개월의 업무정지처분을 하였고, 甲은 이에 불복하여 취소소송을 제기하였다. 소송의 계속 중에 6개월의 업무정지기간이 만료하였다. 甲은 위 취소소송을 계속할 이익이 인정되는가? 20점

Question 04
「공익사업을 위한 토지 등의 취득 및 보상에 관한 법률」상 보상금증액청구소송을 하면서 해당 재결에 대한 선행처분으로서 수용대상 토지가격 산정의 기초가 된 표준지공시지가 결정이 위법함을 독립한 사유로 다툴 수 있는가에 관하여 논하시오. 10점

Question 01 40점

I. 〈물음 1〉에 대하여

1. 논점의 정리

본 사안에서 甲의 녹지지역 지정의 해제요구는 도시관리계획의 변경신청 및 변경청구를 의미하므로 甲에게 이러한 신청권이 인정되는지가 쟁점이다. 甲의 주장대로 녹지지역의 재지정이 신뢰보호원칙에 반하는지 여부를 요건을 통해 검토한 후 계획재량권 행사의 정당성을 살펴보고, 甲에게 계획보장청구권이 인정될 수 있는지를 고찰해 보고자 한다.

2. 甲 토지 녹지지역 지정의 신뢰보호원칙 위반 여부

(1) 녹지지역 지정행위의 의의 및 법적 성질

녹지지역은 도시관리계획으로 결정·고시된 지역을 말하며, 용도지역지정행위나 변경행위는 전문적·기술적 판단에 기초하여 행하여지는 일종의 행정계획을 말한다.

(2) 신뢰보호원칙의 의의 및 요건 검토

1) 신뢰보호원칙의 의의 및 근거

신뢰보호의 원칙이란 행정기관의 어떠한 적극적 또는 소극적 언동에 대하여 국민이 신뢰를 갖고 행위를 한 경우 국민의 신뢰가 보호가치가 있는 경우에 그 신뢰를 보호하여 주어야 한다는 원칙을 말한다. 행정절차법 제4조 제2항 및 국세기본법 제18조 제3항에 근거를 둔다. 신뢰보호원칙에 반하는 행정권 행사는 위법하다고 할 것이다.

2) 신뢰보호 원칙의 요건

신뢰보호의 원칙이 적용되기 위해서는 ① 행정청이 개인에 대하여 신뢰의 대상이 되는 공적인 견해표명이 있을 것, ② 행정청의 견해표명이 정당하다고 신뢰한 데에 대하여 그 개인에게 귀책사유가 없을 것, ③ 개인이 그 견해표명을 신뢰하고 이에 어떠한 행위를 하였을 것, ④ 행정청이 위 견해표명에 반하는 처분을 함으로써 개인의 이익이 침해되는 결과가 있을 것을 요건으로 한다.

3) 한계(공익과 형량)

신뢰보호의 원칙은 법적 안정성을 위한 것이지만 행정의 법률 적합성의 원리와 충돌된다.

따라서 법적 안정성과 법률적합성의 비교·형량이 필요하다.

(3) 소결

甲의 토지를 주거지역으로 변경 지정한 행위를 공적 견해표명으로 볼 수 있는지가 문제되

는데 판례는 행정청이 용도지역을 결정한 것만으로는 결정 후 토지의 소유권을 취득한 자에

게 용도지역을 종래와 같이 유지하거나 변경하지 않겠다는 취지의 공적인 견해표명을 한 것이

라고 볼 수 없다고 판시하였다. 판례의 태도에 따라 신뢰보호의 요건은 충족되지 않는다고

판단된다.

3. 甲에게 계획보장청구권이 인정되는지 여부

(1) 계획보장청구권의 의의 및 근거

행정계획에 대한 이해관계인의 신뢰보호를 위해 이해관계인에게 인정되는 행정주체에 대

한 권리를 총칭하여 계획보장청구권이라고 한다. 법령의 규정이 있는 경우 법령에 근거할

수 있으며, 이론적 근거로는 계약의 법리, 법적 안정성, 신뢰보호의 원칙, 재산권 보장

등이 있다.

(2) 계획보장청구권의 인정요건

계획보장청구권은 개인적 공권의 일종으로 ① 공법상 법규가 국가 또는 그 밖의 행정주체

에 행정 의무를 부과할 것, ② 관련 법규가 공익실현을 목표로 하는 것이 아니라 적어도

개인의 이익의 만족도에도 기여하도록 정해질 것이 요구된다.

(3) 소결

사안에서 녹지지역 제정을 입안·결정하는 것은 행정청의 의무로 판단되나 사익을 위한

것으로 보기에는 어렵다고 판단된다. 따라서 甲에게는 계획보장청구권이 인정되지 않는다

고 판단된다.

4. 사안의 해결

행정청이 자연녹지지역으로 결정한 것만으로 유지하거나 변경하지 않겠다는 취지의 공적

인 견해표명을 한 것이라고 볼 수 없는 바, 신뢰보호의 요건은 충족되지 않는다고 보인다.

또한 사안에서는 별도의 이익 형량에 사실관계가 존재하지 아니하므로 판단이 어려우며,

도시관리계획이 사익 추구 취지의 규정을 찾아볼 수 없고, 사익을 위한 것으로 보기 어려운

바 甲에게 계획보장청구권이 인정되지는 않는다고 판단된다.

Ⅱ. 〈물음 2〉에 대하여

1. 논점의 정리

본 사안은 보상금 산정 시 해당 사업시행을 위하여 변경된 용도지역을 기준하여 보상금이

산정된바, 토지보상법상 보상평가기준과 관련하여 공법상 제한을 받는 토지의 평가기준(시행

규칙 제23조)를 검토하여 해결하고자 한다.

2. 공법상 제한을 받는 토지의 평가기준[시행규칙 제23조]

(1) 공법상 제한받는 토지

공법상 제한받는 토지란 관계법령에 의해 가해지는 토지 이용규제나 제한을 받는 토지로,

국토공간의 효율적 이용을 위해 공공복리를 증진시키는 수단으로 기능한다. 제한사항은

구체적 사업의 시행 필요 여부에 따라 일반적 제한과 개별적 제한으로 구분된다.

(2) 공법상 제한을 받는 토지의 평가기준

1) 일반적 제한의 경우

일반적 제한의 경우에는 제한 그 자체로 목적이 완성되고 구체적 사업의 시행이 필요하지 않은 경우이므로 그 제한받는 상태대로 평가한다. 판례는 해당 공공사업의 시행 이전에 이미 해당 공공사업과 관계없이 도시계획법에 의한 고시 등으로 일반적 계획제한이 가하여진 상태인 경우에는 그러한 제한을 받는 상태 그대로 평가하여야 한다고 판시한바 있다.

2) 개별적 제한의 경우

개별적 제한이란 그 제한이 구체적 사업의 시행을 필요로 하는 경우로서, 이러한 제한이 없는 상태로 평가한다. 판례는 공법상 제한이 해당 공공사업의 시행을 직접 목적으로 가하여지는 경우는 물론 다른 목적의 공익사업에 편입되어 수용되는 경우 그 제한을 받지 아니한 상태대로 평가한다.

3) 해당 사업으로 인해 용도지역이 변경된 경우

용도지역 등 일반적 제한일지라도 해당 사업 시행을 직접 목적으로 하여 변경된 경우에는 변경되기 전의 용도지역을 기준으로 하여 평가한다.

3. 사안의 해결

사안에서 녹지지역으로의 지정·변경은 도시계획시설인 위 공원의 설치를 직접 목적으로 한 것임을 알 수 있으므로 녹지지역의 지정·변경에 따른 공법상 제한은 이 사건 토지에 관한 보상금 산정 시 고려대상에서 배제되어야 할 것이다. 따라서 녹지지역을 기준으로 평가된 보상금은 적정하지 않은 것으로 판단된다. 〈끝〉

Question 02 30점

I. 〈물음 1〉에 대하여

1. 논점의 정리

개별공시지가의 의의 및 취지, 법적 성질을 우선 검토하고 최근 판례를 토대로 해당 사안이 국가배상법 제2조상 위법행위에 해당하는지 고찰하여 보고자 한다.

2. 개별공시지가의 개관 및 지가산정 담당 공무원 등의 직무상 의무

(1) 개별공시지가의 의의 및 취지(부동산공시법 제10조)

부동산공시법상 개별공시지가란 시·군·구청장이 공시지가를 기준으로 산정한 개별토지의 단위면적당 가격을 말한다. 이는 조세 및 개발부담금 산정의 기준이 되며, 행정의 효율성 제고에 취지가 있다.

(2) 개별공시지가의 법적 성질

판례는 개별토지가격결정은 관계법령에 의한 토지 초과이득세 또는 개발부담금 산정의 기준이 되어 국민의 권리나 의무 또는 법률상 이익에 직접적으로 관계되는 것으로 보아 항고소송의 대상이 되는 처분성을 인정하고 있다.

(3) 담당 공무원 등의 직무상 의무

개별공시지가의 산정업무를 담당하는 공무원은 해당 토지의 실제 이용상황 등 토지특성을 조사하고 이용 상황이 유사한 비교표준지를 선정하여 특성을 비교하는 등 법령 및 지침에서 정한 기준과 방법에 따라 개별공시지가를 산정하는 직무상 의무가 있다.

3. 공무원의 위법행위로 인한 국가배상책임 요건

(1) 개념

국가의 과실책임이란 공무원의 과실이 있는 위법행위로 인하여 발생한 손해에 대한 배상책임을 말한다. 이는 국가배상법 제2조에 근거한다.

(2) 국가배상 청구요건(국가배상법 제2조)

국가배상책임이 성립하기 위해서는 ① 공무원이 직무를 집행하면서 타인에게 손해를 가하였을 것, ② 공무원의 가해행위는 고의 또는 과실로 법령에 위반하여 행하여졌을 것, ③ 손해가 발생하였고, 공무원의 불법한 가해행위와 손해 사이에 인과관계가 있을 것이 요구된다.

(3) 국가배상법 제2조상 법령위반

1) 학설

손해가 수인범위를 넘어서면 위법이라는 〈결과불법설〉, 국가배상법상의 위법은 행위의 법규범에의 위반이라는 〈행위위법설〉, 국가배상법상 위법을 대국민관계에서의 공무원의 직무의무 위반으로 보는 〈직무의무위반설〉, 피침해이익의 성격과 침해 정도를 종합적으로 고려하여 상대적 위법성 여부를 판단하는 〈상대적 위법성설〉의 견해가 대립한다.

2) 판례 및 검토

판례는 원칙상 행위위법설을 취하고 있는 것으로 보이나, 명문의 규정이 없는 경우에도 일정한 경우 공무원의 손해방지의무를 인정하고 있으며, 최근 대법원 판례 중 상대적 위법성설 측면의 판결이 있다. 법률에 의한 행정의 원리의 실질적 내용을 이루는 인권보장 측면에서 볼 때 국가배상에 있어서는 행위자체뿐만 아니라 종합적 고려를 통해 공무원의 '직무상 손해방지의무 위반으로서의 위법도 국가배상법상 위법이 된다고 보는 것이 타당하다 생각된다.

4. 판례를 통한 사안의 해결

(1) 판례

1) 담당 공무원 등의 직무상 의무

개별공시지가 산정업무 담당 공무원은 관련 법령에서 정한 기준과 방법에 의하여 개별공시지가를 산정하고, 산정지가검증을 의뢰받은 감정평가법인등이나 시·군·구 부동산가격공시위원회로서는 산정지가 또는 검증지가가 제대로 산정된 것인지를 검증, 심의함으로써 적정한 개별공시지가가 결정·공시되도록 조치할 직무상 의무가 있다고 판시한바 있다.

2) 불법행위로 인한 손해배상책임 인정 여부

직무상 의무에 위반하여 현저하게 불합리한 개별공시지가가 결정되도록 함으로써 국민 개개인의 재산권을 침해한 경우에는 그 손해에 대하여 상당인과관계가 있는 범위 내에서 담당 공무원 등이 속한 지방자치단체가 배상책임을 진다고 판시한바 있다.

3) 위법행위에 해당하는지 여부

시장이 실제 이용상황인 자연림으로 개별공시지가를 산정한 다음 감정평가법인에 검증을 의뢰하였는데, 감정평가법인이 공업용으로 잘못 정정하여 검증지가를 산정하고, 시·군·구 부동산가격공시위원회가 검증지가를 심의하면서 이를 발견하지 못함에 따라 개별공시지가가 훨씬 높은 가격으로 결정·공시된 사안에서, 이는 직무상 의무를 위반한 것으로 불법행위에 해당한다고 판시한바 있다.

(2) 사안의 해결

관련 판례의 태도에 따르면 S시의 개별공시지가 결정행위는 직무상 위반으로 불법행위에 해당하여 국가배상법 제2조상의 위법행위에 해당한다고 판단되며, 이에 따라 손해에 대하여 상당인과관계가 있는 범위 내에서 지자체가 배상책임을 지게 된다고 판단된다.

Ⅱ. 〈물음 2〉에 대하여

1. 논점의 정리

개별공시지가의 산정목적과 범위를 검토하고, 개별공시지가 산정에 관한 직무상 행위와

B은행의 손해 사이에 상당 인과관계가 없다는 S시장의 항변의 타당성에 관하여 판례를 중심으로 상당한 인과관계를 규명하고자 한다.

2. 개별공시지가의 산정목적 범위 등

(1) 개별공시지가의 산정목적 범위

개별공시지가는 그 산정목적이 개발부담금의 부과, 토지 관련 조세부과 등 다른 법령이 정하는 목적을 위해 지가를 산정하는 경우에 그 산정 기준이 되는 범위 내에서는 납세자인 국민 등의 재산상 권리·의무에 직접적인 영향을 미칠 수 있다.

(2) 개별공시지가가 사적 부동산거래에 있어서 구속력을 갖는지 여부

판례에서는 개별공시지가가 해당 토지의 거래 또는 담보제공을 받음에 있어 그 실체 거래가액 또는 담보가치를 보장한다거나 어떠한 구속력을 미친다고 할 수는 없다고 판시하였다.

3. 판례를 통한 사안의 해결

판례에서는 개별공시지가의 산정목적 범위 등을 종합적으로 고려해 보면 피고 소속 담당 공무원 등의 이 사건 토지에 관해 개별공시지가 산정에 관한 직무상 위반행위와 이 사건 토지의 담보가치가 충분하다고 믿고 입은 손해 사이에서 상당한 인과관계가 있다고 보기 어렵다. 따라서 담당 공무원 등의 개별공시지가 산정에 관한 직무상 위반행위와 위 손해 사이에 상당인과관계가 있다고 보기 어려울 것이므로 S시장의 항변의 타당성이 인정된다고 생각된다. 〈끝〉

Question 03 20점

Ⅰ. 논점의 정리

감정평가법 시행령 제29조는 동법 제32조 제1항에 따른 감정평가법인등의 설립인가 취소와

업무정지의 기준은 [별표 3]과 같다고 규정하고 있는바, [별표 3]의 법적 성질을 규명하고,

협의의 소익에 대하여 논하고자 한다.

Ⅱ. 감정평가법 시행령 [별표 3]의 법적 성질

1. 문제점

감정평가법 시행령 제29조 [별표 3]은 대통령령 형식이나, 실질은 행정규칙으로 대외적

구속력 여부가 문제된다.

2. 학설

① 법규명령의 형식으로 규정된바 법규명령으로 보는 〈법규명령설〉, ② 법규의 형식으로 제정

되어도 행정규칙으로서의 성질이 변하지 않는다는 〈행정규칙설〉 등의 견해대립이 있다.

3. 판례

행정행위가 기속행위인지 재량행위인지에 속하는지 여부는 일률적으로 규정하여 지을 수

없고, 처분의 근거가 된 규정의 형식이나 체재 또는 문언에 따라 개별적으로 판단하여야

한다고 판시하고 있다. 또한 (구)주택건설촉진법 시행령 제10조 제1항 [별표 1]은 법 제7

조의 제2항의 위임규정에 따라 규정형식상 대통령령이므로 그 성질이 부령인 시행규칙이

나 또는 지방자치단체의 규칙과 같이 통상적으로 행정조직 내부에 있어서 행정명령에 지나

지 않는 것이 아니라 법규명령에 해당한다고 할 것이라고 판시한바 있다.

4. 소결

대통령령 형식의 재량준칙에 대하여는 법규성을 인정하고 있고, 법치주의에 근거한 형식의

엄격성, 절차적 정당성 및 법규명령에 대한 국민의 예측가능성을 부여하는 점에 비추어 법규명령으로 봄이 타당하다고 판단된다.

Ⅲ. 협의의 소익

1. 협의의 소익의 의의 및 취지(행정소송법 제12조 제2문)

협의의 소익이란 구체적 사안에서 본안판단을 행할 현실적인 필요성을 말한다. 협의의 소익의 취지는 남소의 방지와 재판청구권 보장에 있다.

2. 협의의 소익에 대한 논의

(1) 학설

① 장래에 가중적 제재처분을 받을 위험성 여부로 판단해야 한다는 견해, ② 법규성 여부에 따라 판단해야 한다는 견해, ③ 전원합의체 판결과 같이 사안별로 판단해야 한다는 견해로 나뉜다.

(2) 판례

규칙이 정한 바에 따라 선행처분을 가중사유 또는 전제요건으로 하는 후행처분을 받을 우려가 있는 경우 선행처분을 받은 상대방은 비록 그 처분에서 정한 제재기간이 경과하였다 하더라도 그 처분의 취소소송을 통하여 그러한 불이익을 제거할 권리보호의 필요성이 충분히 인정된다고 할 것이므로 선행행위의 취소를 구할 법률상 이익이 있다고 보아야 한다.

(3) 검토

구체적 사안별로 관계법령의 취지를 살펴서 현실적으로 권리보호의 필요성 여부를 기준으로 판단해야 한다는 견해가 타당하다고 생각된다.

Ⅳ.	사례의 해결
	감정평가법 시행령 제29조 [별표 3]의 법적 성질은 대외적 구속력이 있는 법규명령으로 판단되
	며, 협의의 소익, 즉 권리보호의 필요성이 인정되어 업무정지처분의 취소를 구할 법률상의
	이익이 있다고 판단된다.〈끝〉
	ⓠuestion **04** 10점
Ⅰ.	논점의 정리
	하자의 승계와 보상금증감청구소송에 대한 쟁점 해결을 위해 하자의 승계와 판례를 통한
	보상금증감청구소송을 검토하고자 한다.
Ⅱ.	하자승계의 인정
	1. 하자승계의 의의 및 취지
	하자승계란 행정행위가 일련의 단계적 절차를 거치는 경우에 선행행위의 위법을 후행행위
	의 단계에서 주장할 수 있는가의 문제이다. 이와 같은 하자승계의 문제는 법적 안정성의
	요청과 행정의 법률적합성의 요청의 조화 문제이다.
	2. 하자승계의 전제요건
	① 양 행정작용이 모두 처분일 것, ② 선행행위에 취소사유의 하자가 있고, ③ 선행행위
	에 불가쟁력이 발생하여야 하며, ④ 후행행정작용에 고유한 하자가 없어야 한다. 사안에
	서 표준지공시지가결정과 재결은 모두 처분이며, 그 밖의 요건은 충족된 것으로 본다.
	3. 하자승계 인정 여부의 판단기준
	〈전통적 하자승계론〉과 〈구속력 이론〉의 견해 대립이 있으며, 판례는 하자승계 인정 여부
	의 판단을 원칙적으로 선·후행행위의 법률효과 동일성 여부로 판단하면서도 예외적으로

법률효과가 다른 경우라도 수인가능성과 예측가능성을 고려하여 판단하고 있다.

Ⅲ. 판례를 통한 사안의 해결

사안에서 표준지공시지가의 재결은 모두 행정처분으로서 전통적 하자승계론에서는 인정

되지 않을 수 있다. 그러나 판례의 태도에 따라 표준지공시지가 결정이 위법한 경우에는

그 자체를 행정소송의 대상이 되는 행정처분으로 보아 그 위법 여부를 다툴 수 있음은

물론 수용보상금의 증액을 구하는 소송에서도 선행처분으로서 그 수용대상토지 가격산정

의 기초가 된 비교표준지공시지가 결정의 위법을 독립한 사유로 주장할 수 있다고 사료

된다.   〈끝〉

– 이하 여백 –

Question
01
A도는 2008년 5월경 국토교통부장관으로부터 관계법령에 따라 甲의 농지 4,000m²를 포함한 B시와 C시에 걸쳐있는 토지 131,000m²에 '2009 세계엑스포' 행사를 위한 문화시설을 설치할 수 있도록 하는 공공시설입지승인을 받았다. 그 후 A도는 편입토지의 소유자들에게 보상협의를 요청하여 甲으로부터 2008년 12월 5일 「공익사업을 위한 토지 등의 취득 및 보상에 관한 법률」에 의하여 위 甲의 농지를 협의취득하였다. A도는 취득한 甲의 토지 중 1,600m²를 2009년 5월 31일부터 2011년 4월 30일까지 위 세계엑스포 행사 및 기타 행사를 위한 임시주차장으로 이용하다가 2012년 3월 31일 농지로 원상복구하였다. 그 후 1,600m²의 토지는 인근에서 청소년수련원을 운영하는 제3자에게 임대되어 청소년들을 위한 영농체험 경작지로 이용되고 있다. 40점

(1) 甲은 농지로 원상복구된 토지 1,600m²에 대한 환매권을 행사하려고 한다. 甲의 권리구제방법에 대하여 설명하시오. 25점

(2) A도는 환매권 행사 대상토지의 가격이 현저히 상승된 것을 이유로 증액된 환매대금과 보상금 상당액의 차액을 선이행하거나 동시이행할 것을 주장하려 한다. 환매대금 증액을 이유로 한 A도의 대응수단에 대하여 설명하시오. 15점

Question
02
한국수자원공사는 「한국수자원공사법」 제9조 및 제10조에 근거하여 수도권(首都圈) 광역상수도사업 실시계획을 수립하여 국토교통부장관의 승인을 얻은 후, 1필지인 甲의 토지 8,000m² 중 6,530m²를 협의취득하였다. 협의취득 후 甲의 잔여지는 A지역 495m², B지역 490m², 그리고 C지역 485m²로 산재(散在)하고 있다. 30점

(1) 甲은 위 잔여지의 토지가격의 감소를 이유로 손실보상을 청구하려고 한다. 이 경우 잔여지의 가격감소에 대한 甲의 권리구제방법을 설명하시오. 15점

(2) 호텔을 건립하기 위해 부지를 조성하고 있던 甲은 자신의 잔여지를 더 이상 종래의 사용목적대로 사용할 수 없게 되자 사업시행자와 매수에 관한 협의를 하였으나, 협의가 성립되지 아니하였다. 이에 甲은 관할 토지수용위원회에 잔여지의 수용을 청구하였지만, 관할 토지수용위원회는 이를 받아들이지 않았다. 이 경우 잔여지수용청구의 요건과 甲이 제기할 수 있는 행정소송의 형식을 설명하시오. 15점

Question 03

20년 이상 감정평가업에 종사하고 있는 감정평가사 甲은 2년 전에 국토교통부장관 乙의 인가를 받아 50명 이상의 종업원을 고용하는 감정평가법인을 설립하였다. 그 후 乙은 甲이 정관을 거짓으로 작성하는 등 부정한 방법으로 감정평가법인의 설립인가를 받았다는 이유로,「감정평가 및 감정평가사에 관한 법률」제32조 제1항 제13호에 따라 설립인가를 취소하였다. 甲은 乙의 인가취소가 잘못된 사실관계에 기초한 위법한 처분이라는 이유로 취소소송을 제기하면서 집행정지신청을 하였다. 甲의 집행정지신청의 인용 여부를 논하시오. 20점

Question 04

「공익사업을 위한 토지 등의 취득 및 보상에 관한 법률」상 사업인정고시의 효과에 대하여 설명하시오. 10점

Question 01 40점

I. 〈물음 1〉에 대하여

1. 논점의 정리

본 사안에서 甲은 농지로 원상복구된 토지에 대하여 환매권을 행사하려고 하는바, 환매권의 의의 및 법적 성질, 환매권 행사요건 등을 검토하여 甲의 권리구제방법에 대하여 설명하고자 한다.

2. 환매권의 개관

(1) 환매권의 의의(토지보상법 제91조)

환매권이란 사업의 폐지·변경 등에 의해 취득한 토지의 전부 또는 일부가 불필요하게 되거나 사업에 이용되지 않는 경우 환매권자가 그 토지를 재취득할 수 있는 권리를 말한다.

(2) 환매권의 근거

이론적으로는 피수용자의 감정존중, 재산권의 존속보장, 공평의 원칙 등을 들 수 있다. 실정법적 근거로 헌법상 당연히 도출된다고 보기도 하나, 개별 법률에 의해 구체적으로 형성되고 보장되어야 하는 것이라는 견해에 의할 경우 토지보상법 제91조 및 제92조에서 법적 근거를 찾을 수 있다.

(3) 환매권의 법적 성질

환매권의 법적 성질에 대하여 사권설과 공권설의 견해의 대립이 있으나 판례는 환매권이 개인적 이익을 위한 것이므로 사권의 성질을 갖는다고 본다. 생각건대 환매권은 사업시행자라는 공권력의 주체에 대해 사인이 가지는 토지보상법상 권리인바 공권으로 보는 것이 타당하며, 다수설의 입장이기도 하다.

3. 환매권의 행사요건

(1) 환매권자 및 목적물

환매권자는 토지소유자 또는 그 포괄승계인이고 상대방은 사업시행자 또는 현재의 소유자이다. 환매목적물은 토지소유권에 한하며, 잔여지의 경우 잔여지에 접한 일단의 토지가 필요 없게 된 경우가 아니면 잔여지만을 환매할 수는 없다.

(2) 토지보상법 제91조 제1항상 요건

토지 취득일부터 10년 이내에 해당 사업의 폐지·변경 또는 그 밖의 사유로 취득한 토지의 전부 또는 일부가 필요 없게 된 경우 취득일 당시의 환매권자는 그 토지의 전부 또는 일부가 필요 없게 된 경우의 구분에 따른 날부터 10년 이내에 그 토지에 대하여 받은 보상금 상당의 금액을 사업시행자에게 지급하고 그 토지를 환매할 수 있다.

(3) 토지보상법 제91조 제2항상 요건

취득일부터 5년 이내에 취득한 토지의 전부를 해당 사업에 이용하지 아니하였을 때에는 취득일부터 6년 이내에 그 토지에 대하여 받은 보상금 상당액을 사업시행자에게 지급하고 그 토지를 환매할 수 있다.

(4) 환매요건의 경합

위의 두 경우는 어느 한 쪽 요건에 해당하면 다른 쪽 요건을 주장할 수 없다고 할 수는 없고, 양쪽 요건에 모두 해당된다고 하여 더 짧은 제척 기간을 정한 토지보상법 제91조 제2항에 의하여 제1항의 행사가 제한된다고 할 수도 없다. 따라서 환매권자에게 유리한 긴 제척기간의 적용이 가능해 보인다.

4. 환매권 행사의 제한 - 공익사업의 변환제도

국가, 지방자치단체 또는 공공기관이 사업인정을 받아 공익사업에 필요한 토지를 협의취득하거나 수용한 후, 해당 공익사업이 토지보상법 제4조 제1호부터 제5호까지에 규정된 다른 공익사업으로 변경된 경우 환매기간은 관보에 변경을 고시한 날로부터 기산하도록 하는 것을 말한다.

5. 甲의 권리구제 방법

(1) 환매권 행사요건 충족 여부

물음상 甲의 토지는 세계엑스포 행사를 위해 취득되었으나, 농지로 원상복구된 후 제3자에게 임대되어 청소년들을 위한 영농체험 경작지로 이용되는 점 등을 고려할 때, 당초 사업에 필요 없게 되었다고 판단된다. 또한 사안에서는 공익사업의 변환 등의 요건은 보이지 않으므로 甲은 토지보상법 제91조 제1항상 환매권 행사요건을 충족하였다고 판단된다.

(2) 甲의 권리구제 방법

甲은 지급받은 보상금 상당 금액을 사업시행자에게 미리 지급하고 일방적으로 의사표시를 함으로써 환매권을 행사할 수 있다. 환매권의 법적 성질을 공권으로 보면 공법상 당사자소송으로, 사권으로 보면 민사소송으로 권리구제를 받을 수 있을 것으로 판단되며, 실무상 민사소송으로 다루어지는 경우가 대부분이다.

Ⅱ. 〈물음 2〉에 대하여

1. 논점의 정리

사안에서 A도는 토지가격이 현저하게 상승함에 따라 증액된 환매대금과 보상금 상당액 차액을 이유로 증액된 환매대금과 보상금 상당액 차액을 선이행 또는 동시이행할 것을 주장한다. 환매권이 형성권인지 여부, 환매권 행사절차 등을 검토하여 경기도의 대응수단에 대해 검토한다.

2. 환매권의 성질 및 행사절차

(1) 환매권이 형성권인지

대법원은 환매권은 재판상이든 재판 외이든 그 기간 내에 행사하면 이로써 매매의 효력이 발생한다고 하여 일관되게 형성권으로 보고 있다.

(2) 환매절차

1) 사업시행자의 통지 등(토지보상법 제92조)

사업시행자는 환매할 토지가 생겼을 때에는 지체 없이 그 사실을 환매권자에게 통지하여야 한다. 다만, 사업시행자가 과실 없이 환매권자를 알 수 없을 때에는 공고하여야 한다.

2) 환매권의 행사

환매권자는 환매요건이 발생하면 지급받은 보상금에 상당한 금액을 사업시행자에게 미리 지급하고 일방적으로 의사표시를 함으로써 환매가 성립한다. 사업시행자는 소로써 법원에 환매대금의 증액을 청구할 수 있을 뿐, 증액된 환매대금과 보상금 상당액의 차액을 지급할 것을 선이행 또는 동시이행의 항변으로 주장할 수 없다.

3. 환매대금 증액소송의 법적 성질

(1) 환매금액의 의의(토지보상법 제91조 제1항)

환매금액은 원칙상 사업시행자가 지급한 보상금에 상당한 금액이고 토지보상법 제91조 제1항에 근거한다.

(2) 환매대금증액소송의 의의 및 취지(법 제91조 제4항)

환매대금증액소송이란 토지의 가격이 취득일 당시에 비하여 현저히 변동된 경우 사업시행자 및 환매권자는 환매금액에 서로 협의하되 협의가 성립되지 않을 때에는 그 금액의 증감을 법원에 청구할 수 있도록 하는 것을 말한다.

(3) 환매대금증액소송의 법적 성질

종전판례는 공법상 당사자소송으로 다투어야 한다고 보았으나, 최근 판례와 규정에 따르면 민사소송을 제기하는 것이 타당하다고 판단된다.

4. 선이행하거나 동시이행을 주장할 수 있는지 여부

(1) 현저히 변경된 경우의 의미(시행령 제48조)

토지보상법 제91조 제4항에 규정된 토지의 가격이 취득일 당시에 비하여 현저히 변동된 경우란 환매권 행사 당시의 토지가격이 지급한 보상금에 환매 당시까지의 관계없는 인근 유사 토지의 지가변동률을 곱한 금액보다 높은 경우를 의미한다.

(2) 관련 판례의 태도

판례는 토지 등의 가격이 취득 당시에 비하여 현저히 변경되더라도 같은 당사자 간에 금액에 관하여 협의가 성립하거나 법원에서 그 금액이 확정되지 않는 한, 사업시행자는 소로써 법원에 환매대금의 증액을 청구할 수 있을 뿐 환매대금 증액청구권을 내세워 보상금 상당액의 차액을 지급할 것을 선이행 또는 동시이행의 항변으로 주장할 수 없다고 판시한바 있다.

(3) 검토

관련 판례의 태도에 따르면 A도는 증액된 환매대금과 보상금 상당액의 차액을 선이행하거나 동시이행할 것을 주장할 수 없다고 판단된다.

5. 사안의 해결(A도의 대응수단)

사업시행자 A도는 법원에 환매대금의 증액을 청구할 수 있을 뿐 증액된 환매대금과 보상금 상당액의 차액을 지급할 것을 선이행하거나 동시이행할 것을 주장할 수 없는바, 토지소유자와 환매대금증액 협의 또는 사권의 성질을 가지는 환매권의 법적 성질에 따라 민사소송으로 법원에 금액의 증감을 청구하는 것이 타당하다고 판단된다.   〈끝〉

Question 02 30점

Ⅰ. 〈물음 1〉에 대하여

1. 논점의 정리

사안에서는 甲은 잔여지의 토지가격의 감소를 이유로 손실보상을 청구하려고 하는 바, 잔여지의 가격감소에 대한 권리구제방법을 법령과 판례를 통해 고찰해보도록 한다.

2. 잔여지 가격감소 손실보상 청구

(1) 잔여지 가격감소 손실보상 청구의 의의 및 취지

토지보상법상 잔여지란 동일소유자의 일단의 토지 중, 공익사업을 위하여 취득되고 남은 토지로서, 이는 형상, 도로접면의 조건 등이 일단의 토지보다 열악한 경우가 많다. 잔여지 가격감소에 대한 손실보상이란 상기 원인으로 인한 가격감소분을 보상하는 것을 말하며, 재산권에 대한 정당보상을 실현함에 취지가 있다.

(2) 손실보상의 청구(토지보상법 제73조)

사업시행자는 동일한 소유자에게 속하는 일단의 토지의 일부가 취득되거나 사용됨으로 인하여 잔여지의 가격이 감소하거나 그 밖의 손실이 있을 때에는 그 손실을 보상하되, 해당 사업완료일부터 1년 이내에 청구할 것을 요건으로 한다. 따라서 사안은 이에 근거하여 잔여지 가격감소에 대한 손실보상을 청구할 수 있을 것이다.

(3) 손실보상의 청구절차

토지보상법 제73조 제4항에서는 손실의 보상은 사업시행자와 손실을 입은 자가 협의하여 결정하되, 협의가 성립되지 아니하면 사업시행자나 손실을 입은 자는 대통령령으로 정한 바에 따라 제51조에 따른 관할 토지수용위원회에 재결을 신청할 수 있다고 규정하고 있다. 따라서 당사자 간의 협의 및 재결을 통하여 보상액이 결정될 것이다.

(4) 잔여지에 대한 재결 불복

재결의 내용이 수용 등을 수반하지 않는 경우에는 보상원인이 되는 재산권 침해행위와 보상결정행위가 서로 분리하여 존재하기 때문에 그에 대한 불복도 분리하여 행하여야 한다. 재결로 행해지는 경우 수용결정 자체에 대한 불복은 이의신청과 취소소송 등을 제기할 수 있고, 잔여지 보상금에 대한 부분은 이의신청과 보상금증감청구소송으로 제기할 수 있다.

3. 판례를 통한 사안의 해결(甲의 권리구제방안)

토지소유자가 사업시행자로부터 토지보상법 제73조에 따른 잔여지 가격감소 등으로 인한 손실보상을 받기 위해서는 토지보상법 제34조, 제50조 등에 규정된 재결절차를 거친 다음 그 재결에 대하여 불복이 있는 때에 비로소 토지보상법 제83조 내지 제85조에 따라 권리구제를 받을 수 있을 뿐 이러한 재결절차를 거치지 않은 채 곧바로 사업시행자를 상대로 손실보상을 청구하는 것은 허용되지 않는다.

Ⅱ. 〈물음 2〉에 대하여

1. 논점의 정리

사안에서는 甲의 잔여지수용청구의 거부에 대한 행정소송의 형식을 묻고 있다. 甲의 잔여지수용청구요건 충족 여부와 甲이 제기하는 쟁송의 형태를 법령과 판례를 통해 검토하고자 한다.

2. 잔여지수용청구의 요건

(1) 잔여지수용의 의의 및 취지(토지보상법 제74조)

'잔여지수용'이란 동일한 소유자에게 일단의 토지 일부를 수용함으로 인하여 잔여지를 종전의 목적에 사용하는 것이 현저히 곤란할 때에 토지소유자의 청구에 의하여 그 잔여지도 포함하여 전부를 수용하는 것을 말한다. 이는 재산권이 침해된 국민들의 권리구제에 그 취지가 있다.

(2) 잔여지수용청구권의 법적 성질

잔여지수용청구권은 형성권적 권리로 보는 견해와 손실보상책임의 일환으로 인정된 권리로 보는 견해가 있다. 판례는 요건 충족 시에 토지수용위원회의 조치를 기다릴 것 없이 수용의 효과가 발생하는 형성권으로 보고 있다.

(3) 잔여지수용청구의 요건

① 토지보상법 제74조에서는 일단의 토지 중 일부가 수용된 경우, 공사완료일까지 수용청구가 가능하다고 규정하고 있다.

② 동법 시행령 제39조에서는 대지로서 면적이 너무 작거나, 부정형 등의 사유로 인하여 건축물을 건축할 수 없거나 건축이 현저히 곤란한 경우, 농기계 진입의 제한 등 농지로서의 활용이 어려운 경우, 교통이 두절되어 사용이나 경작이 불가능한 경우, 잔여지를 종래의 목적대로 사용하는 것이 현저히 곤란한 경우 잔여지 수용청구가 가능하다고 규정하고 있다.

(4) 사안의 경우

사안에서 사업시행자와 협의가 불성립되었으며, 甲의 잔여지가 토지보상법 시행령 제39조에서 정하는 종래의 목적에 더 이상 사용할 수 없는 경우에 해당된다면 甲은 잔여지수용청구의 요건을 충족한 것으로 판단된다.

3. 甲이 제기할 수 있는 행정소송의 형식

(1) 문제점

확장수용의 결정은 토지수용위원회의 재결에서 결정되므로, 재결에 대한 불복수단으로 토지보상법 제85조 제2항의 보상금증감청구소송의 심리범위에 잔여지가 손실보상의 범위에 포함되는지에 따라 실효적인 쟁송형태가 다르다.

(2) 학설

① 보상금증감청구소송은 보상금액의 다과만을 대상으로 하는 바 재결에 대해 다투어야 하므로 취소 내지 무효등 소송을 제기하여야 한다는 〈취소소송설〉, ② 확장수용은 손실보상의 일환으로, 궁극적으로 보상금 증감에 관한 문제이며, 분쟁의 일회적 해결에 취지가 있다는 〈보상금증감청구소송설〉, ③ 확장수용청구권은 형성권인 바 이에 의해 손실보상청구권이 발생한다고 보는 〈손실보상청구소송설〉 등 견해의 대립이 있다.

(3) 판례

잔여지수용청구권은 손실보상의 일환으로 토지소유자에게 부여되는 권리로서 그 요건을 구비한 때에는 토지수용위원회의 재결이 없더라도 그 청구에 의하여 효과가 발생하는 형성권적 성질을 가지므로, 잔여지 수용청구를 받아들이지 않은 토지수용위원회의 재결에 대하여 토지소유자가 불복하여 제기하는 소송은 보상금의 증감에 관한 소송에 해당하여 사업시행자를 피고로 해야한다고 판시하고 있다.

(4) 검토

잔여지 보상에 관한 소송은 위법성 여부를 따지는 것이 아니라 보상금과 관련된 사항으로 분쟁의 일회적 해결을 위해 보상금증감청구소송이 타당하다고 판단된다.

4. 판례를 통한 사안의 해결

보상금증감청구소송의 심리범위에는 수용목적물의 범위 판단도 포함된다. 판례의 태도에 따라 보상금증감청구소송을 통해 잔여지 수용청구에 대한 구제를 받을 수 있을 것으로 판단된다.

Question 03 [20점]

Ⅰ. 논점의 정리

사안에서 甲은 인가취소에 대한 취소소송을 제기하면서 집행정지를 신청하였다. 甲의 집행 정지신청이 인용되기 위해서는 집행정지 요건을 모두 충족해야 하는 바, 이하에서 집행정 지의 요건 등의 검토를 통해 甲의 집행정지신청의 인용 여부를 논하도록 한다.

Ⅱ. 행정소송법상 집행정지의 요건 및 절차 등

1. 집행부정지원칙의 의의 및 근거(행정소송법 제23조)

집행부정지원칙은 취소소송의 제기는 처분 등의 효력이나 그 집행 또는 절차의 속행에 영향을 주지 아니함을 말한다. 단, 처분이 진행되는 등의 사정으로 회복하기 어려운 손해 가 발생할 경우 예외적으로 집행정지를 인정한다.

2. 집행정지의 신청요건

(1) 적극적 요건

① 정지대상인 처분 등이 존재할 것, ② 적법한 본안소송이 계속 중일 것, ③ 회복하기 어려운 손해일 것, ④ 긴급한 필요가 존재할 것을 요건으로 한다.

(2) 소극적 요건

① 공공복리에 중대한 영향이 없을 것, ② 본안청구가 이유 없음이 명백하지 아니할 것을 요건으로 한다.

3. 집행정지 결정

본안이 계속된 법원에 당사자의 신청 또는 직권에 의하여 처분 등의 효력이나 그 집행 또는 절차의 속행의 전부 또는 일부의 정지를 결정할 수 있다.

4. 집행정지 내용

처분의 효력을 존재하지 않는 상태에 놓이게 하는 처분의 효력정지, 처분의 집행을 정지하는 집행정지, 여러 단계의 절차를 통하여 행정목적이 달성되는 경우에 절차의 속행을 정지하는 절차 속행의 정지를 내용으로 한다.

Ⅲ. 대법원 판례를 통한 사안의 해결

사안에서 감정평가법인의 설립인가 취소는 감정평가 업무를 더 이상 수행하지 못하도록 하는 침익적 처분으로, 이에 대한 취소소송은 적법하게 계속 중인 것으로 보인다. 취소소송의 인용판결이 있을 때까지 업무수행을 하지 못하여 발생한 손실은 금전적으로 배상이 가능할 것으로 보이나 甲 법인의 명예나 주요 거래처와의 신뢰 악화 등의 중대한 경영상의 위험은 회복되기 어려운 손해로 예상된다. 따라서 법원은 집행정지 결정을 해야 할 것이며, 국토교통부장관은 이에 대하여 즉시 항고할 수 있다. 〈끝〉

Question 04 10점

Ⅰ. 사업인정의 의의, 취지, 법적 성질(토지보상법 제20조)

① 사업인정이란 공익사업을 토지 등을 수용 또는 사용할 사업으로 결정하는 것을 말하며, ② 사업의 공익성 판단 및 피수용자의 권리보호에 취지가 있으며 ③ 처분, 강학상 특허, 재량행위, 제3자효 형성행위의 성질을 지닌다.

Ⅱ. 사업인정고시의 의의 및 법적 성질

1. 사업인정고시의 의의 및 취지(토지보상법 제22조)

국토교통부장관이 사업인정을 하였을 때 지체 없이 그 뜻을 사업시행자, 토지소유자 등에 통지하고 토지의 세목을 관보에 고시하는 것을 말하며, 사업인정은 고시한 날부터 효력이 발생한다고 규정하여, 사업인정고시로부터 공용수용 절차가 진행되는데 취지가 있다.

2. 사업인정고시의 법적 성질

사업인정고시를 하지 않은 경우 사업인정이 무효인 점과 사업인정고시는 고시한 날로부터 효력이 발생함으로써 토지소유자 등에게 토지보전의무가 생기므로 사업인정과 통일적으로 〈특허〉로 보는 것이 타당하다고 판단된다.

Ⅲ. 사업인정고시의 효력

1. 수용권의 설정

사업인정고시가 있게 되면 사업시행자는 토지세목고시에서 정한 일정한 범위의 수용 목적물을 취득할 수 있는 수용권을 취득하게 된다.

2. 수용목적물의 범위 확정

토지세목고시에 의하여 수용 또는 사용할 토지의 범위가 구체적으로 확정된다. 수용목적물이 사업인정고시를 통하여 확정되면 고시되지 않은 토지는 수용할 수 없는바, 토지세목고시에 없는 토지에 대한 수용재결은 무효이다.

3. 관계인의 범위 확정

수용목적물의 범위가 확정되면 그 권리자인 토지소유자 및 관계인의 범위도 확정된다. 사업인정고시가 있은 후 권리를 취득한 자는 기존의 권리를 승계한 자를 제외하고는 관계인에 포함되지 아니한다.

4. 토지 등의 보전의무[토지보상법 제25조]

사업인정고시가 된 후에는 누구든지 고시된 토지에 대하여 사업에 지장을 줄 우려가 있는 형질의 변경이나 물건을 손괴하거나 수거하는 행위를 하지 못한다.

5. 토지·물건조사권(토지보상법 제27조)

사업인정고시 이후에는 별도의 시장 등의 허가 없이도 법의 규정에 의거, 타인 토지에 출입하여 측량·조사를 할 수 있는 토지 및 물건에 관한 조사권을 취득하게 된다.

6. 보상액 산정 시기의 고정

공용수용에 따른 보상액은 사업인정 당시의 공시지가를 기준으로 하여, 재결 시까지 시점수정을 하여 산정하므로 사업인정고시일은 보상액을 고정시키는 효과를 가지게 된다.

7. 기타

사업인정 후 협의가 결렬된 경우에는 사업시행자에게 토지보상법 제28조에 따른 재결신청권, 피수용자에게는 동법 제30조에 따른 재결신청청구권이 인정된다. 〈끝〉

- 이하 여백 -

Question 01

A군에 사는 甲은 국토의 계획 및 이용에 관한 법률에 따라 지정된 개발제한구역 내에 과수원을 경영하고 있다. 甲은 영농의 편의를 위해 동 과수원 토지 내에 작은 소로(小路)를 개설하고, 종중 이웃 주민의 통행에도 제공해 왔다. A군은 甲의 과수원 부지가 속한 일단의 토지에 폐기물처리장을 건설하고자 하는 乙을 폐기물관리법에 따라 폐기물처리장 건설사업자로 지정하면서 동 처리장 건설사업실시계획을 승인하였다. 甲과 乙 간에 甲 토지에 대한 협의매수가 성립되지 않아 乙은 甲 토지에 대한 수용재결을 신청하고, 관할 지방토지수용위원회의 수용재결을 받았다. 동 수용재결에서는 "사실상 사도(私道)의 부지는 인근 토지에 대한 평가액의 3분의 1 이내로 평가한다."고 규정하고 있는 토지 등의 취득 및 보상에 관한 법률 시행규칙(이하 '토지보상법 시행규칙') 제26조 제1항 제2호의 규정에 따라, 甲의 토지를 인근 토지가에 비하여 3분의 1의 가격으로 평가하였다. 이 수용재결에 대하여 이의가 있는 甲은 적절한 권리구제수단을 강구하고자 한다. 다음의 물음에 답하시오. 50점

(1) 토지보상액에 대해 불복하고자 하는 甲의 행정쟁송상 권리구제수단을 설명하시오. 20점

(2) 甲이 제기한 쟁송에서 피고 측은 甲의 토지에 대한 보상액이 낮게 평가된 것은 토지보상법 시행규칙 제26조 제1항 제2호의 규정에 의한 것으로서 적법하다고 주장한다. 피고의 주장에 대해 법적으로 판단하시오. 15점

(3) 甲은 토지보상법 시행규칙 제26조 제1항 제2호의 규정은 헌법 제23조상의 재산권 보장 및 정당보상의 원칙을 위배하여 위헌적인 것이라고 주장한다. 甲의 주장을 관철할 수 있는 법적 수단을 설명하시오. 15점

Question 02

다음 각각의 사례에 대하여 답하시오. 30점

(1) 국토교통부장관은 감정평가법인등 甲에 대하여 법령상 의무 위반을 이유로 6개월의 업무정지처분을 하였다. 甲은 업무정지처분 취소소송을 제기하였으나 기각되었고 동 기각판결은 확정되었다. 이에 甲은 위 처분의 위법을 계속 주장하면서 이로 인한 재산상 손해에 대해 국가배상 청구소송을 제기하였다. 이 경우 업무정지처분 취소소송의 위법성 판단과 국가배상 청구소송의 위법성 판단의 관계를 설명하시오. 20점

(2) 감정평가법인등 乙은 국토교통부장관에게 감정평가사 갱신등록을 신청하였으나 거부당하였다. 그런데 乙은 갱신등록 거부처분에 앞서 거부사유와 법적 근거, 의견제출의 가능성 등을 통지받지 못하였다. 위 갱신등록 거부처분의 위법성 여부를 검토하시오. 10점

Question 03

A시는 시가지 철도이설사업을 시행하기 위하여 공익사업을 위한 토지 등의 취득 및 보상에 관한 법률 제16조에 따라 주택용지를 협의취득하면서 그에 따른 일체의 보상금을 B에게 지급하였고, B는 해당 주택을 자진 철거하겠다고 약정하였다. B가 자진 철거를 하지 않을 경우 B의 주택에 대하여 대집행을 할 수 있는지를 판단하시오. 20점

Question 01 50점

I. 〈물음 1〉에 대하여

1. 논점의 정리

토지보상법은 재결에 대한 불복절차로서 토지보상법 제83조 이의신청과, 동법 제85조 제2항 보상금증액청구소송의 규정을 두고 있다. 이하 이를 자세히 검토해보고자 한다.

2. 이의신청(토지보상법 제83조)

(1) 이의신청의 의의

이의신청이란 토지수용위원회의 위법 또는 부당한 재결처분으로 인하여 권리 또는 이익을 침해당한 자가 중앙토지수용위원회에 그 처분의 취소변경을 구하는 쟁송을 말한다. 토지수용위원회의 재결은 수용재결과 보상재결로 분리되는데, 이 중 어느 한 부분에 대하여 불복이 있는 경우에도 토지수용위원회의 재결 자체가 대상이 된다.

(2) 이의신청의 요건 및 효과

양 당사자는 재결서 정본을 받은 날로부터 30일 이내에 처분청을 경유하여 중앙토지수용위원회에 이의를 신청할 수 있다.

(3) 재결 및 재결의 효력

재결이 위법·부당하다고 인정하는 때에 재결의 전부 또는 일부를 취소하거나 보상액을 변경할 수 있다. 이의재결이 확정된 경우 민사소송법의 확정판결이 있는 것으로 본다.

3. 보상금증감청구소송(토지보상법 제85조 제2항)

(1) 보상금증감청구소송의 의의 및 취지

토지수용위원회의 재결에 불복하여 사업시행자, 토지소유자 및 관계인이 보상금의 증액을 청구하는 소송을 보상금증감청구소송이라 한다. 이는 분쟁의 일회적 해결, 소송경제, 권리구제의 신속성 및 실효성 확보에 취지가 있다.

(2) 소송의 성질

보상금증감청구소송은 소송을 제기함에 있어서 그 법률관계의 일방 당사자를 피고로 하는 소송으로 형식적 당사자소송이라 할 것이다. 또한 헌법상 정당보상조항에 의하여 당연히 발생·확정되는 정당보상액을 확인하고, 부족액의 급부를 구하는 확인·급부소송의 성격을 갖는다.

(3) 소송의 대상

형식적 당사자소송의 대상은 법률관계로 보상금증감청구소송은 관할 토지수용위원회가 행한 재결로 형성된 법률관계인 보상금의 증감에 관한 것을 소의 대상으로 한다.

(4) 제기요건(제소기간 특례 등)

① 토지보상법 제85조에서는 소의 대상으로 제34조 재결을 규정하고 있으므로 원처분을 소의 대상으로 하고, ② 재결서 정본을 받은 날로부터 90일 또는 이의재결서 정본을 받은 날부터 60일 이내에, ③ 양 당사자는 각각을 피고로 하여, ④ 관할 법원에 소를 제기할 수 있다.

(5) 심리범위

① 손실보상의 지급방법, ② 손실보상액의 범위, 보상액과 관련한 보상면적, ③ 지연손해금, ④ 잔여지수용 여부, ⑤ 보상항목 간의 유용도 심리범위에 해당한다고 본다.

(6) 판결의 효력

보상금증감청구소송에서 법원은 스스로 증감을 결정할 수 있고, 토지수용위원회는 별도의 처분을 할 필요가 없다. 법원의 판결이 있게 되면 기판력, 형성력, 기속력이 발생하고, 소의 각하·기각 또는 취하의 효과로서 법정이율의 가산지급이 적용되는 것으로 보아야 할 것이다.

4. 사안의 해결

甲은 관할 지방토지수용위원회의 재결에 의해 결정된 보상액에 대해서 중앙토지수용위원회에게 이의신청을 제기하거나, 이를 제기함 없이 형식적 당사자소송으로써 보상금증감청구소송을 제기하여 권리구제를 받을 수 있을 것으로 판단된다.

Ⅱ. 〈물음 2〉에 대하여

1. 논점의 정리

사안의 甲이 제기한 행정소송에서 사업시행자인 乙은 해당 보상액이 토지보상법 시행규칙 제26조에 따른 적정한 것임을 주장하고 있다. 이하에서는 해당 조문의 법적 성질을 검토하고, 과수원 내 소로가 사실상 사도에 해당하는지 여부를 검토하여 乙주장의 타당성을 판단하고자 한다.

2. 토지보상법 시행규칙 제26조상 평가규정의 법적 성질

(1) 관련 판례의 태도

토지보상법 제68조 제3항은 협의취득의 보상액 산정에 관한 구체적 기준을 시행규칙에 위임하고 있고, 위임범위 내에서 시행규칙 제22조는 비록 행정규칙의 형식이나 토지보상법의 내용이 될 사항을 구체적으로 정하여 내용을 보충하는 기능을 가지는바, 토지보상법 규정과 결합하여 대외적 구속력을 가진다고 판시한바 있다.

(2) 검토

판례의 태도에 따르면 토지보상법 시행규칙 제22조는 법령 보충적 행정규칙으로서 법규성을 지니는바, 동조 형태로 규정된 칙 제26조의 1/3 이내 평가규정 또한 법규성을 지닌다고 봄이 타당하다고 판단된다.

3. 과수원 내의 소로가 사실상 사도에 해당하는지 여부

(1) 사실상 사도의 판단기준

1) 토지보상법 시행규칙 제26조 제2항

동 규칙에서는 ① 도로개설 당시의 토지소유자가 자기 토지의 편익을 위하여 스스로 설치한 도로, ② 토지소유자가 그 의사에 의하여 타인의 통행을 제한할 수 없는 도로, ③「건축법」제45조의 규정에 의하여 건축허가권자가 그 위치를 지정·공고한 도로, ④ 도로개설 당시의 토지소유자가 대지 또는 공장용지 등을 조성하기 위하여 설치한 도로를 사실상 사도로 규정하고 있다.

2) 판례의 태도

판례는 도로개설 당시의 토지소유자가 자기 토지의 편익을 위하여 스스로 설치한 도로인지 여부는 인접토지의 획지면적, 소유관계, 이용상태 등이나 개설경위, 목적, 주위환경 등에 의해 객관적으로 판단하여야 한다고 판시하였다.

(2) 소결

물음에서 甲은 영농의 편의를 위해서 즉, 자기토지의 편익을 위하여 스스로 소로를 개설한 경위가 인정된다. 또한 이를 종종 이웃주민의 통행에 제공해 온 점에 비추어 볼 때 해당 소로는 종전의 과수원용지로 원상회복하는 것이 용이하지 않은 상태라고 볼 수 있다. 따라서 이를 사실상 사도로 봄이 타당하다고 생각된다.

4. 피고 乙주장의 타당성 검토

토지보상법 시행규칙 제26조 제1항 제2호는 법규 명령으로서 대외적 구속력이 인정되며, 甲의 소로는 동 규정상 사실상 사도에 해당한다. 따라서 동 규정에 따라 산정된 보상액은 정당하다고 볼 수 있으므로 피고 乙의 주장은 타당하다고 생각된다.

III. 〈물음 3〉에 대하여

1. 논점의 정리

사안은 토지보상법 시행규칙 제26조 제1항 제2호가 헌법 제23조상의 재산권 보장 및 정당보상 원칙에 반하는지 여부를 묻고 있다. 〈물음 2〉에서 살펴본 바와 같이 토지보상법 시행규칙 제26조의 성질은 법규명령의 성질을 가지므로, 위헌 여부를 따지기 위하여 법규명령의 통제수단이 문제된다. 법규명령에 대한 사법적 통제수단으로 직접적 통제수단과 간접적 통제수단이 있는 바 이하에서 이에 대해 검토하도록 한다.

2. 甲 주장 관철을 위한 법적 수단

(1) 구체적 규범통제(간접적 통제수단)

1) 의의

구체적 규범통제란 처분을 소송으로 다투면서 위법성의 근거로, 처분의 근거가 된 법규명령의 위헌, 위법을 주장하는 것을 말한다.

2) 통제의 대상

헌법은 '명령·규칙'이 헌법이나 법률에 위반되는지 여부가 재판에서 전제가 된 경우에 법원에 의한 통제의 대상이 된다고 규정하고 있다. 명령이란 법규명령을 의미하며, 위임명령과 집행명령 모두 통제의 대상이 된다.

3) 법규명령의 위헌 여부

법규명령은 포괄위임금지 및 수권법률의 위임 한계 내에서 입법되어야 한다. 즉, 위임의 내용·목적 및 범위가 명확하고 구체적으로 한정되어야 하며 상위법령에 위반하여서는 안 된다.

4) 통제의 효력

위헌인 법규명령은 해당 사건에 한하여 적용되지 않는다는 〈개별적 효력설〉과 일반적으로 무효가 된다는 〈일반적 효력설〉의 견해가 대립되며, 판례는 명령·규칙이 헌법에 위반될 때 무효라고 판시하고 있지만 이러한 판단이 개별적 효력을 배제하는 것인지 일반적으로 효력이 상실되는 것인지는 분명하지 않다.

5) 사안의 경우

甲은 보상금증감청구소송에서 토지보상법 시행규칙 제26조 제1항 제2호의 규정이 헌법 제23조에 위반한 규정이라면, 동 규정은 위헌이므로 수용재결이 위법하다는 것을 행정소송에서 주장함으로써 자신의 주장을 관철시킬 수 있을 것이라 판단된다.

(2) 헌법재판소에 의한 통제(권리구제형 헌법소원)

1) 의의

이는 공권력의 행사나 불행사로 인해서 헌법에서 보장된 기본권이 침해당한 경우 사인이 직접 헌법재판소에 제소하는 것을 말하며, 이를 제기하기 위해서는 침해의 직접성 및 보충성이 요구된다. 즉, 처분기준 자체만으로 국민의 기본권을 침해하며 항고소송의 구제수단이 없는 경우라면 권리구제형 헌법소원을 제기할 수 있을 것이다.

2) 사안의 경우

토지보상법 시행규칙 제26조 자체가 甲의 기본권을 침해하였다고 볼 수 없으며, 수용재결을 다투는 행정성이 존재하므로 보충성 요건도 결여되므로 헌법소원 제기는 불가능한 것으로 판단된다. 〈끝〉

Question 02 30점

I. 〈물음 1〉에 대하여

1. 논점의 정리

본 사안에서 甲은 국토교통부장관의 6개월 업무정지처분취소소송을 제기하였으나 기각되어 동판결이 확정되었다. 따라서 甲은 더 이상 업무정지처분에 대하여 항고소송을 제기할 수 없을 것이나 이와 별도로 국가배상은 청구할 수 있을 것이다. 이 경우 국가배상청구소송의 위법성 판단과정에서 업무정지처분취소소송의 확정판결의 기판력이 미치는지가 문제된다. 이에 앞서 양 소송의 위법성 개념을 검토하고자 한다.

2. 취소소송과 국가배상소송에서 위법성

(1) 업무정지처분취소소송에서의 위법성 개념

취소소송은 위법한 처분으로 침해당한 법률상 이익을 보호하는 기능을 갖는데, 이때의 위법이란 외부효를 갖는 법규 위반을 말한다.

(2) 국가배상청구소송에서의 위법성 개념

1) 학설

① 손해가 수인범위를 넘어서면 위법이라는 〈결과불법설〉, ② 국가배상법상의 위법은 행위의 법규범에의 위반이라는 〈행위위법설〉, ③ 국가배상법상 위법을 대국민관계에서의 공무원의 직무의무 위반으로 보는 〈직무의무위반설〉, ④ 피침해이익의 성격과 침해정도를 종합적으로 고려하여 상대적 위법성 여부를 판단하는 〈상대적 위법성설〉의 견해가 대립한다.

2) 판례 및 검토

판례는 원칙상 행위위법설을 취하고 있는 것으로 보이나, 명문의 규정이 없는 경우에도 일정한 경우 공무원의 손해방지의무를 인정하고 있으며, 최근 대법원 판례 중 상대적 위법성설 측면의 판결이 있다. 법률에 의한 행정의 원리의 실질적 내용을 이루는 인권보장 측면에서 볼 때 국가배상에 있어서는 행위자체뿐만 아니라 종합적 고려를 통해 공무원의 '직무상 손해방지의무 위반'으로서의 위법도 국가배상법상 위법이 된다고 보는 것이 타당하다 생각된다.

3. 취소소송과 국가배상소송의 위법성 판단의 관계

(1) 개설

취소소송판결의 국가배상소송에 대한 기판력이 국가배상청구소송의 위법성 판단에 영향을 미치는지 문제된다.

(2) 학설

① 〈기판력 긍정설〉에 의하면 협의의 행위위법설의 입장에서 국가배상법상의 위법과 항고소송법상의 위법이 동일하므로 취소소송의 판결의 기판력이 국가배상소송에 영향을 미친다고 보며, ② 〈기판력 부정설〉에 의하면 결과불법설 또는 상대적 위법성설에 따라 양 개념이 동일하지 않다면 취소소송판결의 기판력이 국가배상소송에 미치지 않는다고 본다. ③ 〈인용판결과 기각판결구별설〉에 의하면 광의의 행위위법설의 입장에서 취소소송판결 중 인용판결의 기판력은 국가배상소송에 미치지만 기각판결의 기판력은 국가배상소송에 미치지 않는다고 본다.

(3) 소결

광의의 행위위법설을 따르는 경우로서 국가배상소송에서의 행위 자체의 위법이 문제된 경우에는 항고소송의 판결의 기판력이 당연히 미치지만, 공무원의 직무상 손해방지의무 위반으로서의 위법이 문제되는 경우에는 항고소송상의 위법과 판단의 대상과 내용을 달리하므로 항고소송판결의 기판력이 미치지 않는다고 보아야 한다고 생각된다.

II. 〈물음 2〉에 대하여

1. 논점의 정리

사안에서 갱신등록거부처분에 앞서 거부사유와 법적 근거 및 의견제출의 가능성 등을 통지하지 않은 국토교통부장관의 거부처분이 절차상 하자를 구성하는지가 문제된다. 사안의 해결을 위하여 거부처분이 사전통지 및 의견제출 대상인지를 검토한다.

2. 거부처분이 사전통지 및 의견제출의 대상인지 여부

최근 대법원 판례에 의하면 행정기관의 장의 거부처분이 재량행위인 경우에 사안과 같은 사전통지의 흠결로 인한 민원인에게 의견진술의 기회를 주지 아니한 결과 그 거부처분은 재량권을 일탈·남용한 것으로서 위법하다고 평가할 수 있다고 보았다. 따라서 사안의 거부처분이 사전통지 및 의견제출의 대상이 된다고 판단된다.

3. 절차상 하자의 독자적 위법성 여부

절차상 하자란 행정행위가 행해지기 전에 거쳐야 하는 절차를 거치지 않았거나, 거쳤으나 절차상 하자가 있는 것을 말한다. 절차상 하자를 독립된 취소사유로 볼 것인가의 문제는 절차적 법치주의 가치와 국민의 권리구제 및 소송경제의 조화가 필요하다. 행정소송법 제30조 제3항의 논거와 국민의 권익구제 차원에서 절차상 하자의 독자적 위법성이 인정된다고 판단된다.

4. 사안의 해결

감정평가법인등 乙의 갱신등록 신청에 대한 국토교통부장관의 거부는 종전에 발부된 자격증등록의 효과를 제한하는 처분으로 볼 수 있다. 또한 절차의 하자를 독자적 취소사유로 봄이 타당하므로 사전통지하지 않은 거부처분은 위법하다고 판단된다. 〈끝〉

Question 03 20점

Ⅰ. 논점의 정리

본 사안에서는 행정대집행법상 대집행의 대상 여부가 쟁점인 바 대법원 판례를 검토하여 이하에서 토지보상법의 대집행 관련 쟁점에 대해 검토하도록 한다.

Ⅱ. 토지보상법 제16조 협의의 법적 성질

1. 토지보상법상 협의의 의의 및 필수적 절차 여부

사업인정 전 협의란 토지 등의 사용 또는 수용에 대한 사업시행자 및 토지소유자 간의 의사의 합치를 말한다(토지보상법 제16조). 공용수용 이전의 협의취득절차는 의무적인 절차는 아니며, 공익사업의 주체가 이 절차를 거칠 것인지 여부를 결정한다.

2. 토지보상법상 협의의 법적 성질

(1) 학설 및 판례

사업인정 전 협의취득도 공법적 성질을 가지는 것으로 보아야 한다는 견해가 있으나, 협의취득은 공용수용과 달리 사업시행자가 그 사업에 필요한 토지 등을 사경제 주체로서 취득하는 행위이므로 사법상의 매매의 성질을 갖는다고 보는 것이 통설과 판례의 태도이다.

(2) 검토

사업인정 전 협의취득은 공익사업에 필요한 토지 등을 공용수용의 절차에 의하지 아니하고 사업시행자와 토지소유자의 자유로운 계약을 통해 금액 및 소유권 이전시기 등을 고려할 수 있으므로 사법상 매매의 성질을 갖는다고 판단된다.

Ⅲ. 주택철거 약정이 대집행의 대상인지 여부

1. 대집행의 의의 및 취지(행정기본법 제30조 제1항 제1호)

의무자가 행정상 의무로서 타인이 대신하여 행할 수 있는 의무를 이행하지 아니하는 경우 법률로 정하는 다른 수단으로는 그 이행을 확보하기 곤란하고 그 불이행을 방치하면 공익을 크게 해칠 것으로 인정될 때 행정청이 의무자가 하여야 할 행위를 스스로 하거나 제3자에게 하게 하고 그 비용을 의무자로부터 징수하는 것을 말하며, 공익사업의 원활한 수행에 취지가 있다.

2. 대집행의 요건

(1) 토지보상법상 요건(토지보상법 제89조)

① 이 법 또는 이 법에 의한 처분으로 인한 의무를 이행하여야 할 자가 의무를 이행하지 아니하거나, ② 기간 내에 의무를 완료하기 어려운 경우, ③ 의무자로 하여금 그 의무를 이행하게 하는 것이 현저히 공익을 해한다고 인정되는 사유가 있는 경우 대집행을 신청할 수 있다.

(2) 행정대집행법상 요건(행정대집행법 제2조)

① 대체적 작위의무의 불이행 시, ② 다른 수단으로 그 이행 확보가 곤란한 경우, ③ 그 불이행을 방치함이 심히 공익을 해할 것으로 인정될 때 대집행을 할 수 있다.

3. 주택철거 약정이 공법상 의무인지 여부

(1) 대법원 판례의 태도

행정대집행법상 대집행이 되는 대체적 작위의무는 공법상 의무이어야 할 것인데, 사업인정 전 협의는 사법상 계약의 실질을 가지는 것이므로 협의취득 시 건물소유자가 매매대상건물에 대한 철거의무를 부담하겠다는 취지의 약정을 하였다고 하더라도 이러한 철거의무는 공법상 의무가 될 수 없고, 이 경우에도 행정대집행법을 준용하여 대집행을 허용하는 별도의 규정이 없는 한 위와 같은 철거의무는 행정대집행법에 의한 대집행의 대상이 되지 않는다고 판시하였다.

(2) 소결

사업인정 전 협의는 사법상 매매의 성질을 가지므로 당사자 간의 철거약정은 공법상 의무로 볼 수 없을 것이다. 따라서 이러한 철거의무를 부담하겠다는 취지의 약정은 대집행의 대상이 되지 않는다는 판례의 태도는 합당하다고 생각된다.

4. 토지보상법 제89조의 대집행 규정 적용 여부

토지보상법 제89조의 대집행은 토지보상법에 의한 처분으로 인한 의무불이행만이 그 적용대상이므로 사업인정 전 협의에 의한 취득의 경우 철거불이행은 토지보상법 제89조의 대집행 규정이 적용되지 않는다.

IV. 사안의 해결

사업인정 전 협의는 사법상 매매의 성질을 가지므로 주택철거 약정은 판례의 태도에 따라 이러한 철거의무는 공법상 의무가 될 수 없어 대집행의 대상이 되지 않는다. 또한 토지보상법 제89조의 대집행은 토지보상법에 의한 처분으로 인한 의무불이행만이 적용대상이므로 대집행 규정이 적용되지 않는다. 〈끝〉

− 이하 여백 −

01 국토교통부장관은 전국을 철도로 90분 이내에 연결하기 위한 기본계획을 수립하였다. 이 계획에 기초하여 C공단 C이사장은 A지역과 B지역을 연결하는 철도건설 사업에 대하여 「공익사업을 위한 토지 등의 취득 및 보상에 관한 법률」(이하 "토지보상법") 제20조에 따른 국토교통부장관의 사업인정을 받았다. P는 B-3공구 지역에 임야 3,000제곱미터를 소유하고 장뇌삼을 경작하고 있으며, 터널은 P소유 임야의 한가운데를 통과한다. C공단의 C이사장은 국토교통부장관이 제정한 K지침에 따라 P에 대하여 "구분지상권"에 해당하는 보상으로 900만원(제곱미터당 3,000원 기준)의 보상금을 책정하고 협의를 요구하였다. P는 장뇌삼 경작임야에 터널이 건설되고 기차가 지나다닐 경우 농사가 불가능하다고 판단하여 C이사장의 협의를 거부하였다. 40점

(1) P는 본인 소유 토지의 전체를 C이사장이 수용하여야 한다고 주장한다. 보상에 관한 C이사장의 결정과 P의 주장 내용의 정당성을 판단하시오. 20점

(2) 토지보상법상 P가 주장할 수 있는 권리와 이를 관철시키기 위한 토지보상법상의 권리구제수단에 관하여 논술하시오. 20점

02 뉴타운(New Town) 개발이 한창인 A지역 인근에 주택을 소유한 P는 자신의 주택에 대하여 전년도 대비 현저히 상승한 개별공시지가를 확인하고 향후 부과될 관련 세금의 상승 등을 우려하여 「부동산 가격공시에 관한 법률」 제11조에 따른 이의신청을 하였으나 기각되었다. 이에 P는 확정된 개별공시지가에 대하여 다시 행정심판을 제기하였으나 행정심판위원회는 그 청구를 받아들이지 않았으나, 그 후 P는 자신이 소유한 주택에 대하여 전년도보다 높은 재산세(부동산보유세)를 부과받게 되었다. 30점

(1) P가 이의신청과 행정심판을 모두 제기한 것은 적법한지에 대하여 설명하시오. 10점

(2) P가 소유 주택에 대하여 확정된 개별공시지가가 위법함을 이유로, 그 개별공시지가를 기초로 부과된 재산세에 대한 취소청구소송을 제기할 수 있는지에 대하여 논술하시오. 20점

03 감정평가법인등 P와 건설업자 Q는 평소에 친밀한 관계를 유지하고 있다. P는 Q의 토지를 평가함에 있어 친분관계를 고려하여 Q에게 유리하게 평가하였다. 국토교통부장관은 P의 행위가 「감정평가 및 감정평가사에 관한 법률」을 위반하였다고 판단하여 과징금, 벌금 또는 과태료의 부과를 검토하고 있다. 30점

(1) 과징금, 벌금, 과태료의 법적 성질을 비교하여 설명하시오. 20점

(2) 국토교통부장관은 과징금과 벌금을 중복하여 부과하고자 한다. 중복 부과처분의 적법성에 관하여 판단하시오. 10점

Question 01 40점

Ⅰ. 〈물음 1〉에 대하여

1. 논점의 정리

지하공간의 사용에 따라 사업시행자가 주장하는 지하사용료 보상으로 충분한지, 아니면 토지소유자가 주장하는 바와 같이 토지전체를 수용 보상해야 하는지 여부에 대해 사안의 보상방법의 타당성 여부를 검토한 뒤, 확장수용의 대상이 되는지 검토하도록 한다.

2. 보상에 관한 CO사장의 결정

(1) 토지보상법의 보상평가의 근거

헌법 제23조 제3항에서는 '공공필요에 의한 재산권의 수용·사용 또는 제한 및 그에 따른 보상은 법률로써 하되, 정당한 보상을 지급하여야 한다.'고 규정하여 법률 보상주의를 취한다. 또한 토지보상법 제68조에 의하면 사업시행자는 보상액을 산정하는 경우 감정평가법인등 3인을 선정하여 토지 등의 평가를 의뢰하여야 한다고 규정하고 있으며, 보상액 산정기준과 관하여 필요한 사항은 국토교통부령으로 정한다고 규정되어 있다.

(2) 국토교통부 지침의 법적 성질

국토교통부의 지침은 행정규칙으로 이는 행정의 내부사무처리기준인바, 대외적 구속력이 부정되어 법규성이 인정되지 않는다.

(3) 사업시행자의 보상 책정의 부당성 검토

사안의 보상액은 토지보상법 제68조 제1항의 단서 국토교통부령이 정하는 기준에 따라 직접 보상액을 산정한 것도 아니고, 법규성이 없는 국토교통부 지침에 따라 보상액을 책정한 결정은 피수용자를 위한 정당보상의 관점에서 타당성이 인정되지 않는다고 판단된다.

3. 토지소유자 P주장의 정당성

(1) 행정상 손실보상의 의의 및 요건

행정상 손실보상이란 공공필요에 의한 적법한 공권력의 행사로 인해 국민의 재산권에 가해진 특별한 희생에 대하여 사유재산권보장과 공평부담의 견지에서 행정주체가 행하는 조절적 전보이다. 손실보상의 요건은 공공필요, 적법한 공권력 행사로 인한 재산권의 침해, 특별한 희생, 보상규정의 존재이다. 사안에서는 사업인정이 이루어졌으며, 토지소유자의 재산권의 침해가 이루어진바 특별한 희생과 보상규정의 요건이 문제된다.

(2) 특별한 희생의 발생 여부

공용침해로 인한 손실이 특별한 희생인지, 사회적 제약인지 여부에 대하여 〈형식적 기준설〉과 〈실질적 기준설〉이 대립하는데, 통설은 양자 모두 종합적으로 고려해야 한다는 입장이다. 사안의 경우 철도 사업으로 인해 토지소유자 P에게 개별적 손실이 발생했을 뿐만 아니라 농사가 불가능한바, 수인한도를 넘는 특별한 희생에 해당한다.

(3) 보상규정의 존재 여부(토지보상법 제79조 제2항, 시행규칙 제59조 적용가능성)

지하터널공간이 사업시행구역이 되며, 지상은 공익사업시행지역 밖에 해당한다. 또한 장뇌삼 농사가 불가능하게 된 것은 토지가 본래의 기능을 다할 수 없게 된 경우에 해당하고, 이는 시행규칙 제59조의 경작이 불가능하게 된 경우에 해당한다. 따라서 시행규칙 제59조는 해당 사안에서 적용하기 적합한 보상법리가 된다.

4. 소결

C 이사장의 보상금 책정 방식은 법률 보상주의를 위반하여 정당하지 않으며, 지하 공간 일부 사용에 따른 토지소유자가 입은 손실은 단순히 지하사용료보상만으로 충족되지 못하므로, 헌법 제23조 제3항의 정당한 보상과 토지보상법 관련 보상규정 취지상 사업시행자 C의 주장보다 토지소유자 P의 주장이 정당하다 판단된다.

Ⅱ. 〈물음 2〉에 대하여

1. 토지보상법상 P가 주장할 수 있는 권리

(1) 토지보상법 제30조의 재결신청청구권

양 당사자 간 사업인정 후 협의가 성립되지 않았으므로, 토지소유자 P는 사업시행자를 상대로 재결신청을 청구할 수 있다. 그러나 토지소유자가 사업시행자에게 재결신청을 청구하여도 사업시행자가 사용재결을 신청할 것이 명백하며, 토지소유자는 토지보상법 제80조에 따라 직접 토지수용위원회에 재결신청이 가능하므로 재결신청청구권은 실효적인 권리구제수단이 되지 못한다.

(2) 토지보상법 제80조 제2항에 따른 재결신청권

협의 불성립 시 사업시행자 또는 손실을 입은 자는 관할 토지수용위원회에 재결을 신청할 수 있다. 사안에서는 협의가 불성립하였으므로 토지소유자는 관할 토지수용위원회에 직접 토지 전체를 수용해달라는 재결을 신청할 수 있다.

(3) 토지수용위원회의 재결에 불복할 수 있는 쟁송제기권(토지보상법 제83조 및 제85조)

토지소유자는 토지수용위원회의 재결에 만족하지 못하는 경우 토지보상법 제83조의 이의신청 및 동법 제85조의 행정소송을 제기할 수 있는 쟁송제기권이 있다.

2. 토지보상법상 토지소유자 P의 주장을 관철하기 위한 권리구제수단

(1) 이의신청(토지보상법 제83조)

토지소유자 P는 관할 토지수용위원회의 재결에 대하여 이의가 있는 경우에는 재결서 정본을 받은 날부터 30일 이내에 관할 토지수용위원회를 거쳐 중앙토지수용위원회에 이의를 제기할 수 있다. 해당 이의신청의 성격은 특별법상 행정심판으로, 이의신청은 임의절차이며, 이의신청의 제기는 사업의 진행 및 토지의 수용 또는 사용을 정지시키지 않는다.

(2) 항고소송(토지상법 제85조)

토지보상법 제85조에 따라 토지수용위원회의 재결에 대하여 항고소송으로 다툴 수 있다. 이때 소송의 형식은 취소소송이나 무효등확인소송이 된다. 판례 역시 수용재결의 처분이 무효인 경우에는 그 재결 자체의 무효확인을 소구할 수 있다고 판시하고 있다.

(3) 보상금증감청구소송(토지보상법 제85조 제2항)

토지수용위원회의 재결에서 정한 보상금에 불복하는 경우에는 토지소유자는 사업시행자를 상대로 보상금 증액을 요구하는 보상금증액청구소송을 제기할 수 있다. 토지수용위원회의 거부재결에 대하여 해당 소송으로 다툴 수 있는지 견해의 대립이 있으나 대법원 판례에서는 잔여지수용청구를 받아들이지 않은 토지수용위원회의 재결에 대하여 토지소유자가 불복하여 제기하는 소송은 보상금증감에 관한 소송에 해당한다 하여 이를 인정하였다.

Ⅲ. 사례의 해결

① 〈물음 1〉과 관련하여 C이사장은 직접 보상액을 산정하는 경우에는 토지보상법에 근거하여 보상금을 산정해야 할 것이다. 토지소유자 P가 입은 장뇌삼 농사를 지을 수 없게 된 손실은 손실보상 대상이 되는 손실에 해당하므로 토지 전체 수용보상이 타당하므로 P의 주장이 정당하다 판단된다.

② 〈물음 2〉에서는 토지소유자의 권리로 토지보상법 제30조 재결신청청구권, 토지보상법 제80조 제2항에 따른 재결신청권, 토지수용위원회의 재결에 불복할 수 있는 쟁송제기권이 있다. 토지소유자 주장을 관철시키기 위하여는 토지수용위원회에 제80조에 따라 수용재결 신청을 하고 그에 대한 기각재결 시 토지보상법 제83조 및 제85조에 따라 이의신청과 행정소송으로 다툴 수 있다. 〈끝〉

ⓠestion 02 30점

I. 〈물음 1〉에 대하여

1. 논점의 정리

해당 사안의 적법 여부는 부동산공시법 제11조의 이의신청이 특별법상 행정심판에 해당하는지 여부로 결정된다. 따라서 이하에서는 해당 이의신청의 법적 성질에 대한 검토를 통해 판단하도록 한다.

2. 개별공시지가 및 개별공시지가의 이의신청의 의의

개별공시지가란 시·군·구청장이 표준지공시지가를 기준으로 산정한 개별토지의 단위면적당 가격을 말한다. 이러한 개별공시지가에 이의가 있는 자는 개별공시지가의 결정·공시일로부터 30일 이내에 서면으로 시장·군수 또는 구청장에게 이의를 신청할 수 있다.

3. 개별공시지가의 이의신청의 법적 성질

(1) 행정심판과 행정심판 아닌 이의신청의 구별실익

이는 행정심판법 제51조에서 행정심판법 재청구 금지를 규정하고 있으므로, 개별공시지가의 이의신청이 만약 행정심판법상 행정심판이라면 이의신청을 거쳐 다시 행정심판을 제기할 수 없기 때문이다.

(2) 관련 규정의 검토(행정기본법 제36조 제4항)

해당 규정에서는 이의신청 결과 통지서를 받은 날로부터 90일 이내에 행정쟁송을 제기할 수 있다고 규정한다.

(3) 판례의 태도

판례에서는 부동산공시법에 따른 이의신청과 행정심판법에 따른 행정심판청구 중 어느 하나만을 거쳐 행정소송을 제기할 수 있을 뿐만 아니라 이의신청을 하여 그 결과 통지를

받은 후 다시 행정심판을 거쳐 행정소송을 제기할 수 있다고 보아야 하고, 이 경우 행정소송의 제소기간은 행정심판 재결서 정본을 송달받은 날부터 기산한다고 판시하였다.

(4) 검토 및 사안의 경우

부동산공시법에 개별공시지가의 이의신청에 대한 사법절차 준용규정이 없다는 점과 대법원이 제시한 부동산공시법상에 행정심판을 배제하는 명시적인 규정이 없다는 점 등에서 개별공시지가의 이의신청은 행정심판이 아닌 행정 내부에 제기하는 불복절차에 불과하다. 따라서 사안의 경우 개별공시지가의 이의신청이 행정심판이 아니므로 이의신청을 거쳐 다시 행정심판을 제기하여도 행정심판법 제51조에 위반되지 않는다.

Ⅱ. 〈물음 2〉에 대하여

1. 관련 행정작용의 법적 성질

(1) 개별공시지가

개별공시지가의 법적 성질에 대해 〈행정계획설〉, 〈행정규칙설〉 등의 견해가 있지만 판례는 처분성을 인정하였다. 개별공시지가는 과세의 기준이 되어 국민의 권리·의무에 영향을 미치는바 행정처분으로 보는 것이 타당하다.

(2) 재산세부과행위

재산세부과행위는 상대방에게 세금납부의 의무를 부과하는 급부하명에 해당한다.

2. 취소소송 제기의 적법성 여부

재산세부과행위는 급부하명으로 취소소송의 대상이 되는 처분이며, P는 세금부과처분에 있어 직접 상대방으로 원고적격이 인정된다. 제소기간 협의의 소익 등 다른 소송요건도 문제의 취지상 모두 갖추었다고 보며 따라서 취소소송 제기는 적법하다.

3. 취소소송의 본안판단

(1) 하자승계의 의의 및 취지

하자승계란 행정행위가 일련의 단계적 절차를 거치는 경우 선행행위의 위법을 후행행위의 단계에서 주장할 수 있는가의 문제이다. 이와 같은 하자승계의 문제는 법적 안정성의 요청과 행정의 법률적합성의 요청의 조화 문제이다.

(2) 하자승계 논의 전제요건

1) 전제조건

선・후행 행위가 모두 항고소송의 대상인 처분이어야 하며, 선행행위의 위법이 취소사유에 불과하여야 하고, 선행행위에 대한 불가쟁력이 발생하여야 하며, 후행행위가 적법하여야 한다.

2) 사안의 경우

개별공시지가와 재산세부과행위는 모두 항고소송의 대상이 되는 처분이며, 개별공시지가에는 취소사유의 위법이 있고, 불가쟁력이 발생하였다. 재산세는 개별공시지가에 기초하여 산정된 바, 재산세부과처분은 적법하다.

(3) 하자승계 인정 여부의 판단기준

〈전통적 하자승계론〉과 〈구속력 이론〉의 견해 대립이 있으며, 판례는 하자승계 인정 여부의 판단을 원칙적으로 선・후행행위의 법률효과 동일성 여부로 판단하면서도 예외적으로 법률효과가 다른 경우라도 수인가능성과 예측가능성을 고려하여 판단하고 있다.

4. 판례의 유형별 검토

(1) 하자의 승계를 인정하는 경우

① 위법한 표준지공시지가결정에 대하여 즉각 시정요구를 하지 않았다는 점으로 수용재

결에서 아예 위법을 주장할 수 없도록 하는 것은 수인한도록 넘는 불이익을 강요하는 것으로 하자의 승계를 인정한 바 있다(대판 2008.8.21, 2007두13845).

② 개별통지를 하지 않은 경우 위법한 개별공시지가결정에 시정하도록 요구하지 아니하였다는 이유로 위법을 주장할 수 없도록 하는 것은 수인한도를 넘는 불이익을 강요하는 것으로서 하자의 승계를 인정한 바 있다(대판 1994.1.25, 93누8542).

(2) 하자의 승계를 부정하는 경우

① 사업인정에 명백하고 중대한 하자가 있어 당연무효라고 볼 특단의 사정이 없는 한 위법 부당함을 이유로 재결의 취소를 구할 수 없다고 판시한바 있다(대판 2009.11.26, 2009두11607).

② 표준지공시지가에 불복하기 위해서는 토지보상법상 이의절차를 거쳐 행정소송을 거쳐야 하고, 개별토지가격을 다투는 소송에서 표준지공시지가의 위법성을 다툴 수 없다고 판시한바 있다(대판 1996.5.10, 95누9808).

③ 최근 중개사무소 판례에서는 하자의 승계를 인정하고, 수인한도를 넘는 가혹함을 가져오고 예측가능한 것이 아니라면 선행처분의 후행처분에 대한 구속력을 인정할 수 없다고 판시하였다(대판 2019.1.31, 2017두40372).

5. 사안의 경우

개별공시지가와 재산세부과처분은 서로 다른 법률효과를 목적으로 한다. 사안에서 P는 자신소유 토지에 대한 개별공시지가에 대해 이의신청과 행정심판을 제기하여 그 청구가 받아들여지지 않자 더 이상 소송으로 다투지 않고 있다. 개별공시지가에 대한 불가쟁력이 발생한 경우로 P에게 더 이상 이를 다투지 못하게 한다고 하여 수인한도를 넘는 가혹한 것이나 예측 불가능한 것이라고 볼 수 없으므로 개별공시지가의 위법을 재산세부과처분의 위법사유로 주장할 수 없다고 보아야 한다. 판례 역시 하자승계를 부정하였다. 〈끝〉

Question 03 [30점]

Ⅰ. 〈물음 1〉에 대하여

1. 논점의 정리

감정평가법인등 P는 건설업자 Q와의 평소 친분관계를 고려하여 Q에게 유리하게 평가하였다. 이와 관련하여 감정평가법 제25조에서는 '감정평가법인등은 자기 또는 친족 소유, 그밖에 불공정한 감정평가를 할 우려가 있다고 인정되는 토지 등에 대해서는 이를 감정평가하여서는 아니 된다'라고 규정하고 있다. 〈물음 1〉에서는 감정평가법상 행정의 실효성 확보수단으로 과징금, 과태료, 벌금에 대한 법적 성질을 비교하여 그 차이를 살펴본다.

2. 벌금, 과징금, 과태료의 의의

(1) 벌금

벌금은 행정목적을 직접적으로 침해하는 행위에 대하여 과해지는 행정형벌의 일종이다. 형법총칙이 적용되며 감정평가법 제49조 내지 제52조에 규정을 두고 있다.

(2) 과징금

과징금이란 행정법규의 위반으로 경제상의 이익을 얻게 되는 경우에 해당 위반으로 인한 경제적 이익을 박탈하기 위하여 그 이익규모에 따라 행정기관이 과하는 행정상 제재금을 말한다. 감정평가법 제41조 과징금은 업무정지처분에 갈음하여 과징금을 부과할 수 있도록 한 것이므로 변형된 과징금에 해당한다.

(3) 과태료

과태료의 부과는 행정목적을 간접적으로 침해하는 행위에 대하여 과해지는 행정질서벌에 해당한다. 감정평가법 제52조에서 500만원 이하의 과태료 부과 규정을 두고 있다.

3. 법적 성질

(1) 공통점

벌금, 과태료, 과징금은 모두 행정의 실효성 확보수단이다. 행정권은 공익실현을 목적으로 국민에 대하여 작위, 부작위, 수인, 급부의무를 부과하게 되는데, 국민이 이러한 의무를 이행하지 않을 경우 여러 가지 강제수단을 동원하게 된다. 그중 행정상 제재로서 의미를 갖는다.

(2) 차이점

① 벌금은 행정의 실효성 확보수단으로서 행정벌 중 행정형벌에 해당한다. 벌금형에 대해서는 상소를 할 수 있다.

② 과징금은 새로운 수단의 행정의 실효성 확보수단으로 행정상 제재금이며, 과징금 부과는 급부하명에 해당한다. 과징금 부과처분에 대하여는 감정평가법 제42조에 따라 이의신청을 할 수 있으며, 이의가 있는 자는 행정심판을 제기할 수 있다. 또한 과징금 부과처분이 항고소송의 대상인 처분이 되므로 항고소송으로 다툴 수 있다.

③ 과태료는 행정의 실효성 확보수단으로서 행정질서벌에 해당한다. 행정청이 행하는 과태료의 부과행위는 행정처분이 되며, 이의신청과 과태료 재판을 통해 다툴 수 있다.

II. 〈물음 2〉에 대하여

1. 논점의 정리

P의 위법행위와 관련하여 하나의 위반행위에 대하여 과징금과 벌금의 중복부과처분의 적법성에 대하여 묻고 있다. 감정평가법상 벌금과 과징금은 모두 국민의 권리·의무에 직접 영향을 미치는 행정처분에 해당하는 것으로, 동일 사안에 대하여 벌금과 과징금을 중복부과하는 경우 그 타당성 여부가 문제된다.

2. 벌금과 과징금의 중복 부과 가능성

(1) 관련 판례 검토

헌법재판소는 '과징금은 행정상 제재금으로서 이를 국가형벌권의 행사로서의 처벌에 해당한다고 할 수 없으므로, 형사처벌과 아울러 과징금의 병과를 예정하고 있더라도 이중처벌금지의 원칙에 위반된다고 볼 수 없다.'라고 하여 과징금과 벌금의 병과는 이중처벌금지의 원칙에 반하지 않는다고 보았다.

(2) 검토

과징금은 행정상 제재금으로서 범죄에 대한 국가의 형벌권 행사로서의 과벌이 아니므로 행정법규 위반에 대하여 벌금 이외에 과징금을 부과하는 것은 이론상 이중처벌금지의 원칙에 반하지 않는다고 봄이 타당할 것이다. 그러나 양자는 실질적으로 이중적인 금전부담으로써 동일 사안에 대해 벌금과 과징금을 함께 부과하는 것은 이중처벌의 성질이 있다 할 것이므로 양자 중 택일적으로 부과하도록 관계법령을 정비할 필요성이 있다고 판단된다.

3. 사례의 해결

P의 위법행위에 대하여 과징금부과처분과 벌금을 병과하여도 헌법 제13조 제1항의 이중처벌금지의 원칙에 위반되지 않으므로 적법한 것으로 보인다.   〈끝〉

– 이하 여백 –

01
A시는 도시개발사업을 하면서 주거를 상실하는 거주자에 대한 이주대책을 수립하였다. 이주대책의 주요내용은 다음과 같다. 이를 근거로 다음 물음에 답하시오. 45점

> • 기준일 이전부터 사업구역 내 자기 토지상 주택을 소유하고 협의계약 체결일까지 해당 주택에 계속 거주한 자가 보상에 합의하고 자진 이주한 경우 사업구역 내 분양아파트를 공급한다.
> • 분양아파트를 공급받지 않은 이주자에게는 이주정착금을 지급한다.
> • 무허가건축물대장에 등록된 건축물 소유자는 이주대책에서 제외한다.

(1) 이주대책의 이론적 및 헌법적 근거를 설명하시오. 5점

(2) 주택소유자 甲이 보상에 합의하고 자진 이주하지 아니한 경우에도 이주대책에 의한 분양아파트의 공급 혹은 이주정착금의 지급을 요구할 수 있는지의 여부를 검토하시오. 20점

(3) 무허가건축물대장에 등록되지 않은 건축물 소유자 乙이 해당 건축물이 무허가건축물이라는 이유로 이주대책에서 제외된 경우에 권리구제를 위하여 다툴 수 있는 근거와 소송방법에 관하여 검토하시오. 20점

02
甲은 하천부지에 임시창고를 설치하기 위하여 관할청에 하천점용허가를 신청하였다. 이에 관할청은 허가기간 만료 시에 위 창고건물을 철거하여 원상복구할 것을 조건으로 이를 허가하였다. 다음 물음에 답하시오. 30점

(1) 甲은 위 조건에 대하여 취소소송으로 다툴 수 있는지 검토하시오. 20점

(2) 甲은 창고건물 철거에 따른 손실보상을 청구할 수 있는지 검토하시오. 10점

03
감정평가 및 감정평가사에 관한 법률 시행령 제29조 [별표 3](감정평가업자의 설립인가의 취소와 업무의 정지에 관한 기준)은 재판규범성이 인정되는지의 여부를 설명하시오. 25점

Question 01 [45점]

I. 논점의 정리

〈물음 1〉에서는 이주대책의 이론적 근거와 헌법적 근거를 설명한 뒤, 〈물음 2〉에서는 이주대책은 최근 대법원의 새로운 판례인 이주대책은 강행규정이라는 대판 2011.6.23, 2007다63089의 전원합의체 판결을 기준으로 하여 자진 이주하지 않은 자에 대한 이주대책의 시행 여부를 검토하도록 한다. 마지막으로 〈물음 3〉에서는 乙이 무허가 건축물의 소유자라도 이주대책의 대상자에 해당할 수 있는지를 토지보상법에서 근거를 찾아보고, 만약 乙이 이주대책대상자에 해당한다면, 이주대책에서 제외시킨 사업시행자의 행위에 대하여 거부처분취소소송을 제기할 수 있는지를 검토하고, 만약 공권이라면 당사자소송의 제기 가능성을 판단한다.

II. 〈물음 1〉에 대하여

1. 이주대책의 의의[토지보상법 제78조]

이주대책이란 공익사업 시행으로 인해 생활의 근거를 상실한 자에게 사업시행자가 택지를 조성하거나 주택을 건설·공급하는 것을 말한다.

2. 이론적 근거

이주대책은 재산권 침해에 대한 보상만으로 메꿔지지 않는 생활권 침해에 대한 보상으로, 종전 생활상태를 원상회복시키고 인간다운 생활을 보장해주기 위한 손실보상의 일환으로 적극적이고 정책적인 배려로 마련된 제도이다.

3. 헌법적 근거

(1) 견해대립

이주대책도 정당보상에 포함되는 것으로 보는 〈헌법 제23조 근거설〉, 이주대책은 인간다운 생활을 할 권리를 규정하고 있다는 〈헌법 제34조 근거설〉, 이주대책은 정당보상에 포함되면서도 경제적 약자에 대한 생존배려의 관점에서 행해지는 것이라는 〈헌법 제23조 및 제34조 동시근거설〉이 대립한다.

(2) 판례 및 검토

헌법재판소는 〈헌법 제34조〉에 근거한 듯 보인다. 정당보상은 재산권 보상뿐만 아니라 생활보상까지 포함하는 것으로 전환되고 있으며, 사회보장의 성격을 갖는 바, 〈헌법 제23조설 및 제34조 동시근거설〉이 타당하다.

Ⅲ. 〈물음 2〉에 대하여

1. 논점의 정리

주택소유자 甲이 보상에 합의하고 자진 이주하지 아니한 경우에도 분양아파트의 공급 혹은 이주정착금의 지급을 요구할 수 있는지 여부를 이주대책의 법적 성질과 판례를 토대로 검토한다.

2. 이주대책의 법적 성질

(1) 생활보상

이주대책은 판례의 태도에 따라 재산권 침해에 대한 보상만으로 메워지지 않는 생활권 침해에 대한 보상으로 이주자들에 대해 종전의 생활상태를 원상으로 회복시키고 인간다운 생활을 보장해 주기 위한 〈생활보상〉으로 보는 것이 타당하다고 판단된다.

(2) 강행규정

판례는 사업시행자의 이주대책 수립·실시 의무를 정하고 있는 토지보상법 제78조 제1항은 물론 동조 제4항 본문 역시 당사자의 합의 또는 사업시행자의 재량에 의하여 적용을 배제할 수 없는 강행법규라고 판시한바, 〈강행규정〉의 성질을 가진다고 봄이 타당하다고 판단된다.

3. 이주대책의 요건

(1) 수립 요건 (영 제40조 2항)

부득이한 사유가 있는 경우를 제외하고 이주대책대상자 중 이주정착지에 이주를 희망하는 자의 가구 수가 10호 이상인 경우 수립·실시하며, 사업시행자가 이주대책대상자에게 택지 또는 주택을 공급한 경우에는 이주대책을 수립·실시한 것으로 본다고 규정하고 있다.

(2) 대상자 요건

1) 대상자 요건(영 제40조 제5항 및 제6항)

① 무허가건축물 등의 소유자와 ② 관계법령에 따른 고시 등이 있은 날부터 계약체결일 또는 수용재결일까지 계속 거주하고 있지 않은 건축물의 소유자, ③ 타인이 소유하고 있는 건축물에 거주하는 세입자는 이주대책 대상자에서 제외한다고 규정하고 있다.

2) 사안의 경우

주택소유자 甲은 주거용 건축물을 공익사업에 제공한 자이며, 무허가건축물 등의 소유자가 아닌바 대상자에 해당한다고 판단된다.

4. 수분양권의 취득 여부

(1) 학설의 대립

사업시행자가 구체적인 계획을 수립하여 통지 내지 공고한 경우 이주대책대상자에게 수분양권이 발생한다고 보는 견해와 이주대책계획 수립 이후에 대상자의 신청을 받아 사업시행자가 이주대책대상자로 확인·결정하여야 비로소 수분양권이 발생한다고 보는 견해가 대립한다.

(2) 검토

법상 이주대책대상자는 이주대책을 수립한 이후에는 추상적인 수분양권이 그 이주대책이 정하는 바에 따라 구체적 권리로 바뀌게 되므로 계획수립시설이 타당하나, 법상 이주대책

대상자가 아닌 경우에는 사업시행자가 대상자로 확인·결정하여야 비로소 수분양권이 발생한다고 보아야 한다. 따라서 〈사안의 경우〉 법상 이주대책대상자로 수분양권을 취득하였다고 보는 것이 타당하다.

5. 이주대책의 재량행위성

(1) 관련 판례의 태도

판례는 사업시행자는 이주대책기준을 정하여 이주대책대상자 중에서 이주대책을 수립·실시하여야 할 자를 선정하여 그들에게 공급할 택지 또는 주택의 내용이나 수량을 정할 수 있고, 이를 정하는 데 재량을 가지므로, 객관적으로 합리적이 아니라거나 타당하지 않다고 볼 만한 다른 특별한 사정이 없는 한 존중되어야 한다고 판시한바 있다.

(2) 검토

판례의 태도에 따르면 객관적으로 합리적이 아니라거나 타당하지 않다고 볼 만한 특별한 사정이 없는 한 사업시행자는 공급할 택지 또는 주택의 내용이나 수량을 정할 재량을 가진다고 보는 것이 타당하다.

6. 사안의 해결

소유자 甲은 토지보상법상 이주대책 대상자에 해당하고, 사업시행자가 이주대책기준을 정하는 것에 대하여 재량이 인정되나, 대상자 범위를 확대하는 것은 가능하다고 볼 수 있지만 범위를 축소하는 것은 인정될 수 없다. 따라서 수분양권을 가진 소유자 甲은 분양아파트 공급을 요구할 수 있다고 판단된다.

IV. 〈물음 3〉에 대하여

1. 乙이 권리구제를 위하여 다툴 수 있는 근거

토지보상법 시행령 제40조 제5항 제1호에서는 무허가 또는 무신고주택 소유자를 이주대책

대상자에서 제외하고 있다. 그러나 동법 시행령 부칙에서는 1989.1.24. 이전 무허가 또는 무신고건축물의 소유자에 대하여 이주대책대상자로 포함하고 있는 바, 乙의 주택이 해당 시점 이전에 건축된 경우라면 법상 이주대책대상자에 해당하므로 사업시행자의 제외행위에 대해 다툴 수 있는 근거가 된다.

2. 권리구제를 위한 소송방법

(1) 개설

이주대책 대법원 판례가 변경됨에 따라 사업시행자는 일정한 요건이 되는 경우 반드시 이주대책 수립·실시 의무를 부담하고, 이주대책의 수립에 따라 피수용자들에게는 실체적 권리가 생겼다고 볼 수 있다.

(2) 사업시행자의 이주대책대상자 제외행위에 대한 항고소송 가능성

1) 제외행위의 법적 성질

사업시행자가 이주대책대상자에서 제외하는 행위는 그 상대방의 권리·의무에 직접 영향을 미치므로 거부처분으로 보아야 한다. 판례 역시 이주대책은 공공사업에 협력한 자에게 특별공급의 기회를 요구할 수 있는 법적인 이익을 부여하고 있는 것이라 할 것이므로, 그들에게는 특별공급신청권이 인정되어 사업시행자가 이를 거부한 경우 항고소송의 대상이 되는 거부처분이라 판시하였다.

2) 거부처분의 항고소송 가능성

사업시행자의 이주대책대상자 제외행위는 거부처분에 해당하므로 취소소송 또는 무효확인소송의 대상이 된다. 또한 乙은 거부처분의 직접 상대방으로 그 거부처분의 취소 또는 무효확인을 구할 법률상 이익이 있다. 다른 소송요건은 사안에서 구체적으로 검토할 근거가 없으므로 충족된 것으로 보면, 거부처분의 하자 정도에 따라 취소소송 또는 무효확인소송을 제기할 수 있다.

(3) 당사자소송

수분양권은 이주대책 실시로 부여받은 권리이며, 토지보상법에 근거하여 발생하는 권리이므로 공법상 권리로 보는 것이 타당하다. 따라서 乙은 법상 이주대책대상자로 수분양권을 취득하였으므로 확인소송의 보충성만 인정된다면 공법상 당사자소송으로 수분양권의 확인을 구할 수 있다.

V. 사례의 해결

이주대책은 생활보상의 일환이며, 〈물음 2〉에서 토지보상법 제79조의 강행규정성으로 인해 甲은 법상 이주대책대상자이므로 분양아파트의 공급요구가 가능하다. 〈물음 3〉에서는 1989.1.24. 이전에 건축된 경우 이주대책의 대상자로 권리구제의 근거가 된다. 이주대책대상자의 제외처분에 대하여는 취소소송이나 무효확인 소송을 제기할 수 있으며, 당사자소송의 제기가 가능하다. 〈끝〉

Question 02 [30점]

I. 〈물음 1〉에 대하여

1. 논점의 정리

하천점용허가에 붙은 조건이 부관인지, 부관이라면 부담인지 조건인지가 문제된다. 따라서 부관의 법적 성질을 검토하고, 제시된 조건에 대하여 취소소송으로 다툴 수 있는지 여부를 부관의 독립쟁송가능성 여부를 통해 검토한다.

2. 원상복구조건의 법적 성질

(1) 부관의 개념 등(행정기본법 제17조)

부관이란 행정행위의 효과를 제한하거나 특별한 의무를 부과하기 위해 주된 행정행위에 부가되는 종된 규율이다. 사안의 허가기간 만료 시 원상회복 조건은 주된 행정행위인 하천점용허가에 부가된 종된 규율로 부관에 해당한다.

(2) 부관의 종류

① 조건이란 불확실한 사실의 발생에 행정행위의 효력발생, 소멸 여부를 결부시키는 부관이며, ② 부담이란 행정행위의 효력발생 여부와 관계없이 사인에게 작위, 부작위, 급부, 수인의무를 부과하는 부관을 말한다.

(3) 사안의 경우

만약 원상회복을 해제조건으로 본다면 허가기간 만료 시에 조건 불이행을 상실한다 하여도 이미 허가받은 상대방은 허가기간 동안 하천점용의 수익을 누렸으므로 허가기간 만료 시에 허가효력 상실은 행정목적 달성에 실익이 없다. 따라서 원상회복조건은 하천점용허가의 수익적 행정행위에 부가된 허가받은 자에게 허가기간 만료 시에 원상회복의 의무를 명하는 것이 행정청의 객관화된 의사로 보이므로 부담에 해당한다.

3. 원상회복조건에 대하여 취소소송으로 다툴 수 있는지 여부

(1) 위법한 부관을 다투는 쟁송형태

위법한 부관을 다투는 쟁송형태로 학설상 논의되고 있는 것은 ① 부관 그 자체에 대해 소를 제기하고 부관만의 위법성을 소송물로 보고 심리하는 〈진정일부취소소송〉, ② 부관부 행정행위 전체를 소의 대상으로 하고 부관 자체의 위법만을 소송물로 보고 심리하는 〈부진정일부취소소송〉, ③ 부관부행정행위 전체를 소의 대상으로 하고 본안에서 부관부 행정행위 전체의 위법성을 소송물로 하는 〈전체취소소송〉이 있다.

(2) 부관의 독립쟁송가능성

1) 학설

① 〈제1설〉은 부담만이 독립된 처분성을 가지므로 진정일부취소소송으로 다투고, 나머지 부

관은 부진정일부취소소송으로 다투어야 한다고 본다.

② 〈제2설〉은 부관이 주된 행정행위로부터 분리 가능 시 독립쟁송이 가능하다고 보며, 부담은 진정일부취소소송으로 그 외 부관은 부진정일부취소소송이 가능하다고 본다.

③ 〈제3설〉의 경우 소의 이익이 있는 한 모든 부관에 대하여 독립쟁송이 가능하고, 소의 형태는 부진정일부취소소송이라고 본다.

2) 판례

부담만이 직접 행정소송의 대상이 될 수 있다고 보고, 부담은 진정일부취소소송이 가능하며, 나머지 부관은 전체취소소송을 제기하여야 한다고 본다. 부진정일부취소소송을 인정하지 않는다.

3) 검토

부담은 독립된 행정행위이므로 진정일부취소소송이 가능하며, 나머지 부관은 국민의 권리구제를 위하여 부진정일부취소소송으로 다툴 수 있게 하는 것이 타당하다.

(3) 사안의 경우

사안에서 원상회복조건은 부담에 해당하고, 부담은 독립된 행정행위이므로 부담만을 취소소송의 대상으로 하여 다툴 수 있다.

Ⅱ. 〈물음 2〉에 대하여

1. 논점의 정리

甲에게 손실보상청구권이 인정되는지와 관련하여 손실보상요건 중 특별한 희생의 판단이 쟁점이 된다.

2. 손실보상의 의의 및 요건

행정상 손실보상이란 공공필요에 의한 적법한 공권력의 행사로 인해 국민의 재산권에 가해진 특별한 희생에 대하여 사유재산권 보장과 공평부담의 견지에서 행정주체가 행하는 조절적 재산전보를 말한다. 요건은 공공필요, 적법한 공권력 행사로 인한 재산권에 대한 침해, 특별한 희생, 보상규정의 존재가 있다. 사안에서는 하천이 공물이라는 점에서 원상회복은 공공필요가 있고 적법한 허가조건에 따른 철거라는 점과 창고건물은 甲의 재산권이라는 것에 문제가 없는바, 창고건물에 따른 甲의 손실이 특별한 희생에 해당하는지가 쟁점이 된다.

3. 특별한 희생의 발생 여부

(1) 특별한 희생의 판단기준

특별한 희생이란 사회적 제약을 넘는 과도한 권익 침해를 의미한다. 특별한 희생의 판단에 대해서는 인적범위의 특정가능성을 판단하는 '형식설'과 침해의 성질 및 강도를 고려하는 '실질설'을 종합적으로 고려해야 할 것이다.

(2) 사안의 경우

甲은 자신이 설치하여 사용할 임시창고에 대해 허가기간 만료 시 자진 철거를 통한 원상회복을 조건으로 하천점용허가를 받은바 이는 원상회복을 관할청에 약속한 것이다. 따라서 창고건물철거에 따른 손실은 보호가치가 있다거나 수인의 한도를 넘는 정도가 아니라고 보이므로 특별한 희생에 해당하지 않는다.

4. 소결

甲의 건물철거에 따른 손실은 특별한 희생이 아니므로, 해당 손실에 대하여 손실보상청구를 할 수 없다. 〈끝〉

Question 03 25점

Ⅰ. 논점의 정리

감정평가 및 감정평가사에 관한 법률(이하 '감정평가법') 시행령 제29조 [별표 3]이 재판규범성이 인정되는지가 문제되는데, 이는 곧 해당 [별표 3]이 대외적 구속력과 대내적 구속력이 인정되는 법규성이 있는지의 문제이다. [별표 3]의 법적 성질을 규명하여 재판규범성 인정 여부를 판단하고자 한다.

Ⅱ. 행정법에서 법규의 개념과 재판규범성과의 관계

1. 행정법에서 법규의 개념

행정법에서 법규의 개념이 협의로 사용될 때는 법령의 형식으로 제정된 또는 행정주체와 국민의 권리의무에 관한 사항을 정하는 일반적·추상적인 규범을 말한다. 광의로는 행정사무의 처리기준이 되는 일반적·추상적인 규범을 말한다. 일반적으로 법규의 개념은 협의로 본다.

2. 법규개념과 재판규범성 관계

재판규범성이란 법원을 구속하게 되어 법원이 재판에서 판단기준으로 삼을 수 있는 규범을 말한다. 따라서 대외적 구속력이 인정되는 법규가 재판규범성이 인정될 수 있으므로 협의의 법규가 재판규범성이 인정된다.

Ⅲ. [별표 3]의 법적 성질

1. 법규명령형식의 행정규칙

[별표 3]은 감정평가법 제29조에 규정되어 있으므로 형식적으로는 법규명령이다. 그러나 [별표 3]의 실질적인 내용은 처분청이 인가취소 또는 업무정지처분을 할 때 처분기준을 정하고 있어, 행정규칙의 실질을 가지고 있다. 이러한 것을 법규명령 형식의 행정규칙이라고 한다.

2. 법규명령 형식의 행정규칙의 성질(법규성 여부)

(1) 학설

① 〈형식설〉에 의하면 법규형식으로 제정된 이상 법규명령이라고 본다.

② 〈실질설〉은 규범을 중시하여 행정기관 내부에서의 사무처리기준이 법규명령의 형식을 취하더라도 행정규칙으로 본다.

③ 〈수권여부기준설〉에 의하면 상위법에서 법규명령의 형식에 의한 기준설정의 근거를 부여하고 있는 경우는 법규명령으로 보고, 수권이 없어 제정된 처분의 기준은 행정규칙으로 본다.

(2) 판례

① 종전 판례는 대통령령의 경우 법규명령으로, 부령의 경우에는 행정규칙의 성질을 가진다고 판시하였지만, ② 최근 판례는 법규명령인지 여부와 상관없이 관할 행정청 및 공무원은 이를 준수하여야 하는바 상대방인 국민에 대한 구속력이 인정된다고 판시한바 있다.

③ 또한 별개 의견에서는 법규성을 인정하는 이론적 기초 위에서 법률상 이익을 긍정하는 것이 합당하다고 주장한 바 있다.

(3) 검토

생각건대, 법적 안정성과 헌법 존중의 측면에서 법규명령인지 여부와 상관없이 대외적 구속력을 인정한 최근 판례의 태도는 타당성이 인정된다고 판단된다. 따라서 [별표 3]의 경우 법규성이 인정된다고 보는 것이 타당하나, 법적 성질에 대하여 견해가 대립하는바 이하에서 법규성이 인정되는 경우와 부정되는 경우로 나누어 재판규범성 인정 여부에 대하여 설명한다.

Ⅳ. 사례의 해결(재판규범성의 인정 여부)

1. 법규성이 인정되는 경우

[별표 3]을 법규명령 형식의 행정규칙으로 볼 경우에는 대외적 구속력이 인정되는바, 재판

규범성이 인정된다고 봄이 타당하다고 판단된다.

2. 법규성이 부정되는 경우

[별표 3]이 행정규칙에 불과하다면 내부지침에 불과하여 대외적 구속력이 인정되지 않으므

로, 재판규범성이 인정되지 않는다고 봄이 타당하다고 판단된다. 〈끝〉

– 이하 여백 –

01

서울특별시장은 도시관리계획결정에서 정해진 바에 따라 근린공원을 조성하기 위하여 그 사업에 필요한 토지들을 공익사업을 위한 토지 등의 취득 및 보상에 관한 법률의 규정에 의거하여 협의를 거쳐 취득하고자 하였으나 협의가 성립되지 않아 중앙토지수용위원회에 재결을 신청하였다. 중앙토지수용위원회의 수용재결(수용의 개시일 : 2005.6.30.)에 따라 서울특별시장은 보상금을 지급하고 필요한 토지를 취득한 후, 6개월간의 공사 끝에 공원을 조성하였다. 공원조성공사가 완료된 후 2년이 지난 뒤 위 토지를 포함한 일대의 토지들이 택지개발예정지구로 지정되었다(고시일 : 2008.6.30.). 국토교통부장관에 의하여 택지개발사업의 시행자로 지정된 대한주택공사는 택지개발사업실시계획의 승인을 얻어 공원시설을 철거하고, 그 지상에 임대주택을 건설하는 공사를 시행하고 있다. 이에 공원조성사업을 위해 수용된 토지의 소유자 甲은 2008.8.30. 서울특별시에 환매의 의사표시를 하였으나, 서울특별시는 甲에게 환매권이 없다고 하여 수용된 토지를 되돌려 주지 않았다. 이러한 경우에 甲이 소유권회복을 위해 제기할 수 있는 소송수단 및 그 인용가능성에 대하여 검토하시오. [40점]

> **공익사업을 위한 토지 등의 취득 및 보상에 관한 법률(개정)**
> **제4조(공익사업)**
> 이 법에 따라 토지 등을 취득하거나 사용할 수 있는 사업은 다음 각 호의 어느 하나에 해당하는 사업이어야 한다.
> 1. 〈생략〉
> 2. 〈생략〉
> 3. 국가나 지방자치단체가 설치하는 청사·공장·연구소·시험소·보건시설·문화시설·공원·수목원·광장·운동장·시장·묘지·화장장·도축장 또는 그 밖의 공공용 시설에 관한 사업
> 4. 〈생략〉
> 5. 국가, 지방자치단체, 「공공기관의 운영에 관한 법률」 제4조에 따른 공공기관, 「지방공기업법」에 따른 지방공기업 또는 국가나 지방자치단체가 지정한 자가 임대나 양도의 목적으로 시행하는 주택 건설 또는 택지 및 산업단지 조성에 관한 사업
> 6. 〈생략〉
> 7. 〈생략〉
> 8. 〈생략〉

02

토지에 대한 개별공시지가 결정을 다투려고 하는 경우 다음 각각의 사안에 대하여 논술하시오. 40점

(1) 甲은 A시장이 자신의 소유토지에 대한 개별공시지가를 결정함에 있어서 부동산 가격 공시에 관한 법률 제10조 제4항에 의하여 국토교통부장관이 작성한 토지가격비준표를 고려하지 않았다고 주장한다. 이에 A시장은 토지가격비준표를 고려하지 않은 것은 사실이나, 같은 법 제10조 제5항의 규정에 따른 산정지가검증이 적정하게 행해졌으므로, 甲소유의 토지에 대한 개별공시지가 결정은 적법하다고 주장한다. A시장 주장의 타당성을 검토하시오. 20점

(2) 乙은 A시장이 자신의 소유토지에 대한 개별공시지가를 결정함에 있어서 부동산 가격 공시에 관한 법률 제10조 제5항에 의하여 받아야 하는 산정지가검증을 거치지 않았다는 이유로 개별공시지가 결정이 위법하다고 주장하였다. A시장은 乙의 주장이 있자 산정지가 검증을 보완하였다. 乙이 검증절차의 위법을 이유로 개별공시지가 결정을 다투는 소송을 제기하려는 경우 그 방법 및 인용가능성은? 20점

03

사적(私的) 공용수용의 의의 및 요건에 대하여 설명하시오. 20점

Question 01 40점

I. 논점의 정리

〈물음 1〉에서는 甲이 토지소유권을 회복하기 위해 제기할 수 있는 소송수단이 문제되며, 이를 위해 환매권의 법적 성질과 환매권의 행사방법을 검토한다. 〈물음 2〉에서는 甲의 소송 인용가능성과 관련하여 환매요건의 충족 여부와 환매권 행사기간을 살펴보고, 환매권 행사기간에 있더라도 공익사업변환으로 환매권이 제한되는가를 검토하도록 한다.

II. 환매권의 개관

1. 의의 및 법적 근거

토지보상법상 환매권이란 공익사업을 위해 취득된 토지가 해당 사업에 필요 없게 되거나 일정기간 동안 해당 사업에 이용되지 않는 경우에 원소유자가 일정한 요건하에 해당 토지의 소유권을 회복할 수 있는 권리를 말한다. 이는 헌법상 재산권 보장에 근거하며, 토지보상법 제91조 및 제92조에 근거한다.

2. 환매권의 법적 성질

(1) 공권인지 여부

① 환매권은 공법적 원인에 의해 상실된 권리를 회복하는 제도이므로 공권력 주체에 대해 사인이 가지는 〈공법상 권리〉라고 보는 견해와, ② 환매권은 피수용자가 자기의 이익을 위하여 일방적으로 행사하는 권리라는 점에서 〈사법상 권리〉라고 보는 견해가 대립한다. 판례는 환매권의 실행방법은 민사상 소유권이전등기청구소송에 의한다고 보아 사권으로 보는 입장이다. 환매권은 공법적 원인에 기하여 야기된 법적 상태를 원상회복하는 수단으로 공권설이 타당하다고 판단된다.

(2) 형성권

형성권이란 요건충족 시 형성적 효력이 발생하는 권리를 말하며 청구권과 달리 상대방이 동시이행항변권을 주장하지 못하는 권리이다. 환매권은 제척기간 내에 이를 일단 행사하면 형성적 효력으로 매매의 효력이 생기는 것으로 보고 있다.

3. 소송수단 및 환매권 행사방법

환매의사표시에 사업시행자가 이를 거부하는 경우 환매권을 공권으로 보면 공법상 당사자 소송에 의해 다투고, 사권으로 보면 민사소송으로 소유권이전등기청구소송에 의해 다툴 수 있다. 환매권자는 수령한 보상금의 상당액을 사업시행자에게 미리 지급하고 일방적으로 의사표시를 행하면 사업시행자의 의사와 관계없이 환매가 성립하게 된다.

Ⅲ. 甲이 토지소유권을 회복할 수 있는지 여부

1. 환매권 행사요건 충족 여부

(1) 토지보상법상 규정

① 토지보상법 제91조 제1항에서 토지의 취득일로부터 10년 이내에 해당 사업의 폐지·변경 그 밖의 사유로 인하여 취득한 토지의 전부 또는 일부가 필요 없게 된 경우와, ② 동법 제91조 제2항에서 취득일로부터 5년 이내에 취득한 토지의 전부를 해당 사업에 이용하지 아니한 때에 환매권을 행사할 수 있다. ③ 판례는 토지보상법 제91조 제1항과 제2항의 두 조항의 요건 중 어느 하나 요건에만 해당하더라도 요건이 성립된 것으로 보며, 제2항의 제척기간이 경과하였더라도 제1항에 의거 환매권을 행사할 수 없는 것은 아니라고 보았다.

(2) 사안의 경우

근린공원 조성사업에 수용된 후 환매시점이 10년 이내에 있고, 해당 근린공원이 택지개발 예정지구에 포함된 후 공원시설을 철거하고 임대주택 건설공사가 진행 중에 있으므로 甲의 토지는 객관적으로 근린공원사업에 필요 없게 된 경우에 해당한다. 사안에서는 사업시행자가 환매가능 통지를 한 경우가 아니며, 토지취득일로부터 10년 이내에 있으므로 환매권 행사기간 내에 있다.

2. 공익사업변환 여부

(1) 공익사업변환의 의의 및 취지

토지보상법 제91조 제6항은 국가·지방자치단체 또는 공공기관이 사업인정을 받아 공익사업에 필요한 토지를 취득한 후 해당 공익사업이 동법 제4조 제1호 내지 제5호에 규정된 다른 공익사업으로 변경된 경우에 환매권 행사기간은 관보에 해당 공익사업의 변경을 고시한 날부터 기산한다고 규정하고 있다. 이는 환매와 재수용이라는 무용한 절차의 반복을 피하는데 취지가 있다.

(2) 공익사업변환의 요건충족 여부

1) 공익사업변환의 요건

공익사업의 변환이 인정되기 위해서는 ① 사업주체가 국가·지방자치단체 또는 공공기관에 해당하고, ② 사업인정을 받은 공익사업이어야 하며 판례는 변환되는 새로운 공익사업도 사업인정을 받거나 사업인정을 받은 것으로 의제되어야 한다고 본다. ③ 또한 변환되는 새로운 공익사업은 토지보상법 제4조 제1호 내지 제5호의 공익사업이어야 한다. 다만, 동 조항에 규정되어 있진 않지만 종래 공익사업과 변경되는 공익사업의 사업시행자가 동일하여야 하는지 문제된다.

2) 사업시행자 동일성이 요건이 되는지 여부

공익사업변환규정은 환매권 인정에 대한 예외적 규정이므로 좁게 해석되어야 한다고 보아 사업시행자 동일성은 공익사업변환의 요건으로 보는 견해가 있다. 그러나 판례는 사업시행자가 변경된 경우 관계법령의 규정 내용이나 입법이유 등으로 미루어 볼 때 공익사업변환이 동일한 것으로 해석되지 않는다고 판시하여 사업주체의 변환을 인정하고 있다. 생각건대, 공익사업변환규정은 침익적 규정이므로 협의로 해석함이 타당하며, 행정주체 간 용도 담합에 의해 토지소유자의 환매권 행사가 불가능하게 되는 문제점이 발생 가능한바 사업시행자 변경 시에는 동 규정을 적용하지 않는 것이 타당하다고 본다.

(3) 사안의 경우

근린공원조성사업은 사업인정을 받은 사업으로서, 사업시행자가 서울특별시로서 지방자치단체에 해당한다. 변경 후 택지개발사업은 토지보상법 제4조 제5호에 해당하는 사업이며, 사업인정이 고시되어 사업인정 의제가 있었다. 사업시행자가 서울특별시에서 한국토지주택공사로 변경되었으나, 사업시행자 변경 시는 공익사업의 변환을 인정하기 어렵다. 따라서 택지개발사업은 공익사업변환의 대상 사업이 아니므로 공익사업의 변환은 이루어지지 않으며, 甲의 환매권 행사가 가능하다고 판단된다.

Ⅳ. 甲의 소유권 회복을 위한 소송수단 및 인용가능성

1. 제3자에 대한 대항력

토지보상법 제91조 제5항은 '환매권은 「부동산등기법」이 정하는 바에 의하여 공익사업에 필요한 토지의 협의취득 또는 수용의 등기가 된 때에는 이를 제3자에게 대항할 수 있다'고 규정하고 있다. 판례에서도 협의취득, 수용의 목적물이 제3자에게 이전되더라도 협의취득, 수용의 등기가 되어 있으면 환매권자의 지위가 그대로 유지되어 환매권자는 환매권을 행사할 수 있다고 판시하였다. 즉 환매권이 발생한 때부터 제척기간 경과로 소멸될 때까지 사이에 언제라도 환매권을 행사하고 이로써 제3자에게 대항할 수 있다.

2. 인용가능성

환매권 성질은 공권으로 보이는바, 甲은 서울특별시를 상대로 공법상 당사자소송을 제기할 수 있고, 인용판결을 받을 수 있다. 또한 甲은 환매 행사요건을 충족하며, 서울특별시는 甲의 토지를 수용하면서 수용의 등기를 하였는바 설사 해당 토지가 제3자에게 소유권이 이전되어 있다 하더라도 제3자에게 대항할 수 있으므로 인용판결을 받을 수 있다. 〈끝〉

Question 02 40점

Ⅰ. 논점의 정리

① 〈물음 1〉에서는 A시 주장의 타당성을 검토하기 위하여 먼저 부동산공시법상 토지가격 비준표를 고려하지 않고 산정한 개별공시지가가 위법한지와 위법성 정도를 검토하고, 산정지가검증을 통해 하자가 치유되었는지 검토한다.

② 〈물음 2〉에서는 개별공시지가 결정의 위법을 다투는 소송의 방법의 문제로, 이는 개별 공시지가의 법적 성질을 통해 검토한다. 또한 소송의 인용가능성에 대해 산정지가검증 의 누락이 개별공시지가의 절차하자를 이루는지와 절차하자의 독자적 위법성, 하자의 정도를 검토하고 최종적으로 A시장의 주장과 같이 산정지가검증의 사후보완을 통해 하자가 치유되었는지를 검토하여 인용 여부를 판단한다.

Ⅱ. 개별공시지가의 개관

1. 의의(부동산공시법 제10조)

부동산공시법상 개별공시지가는 시장·군수 또는 구청장이 개발부담금의 부과 및 그 밖에 다른 법령이 정하는 목적을 위한 지가 산정에 사용되도록 하기 위하여 매년 공시지가의 공시기준일 현재를 기준으로 결정·공시한 관할 구역 안의 개별토지의 단위면적당 가격을 말한다.

2. 법적 성질

① 개별토지가격을 기초로 과세처분 등이 이루어지는 경우 해당 처분청은 개별공시지가에 구속을 받으므로 〈행정행위〉라고 보는 견해와, ② 개별공시지가는 세금 등의 산정기준에 불과하므로 〈행정규칙〉이라는 견해가 대립한다. 판례는 개별공시지가는 국민의 권리나 의무 또는 법률상 이익에 직접적으로 영향을 미치는 것으로서, 항고소송의 대상이 되는 행정처분에 해당한다고 판시하였다.

III. 〈물음 1〉에 대하여

1. 토지가격비준표를 고려하지 않고 산정한 개별공시지가의 위법성 여부

(1) 토지가격비준표의 법적 성질

1) 의의

토지가격비준표는 표준지와 지가산정 대상 토지의 지가형성요인에 관한 표준적인 비교표를 말한다. 부동산공시법 제3조 제8항의 위임이 있으며, 국민의 재산권에 관한 이른바 법규사항을 규율하고 있으나 형식은 행정규칙에 의하고 있어 법령보충적 행정규칙의 법적 성질이 문제된다.

2) 학설

법령의 위임이 있고 그 내용도 법규적 사항을 정하고 있어 대외적 효력을 갖는 〈법규명령〉이라는 견해, 〈행정규칙〉에 불과하는 견해, 〈규범구체화 행정규칙〉으로 보는 견해, 헌법에서 인정하지 않은 형식으로 〈위헌·무효〉라는 견해 등이 대립한다.

3) 판례

① 행정규칙의 형식으로 그 법령의 내용이 될 사항을 구체적으로 정하고 있다면 위임한계를 벗어나지 않는 한 상위법령과 결합하여 법규명령으로서 효력을 갖는다고 판시한바 있다.

② 토지가격비준표는 개별공시지가의 조사·산정지침과 더불어 법률보충적인 역할을 하는 법규적 성질을 가진다고 판시한바 있다.

4) 사안의 적용

토지가격비준표는 상위법령인 부동산공시법 제3조 제8항의 위임을 받아 국토교통부장관이 작성한다는 점과 판례의 태도를 고려하면 법규성이 인정된다고 봄이 타당하다고 판단된다.

(2) 개별공시지가의 하자유형 및 하자정도

부동산공시법 제10조 제4항에서 개별공시지가는 비교표준지의 공시지가를 기준으로 토지가격비준표를 사용하여 지가를 산정하도록 규정하고 있고 토지가격비준표도 대외적 구속력이 있는바, 이를 고려하지 않고 산정한 개별공시지가는 위법하며, 이는 지가산정 방법상의 문제로 내용상 하자에 해당한다. 하자 정도는 중대명백설에 의할 때, 법의 위반이라는 중대성은 인정되나 일반인의 시각에서 하자의 명백성은 인정하기 어려우므로 취소사유에 해당한다.

2. 산정지가검증을 통한 개별공시지가 하자의 치유가능성

(1) 행정행위 내용상 하자의 치유가능성

1) 견해의 대립 및 판례

내용상 하자도 치유가능하다는 견해가 있으나 내용상 하자의 치유를 긍정하면 법률적합성과의 조화가 깨질 수 있어 부정하는 견해가 일반적이다. 판례는 사업계획변경인가처분의 내용상 하자에 대해 사후적 치유를 부정하였다.

2) 검토 및 사안의 경우

법률적합성과 행정능률의 조화를 위하여 부정설이 타당하다. 따라서 사안의 경우 개별공시지가의 내용상 하자는 사후에 산정지가검증을 통해 치유될 수 없다.

3. A시장 주장의 타당성 여부

토지가격비준표를 고려하지 않고 산정한 개별공시지가는 내용상의 하자에 해당하나, 내용상 하자의 치유는 부정되므로 개별공시지가의 하자가 산정지가검증을 통해 치유되었다는 A시장의 주장은 타당하지 못하다고 판단된다.

Ⅳ. 〈물음 2〉에 대하여

1. 개별공시지가 결정의 위법을 다투는 소송의 방법

개별공시지가 결정의 처분성이 인정되고, 사안은 개별공시지가 결정의 부작위가 존재하지 아니한바 개별공시지가 결정의 위법을 다투는 소송의 형태는 항고소송 중 취소소송과 무효등확인소송이 될 것이다.

2. 취소소송의 인용가능성

(1) 소제기의 적법성

개별공시지가 결정의 처분성이 인정되고, 乙은 개별토지의 소유자로 본인 소유토지의 개별공시지가의 위법을 다툴 법적 이익이 존재한다. 다른 소송요건의 구체적 판단 근거는 제시되지 않았으나 계속적 논의를 위해 소송요건이 충족된 것으로 본다.

(2) 산정지가검증을 생략한 개별공시지가의 위법성 여부

1) 절차하자 존재 여부

부동산공시법 제10조 제5항에 의거 검증절차는 원칙적으로 필수적 절차로 볼 수 있다. 따라서 검증을 거치지 않은 개별공시지가의 결정은 절차적 하자를 갖게 된다.

2) 절차하자의 독자적 위법성 여부

학설은 행정상 및 소송상 경제를 위하여 부정하는 견해와 절차적 중요성을 고려해 긍정하는 견해, 재량행위에서만 긍정하는 견해 등이 대립한다. 판례는 기속행위와 재량행위 구별 없이 절차하자의 독자적 위법성을 인정하며, 행정소송법 제30조 제3항에서 절차의 위법을 이유로 한 취소판결을 인정하고 있고, 행정절차의 중요성에 인식하여 긍정설이 타당하다.

3) 하자의 정도

중대명백설에 따를 때 검증절차를 누락한 하자는 중대하나, 일반인의 시각에서 명백한 하자라고 판단하기는 어려우므로 취소정도의 하자로 본다.

(3) 산정지가검증의 사후보완을 통한 하자의 치유가능성

1) 절차하자의 치유가능성 및 치유시기

학설은 행정절차의 목적상 절차하자의 치유를 부정하는 견해, 절차의 사후보완을 통해 하자치유를 긍정하는 견해, 국민의 권익을 침해하지 않는 범위 내에서 하자치유를 긍정하는 견해 등이 대립한다. 행정의 능률성과 국민의 권익보호를 조화하는 차원에서 당사자의 권익구제에 지장을 주지 않는 범위 내 절차하자의 치유를 인정하는 것이 타당하다. 이러한 하자의 치유시기에 대해 판례는 '과세처분에 대한 불복 여부의 결정 및 불복신청에 편의를 줄 수 있는 상당한 기간 내에 하여야 한다고 할 것'이라 하여 행정쟁송 제기 전까지 하자치유가 되어야 한다고 본다.

2) 사안의 경우

산정지가검증의 결여는 개별공시지가 결정의 절차상 하자를 이루며, 하자정도는 취소정도에 해당하고, A시장은 행정쟁송 제기 이전에 산정지가검증을 보완하였으므로 해당 절차하자는 치유되었다고 보는 것이 타당하다.

(4) 법원의 판단(인용가능성)

절차하자가 치유되었으므로 법원은 개별공시지가 결정의 취소소송에서 기각판결을 내릴 것이다.

3. 무효등확인소송의 인용가능성

무효등확인소송에서도 소송요건에는 문제가 없으며, 하자가 치유되었으므로 본안판단 결과 결국 기각판결이 날 것이다.   〈끝〉

Question 03 20점

I. 사적 공용수용의 개관

1. 의의

사적 공용수용이란 특정한 공익사업 기타 복리목적을 위하여 사적주체가 법률적 힘에 의하여 손실보상을 전제로 타인의 재산권을 강제로 취득하는 것을 말한다.

2. 필요성

공익목적의 토지취득은 공적 주체에게 한정되는 것이 일반적이었으나 사회복리행정국가의 이념추구에 따른 공공필요에의 충당, 공익사업의 증대에 대처, 기술적·재원적 측면에서 민간화력 도입의 필요성, 공행정의 활성화를 도모하기 위하여 사적 공용수용이 인정될 필요가 있다.

3. 사적 공용수용의 인정 여부

(1) 법적 근거

공용수용과 보상을 규정한 헌법 제23조 제3항은 수용주체에 대한 직접적인 규정은 없다. 공용수용의 일반법적 지위에 있는 토지보상법에는 제4조 제5호에서 국가나 지방자치단체가 지정한 자의 공익사업수행에 대한 근거를 마련하고 있다. 이외에도 사회기반시설에 대한 민간투자법 등에 규정되어 있다.

(2) 판례

대법원은 어떤 사업이 공익사업인가의 여부는 그 사업 자체의 성질에 의하여 결정할 것이고, 사업주체의 여하에 의하여 정할 것이 아니라고 판시하여 사적 주체에 대하여도 공용수용의 가능성을 긍정한 것으로 보인다.

(3) 검토

공용수용의 허용 여부는 공공필요와 그 실현 여부에 따라 판단되어야 하므로 사적 주체도 공용수용의 주체가 될 수 있을 것이다. 그러나 계속적 공공성 실현을 위한 엄격한 요건을 적용하여 결정하여야 할 것이다.

II. 사적 공용수용의 요건

1. 공용수용의 요건으로서 헌법 제23조 제3항

사적 공용수용은 공적주체에 의한 일반적 공용수용과 주체의 차이만 있으므로 공용수용의 요건은 공용수용을 허용한 헌법 제23조 제3항에서 찾아야 할 것이다. 헌법 제23조 제3항에서는 공공필요, 법률에 근거한 수용, 정당한 보상의 요건을 규정하고 있다.

2. 공공필요

공공필요는 비례의 원칙을 통해 판단될 수 있다. 먼저 공익사업의 공공성이 있어야 하며 국민의 권익과 공익을 가장 적게 침해하는 방법으로 실시하여야 하는 최소침해성이 충족되어야 한다. 또한 공익사업으로 달성하려는 공익과 해당 사업으로 인해 침해되는 공익 및 사익에 비례성이 유지되어야 한다.

3. 법률에 근거한 수용과 정당한 보상

헌법 제23조 제3항은 법률에 따른 공공수용을 허용하고 있다. 또한 공용수용으로 인하여 발생하는 손실에 대하여 정당한 보상을 요건으로 하고 있다. 정당한 보상에 대하여는 헌법재판소와 대법원은 피수용 재산의 객관적 가치를 완전하게 보상하는 완전보상으로 이해하고 있다.

Ⅲ. 결론

오늘날 현대복지국가의 실현을 위하여 공익사업이 증가함에 따라 사적주체에게 수용권을 부여할 필요성이 커지고 있다. 이러한 사적주체는 공적주체와는 달리 경제적 이익을 목적으로 하므로 사적 공용수용 허용 시 엄격한 요건을 거쳐야 하며, 사업공사 중, 사업완료 후에도 계속적인 공공성이 유지되게 하는 것이 중요하다. 〈끝〉

– 이하 여백 –

01 甲은 A道의 일정지역에서 20년 이상 제조업을 운영하여 왔다. A도지사는 「(가칭)청정자연
보호구역의 지정 및 관리에 관한 법률」을 근거로 甲의 공장이 포함되는 B지역 일대를 청
정자연보호구역으로 지정하였다. 그 결과 B지역 내의 모든 제조업자들은 법령상 강화된
폐수 배출허용기준을 준수하여야 한다. 이에 대하여 甲은 변경된 기준을 준수하는 것이
기술적으로 어려울 뿐만 아니라 수질정화시설을 갖추는 데 과도한 비용이 소요되므로 이는
재산권의 수용에 해당하는 것으로 손실보상이 주어져야 한다고 주장한다. 40점

(1) 사례와 같은 甲 재산권의 규제에 대한 보상규정이 위 법률에 결여되어 있는 경우 甲
주장의 타당성을 검토하시오. 20점

(2) 사례와 같은 재산권 침해 논란을 입법적으로 해결할 필요가 있는 경우 도입할 수 있는
'현금보상이나 채권보상 이외의 보상방법' 및 '기타 손실을 완화할 수 있는 제도'에 관하
여 검토하시오. 20점

02 감정평가법인등의 성실의무와 그 의무이행확보수단을 기술한 후 이들 각 수단의 법적 성
질을 비교·검토하시오. 30점

03 공부상 지목이 과수원(果)으로 되어 있는 토지의 소유자 甲은 토지상에 식재되어 있던 사
과나무가 이미 폐목이 되어 과수농사를 할 수 없는 상태에서 사과나무를 베어내고 인삼밭
(田)으로 사용하여 왔다. 또한 甲은 이 토지의 일부에 토지의 형질변경허가 및 건축허가를
받지 않고 2005년 8월 26일 임의로 지상 3층 건물을 건축하고, 영업허가 등의 절차 없이
식당을 운영하고 있다.

(1) 2007년 5월 25일 甲의 토지를 대상으로 하는 공익사업이 인정되어 사업시행자가 甲
에게 토지의 협의매수를 요청하였지만 甲은 식당영업에 대한 손실보상을 추가로 요구
하면서 이를 거부하고 있다. 甲의 식당영업손실 보상에 관한 주장이 타당한지에 대하
여 논하시오. 15점

(2) 위 토지 및 지장물에 대한 보상평가기준에 대하여 설명하시오. 15점

Question 01 40점

I. ⟨물음 1⟩에 대하여

1. 논점의 정리

물음에서 甲은 20년간 제조업을 운영하여 오던 중 재산권 규제에 대하여 손실보상을 주장하는 바 손실보상의 의의 및 요건 등을 검토하고, 甲의 손실이 특별한 희생인지와 특별한 희생이라면 보상규정이 없는 경우에도 보상이 가능한지 헌법 제23조 제3항의 효력에 대해 검토한다.

2. 손실보상의 의의 및 요건(특별한 희생인지 여부)

(1) 손실보상의 의의 및 요건

손실보상이란 행정기관의 적법한 공권력 행사로 인하여 개인의 재산권에 가하여진 특별한 희생에 대하여 사유재산권 보장과 공평부담의 견지에서 행정주체가 행하는 조절적 재산권 보상을 말한다. 사안에서는 공공필요, 재산권에 대한 침해, 적법한 요건은 충족한바 특별한 희생과 보상규정의 존재에 대해 검토하도록 한다.

(2) 특별한 희생인지 여부(소결)

특별한 희생은 인적범위가 특정되고, 침해의 강도 등이 수인한도를 넘는 경우이어야만 한다. 물음에서 甲은 청정자연보호구역으로 지정되면서 폐수배출허용기준을 준수하여야 하는데 기술적인 어려움이 존재하고, 수질정화시설을 갖추는데 과도한 비용이 소요되는 바 甲으로써는 현실적으로 이를 감당하기 어려운 것으로 보인다. 또한 침해의 강도를 고려할 때도 이는 수인한도를 넘은 것으로써 특별한 희생으로 보상함이 타당하다.

3. 보상규정이 결여된 경우(헌법 제23조 제3항의 논의)

(1) 문제점

헌법 제23조 제3항에서는 보상은 법률로써 하도록 규정하고 있는 바 헌법의 취지상 원칙적으로 개별법에 유보되어야 한다. 그러나 청정자연보호구역의 지정 및 관리에 관한 법률에서는 보상규정이 결여된 바, 학설 및 판례 등을 통해 이를 검토하여 보도록 한다.

(2) 학설 및 판례의 태도

① 헌법 제23조 제3항의 해석을 통하여 손실보상을 긍정하는 〈직접효력설〉, 〈유추적용설〉이 있고, 부정하는 〈방침규정설〉, 〈위헌무효설〉이 있으며, 최근 위헌성논의로 〈보상입법부작위 위헌설〉도 있다.

② 대법원은 시대상황을 반영한 판례를 내놓고 있고, 헌법재판소는 공익목적을 위한 재산권한을 분리이론에 따라 재산권의 내용과 한계를 정하는 문제로 보고 있다.

(3) 소결

헌법 제23조 제3항의 논의가 모두 일면 타당성이 있으나, 재산권 침해에 대한 甲의 실질적 해결책은 헌법에 의해 직접 보상하는 것이 실효성이 있다고 생각된다. 다만, 법치주의 원리상 구체적 입법으로 해결하는 것이 타당하다고 보여진다. 이하에서는 89헌마214 결정에서 제시한 ① 종래 목적대로의 사용가능성, ② 현실적 수인가능성이 있는지를 고려하여 입법상 흠결에 대한 쟁점에 대하여 甲주장의 타당성을 고찰한다.

4. 甲주장의 타당성

(1) 甲 공장을 종래 용도 목적대로 사용가능한지 여부

물음에서 20년간 제조업을 운영하던 甲은 청정자연보호구역 지정 등으로 법령상 강화된 폐수배출허용기준을 준수하여야 한다. 이는 제조업의 특성상 종래의 기득권을 유지하는 것이 어렵게 되는 바 甲의 손실보상 주장은 타당하다고 보여진다.

(2) 현실적 수인가능성과 실질적인 이주대책의 필요성

甲은 수질정화시설 등을 갖추어야 하는데 과도한 비용이 들게 되므로 이에 따른 현실적

대응한계와 수인가능성이 낮은바, 입법정책으로 실질적인 이주대책 등이 행해지는 것이 타당하다 판단된다.

(3) 甲주장의 타당성(소결)

위 내용을 검토하여 볼 때, 갑에게 손실보상을 하여야 하는 것이 타당하다 생각된다. 다만 토지보상법상 실효성 있는 해결책 제시가 관건으로 이하에서는 개정법령 등을 구체적으로 검토하기로 한다.

II. 〈물음 2〉에 대하여

1. 입법적 해결의 근본적인 목적(취지)

최근 토지보상법령 개정안에는 현금보상이나 채권보상 이외에 대토보상 등이 새롭게 도입되면서 실효적인 손실보상이 가능토록 입법조치하고 있다. 甲과 같이 공장을 운영하던 지역이 청정자연보호구역으로 지정되면 인근지가가 폭등할 개연성이 높고, 보상금을 받아 기존 공장운영을 종래목적대로 인근에서 할 수 없게 되는 것이 현실이다. 따라서 입법적 해결은 헌법상 존속보장의 취지를 살리고 국민의 재산권을 보호하는 법목적에 부합된다. 이하에서는 그 실질적인 방안으로서 입법적 해결책 등을 상세히 고찰하여 본다.

2. 현금보상이나 채권보상 이외의 보상방법

(1) 대토보상의 현실적 필요성

현금보상이나 채권 이외도 토지보상법 제63조 개정안에는 일정한 기준과 절차에 따라서 토지로 보상받을 수 있는 자를 법정함으로써 인근지가 상승으로 인한 피수용자들의 현실적 박탈감을 해소하는 측면이 있다. 물음에서 甲의 경우 제조공장부지에 대한 실질적 보장책으로서 이주할 수 있는 토지를 보상하는 것은 매우 실효성 있는 조치로 판단된다.

(2) 공사비 등의 보상

물음에서 甲은 20년간 공장을 운영하여 그 공장건물이 시간의 경과 등으로 낡을 수는 있으나 실제 운영에 전혀 어려움이 없는 상태라고 하면 공장 건물을 지을 수 있는 공사비 등을 제공하는 것이 실효적인 조치라고 생각된다.

(3) 검토

현행 토지보상법에서는 대토보상이나 공사비 보상이 적시되어 있지 아니한바 개정안에서는 대토보상 등이 규정되어 매우 바람직하다고 보인다. 다만 물음에서 甲에게 가장 현실성 있는 입법조치는 이주공장을 제공하여 기존의 운영목적에 부합되는 보상조치가 요구되는바 법령의 정비가 요구된다 할 것이다.

3. 기타 손실을 완화할 수 있는 제도

(1) 개특법(개발제한구역 지정 및 관리에 관한 법률)상 매수청구권 제도

개특법에서는 일정기준에 해당되는 경우에 매수청구권제도 등이 있다. 물음에서 甲공장의 경우 재산권 침해에 대하여 매수청구권제도를 해당 법령에 적시한다면 어느 정도 손실을 완화하는 조치로 평가받을 수 있을 것이다.

(2) 기타 세금감면, 규제 완화 등

甲 공장운영에 대하여 이주 시까지 각종 세금을 감면하여 준다든지, 공장설립허가 등을 다시 받는 경우에 규제완화조치 등도 가능하리라 본다. 다만 이에 대한 입법조치가 선행될 때 甲의 실무 현장에서 실질적인 도움이 될 수 있을 것이다.

4. 소결

甲 공장운영에 대한 재산권 침해에 대하여 입법적 해결은 甲의 현실적 문제를 해결하기 위한 필요불가결한 조치이다. 특히 대토보상 등을 통한 공장이주단지 등의 조성은 가장 실효성 있는

손실보상이 될 것으로 사료된다. 기타 손실을 완화할 수 있는 제도로서 B지역 내 폐수배출허용 기준 등이 강화됨으로써 이주가 불가피한 경우, 甲과 같은 제조공장운영자들에게 규제완화, 세금감면 등을 고려해 볼 수 있다.　　　　　　　　　　　　　　　〈끝〉

Question 02 30점

Ⅰ. 논점의 정리

감정평가 및 감정평가사에 관한 법률(이하 '감정평가법') 제25조에서 감정평가법인등의 성실의무를 규정하고 있다. 이러한 성실의무를 위반한 경우에 제재수단으로 업무정지나 설립인가취소, 과징금, 벌금, 과태료 등을 규정하고 있다. 이는 사후적인 제재수단이나, 이를 통하여 성실의무를 강제하는 실효성 확보수단으로서 역할도 하고 있으므로 이하에서 각 규정을 살펴보고, 각 수단의 법적 성질을 비교·검토한다.

Ⅱ. 감정평가법인등의 성실의무와 그 의무이행확보수단

1. 감정평가법 제25조의 성실의무

감정평가법 제25조에서는 감정평가법인등은 동법 제10조에 따른 업무를 하는 경우 품위를 유지하여야 하고, 신의와 성실로써 공정하게 감정평가를 하여야 하며, 고의 또는 중대한 과실로 잘못된 평가를 하여서는 안 된다고 규정하여 감정평가법인등의 성실의무를 규정하고 있다. 이외에도 불공정한 감정평가 금지의무, 매매업 직접 영위 금지의무, 금품수수 금지의무, 비밀누설 금지의무, 이중소속 금지의무 등을 부과하고 있다.

2. 의무이행확보수단

(1) 설립인가취소 또는 업무정지(감정평가법 제32조)

국토교통부장관은 감정평가법인등이 일정한 사유에 해당하는 경우에는 그 설립인가를 취소하거나 2년 이내의 범위에서 기간을 정하여 업무의 정지를 명할 수 있다.

(2) 징계(감정평가법 제39조)

국토교통부장관은 감정평가사가 일정한 사유에 해당하는 경우에는 감정평가관리·징계위원회의 의결에 따라 징계를 할 수 있다.

(3) 과징금, 벌금, 과태료

국토교통부장관은 감정평가법인등이 일정한 사유에 해당되어 업무정지처분을 하여야 하는 경우로 그 업무정지처분이 공익을 해칠 우려가 있는 경우에는 업무정지처분을 갈음하여 5천만원 이하의 과징금을 부과할 수 있다고 감정평가법 제41조에 규정하고 있다. 동법 제49조 내지 제50조에서는 징역 또는 벌금의 벌칙규정을, 제52조에서는 과태료를 규정하고 있다.

(4) 손해배상(감정평가법 제28조)

감정평가법인등이 타인의 의뢰에 의하여 감정평가를 함에 있어서 고의 또는 과실로 감정평가 당시의 적정가격과 현저한 차이가 있게 감정평가하거나 감정평가서류에 거짓을 기록함으로써 감정평가 의뢰인이나 선의의 제3자에게 손해를 발생하게 한 때에는 감정평가법인등은 그 손해를 배상할 책임이 있다.

(5) 검토

최근 감정평가법 전면 제정으로 징계제도 등이 정비되었다. 특히 2007년도 법령개정을 통해 징계제도, 과징금제도 등이 도입되었다. 2007년도 징계제도는 결격사유의 강화와 자격등록제의 시행으로 도입되었으며 과징금 제도는 감정평가의 공공성이 인정되는 공적 평가 분야에서 공익을 위해 도입되었다.

III. 각 수단의 법적 성질의 비교·검토

1. 민사·형사·행정상의 의무이행확보수단

① 감정평가법 제28조의 손해배상책임은 민사상 감정평가법인등의 성실의무 이행확보수

단에 해당한다.

② 감정평가법 제32조의 설립인가취소 또는 업무정지, 제39조의 징계, 제41조 과징금, 제52조
   과태료는 행정상 의무이행확보수단에 해당한다.

③ 또한 감정평가법 제49조 내지 제50조의 벌칙은 형사상 의무이행확보수단이다.

2. 각 수단의 법적 성질 비교

① 설립인가 취소, 업무정지, 징계처분, 과징금은 국토교통부장관이 처분권자로 행하는
   행정행위에 해당한다. 다만, 징계처분은 징계위원회의 의결에 따라 국토교통부장관이
   처분하는 것이며, 과징금은 업무정지에 갈음하여 부과되는 것으로 변형된 과징금이라
   고 한다. 이러한 행정처분은 감정평가법이나 행정절차법에 따른다.

② 과태료는 행정질서벌로 1차적으로는 국토교통부장관이 부과하나, 2차적으로는 과태료
   재판을 통해 법원이 부과하게 된다. 과태료 부과행위는 행정행위이나, 과태료의 부과
   ·징수 또는 불복절차는 질서위반행위 규제법에 따른다.

③ 벌칙은 행정형벌로서 형법총칙이 적용되고, 구체적인 과벌절차는 형사소송법에 따라
   과하여진다.

IV. 결

감정평가사 자격등록제를 통해 자격성에 대한 기준을 강화시키고, 위법한 행위를 한 경우에
징계처분이 가능하도록 징계제도가 도입되었다. 이러한 일련의 제도도입은 감정평가의 신뢰도
회복과 관련이 깊다. 다만, 사후적인 제재수단의 강화보다는 사전적으로 사고를 예방할 수
있는 시스템이 요구될 것으로 판단된다.   〈끝〉

Question 03 30점

Ⅰ. 논점의 정리

〈물음 1〉에서는 무허가건축물 내에서 무허가 영업을 영위하고 있는 甲에게 영업손실보상을 해주어야 하는지를 판단하기 위하여 토지보상법 시행규칙 제45조의 손실보상 대상이 되는 영업에 대한 기준을 검토한다.

〈물음 2〉에서는 손실보상의 일반적 기준인 시가보상, 공시지가 기준평가, 현황평가 원칙 등을 살펴보고, 불법형질변경된 토지의 보상평가기준과 무허가건축물 보상평가기준을 관련규정을 통해 검토한다.

Ⅱ. 〈물음 1〉에 대하여

1. 영업손실의 의의[토지보상법 제77조 제1항]

영업손실이란 수용의 대상이 되는 토지·건물 등을 이용하여 영업을 하다가 그 토지·건물 등이 수용됨으로 인하여 영업을 할 수 없거나 제한을 받게 됨으로 인하여 생기는 직접적인 손실을 말한다.

2. 영업손실의 보상대상인 영업[시행규칙 제45조]

(1) 시간적 기준과 장소의 적법성

사업인정고시일등 전부터 행하는 영업이어야 하며, 사업인정고시일등이라 함은 보상계획의 공고 또는 사업인정고시가 있은 날을 말한다. 또한 영업장소는 적법한 장소여야 한다.

(2) 인적·물적 시설의 구비와 계속적인 영업행위

일정한 장소에서 인적·물적 시설을 갖추고 있어야 한다. 영업장소가 일시적이거나 이동성이 있지 아니하여야 한다. 한편 토지보상법 개정을 통해 영리목적의 영업이라는 문구가 삭제되었다.

(3) 관계법령에 의한 허가 등을 받아 행하는 영업

영업을 행함에 있어 관계법령에 의한 허가 등을 필요로 하는 경우에는 사업인정고시일 등 전에 허가 등을 받아 그 내용대로 행하고 있는 영업이어야 한다.

(4) 무허가건축물 등에서 임차인 영업의 특례

무허가건축물 등에서 임차인이 영업을 하는 경우는 그 임차인이 사업인정고시일 등 1년 이전부터 부가가치세법 제5조에 의한 사업자등록을 하고 행하는 영업은 손실보상의 대상이 된다.

3. 甲주장의 타당성 여부

(1) 판례

판례는 무허가건축물을 사업장으로 이용하는 경우 조세 회피 등 여러 가지 불법행위를 저지를 가능성이 큰 점, 법적 제한을 넘어선 규모의 영업을 하고도 그로 인한 손실 전부를 영업손실로 보상받는 것은 불합리한 점 등에 비추어 보면, 토지보상법의 위임 범위를 벗어났다거나 정당보상의 원칙에 위배된다고 볼 수 없다고 판시한바 있다.

(2) 검토

사안에서 甲이 영위하고 있는 영업은 무허가건축물 내 영업이며, 관계법령에서 음식점영업 허가를 요하는 영업임에도 불구하고 영업허가 없이 행하고 있는 무허가 영업으로서 손실보상의 대상이 아니다. 따라서 甲의 주장은 타당하지 않다.

Ⅲ. 〈물음 2〉에 대하여

1. 토지에 대한 손실보상 기준

(1) 시가보상 및 개발이익 배제

토지보상법 제67조에서는 시가보상원칙을 규정하고 있으며, 해당 공익사업으로 인한 가격

변동은 고려하지 않는다고 규정하고 있다. 개발이익배제방법으로 동법 제70조에서는 해당 사업으로 인한 지가변동이 없는 지역의 지가변동률 적용과 적용공시지가의 소급적용을 규정하고 있다.

(2) 현황평가 및 공시지가 기준평가

토지의 경우 공시지가를 기준으로 보상평가하고, 가격시점에 있어서 현실적인 이용상황을 고려하여 평가하여야 한다. 다만, 현황평가의 예외로서 토지보상법 시행규칙 제24조에서 무허가건축물 등의 부지 및 불법형질변경된 토지의 평가를 규정하고 있다.

(3) 무허가건축물 등의 부지나 불법형질변경 토지 평가의 기준(시행규칙 제24조)

무허가건축물 등의 부지나 불법형질변경된 토지의 보상평가는 무허가건축물 등이 건축될 당시나 토지가 형질변경될 당시의 이용상황을 상정하여 평가한다고 규정하고 있어 현황평가의 예외를 규정하고 있다.

(4) 사안의 경우

1989.1.24. 이전에 건축된 무허가건축물 등은 적법한 건축물로 보고 적법한 것으로 평가되며, 불법형질변경토지도 예외적으로 1995.1.7. 당시 공익사업 시행지구 편입 시 현황을 기준으로 평가한다. 다만 해당 토지는 이와 같은 예외적인 사유에 해당하지 않는바, 토지가 형질변경될 당시의 이용상황인 과수원을 상정하여 전체 토지를 과수원으로 평가하여야 한다.

2. 지장물에 대한 손실보상기준

(1) 평가기준

토지보상법 제75조에 의거 건축물의 이전에 필요한 비용으로 보상하되, 건축물의 이전이 어렵거나 이전으로 인해 종래 목적대로 사용할 수 없게 된 경우, 이전비가 그 물건가격을

넘는 경우, 사업시행자가 공익사업에 직접 사용할 목적으로 취득하는 경우에는 해당 물건 가격으로 보상하도록 규정하고 있다. 동법 시행규칙 제33조에서는 건축물의 가격은 원칙 적으로 원가법으로 평가하도록 규정하고 있다.

(2) 사안의 경우

사안에서 甲의 무허가건축물은 공익사업이 인정되기 이전에 건축되었으므로 이전비로 보 상하되, 이전이 곤란한 경우 등에는 식당으로 이용되고 있다는 점에서 주거용은 아닌 것으 로 판단되므로 보상액은 원가법으로 평가하면 될 것이다.

IV. 사안의 해결

甲의 식당영업은 장소의 적법성과 영업허가 요건을 갖추지 못해 손실보상의 대상이 아니다. 또한 토지는 전체를 형질변경 당시의 이용상황인 과수원을 상정하면 되고, 건축물은 이전비 를 원칙으로 평가하되, 이전이 곤란한 경우 등에는 원가법으로 평가하면 될 것이다. 〈끝〉

– 이하 여백 –

Question 01

甲은 세계풍물 야외전시장을 포함하는 미술품 전시시설을 건립하고자 한다. 甲은 자신이 계획하고 있는 시설이 「공익사업을 위한 토지 등의 취득 및 보상에 관한 법률」(이하 "토지보상법"이라 한다) 제4조 제4호의 "미술관"에 해당하는지에 관하여 국토교통부장관에게 서면으로 질의하였다. 이에 대하여 국토교통부장관은 甲의 시설이 토지보상법 제4조 제4호에 열거된 "미술관"에 속한다고 서면으로 통보하였다. 그 후 甲은 국토교통부장관에게 사업인정을 신청하였다. 40점

(1) 이 경우 국토교통부장관은 사업인정을 해주어야 하는가? 20점

(2) 국토교통부장관은 甲에게 사업인정을 해준 후 2006년 2월 1일 사업시행지 내의 토지소유자인 乙 등에게 이를 통지하고 고시하였다. 이후 甲은 乙 등과 협의가 되지 않자 관할 토지수용위원회에 수용재결을 신청하였고, 2006년 8월 1일 관할 토지수용위원회는 乙 등 소유의 토지를 수용한다는 내용의 수용재결을 하였다. 관할 토지수용위원회의 재결서를 받은 乙은 상기 미술관의 건립으로 인하여 문화재적 가치가 있는 乙 등 조상 산소의 석물·사당의 상실이 예견됨에도 불구하고 이러한 고려가 전혀 없이 이루어진 위법한 사업인정이라고 주장하면서 위 수용재결에 대한 취소소송을 제기하였다. 乙은 권리구제를 받을 수 있는가? 20점

Question 02

감정평가법인등 甲은 「감정평가 및 감정평가사에 관한 법률」 제25조의 성실의무 위반을 이유로 같은 법 제32조 제1항 제11호에 의하여 2006년 2월 1일 국토교통부장관으로부터 등록취소처분을 통보받았다. 이에 甲은 국토교통부장관이 등록취소 시 같은 법 제45조에 의한 청문을 실시하지 않은 것을 이유로 2006년 8월 1일 등록취소처분에 대한 무효확인소송을 제기하였다. 甲의 소송은 인용될 수 있는가? 30점

Question 03

「공익사업을 위한 토지 등의 취득 및 보상에 관한 법률」상 공시지가를 기초로 한 보상액 산정에 있어서 개발이익의 배제 및 포함을 논하시오. 15점

Question 04

재산권의 가치보장과 존속보장에 관하여 서술하시오. 15점

Question 01 40점

Ⅰ. 논점의 정리

1. 〈물음 1〉에서는 사업인정의 요건을 먼저 살펴보고, 국토교통부장관의 서면행위가 사전 결정에 해당하는지 검토하여, 사전결정이라면 구속력이 미치는지 여부를 판단한다. 최종적으로 사업인정신청에 따른 사업인정결정의 요건을 검토하여 문제를 해결한다.

2. 〈물음 2〉에서는 사업인정과 수용재결의 하자승계 논의의 전제요건을 검토하고, 하자승계 판단의 기준을 통해 사업인정과 수용재결의 하자승계 가능성을 판단하여 乙이 권리구제를 받을 수 있는가 검토한다.

Ⅱ. 〈물음 1〉에 대하여

1. 사업인정의 개관

(1) 의의 및 취지(토지보상법 제20조)

사업인정이란 공용수용의 제1단계 절차로 공익사업을 토지 등을 수용 또는 사용할 사업으로 결정하는 것을 말한다. 이는 국민의 사전적 권리구제 및 원활한 공익사업 시행 도모에 취지가 인정된다.

(2) 법적 성질

사업인정은 일정한 절차를 거칠 것을 조건으로 수용권을 설정하므로 설권적 형성행위이며, 공익성 여부를 모든 사정을 참작하여 구체적으로 판단하므로 재량행위의 성질을 갖는다.

(3) 사업인정의 요건

① 토지보상법 제4조에 해당할 것, ② 공공필요가 있을 것, ③ 공공필요는 비례의 원칙으로 판단할 것, ④ 사업시행자의 수행 의사와 수행 능력이 있을 것을 요건으로 한다.

2. 국토교통부장관의 서면통보의 법적 성질 및 구속력

(1) 사전결정

1) 의의 및 법적 성질

사전결정이란 최종적인 행정결정을 내리기 전에 사전단계에서 최종적 행정결정의 요건 중 일부에 대한 종국적 판단이다. 사전결정은 그 자체가 하나의 행정행위이며, 처분권에 포함되므로 법규상 특별한 근거규정이 없이도 행할 수 있다고 보아야 한다.

2) 사전결정의 구속력

① 사전결정이 무효가 아닌 한 사전결정의 대상이 된 사항에 있어서 후행결정에 대하여 구속력을 갖는다는 견해와, ② 사전결정에 구속력을 인정하지 않고 신뢰의 이익만을 인정하는 견해가 대립한다.

생각건대, 사전결정은 종국적 판단으로 내려지는 결정이므로 원칙상 구속력을 인정하는 것이 타당하다고 본다.

(2) 사안의 경우

국토교통부장관의 회신행위는 토지보상법 제4조의 미술관에 해당하는 공익사업임을 확인해준 것으로 사업인정결정 요건 중 일부를 사전에 결정한 사전결정에 해당한다. 또한 특별한 사정이 없는 한 해당결정은 후속되는 사업인정결정에 구속력을 미치게 된다.

3. 甲에게 사업인정을 해주어야 하는지 여부

(1) 사업인정의 요건충족 여부

사전결정으로 甲이 건립하고자 하는 시설이 토지보상법 제4조의 미술관에 해당하는지가 결정되었고 그 구속력이 미치는바, 해당 사업의 공공필요 요건만 검토하여 결정하면 된다.

공공필요 여부는 비례의 원칙을 통한 사업의 공익성과 최소침해성, 관련된 제 이익 간의 비례성을 통해 판단될 수 있다. 사안에서는 이에 대한 구체적 판단근거가 없다.

(2) 사업인정을 해주어야 하는지 여부

해당 사업이 토지보상법 제4조의 미술관에 해당하므로 사업의 공공필요가 인정되면 국토교통부장관은 사업인정을 해주어야 한다. 그러나 공공필요가 충족되지 못한다면 사업인정을 해주지 않아도 된다.

Ⅲ. 〈물음 2〉에 대하여

1. 관련 행정작용의 검토

(1) 사업인정 위법성 여부 및 정도

사안에서는 乙의 토지상에 문화재적 가치가 있는 석물·사당이 존재함에도 이를 전혀 고려하지 않고 사업인정을 결정한 것은 해당 사업이 공익성이 있고 최소침해의 수단이 된다 하더라도 사업과 관련된 제 이익의 비교·형량이 없었다는 점에서 비례원칙에 위반된다. 중대명백설을 따를 때 비례원칙 위반의 중대성은 인정되나, 일반인의 시각에서 하자의 명백성은 인정하기 어려우므로 취소정도의 하자로 본다.

(2) 수용재결의 의의 및 법적 성질(토지보상법 제34조, 제50조)

수용재결이란 사업시행자에게 부여된 수용권의 구체적인 내용을 결정하는 형성적 행위로 공용수용의 종국적 절차이다. 이는 국민의 권익에 영향을 미치는바, 처분성을 갖는다.

2. 수용재결취소소송 소송요건충족 여부

수용재결이 취소소송의 대상이 되며, 토지를 수용당한 토지소유자 乙은 해당 수용재결의 취소를 구할 법률상 이익이 인정된다. 다른 소송요건도 충족된다고 보아 소송의 제기는 적법하다.

3. 재결취소소송의 본안판단

(1) 하자승계의 의의 및 필요성

하자승계란 일련의 행정행위에서 선행 행정행위의 위법을 이유로 적법한 후행 행정행위의 위법을 주장할 수 있는 것을 말한다. 이는 행정행위에 불가쟁력이 발생한 경우라도 국민의 권리보호와 재판받을 권리보장을 위하여 필요성이 인정된다.

(2) 하자승계 논의 전제요건

1) 전제요건

① 선·후행행위가 모두 처분이어야 하고, ② 선행행위의 위법이 취소사유에 불과하여야 한다. ③ 선행행위에 불가쟁력이 발생하여야 하며, ④ 후행행위가 적법해야 한다.

2) 사안의 경우

사업인정과 수용재결 모두 행정행위이고, 사업인정의 통지를 받은 뒤 90일이 경과하여 불가쟁력이 발생하였다. 사업인정은 취소사유에 하자가 있고, 수용재결은 적법하다.

(3) 하자승계 인정 여부 판단기준

1) 학설

① 전통적 하자승계론은 양 행위가 결합하여 동일 효과를 목적으로 하는 경우에는 선행 행위의 하자승계를 인정한다.

② 새로운 견해인 구속력론은 선행행위의 불가쟁력이 후행행위를 구속하여 하자승계를 부정하려면, 대물적·대인적·시적 한계, 예측·수인가능성이 요구된다고 본다.

2) 판례 및 검토

판례는 전통적 하자승계론의 입장이나, 별개의 효과를 목적으로 하는 경우라도 예측·수인가능성이 없다면 하자승계를 인정한다. 전통적 견해를 따르되, 예측·수인가능성을 고려하여 구체적 타당성을 기하는 판례의 입장이 타당하다.

4. 관련 판례의 유형별 검토

(1) 하자의 승계를 긍정하는 경우

① 위법한 표준지공시지가 결정에 대하여 즉각 시정요구를 하지 않았다는 점으로 수용재결에서 아예 위법을 주장할 수 없도록 하는 것은 수인한도를 넘는 불이익을 강요하는 것으로서, 하자의 승계를 인정한 바 있다(대판 2008.8.21, 2007두13845).

② 개별통지를 하지 않은 경우 위법한 개별공시지가 결정에 시정하도록 요구하지 아니하였다는 이유로 위법을 주장할 수 없도록 하는 것은 수인한도를 넘는 것으로 하자의 승계를 인정한 바 있다(대판 1994.1.25, 93누8542).

(2) 하자의 승계를 부정한 경우

① 사업인정에 명백하고 중대한 하자가 있어 당연 무효라고 볼 특단의 사정이 없는 이상 그 위법부당함을 이유로 재결의 취소를 구할 수는 없다고 판시한바 있다(대판 2009.11.26, 2009두11607).

② 표준지공시지가를 다투기 위해서는 처분청인 국토교통부장관에게 이의를 신청하거나 행정심판이나 행정소송을 제기하여야 하며, 그러한 절차를 밟지 않은 채 재산세 등 부과처분의 취소를 구하는 소송에서 표준지공시지가 결정의 위법을 다투는 것은 허용되지 않는다고 판시한바 있다(대판 2022.5.13, 2018두50147).

③ 최근 중개사무소 판례에서는 하자의 승계가 인정된다고 판시한바 있다(대판 2019.1.31, 2017두40372).

5. 사안의 경우

사업인정과 수용재결은 서로 다른 법률효과를 목적으로 하며, 乙에게 사업인정이 개별통지가 된 점, 수용재결의 불복규정이 있는 점 등을 보아 하자승계를 인정할 필요성이 적다고 생각되며, 법원은 기각판결을 내릴 것이다.

Ⅳ. 사례의 해결

1. 〈물음 1〉에서는 서면통지는 사전결정으로 사업인정에 구속력이 미치는 바, 공공필요 요건을 추가적으로 판단하여 사업인정이 이루어져야 한다.

2. 〈물음 2〉에서는 사업인정의 취소정도의 위법성을 갖고 있더라도, 수용재결 간의 하자승계가 인정되지 않은바, 본안에서 기각판결이 날 것이고, 따라서 해당 소송을 통한 乙의 권리구제가 어렵다고 판단된다. 〈끝〉

Question 02 30점

Ⅰ. 논점의 정리

甲이 인용받을 수 있는가를 판단하기 위해 무효확인소송의 소송요건을 충족하였는지 검토하고, 감정평가법상 청문을 결한 설립인가취소처분이 위법한지, 위법하다면 그 정도가 어떠한지를 검토한다. 청문을 결한 처분의 위법성 검토에는 사안이 행정절차법 제22조 제4항의 청문의 예외사유에 해당하는지를 검토하고, 절차하자의 독자적 위법성 여부도 검토되어야 한다.

Ⅱ. 설립인가취소처분의 법적 성질

1. 강학상 철회

사안에서 등록취소처분은 적법하게 성립한 인가처분의 효력을 후에 성실의무 위반이라는 사정으로 인하여 그 효력을 상실시키는 것으로 강학상 철회에 해당한다.

2. 재량행위

감정평가법 제32조 제1항 단서에는 일정한 사유에 해당하는 경우에는 설립인가를 취소하여야 한다고 규정하고 있고, 그 외에는 취소할 수 있다고 규정하므로 재량행위로 판단된다.

Ⅲ. 무효확인소송의 소송요건충족 여부

1. 대상적격, 원고적격, 제소기간 등

설립인가취소는 강학상 철회로 소송의 대상인 처분이고, 甲은 불이익 처분의 직접 상대방으로 취소를 구할 법률상 이익이 인정되며, 무효확인소송은 제소기간 제한을 받지 않는다. 또한 다른 소송요건은 문제가 되지 않는다. 다만, 무효확인소송에서 확인의 이익이 요구되는지 문제된다.

2. 확인의 이익이 요구되는지 여부

(1) 학설

① 무효확인소송이 실질적으로 확인소송으로서 성질을 가지고 있으므로 확인의 이익이 필요하다는 견해와 ② 무효확인소송은 취소소송과 같이 소의 이익이 요구될 뿐 확인의 이익은 요구되지 않는다는 견해가 대립한다.

(2) 판례

최근 대법원은 행정소송은 민사소송과 목적·취지·기능이 다르며, 무효확인소송은 항고소송의 일종이고, 행정소송법 제30조를 무효확인소송에도 준용하고 있어 무효확인 판결 자체만으로도 실효성을 확보할 수 있다는 논거로 무효확인소송에서 확인의 이익이 필요하지 않다고 보았다.

(3) 검토

무효확인판결에는 기속력으로 원상회복의무가 인정되므로 취소소송에서 요구되는 소의 이익과 별도로 확인의 이익이 추가로 요구되지 않는다는 주장이 타당하다.

3. 사안의 경우

사안에서 무효확인소송의 모든 소송요건을 충족하므로 무효확인소송의 제기는 적법하다.

Ⅳ. 무효확인소송의 본안판단

1. 청문이 필수적 절차인지와 절차하자의 존재 여부

(1) 청문의 의의 및 취지(감정평가법 제45조)

청문이란 행정청이 어떠한 처분을 하기에 앞서 당사자 등의 의견을 직접 듣고 증거를 조사하는 절차를 말하며, 이는 사전적 권리구제에 취지가 있다.

(2) 필수적 절차 여부

행정청이 처분을 할 때 다음의 예외사유를 제외하고는 청문을 실시하도록 하고 있다. 예외사유로는 ① 공공복리를 위해 긴급한 처분을 할 필요가 있는 경우, ② 법령상 일정처분을 하여야 함이 객관적으로 증명된 경우, ③ 처분의 성질상 의견청취가 현저히 곤란하거나 명백히 불필요한 경우, ④ 당사자 포기의사가 있는 경우가 있다.

(3) 사안의 경우

감정평가법 제45조에서는 설립인가취소 시 청문절차를 거치도록 규정하고 있고, 사안에서는 청문의 예외사유에도 해당하지 않으므로 청문을 반드시 거쳐야 하는 상황이다. 따라서 청문을 결한 설립인가취소는 절차의 하자를 갖는다.

2. 절차하자의 독자적 위법성 여부

행정소송법 제30조 제3항에서 절차의 위법을 이유로 한 취소판결을 인정하고 있고, 행정절차의 중요성을 인식하여 긍정하는 견해가 타당하다.

3. 법원의 판단

설립인가취소처분이 무효사유라면 인용판결을 내릴 것이고, 취소사유라면 취소소송의 제기기간이 경과한바, 기각판결을 내릴 것이다.

Ⅴ. 사례의 해결

무효확인소송은 모든 소송요건을 갖추었고, 설립인가취소 시 청문을 실시하라는 감정평가법 제45조 및 행정절차법 제22조 제1항, 제4항을 종합적으로 고려하면 청문은 필수적 절차이므로 청문을 결한 설립인가취소는 위법하다. 위법성에 대해 무효 판단 시 인용판결을 받을 것이고, 취소사유 시 기각판결을 받을 것이다. 〈끝〉

Question 03 15점

Ⅰ. 논점의 정리

공용수용은 헌법상 재산권 보장원칙의 예외로서, 헌법 제23조 제3항은 공용수용의 요건으로 공공필요와 법률에 근거, 수용에 따른 정당한 보상을 규정하고 있다. 헌법상의 정당보상을 실현하기 위하여 토지보상법에서는 각종 보상기준을 정하고 있으며, 해당 사업으로 인한 개발이익배제를 원칙으로 하고 있다. 이하 공시지가를 기초로 한 보상액 산정 시 개발이익의 배제와 포함에 대하여 살펴본다.

Ⅱ. 토지보상법상 개발이익의 배제 관련 규정

1. 개발이익의 배제원칙

토지보상법 제67조 제2항에서는 해당 공익사업으로 인하여 토지 등의 가격에 변동이 있는 때에는 이를 고려하지 아니한다고 하여 개발이익의 배제를 규정하고 있다.

2. 개발이익의 배제 방법

(1) 지가변동률 적용 시 배제방법

토지보상법 제70조 제1항에서는 공시지가의 공시기준일부터 가격시점까지는 지가변동률을 적용하여 보상액을 산정하되, 해당 공익사업으로 인한 지가의 영향을 받지 아니한 지역의 지가변동률을 사용하도록 규정하고 있다. 동법 시행령 제37조 제2항에서는 해당 토지가 속한 시·군·구의 지가가 변동된 경우에는 해당 공익사업과 관계없는 인근 시·군·구의 지가변동률을 적용한다고 규정하고 있다.

(2) 적용공시지가의 소급적용

토지보상법 제70조 제5항에서는 공익사업의 계획 또는 시행이 공고 또는 고시됨으로 인하여 취득하여야 할 토지의 가격이 변동되었다고 인정되는 경우에는 해당 공익사업의 공고일 또는 고시일에 가장 가까운 시점에 공시된 공시지가를 적용하도록 규정하고 있어, 해당 공익사업으로 지가가 변동된 경우에는 적용공시지가를 소급적용하여 개발이익을 배제하도록 규정하고 있다.

(3) 해당 공익사업의 시행을 직접목적으로 변경된 용도지역 등 적용 배제

토지보상법 시행규칙 제23조 제2항에서는 해당 공익사업의 시행을 직접목적으로 변경된 용도지역·지구 등은 변경되기 전의 용도지역·지구 등을 기준으로 평가하도록 규정하고 있다.

Ⅲ. 개발이익의 포함

토지보상법에 명시적으로 개발이익의 포함을 규정한 조항은 없다. 그러나 판례는 토지수용으로 인한 보상액을 산정함에 있어서 해당 공공사업과 관계없는 다른 사업의 시행으로 인한 개발이익은 이를 배제하지 아니한 가격으로 평가하여야 한다고 보았다.

Ⅳ. 결(개발이익 배제의 정당보상 합치 여부)

개발이익을 누리는 공익사업시행지 주변 토지소유자와 피수용자 간 형평성 문제를 들어 개발이익의 보상을 주장하는 견해가 있다. 그러나 개발이익은 피수용자의 노력에 의한 것이 아니므로 토지소유자에게 귀속시키는 것보다 사회로 환원시키는 것이 타당하다. 사업지 주변의 과도한 개발이익은 법제도를 정비하여 환원하여야 할 것이다. 다만, 해당사업과 무관한 개발이익은 포함하여 보상하는 것이 타당하다. 〈끝〉

Question 04 15점

Ⅰ. 개설

헌법 제23조 제1항은 모든 국민의 재산권은 보장된다고 규정하여 국민의 재산권보장원칙을 천명하고 있다. 또한 헌법 제23조 제3항은 공공필요 시 손실보상을 전제로 법률에 근거하여 재산권의 공용수용을 규정하고 있다. 따라서 재산권 보장에 관한 헌법 규정을 보면 원칙적으로 재산권의 존속보장이 보장되나, 공공필요를 위한 공용침해 시 재산권의 존속보장은 가치보장으로 전환된다.

Ⅱ. 재산권의 존속보장

1. 의의 및 근거(헌법 제23조 제1항)

재산권 존속보장이란 재산권자가 재산권을 보유하고 향유하는 것을 보장하는 것을 말하며, 헌법 제23조 제1항에서는 모든 국민의 재산권은 보장된다고 규정하여 국민의 재산권 보장을 천명하고 있다.

2. 내용과 한계

재산권의 기본적인 내용은 사용권, 수익권, 처분권이 있다. 오늘날 재산권은 공공필요상 강한 제약을 받는다. 재산권의 본질적인 내용은 보장하되, 재산권의 내용과 한계는 법률로 정한다.

3. 존속보장의 실현제도

공용침해 시에 공공필요성과 환매제도, 위법한 재산권 침해행위에 대한 취소소송, 분리이론 등은 존속보장의 실현제도이다.

Ⅲ. 재산권의 가치보장

1. 의의 및 근거

가치보장이란 공공필요에 의해 재산권에 대한 공권적 침해가 행해지는 경우에 재산권의 가치를 보장하기 위해 보상 등 가치보장조치를 취하는 것을 말한다.

2. 내용과 한계

재산권의 가치보장은 헌법 제23조 제3항에서 정당한 보상원칙을 선언하고 있다. 오늘날 재산권은 공공필요상 강한 사회적 제약을 받는바 공용침해가 재산권에 내재하는 사회적 제약에 그치는 경우에는 재산권자가 이를 감수하여야 하며 보상이 주어지지 않는다.

3. 가치보장의 요건

재산권에 대한 수용·사용·제한에 있어서는 공공필요가 있어야 한다. 이러한 공용침해는 반드시 법률에 근거해야 하며 손실보상 규정이 해당 공용침해를 규정한 법률에 있어야 하는지는 견해가 대립한다.

4. 가치보장의 실현수단

가치보장의 실현수단으로는 손실보상, 매수청구제도 등이 있다.

Ⅳ. 결(존속보장과 가치보장의 관계)

공공필요를 위해 공용침해가 행해지는 경우에는 재산권의 존속보장은 가치보장으로 전환된다. 〈끝〉

– 이하 여백 –

감정평가 및 보상법규 기출문제

Question 01

사업시행자인 甲은 사업인정을 받은 후에 토지소유자 乙과 협의절차를 거쳤으나 협의가 성립되지 아니하여 중앙토지수용위원회에 재결을 신청하였다. 그러나 丙이 乙 명의의 토지에 대한 명의신탁을 이유로 재결신청에 대해 이의를 제기하자, 중앙토지수용위원회는 상당한 기간이 경과한 후에도 재결처분을 하지 않고 있다. 甲이 취할 수 있는 행정쟁송수단에 대해 설명하시오. 40점

Question 02

감정평가사 甲은 감정평가를 함에 있어 감정평가준칙을 준수하지 아니하였음을 이유로 국토교통부장관으로부터 2개월의 업무정지처분을 받았다. 이에 甲은 처분의 효력발생일로부터 2개월이 경과한 후 제소기간 내에 국토교통부장관을 상대로 업무정지처분 취소소송을 제기하였다. 甲에게 소의 이익이 있는지의 여부를 판례의 태도에 비추어 설명하시오 (감정평가 및 감정평가사에 관한 법률 시행령 제29조 [별표 3]은 업무정지처분을 받은 감정평가사가 1년 이내에 다시 업무정지의 사유에 해당하는 위반행위를 한 때에는 가중하여 제재처분을 할 수 있도록 규정하고 있다). 30점

Question 03

토지·물건의 인도·이전의무에 대한 실효성 확보수단에 대해 설명하시오. 20점

Question 04

휴업보상에 대해 약술하시오. 10점

Question 01 40점

I. 논점의 정리

토지수용위원회의 수용재결처분의 부작위에 대하여 수용재결을 신청한 사업시행자 甲이 취할 수 있는 행정쟁송수단이 문제된다. 이를 위해 먼저 토지수용위원회의 재결부작위가 행정소송의 대상이 되는 부작위에 해당하는지 검토한 후, 이에 대한 행정쟁송수단으로 의무이행심판, 부작위위법확인소송, 의무이행소송의 가능성을 검토한다.

II. 수용재결의 법적 성질

1. 의의(토지보상법 제34조, 제50조)

수용재결이란 사업시행자에게 부여된 수용권의 구체적인 내용을 결정하고 그 실행을 완성시키는 형성적 행위로서 수용의 최종단계에 해당한다.

2. 법적 성질

재결은 일정한 법적 효과를 가져오는 처분으로서 행정행위의 성질을 갖는다. 수용재결은 원행정행위에 해당하며, 재결에 사법절차가 준용되므로 준사법적인 행정행위이다.

III. 수용재결부작위가 항고쟁송의 대상이 되는 '부작위'인지

1. 행정쟁송의 대상인 '부작위'에 대한 정의

행정심판법 제2조 제2호 및 행정소송법 제2조 제2호에서는 행정심판과 행정소송의 대상이 되는 부작위에 대하여 '행정청이 당사자의 신청에 대하여 상당한 기간 내에 일정한 처분을 하여야 할 법률상 의무가 있음에도 불구하고 이를 하지 아니한 것'이라고 규정하고 있다.

2. 부작위에 대한 요건 검토

(1) 처분에 대한 당사자의 신청이 있을 것

1) 처분에 대한 신청

부작위가 되기 위해서는 처분에 대한 신청이 있어야 한다. 판례는 비권력적 사실행위 등에 대한 신청은 그 요건을 결한 것으로 본다.

2) 신청자에게 법규상·조리상 신청권이 필요한지 여부

판례는 신청권이 필요하다고 보고 대상적격인 동시에 원고적격의 문제로 보고 있다. 학설은 신청권 존부에 현행 행정소송법은 신청권에 대응하는 '일정한 처분을 하여야 할 의무'를 부작위의 요소로 규정하고 있는 점과 신청권을 소송요건으로 보게 되면 심리부담의 가중을 덜 수 있다는 점에서 대상적격요건설이 타당하다고 판단된다.

(2) 행정청에게 일정한 처분을 할 법률상 이익이 있을 것

'일정한 처분을 할 법률상 의무'는 판례의 태도에 따라 응답의무라고 보는 것이 타당하며 특정의무라고 보면 부작위위법확인소송이 의무이행소송으로 변질될 우려가 있어 응답의무로 보는 것이 타당하다.

(3) 상당한 기간 동안 아무런 처분도 하지 않았을 것

상당한 기간이란 사회통념상 행정청이 해당 신청에 대한 처분을 하는데 필요한 합리적인 기간을 말한다.

3. 사안의 경우

수용재결은 처분에 해당하고, 토지보상법 제28조에서 사업시행자에게 재결을 신청할 수 있다는 재결신청권을 인정하고 있다. 또한 토지보상법상 토지수용위원회는 신청된 수용재결을 반드시 내려야 하는 의무가 있다. 사안에서 토지수용위원회는 사업시행자 甲의 수용

재결신청을 받고도 상당기간이 경과하도록 아무런 처분을 하고 있지 않으므로 이는 항고쟁

송의 대상인 '부작위'에 해당한다.

IV. 甲이 취할 수 있는 행정쟁송수단

1. 부작위위법확인소송

(1) 의의

행정소송법 제4조 제3호에서 부작위위법확인소송을 행정청의 부작위가 위법함을 확인하

는 소송으로 규정하고 있다.

(2) 소송요건

부작위위법확인소송의 대상이 되는 재결의 부작위가 있고, 甲은 수용재결을 신청하였으므

로 토지보상법상 보호하는 이익이 있다. 만약 의무이행심판을 거치지 않은 경우라면 제소

기간의 제한을 받지 않고, 의무이행심판을 거친 경우라면 재결서 정본을 송달받은 날로부

터 90일 이내에 소를 제기하면 된다. 다른 소송요건은 특별히 문제가 없다.

(3) 본안판단

무용한 소송의 반복 방지를 위하여 부작위위법 여부뿐만 아니라 신청에 따른 처분의무가

있는지도 심판의 범위에 포함된다는 〈실체적 심리설〉과 부작위위법 여부만이 심판의 대상

이 된다는 〈절차적 심리설〉이 대립한다. 판례는 절차적 심리설의 입장에 있다. 부작위의

정의규정과 의무이행소송을 인정하지 않고 부작위위법확인소송만을 인정한 입법취지에 비

추어 절차적 심리설이 타당하다.

(4) 사안의 경우

수용재결의무가 있는 중앙토지수용위원회의 부작위는 위법하므로 甲은 인용판결을 받을

수 있을 것이다. 다만, 중앙토지수용위원회가 기각판결을 내린다면, 토지보상법 제85조의

행정소송으로 다툴 수 있을 것이다.

2. 의무이행심판

(1) 의의

행정심판법 제5조 제3호에서 의무이행심판을 당사자의 신청에 대한 행정청의 위법 또는 부당한 거부처분이나 부작위에 대하여 일정한 처분을 하도록 하는 행정심판이라고 규정하고 있다.

(2) 청구요건 검토

의무이행심판의 대상은 거부처분이나 부작위이다. 청구인 적격에 대하여 행정심판법 제13조 제3항은 '법률상 이익이 있는 자'로 규정하고 있다. 청구기간에 대하여는 행정심판법 제27조 제7항에서 부작위에 대한 의무이행심판은 동조의 청구기간을 적용하고 있지 아니하다.

(3) 사안의 경우 및 본안심리

사안의 수용재결부작위는 심판의 대상이 되고, 사업시행자 甲은 토지보상법상 보호되는 법률상 이익이 있고, 부작위에 대한 의무이행심판은 청구기간이 적용되지 아니하므로 모든 요건을 충족하므로 甲은 인용받을 수 있을 것이다.

3. 의무이행소송의 가능성

(1) 의의

의무이행소송이란 당사자의 일정한 행정처분의 신청에 대하여 행정청의 거부나 부작위가 있는 경우에 해당 처분의 발령을 청구하는 소송을 말한다.

(2) 학설

행정청의 제1차적 판단권의 존중과 권력분립원칙에 반한다는 점을 근거로 의무이행소송을 부정하는 견해와 권리구제의 실효성을 위하여 인정하자는 견해, 법정항고소송으로 실효성이 있는 권리구제가 기대될 수 없는 경우에만 의무이행소송을 보충적으로 인정하자는 견해가 대립한다.

(3) 판례 및 검토

판례는 '피고에게 압수물 환부를 이행하라는 청구에 관하여는 현행 행정소송법상 행정청의 부작위에 대하여 일정한 처분을 하도록 하는 의무이행소송은 허용되지 아니한다'고 하여 부정설의 입장이 있으며, 행정소송법의 입법취지상 부정설이 타당하다 판단된다.

V. 사례의 해결

중앙토지수용위원회의 수용재결에 대한 부작위는 행정쟁송의 대상이 되는 부작위에 해당하며, 이에 대하여 사업시행자 甲이 제기할 수 있는 행정쟁송수단으로는 의무이행심판과 부작위위법확인소송이 된다. 의무이행소송은 실효적 권리구제를 위하여 도입이 필요한바 현행 법 개정을 통한 실현이 가능할 것이다. 〈끝〉

Question 02 30점

I. 논점의 정리

업무정지처분의 효력기간이 이미 경과하여 처분의 효력이 소멸한 경우라도 해당 제재적 처분의 전력이 장래의 제재적 처분의 가중요건으로 작용하는 경우 그 제재적 처분의 취소를 구할 소의 이익이 있는지가 문제된다. 이를 해결하기 위해 행정소송법 제12조 후문을 검토하고, 가중된 제재적 처분기준의 법적 성질의 검토가 요구된다.

Ⅱ. 행정소송법 제12조 후문의 검토

1. 행정소송법 제12조 후문의 성질

(1) 문제점

행정소송법 제12조 후문은 '처분 등의 효과가 기간의 경과, 처분 등의 집행, 그 밖의 사유로 인하여 소멸된 뒤에도 그 처분 등의 취소로 인하여 회복되는 법률상 이익이 있는 자의 경우에도 또한 같다'라고 규정하여 이것이 원고적격에 대한 규정인지 문제된다.

(2) 견해의 대립

① 동조 전문은 원고적격에 관한 규정이고, 후문은 취소소송에서의 협의의 소의 이익을 규정한 것으로 보는 견해와, ② 전문과 후문 모두 원고적격에 관한 규정이라고 보는 견해가 대립한다.

(3) 검토

동조 전문과 후문 모두를 원고적격에 관한 규정으로 보면 권리보호의 필요에 관한 규정이 없게 되어 기준설정이 어려우므로 후문을 권리보호의 필요를 규정한 것으로 보는 것이 타당하다.

2. 행정소송법 제12조 후문의 '회복되는 법률상 이익' 의미

(1) 학설

① 행정소송법 제12조 전문의 법률상 이익과 동일하게 파악하는 견해와, ② 후문의 법률상 이익은 전문의 법률상 이익보다 넓은 개념으로 보는 견해가 있다. ③ 여기에 경제, 사회, 문화적 이익까지 모두 포함된다는 견해도 있다.

(2) 판례 및 검토

대법원은 전문과 후문의 법률상 이익을 모두 해당 처분의 근거 법률에 의하여 보호되는

직접적이고 구체적인 이익으로 해석하고, 간접적이거나 사실적·경제적인 이해관계를 가

지는데 불과한 경우는 해당되지 않는다고 본다. 권리보호의 필요성 측면에서 소의 이익의

범위를 원고적격보다 넓게 보는 것이 타당하다고 판단된다.

Ⅲ. 가중된 제재처분의 가능성과 권리보호의 필요 유무

1. 권리보호의 필요가 없는 경우와 예외적으로 인정되는 경우

원칙적으로 처분의 효력이 소멸된 경우, 원상회복이 불가능한 경우, 소송보다 더 간소한 구제

방법이 있는 경우, 이익침해 상황이 해소된 경우 등에는 권리보호의 필요성이 없다. 다만,

예외적으로 처분의 효력이 소멸하였더라도 기본적인 권리회복은 불가능하나 부수적 이익이

있거나 또는 가중된 제재적 처분이 향후에 예상되는 경우에는 권리보호의 필요성이 인정된다.

2. 감정평가법 시행령 제29조 및 [별표 3]의 법적 성질

(1) 문제점

감정평가법 시행령 제29조 [별표 3]은 대통령령 형식이나, 실질은 행정규칙으로 대외적

구속력 여부가 문제된다.

(2) 학설

법규명령의 형식으로 규정된바 법규명령으로 보는 〈법규명령설〉, 법규의 형식으로 제정되

어도 행정규칙으로서의 성질이 변하지 않는다는 〈행정규칙설〉 등의 견해대립이 있다.

(3) 판례

행정행위가 기속행위인지 재량행위인지에 속하는지 여부는 일률적으로 규정하여 지을 수

없고, 처분의 근거가 된 규정의 형식이나 체재 또는 문언에 따라 개별적으로 판단하여야

한다고 판시하고 있다. 또한 (구)도시 및 주거환경정비법 시행령 제10조 제1항 [별표 1]은

동법 제7조의 제2항의 위임규정에 따라 규정형식상 대통령령이므로 그 성질이 부령인 시

행규칙이나 또는 지방자치단체의 규칙과 같이 통상적으로 행정조직 내부에 있어서 행정명령에 지나지 않는 것이 아니라 법규명령에 해당한다고 할 것이라고 판시한바 있다.

(4) 검토

대통령령 형식의 재량준칙에 대하여는 법규성을 인정하고 있고, 법치주의에 근거한 형식의 엄격성, 절차적 정당성 및 법규명령에 대한 국민의 예측가능성을 부여하는 점에 비추어 법규명령으로 봄이 타당하다고 판단된다.

3. 사안의 경우

2개월의 업무정지기간이 지나서 업무정지처분의 효력이 소멸하였더라도 2년 이내에 다시 업무정지사유에 해당하는 위반사유가 있는 경우에는 가중된 제재처분을 받을 위험성이 있고, 현재 업무정지처분 후 2년이 경과하지 않았으므로 甲은 취소소송을 통해 장래의 불이익을 제거할 권리구제의 필요성이 인정된다.

Ⅳ. 사례의 해결

甲은 취소소송을 통해 회복되는 부수적 이익이 있으므로 권리보호의 필요성이 인정된다.

〈끝〉

Question 03 20점

Ⅰ. 논점의 정리

사업시행자는 토지수용위원회의 수용재결에서 정한 수용개시일까지 보상금을 지급 또는 공탁함으로써 수용의 개시일에 토지나 물건의 소유권을 취득하며, 그 토지나 물건에 관한 다른 권리는 이와 동시에 소멸한다. 그리고 토지소유자 및 관계인, 토지나 물건에 권리를 가진 자는 수용개시일까지 해당 토지나 물건을 사업시행자에게 인도하거나 이전하여야 한다. 피수용자가 인도·이전의무를 다하지 아니할 때에 사업시행자에게 어떠한 실효성 확보수단이 있는지 문제가 된다.

Ⅱ. 토지보상법상 실효성 확보수단

1. 대행(토지보상법 제44조)

대행이란 수용목적물의 인도, 이전이 불가능한 경우 사업시행자의 신청에 의해 시·군·구청장이 이를 대행하는 것을 말한다. 대행의 요건으로는 ① 토지나 물건을 인도하거나 이전할 자가 고의나 과실 없이 그 의무를 이행할 수 없거나, ② 사업시행자가 과실 없이 의무자를 알 수 없는 경우 사업시행자 청구에 의해 대행한다.

2. 대집행(토지보상법 제89조)

(1) 의의

공법상 대체적 작위의무의 불이행 시 행정청이 그 의무를 스스로 행하거나 제3자로 하여금 행하게 하고 의무자로부터 비용을 징수하는 것을 말한다.

(2) 요건

1) 토지보상법상 요건(토지보상법 제89조 제1항)

① 이 법 또는 이 법에 의한 처분으로 인한 의무를 이행하여야 할 자가 의무를 이행하지 아니하거나, ② 기간 내에 의무를 완료하기 어려운 경우, ③ 의무자로 하여금 그 의무를 이행하게 하는 것이 현저히 공익을 해한다고 인정되는 사유가 있는 경우 사업시행자가 시·도지사나 시장·군수 또는 구청장에게 대집행을 신청할 수 있다고 규정하고 있다.

2) 행정대집행법상 요건(대집행법 제2조)

① 대체적 작위의무의 불이행 시, ② 다른 수단으로 그 이행 확보가 곤란한 경우, ③ 그 불이행을 방치함이 심히 공익을 해할 것으로 인정될 때 대집행을 할 수 있다고 규정하고 있다.

(3) 토지·물건 인도의무가 대집행의 대상이 되는지 여부

1) 학설 및 판례의 태도

〈긍정설〉에 의하면 토지·물건의 인도·이전의무가 비대체적 작위의무이기는 하지만 토지보상법 제89조에서 대집행을 규정하고 있으므로 토지물건의 인도의무는 대집행의 대상이라고 본다. 〈부정설〉은 토지·물건의 인도의무는 대체적 작위의무가 아니므로 대집행이 불가하다고 본다. 판례는 〈부정설〉의 입장을 판시하였다.

2) 검토

신체에 의한 점유를 하고 있는 경우에는 대집행을 할 수 없다고 보는 것이 타당하며, 토지나 건물의 인도의무는 비대체적 작위의무로 행정대집행의 대상이 될 수 없다. 토지보상법 제89조는 대집행이 가능한 경우에 한하여 인정되는 것으로 보아야 할 것이다.

3. 토지보상법 규정의 행정형벌

토지보상법 제95조의2에서는 제43조를 위반한 자에 대하여 1년 이하의 징역 또는 1천만원 이하의 벌금에 처하도록 하고 있다.

Ⅲ. 기타 실효성 확보수단

직접강제는 국민의 인권을 가장 크게 제약하기 때문에 최후의 수단으로 인정되어야 하며, 반드시 법률의 근거를 요한다고 보아야 한다. 현행 토지보상법에는 직접강제를 인정하는 규정이 없으므로 불가하다. 기타 실효성 확보 수단으로는 명단공표, 공급거부, 관허사업의 제한 등이 있다.

Ⅳ. 결

현행 토지보상법의 불완전한 규정으로 토지·물건의 인도이전의 불이행이 있는 경우 사업시행자는 법외보상의 수단으로 인도이전을 강구하는 경향을 보이고 있다. 따라서 원활한

사업수행을 위하여 악의의 점유행위를 강제할 수 있는 직접강제제도를 고려해 볼 필요가

있다.   〈끝〉

Question 04 10점

Ⅰ. 개설

토지보상법 제77조 제1항 및 동법 시행규칙 제47조에서 영업의 휴업보상을 규정하고 있

고, 동 시행규칙 제45조에서는 보상대상이 되는 영업의 요건을 규정하고 있다. 휴업보상은

기대이익의 상실에 대한 일실손실보상의 성격을 갖는다.

Ⅱ. 영업손실보상의 의의 및 요건

1. 영업손실보상의 의의 및 요건(토지보상법 제77조 제1항)

영업손실보상이란 공익사업 시행에 따라 영업을 폐지 또는 휴업하게 되는 경우 발생하는

손실을 보상하는 것으로서 생활재건에 취지가 있으며, 일실손실의 보상, 생활보상, 간접보

상의 성격을 가진다.

2. 영업손실의 보상대상 요건(시행규칙 제45조)

(1) 시간적, 장소적, 계속적 요건(칙 제45조 제1호)

사업인정고시일 등 전부터 적법한 장소에서 인적·물적 시설을 갖추고 계속적으로 행하고

있는 영업이어야 하며, 무허가건축물 등에서 임차인이 영업하는 경우에는 사업인정고시일

등 1년 전부터 사업자 등록을 하고 행하고 있는 영업일 것을 요건으로 한다.

(2) 허가, 신고 등 요건(칙 제45조 제2호)

영업을 행함에 있어 관계 법령에 의한 허가 등을 필요로 하는 경우에는 사업인정고시일

등 전에 허가 등을 받아 그 내용대로 행하고 있는 영업일 것을 요건으로 한다.

Ⅲ. 영업의 휴업보상(시행규칙 제47조)

1. 이전하는 영업의 휴업보상

공익사업의 시행으로 인하여 영업장소를 이전해야 하는 경우의 영업손실은 휴업기간에 해당하는 영업이익에 휴업기간 중 고정적 비용과 이전비용 및 이전에 따른 감손액, 부대비용을 합한 금액으로 평가한다. 휴업기간은 원칙적으로 4개월 이내로 하되 2년을 초과할 수 없다.

2. 시설의 설치·보수에 따른 영업보상

영업시설의 일부가 편입됨으로 인하여 잔여시설에 그 시설을 새로이 설치하거나 잔여시설을 보수하지 아니하고는 그 영업을 계속할 수 없는 경우에는 소요기간의 영업이익에 시설 설치 등 통상 소요비용과 영업규모 축소에 따른 영업용 고정자산·원재료 등의 매각손실액을 더한 금액으로 평가한다. 다만, 금액이 이전에 따른 휴업보상액을 초과할 수 없다.

3. 임시영업소를 설치하는 경우의 보상

영업을 휴업하지 않고 임시영업소를 설치하여 영업을 계속하는 경우의 영업손실은 임시영업소의 설치비용으로 평가한다. 다만, 이 경우의 보상액은 이전에 따른 휴업보상액을 초과할 수 없다. 〈끝〉

– 이하 여백 –

Question 01

공익사업시행자 X는 A시 지역에 공익사업을 시행하기 위하여 사업인정을 신청하였고, 이에 국토교통부장관으로부터 사업인정을 받았다. 한편, 이 공익사업의 시행에 부정적이었던 토지소유자 Y는 국토교통부장관이 사업인정 시 공익사업을 위한 토지 등의 취득 및 보상에 관한 법률 제21조에 의거 관계도지사와 협의를 거쳐야 함에도 이를 거치지 않은 사실을 알게 되었다. Y는 이러한 협의를 결한 사업인정의 위법성을 이유로 관할 법원에 사업인정의 취소소송을 제기하였다. Y의 주장은 인용가능한가? 40점

Question 02

국토교통부장관이 감정평가 및 감정평가사에 관한 법률(이하 '감정평가법')을 위반한 감정평가법인에게 업무정지 3개월의 처분을 행하였다. 이에 대응하여 해당 법인은 위 처분에는 이유가 제시되어 있지 않아 위법하다고 하면서 업무정지처분취소소송을 제기하였다. 그러나 국토교통부장관은 (1) 감정평가법에 청문규정만 있을 뿐 이유제시에 관한 규정이 없고, (2) 취소소송 심리도중에 이유를 제시한 바 있으므로 그 흠은 치유 내지 보완되었다고 주장한다. 이 경우 국토교통부장관의 주장에 관하여 검토하시오. 30점

Question 03

생활보상에 관하여 약술하시오. 20점

Question 04

공익사업을 위한 토지 등의 취득 및 보상에 관한 법률에 규정되어 있는 손실보상의 원칙을 약술하시오. 10점

Qestion **01** 40점

Ⅰ. 논점의 정리

사업인정 취소소송의 인용가능성을 판단하기 위하여 먼저 소제기의 적법성을 검토한 후 본안판단에서는 사업인정 시 관계 도지사와 협의를 결한 절차하자가 존재하는지, 존재한다면 절차하자만으로 독자적 위법성이 인정되는지 검토하고, 인정된다면 하자의 정도는 어떠한지를 살펴본다. 마지막으로 원고의 주장이 타당하다고 인정되는 경우 공익을 위하여 사정판결을 내릴 수 있는지 검토한다.

Ⅱ. 사업인정의 개관

1. 의의 및 취지[토지보상법 제20조]

사업인정이란 공용수용의 제1단계 절차로 공익사업을 토지 등을 수용 또는 사용할 사업으로 결정하는 것을 말한다. 이는 국민의 사전적 권리구제 및 원활한 공익사업 시행 도모에 취지가 인정된다.

2. 법적 성질

사업인정은 일정한 절차를 거칠 것을 조건으로 수용권을 설정하므로 설권적 형성행위이며, 공익성 있는지 여부를 모든 사정을 참작하여 구체적으로 판단하므로 재량행위의 성질을 갖는다.

Ⅲ. 취소소송 제기의 적법성 검토

① 사업인정은 형성처분으로 항고소송의 대상이 된다.

② 또한 사업인정이 있게 되면 토지보상법 제25조에 따라 고시된 토지에 대하여는 형질변경 등 일정한 제한이 따르며 사업인정에 대하여 이해관계가 있는 자의 의견을 들어야 한다는 토지보상법 제12조 등은 고시된 토지의 소유자 이익을 보호하는 규정으로 볼 수 있는바, 토지소유자 Y의 원고적격이 인정된다.

③ 제소기간, 관할 등 다른 소송요건도 문제 없는바, 취소소송의 제기는 적법하다 판단된다.

Ⅳ. 사업인정의 취소소송 인용가능성

1. 절차하자의 존재 여부

(1) 토지보상법 제21조 의의 및 취지

국토교통부장관은 사업인정을 하고자 하는 때에는 관계 중앙행정기관의 장 및 시·도지사 및 동법 제49조에 따른 중앙토지수용위원회와 협의하여야 하며, 중앙토지수용위원회 및 사업인정에 관하여 이해관계가 있는 자의 의견을 들어야 한다고 규정하고 있다. 이는 사업 인정의 남용을 방지하고, 피수용자의 권익 침해를 최소화하며, 법적 안정성 및 공공사업의 정당성을 기함에 그 취지가 인정된다.

(2) 관계 도지사와 협의의 성질과 구속력

관계기관의 협의의견은 원칙상 주무 행정청을 구속하지 않는다. 다만, 법상 명시적으로 규정된 협의절차를 이행하지 않고 한 처분은 협의의 중요성에 따라 무효 또는 취소할 수 있는 행위가 된다.

(3) 사안의 경우

사업인정 시 관계 도지사와 협의를 하도록 명시적으로 규정하고 있으며, 협의는 사업인정 의 절차를 이루므로 협의를 결한 사업인정은 절차의 하자를 갖는다.

2. 절차하자의 독자적 위법성 인정 여부

(1) 문제점

행정행위가 실체적 하자가 없고 절차적 하자만 있는 경우에 해당 행정행위의 위법성을 인정할 수 있는지가 문제된다.

(2) 학설 및 판례의 태도

〈소극설〉은 절차상 하자를 이유로 취소하더라도 행정청은 절차의 하자를 치유하여 동일한 내용의 처분을 다시 할 수 있으므로 소송경제상 독자적 위법성을 부정하는 견해이며, 〈적극설〉은 취소판결의 절차의 위법을 이유로 취소된 경우에도 이를 준용하여 독자적 위법성을 인정한다. 〈절충설〉은 기속행위와 재량행위를 구분하여 재량행위에 있어서만 절차하자의 독자적 위법성을 긍정한다. 판례는 재량행위뿐만 아니라 기속행위에서도 절차하자의 독자적 위법성을 긍정하여 적극설의 입장이다.

(3) 검토

취소판결의 기속력이 절차의 위법을 이유로 취소된 경우에도 준용하고 있는 점과 적극설을 취하면 절차 중시의 행정을 유도할 수 있어 〈적극설〉이 타당하다.

3. 위법성의 정도

사업인정 시 관계 도지사와 협의하도록 하는 취지는 공익사업의 진행에 관련되는 행정청의 협조와 관계되며 구속력을 가지는 것은 아니다. 따라서 협의 누락은 하자의 중대성은 인정되나 일반인의 시각으로 명백한 하자라고 보기는 어려운바 취소 정도로 보는 것이 타당하다.

V. 사정판결의 가능성

1. 문제점

사정판결이란 취소소송에서 본안심리 결과 원고의 청구가 이유 있다고 인정되는 경우에도 공공복리를 위하여 원고의 청구를 기각하는 판결을 말한다(행정소송법 제28조). 사안에서 사업인정이 절차하자로 취소 정도의 위법성이 인정되나 공익사업에 따른 공공복리를 위하여 법원이 사정판결을 내릴 수 있는지가 문제된다.

2. 요건

처분이 본안심리를 통해 위법성이 인정되어야 하고, 처분을 취소하는 것이 현저히 공공복리에 적합하지 않아야 한다. 당사자의 신청이 필요한지에 대하여는 견해가 대립하지만 판례는 행정소송법 제26조의 직권심리주의의 규정을 근거로 법원이 직권으로 사정판결을 할 수 있다고 본다.

3. 사안의 경우

사안에서는 사업의 진행정도나 관련된 이익의 비교·형량을 할 만한 구체적인 설명은 없다. 만약 실체적 하자가 없고 단지 협의의 누락만 있는 경우이며, 사업의 공익성이 토지소유자 Y의 사익보다 월등하다면 법원은 사정판결을 할 수 있을 것이다.

VI. 사례의 해결

관계 도지사의 협의를 누락한 사업인정은 절차하자를 갖고, 그 위법성은 취소 정도에 해당한다. 해당 사업의 취소가 공공복리에 현저히 반하고, 이것이 토지소유자 Y의 사익보다 크다면 사정판결의 가능성도 있다. 사정판결이 내려지면 Y는 인용판결을 받지 못한다.　　　〈끝〉

Question **02** 30점

I. 논점의 정리

〈주장 1〉에 관하여는 국토교통부장관이 감정평가 및 감정평가사에 관한 법률(이하 '감정평가법')에 이유제시 규정이 없다는 이유로 업무정지처분 시 이유제시를 하지 않아도 되는지가 문제된다. 이에 대해 행정절차법 제23조를 검토하여 주장의 타당성을 검토한다.

〈주장 2〉에 관하여는 이유제시의 흠이 치유가능한지 살펴보고, 치유가능하다면 치유가능시기는 언제까지인지를 검토하여 주장의 타당성을 검토한다.

Ⅱ. 관련 행정작용의 법적 성질

업무정지처분은 강학상 하명에 해당하며, 감정평가법 제32조 제1항에서 '업무의 정지를 명할 수 있다.'라고 규정하고 있고, 동법 시행령 제29조의 업무정지처분에 관한 기준을 정하고 있는 [별표 3]이 법규명령이라 하더라도 동조에 가중·감경규정을 두고 있어 업무정지처분은 재량행위라고 봄이 타당하다.

Ⅲ. 국토교통부장관의 〈주장 1〉에 대하여

1. 행정절차법 제23조의 처분의 이유제시

(1) 의의 및 기능

행정청은 처분을 하는 때에는 당사자에게 처분의 근거와 이유를 제시하여야 한다. 이는 행정이 신중·공정하게 행해지도록 하며, 상대방에게는 쟁송제기 여부를 판단하고 쟁송제기 준비에 편의를 제공하는 기능을 한다.

(2) 이유제시의 대상 처분 및 예외사유

행정청이 행하는 모든 처분에는 원칙적으로 처분 이유를 제시하여야 한다. 다만, ① 신청 내용을 모두 그대로 인정하는 처분인 경우, ② 단순·반복적인 처분 또는 경미한 처분으로서 당사자가 그 이유를 명백히 알 수 있는 경우, ③ 긴급을 요하는 경우에는 예외사유에 해당한다. 그러나 ②, ③의 경우 처분 후 당사자가 요청하는 경우에는 근거와 이유를 제시하여야 한다.

(3) 이유제시 정도

행정절차법 시행령 제14조의2에서 '처분의 이유를 제시하는 경우에는 처분의 원인이 되는 사실과 근거가 되는 법령 또는 자치법규의 내용을 구체적으로 명시하여야 한다.'고 규정하고 있다. 판례 역시 당사자가 그 근거를 알 수 있을 정도로 상당한 이유를 제시하여야 한다고 본다.

2. 국토교통부장관 주장의 타당성 여부

국토교통부장관은 감정평가법에 이유제시에 관한 규정이 없으므로 업무정지처분 시 이유제시를 하지 않아도 된다고 주장하고 있다. 그러나 행정절차법은 행정절차에 있어서 일반법으로, 개별법에 규정하지 않은 경우 행정절차법이 적용된다. 따라서 이유제시의 예외사유에 해당하지 않는 한 업무정지처분 시 이유를 제시하여야 한다. 이에 국토교통부장관의 주장은 타당하지 못하다 판단된다.

Ⅳ. 국토교통부장관의 〈주장 2〉에 대하여

1. 절차하자의 치유가능성

(1) 문제점

업무정지처분 시 이유제시를 하지 않은 것은 절차상 하자를 갖고, 절차하자의 독자적 위법성이 인정된다. 사안에서 국토교통부장관은 소송 도중 이유제시를 통해 하자가 치유되었다고 주장하는바, 하자의 치유가능성이 문제된다.

(2) 학설

① 행정결정의 신중성 확보 및 사인의 신뢰보호 측면에서 하자의 치유를 부정하는 견해와, ② 행정 능률성 측면에서 긍정하는 견해, ③ 또한 원고의 공격방어권을 침해하지 않는 범위에서 제한적으로 긍정하는 견해가 대립한다.

(3) 판례

판례는 '하자 있는 행정행위의 치유나 전환은 행정행위의 성질이나 법치주의의 관점에서 볼 때 원칙적으로 허용될 수 없는 것이지만, 행정행위의 무용한 반복을 피하고 당사자의 법적 안정성을 위해 이를 허용하는 때에도 국민의 권리와 이익을 침해하지 않는 범위에서 구체적 사정에 따라 합목적적으로 인정해야 할 것이다.'라고 판시하여 제한적 긍정설의 입장을 취하고 있다.

(4) 검토

당사자의 권익구제에 지장을 주지 않는 범위 내에서 행정경제를 고려하여 절차상 하자의 치유를 제한적으로 긍정하는 것이 타당하다.

2. 이유제시 하자의 치유시기

(1) 학설 및 판례의 태도

① 이유제시는 상대방의 쟁송제기에 편의를 제공하기 위하여 인정되는 것으로 행정쟁송 제기 이전까지 가능하다는 견해와, ② 행정소송 제기 이전까지 가능하다는 견해, ③ 소송 경제를 고려하여 소송절차의 종결 전까지 하자의 치유가 가능하다는 견해의 대립이 있으며, ④ 판례는 행정쟁송 제기 전까지 보완되어야 한다는 입장이다.

(2) 검토

이유제시제도의 기능과 하자의 치유기능을 조화시켜야 하고, 절차상 하자 있는 행위의 실효성 통제를 위해 행정쟁송의 제기 전까지 보완되어야 하자가 치유되는 것으로 봄이 타당하다.

3. 국토교통부장관 주장의 타당성 여부

사안은 업무정지처분에 대한 취소소송 도중에 이유제시 하자는 치유되었다고 볼 수 없다. 따라서 국토교통부장관의 주장은 타당하지 못하다.

4. 여론(餘論)

만약 해당 업무정지처분의 취소소송에서 취소판결이 나고 판결이 확정된 후에 국토교통부장관이 적법한 절차를 거쳐 다시 업무정지처분을 한 경우에는 종전의 업무정지처분과는 다른 새로운 처분이므로 판결의 기속력의 내용인 반복금지효에 반하지 아니한다.

V. 사례의 해결

행정절차법상 처분에 대한 이유제시는 개별법에 규정되어 있지 않더라도 적용되는 것이므로 감정평가법에 이유제시 규정이 없어 업무정지처분 시 이유제시를 하지 않았다는 주장은 정당하지 못하다. 또한 이유제시의 하자는 행정쟁송 제기 이전까지만 가능하므로 행정소송 도중에 이유제시 보완을 통해 하자의 치유를 주장하는 것 역시 정당하지 못하다. 〈끝〉

Question 03 20점

I. 논점의 정리

손실보상의 대상은 역사의 변천에 따라 대인적 보상에서 대물적 보상으로, 대물적 보상에서 생활보상으로 변천해왔다. 생활보상은 대물적 보상문제를 보완하기 위해 등장한 개념이다. 이하에서 생활보상에 대해 서술하고자 한다.

II. 생활보상의 의의 및 내용

1. 견해의 대립

① 생활보상의 개념에 대하여 〈광의설〉의 경우 대물적 보상과 정신적 손실에 대한 보상을 제외한 손실에 대한 보상을 생활보상으로 보며 주거의 총체가치보상, 영업상 손실의 보상 등을 내용으로 한다. ② 〈협의설〉의 경우 해당 지역에서 누리고 있는 생활이익의 상실로서 재산권 보상으로 채워지지 아니하는 손실에 대한 보상으로 보면서 영세농 등 생업보상, 생활비 보상, 주거대책비 보상, 특산물 보상 등이 있다.

2. 검토

생활보상의 개념이 정립되지 않은 상황에서 재산권 보상의 범위를 넓히고 생활보상의 범위를 좁히는 것이 정당보상에 이바지하게 되는바 협의설에 따르는 것이 타당하다고 판단된다.

Ⅲ. 생활보상의 성격과 특징

1. 생활보상의 성격

생활보상은 인간다운 생활을 보장하는 성격을 지니며, 원상회복적 성격을 갖는다. 또한 생활보상은 피수용자 또는 관계인의 생활안정을 위한 성격을 갖고 있으며, 공익사업을 원활하게 시행하기 위해 불가결하다.

2. 생활보상의 특징

생활보상은 일정한 수입, 이윤 그리고 생활비를 기준으로 보상액을 산출하기 때문에 대인적 보상보다 보상기준이 객관적이다. 또한 생활보상은 수용의 대상을 포함한 더 넓은 범위까지 보상의 대상으로 하기 때문에 수용대상과 보상대상이 일치하지 않는다는 특징이 있다.

Ⅳ. 생활보상의 근거

1. 헌법적 근거

(1) 학설

① 〈정당보상설〉은 생활보상도 정당보상에 포함되는 것으로 보는 견해이며, ② 〈생존권설〉은 인간다운 생활을 할 권리를 규정하고 있는 헌법 제34조에 근거한다는 입장이다.

③ 〈통일설〉은 정당보상에 생활보상이 포함되는 것으로 보면서, 경제적 약자에 대한 생존배려의 관점에서 헌법 제23조와 제34조에 동시 근거하는 것으로 본다.

(2) 검토

정당보상은 재산권 보상뿐만 아니라 생활보상까지 포함하는 것으로 전환되고 있다는 점과 생활보상이 정당보상의 범주를 넘어 행하여지는 경우가 있다는 점에서 사회보장의 성격을 가지므로 〈통일설〉이 타당하다고 본다.

2. 법률적 근거

토지보상법 제78조 및 제79조 제2항 등과 개별법률에서 찾아 볼 수 있다.

V. 결(생활보상의 한계)

생활보상은 법률 간의 형평성 문제가 있어 개별법 간에 통일적인 규정이 필요하며, 경제적 약자인 세입자에 대한 보상이 미흡한 점에 대한 보완이 필요하다고 생각된다. 마지막으로 생활보상의 취지에 따라 이주자가 종전과 유사한 생활수준을 유지하기 위해서 주거대책과 함께 생활대책이 병행되어야 한다. 〈끝〉

Question 04 10점

I. 개설

공익사업을 위한 토지 등의 취득 및 보상에 관한 법률(이하 '토지보상법')은 정당보상을 실현하기 위하여 제61조 이하에서 손실보상의 원칙을 규정하고 있다.

II. 토지보상법상 손실보상의 원칙

1. 사업시행자 보상[법 제61조]

공익사업에 필요한 토지 등의 취득 또는 사용으로 인하여 토지소유자 또는 관계인이 입은 손실은 사업시행자가 보상하여야 한다.

2. 사전보상[법 제62조]

사업시행자는 해당 공익사업을 위한 공사가 착수하기 이전에 토지소유자 및 관계인에게 보상액 전액을 지급하여야 한다. 다만, 동법 제38조 및 제39조의 경우에는 예외로 한다.

3. 현금보상 등(법 제63조)

손실보상은 다른 법률에 특별한 규정이 있는 경우를 제외하고는 현금으로 지급하여야 한다. 다만, 법률이 정한 범위 내에서 대토보상과 채권보상이 가능하다.

4. 개인별 보상(법 제64조)

손실보상은 토지소유자 또는 관계인에게 개인별로 행하여야 한다. 다만, 개인별로 보상액을 정할 수 없을 때에는 그러하지 아니하다.

5. 일괄보상(법 제65조)

사업시행자는 동일한 사업지역에 보상시기를 달리 하는 동일인 소유의 토지 등이 여러 개 있는 경우 토지소유자나 관계인이 요구할 때에는 한꺼번에 보상금을 지급하도록 하여야 한다.

6. 사업시행 이익과의 상계금지(법 제66조)

사업시행자는 동일한 소유자에게 속하는 일단의 토지 일부를 취득하거나 사용하는 경우 해당 공익사업의 시행으로 인하여 잔여지의 가격이 증가하거나 그 밖의 이익이 발생한 경우에도 그 이익을 취득 또는 사용으로 인한 손실과 상계할 수 없다.

7. 시가보상(법 제67조 제1항) 및 개발이익의 배제(동조 제2항)

① 보상액의 산정은 협의에 의한 경우에는 협의 당시의 가격을, 재결에 의한 경우에는 재결 당시의 가격을 기준으로 한다.

② 보상액을 산정할 경우에 해당 공익사업으로 인하여 토지 등의 가격이 변동되었을 때에는 이를 고려하지 아니한다고 규정하여 개발이익의 배제를 명문화하고 있다.

8. 복수 평가의 원칙(토지보상법 제68조 제1항)

사업시행자는 토지 등에 대한 보상액을 산정하려는 경우에는 예외적 경우를 제외하고는

감정평가법인 등 3인을 선정하여 토지 등의 평가를 의뢰하여야 하며, 사업시행자가 직접

보상액을 산정할 수 있을 때에는 제외한다고 규정하고 있다.

9. 보상채권 발행의 원칙(토지보상법 제69조)

국가는 도로법에 따른 도로공사 등 공익사업을 위한 토지 등의 취득 또는 사용으로 인하여

토지소유자 및 관계인이 입은 손실을 보상하기 위하여 법 제63조 제7항에 따라 채권으로

지급하는 경우에는 일반회계 또는 교통시설특별회계의 부담으로 보상채권을 발행할 수 있다

고 규정하고 있다. 〈끝〉

– 이하 여백 –

Question **01**

서울시는 甲과 乙이 소유하고 있는 토지가 속한 동작구 일대에 공원을 조성하기 위하여 甲과 乙의 토지를 수용하려고 한다. 한편 乙의 토지가 표준지로 선정되어 표준지공시지가가 공시되었는데, 乙의 토지 인근에 토지를 보유하고 있는 甲은 乙의 토지의 표준지공시지가 산정이 국토교통부 훈령인 "표준지의 선정 및 관리지침"에 위배되었다는 것을 알게 되었다. 이를 이유로 甲이 법적으로 다툴 수 있는지 논하라. 40점

Question **02**

손실보상에 있어서 사회적 제약과 특별한 희생의 구별기준에 관하여 경계이론과 분리이론의 입장을 설명하시오. 20점

Question **03**

공공사업으로 인한 소음·진동·먼지 등에 의한 간접 침해의 구제수단을 설명하시오. 20점

Question **04**

감정평가사 A가 그 자격증을 자격이 없는 사람에게 양도 또는 대여한 것에 대하여 국토교통부장관은 "감정평가 및 감정평가사에 관한 법률" 제27조 명의대여 등의 금지 위반을 이유로 그 자격을 취소하였다. 그에 대하여 구제받을 수 있는지를 설명하시오. 20점

Question 01 40점

Ⅰ. 논점의 정리

甲이 표준지공시지가의 위법을 다툴 수 있는지를 검토하기 위해서 표준지공시지가의 법적 성질과 표준지의 인근 토지를 소유한 甲이 표준지공시지가에 대하여 다툴 법적 이익이 있는지 먼저 검토한다. 또한 표준지공시지가의 위법성 여부를 검토하기 위하여 '표준지의 선정 및 관리지침'의 법적 성질을 규명하고자 한다.

Ⅱ. 표준지공시지가의 법적 성질

1. 의의(부동산공시법 제3조)

표준지공시지가란 부동산공시법의 규정에 의한 절차에 따라 국토교통부장관이 조사·평가하여 공시한 공시기준일의 표준지의 단위면적당 적정가격을 말한다.

2. 법적 성질

(1) 학설

① 표준지공시지가를 내부적 효력만 갖는 구속력 없는 행정계획으로 보는 〈행정계획설〉, ② 행정청 내부의 사무처리기준으로 보는 〈행정규칙설〉, ③ 국민의 권리·의무에 직접 영향을 미친다고 보는 〈행정행위설〉 등 견해의 대립이 있다.

(2) 판례

표준지로 선정된 토지의 공시지가에 대하여 불복하기 위해서는 부동산공시법 제7조 제1항 소정의 이의절차를 거쳐 처분청을 상대로 그 공시지가 결정의 취소를 구하는 행정소송을 제기하여야 한다고 보아 표준지공시지가를 행정소송의 대상이 되는 처분으로 보고 있다.

(3) 검토

법률관계의 조속한 확정을 위하여 위법한 공시지가 결정을 다투도록 하는 것이 타당하므로 처분성을 긍정함이 타당하다고 판단된다.

III. 표준지의 인근 토지소유자 甲이 표준지공시지가를 다툴 '법률상 이익'이 있는지 여부(원고적격)

1. 항고쟁송의 원고적격

항고쟁송 시 원고적격에 대하여 '처분의 취소 또는 무효확인을 구할 법률상 이익이 있는 자'에게 인정하는바, 법률상 이익의 의미가 문제된다.

2. '법률상 이익'의 의미

(1) 학설

① 〈권리구제설〉은 처분 등으로 인하여 권리가 침해된 자만이 원고적격을 갖는다는 견해이며, ② 〈법률상 이익구제설〉은 법적으로 보호된 이익을 침해당한 자만이 원고적격을 갖는다고 본다. ③ 〈적법성보장설〉은 처분의 위법성을 다툴 적합한 이익을 갖는 자에게 원고적격을 인정한다.

(2) 판례

판례에서는 법률상 보호되는 이익은 해당 처분의 근거법규 및 관계법규에 의하여 보호되는 개별적·직접적·구체적 이익이 있는 경우를 말하고, 국민이 공통적으로 가지는 일반적·간접적·추상적 이익이 생기는 경우에는 법률상 보호되는 이익이 있다고 할 수 없다고 판시하였다.

3. 법률의 범위

〈법률상 이익구제설〉을 따를 경우 보호규범의 범위를 어디까지 볼 것인가 문제된다. 학설 및 판례는 처분의 근거법규뿐만 아니라 관계법규에서 나아가 헌법상 기본권 규정까지 확대하는 경향이 있다.

4. 인인소송에서 원고적격

인근지역 주민의 원고적격에 대하여 판례는 해당 근거법규 및 관계법규가 공익뿐만 아니라 인근 주민의 개인적 이익도 보호하고 있다고 해석되는 경우 인근 주민에게도 원고적격이 인정된다고 보았다.

5. 사안의 경우

표준지공시지가에 대한 이의신청을 하려는 자는 이의신청서에 이의신청 사유를 증명하는 서류를 첨부하여 국토교통부장관에게 제출하여야 한다고 규정하고 있다. 또한, 표준지공시지가를 기준으로 인근 토지의 보상액이 평가되는 점 등을 고려하면, 부동산공시법 시행령에서 별도의 이의신청을 하는 자에 대해 제한을 두고 있지 않고, '이의신청을 하려는 자'로만 규정하고 있어 표준지의 인근 토지소유자 甲에게 법률상 보호되는 이익이 있다고 볼 수 있다.

IV. 표준지공시지가의 위법성 검토

1. '표준지의 선정 및 관리지침'의 법적 성질

(1) 문제점

표준지의 선정 및 관리지침은 부동산공시법 제3조 제3항 및 동법 시행령 제2조 제2항에 따라 표준지의 선정 및 관리 등에 관하여 필요한 사항을 정함을 목적으로 규정되었으며, 국토교통부 훈령으로 규정되어 있어 그 법적 성질이 문제된다.

(2) 학설

① 형식을 중시하여 행정규칙에 불과하다는 〈행정규칙설〉, ② 실질을 중시하여 대외적 효력을 인정하는 〈법규명령설〉, ③ 법규명령의 형식은 헌법에 열거된 규정으로 정해져 있으므로 그에 의하지 않고 행정규칙 형식으로 정한 것은 위헌이며 무효라는 〈위헌무효설〉, ④ 개별적인 위임 여부로 판단하는 〈수권여부기준설〉 등이 대립한다.

(3) 판례

판례는 표준지의 선정 및 관리지침은 법령의 위임 한계를 벗어나지 않는 한 그것들과 결합하여 대외적인 구속력이 있는 법규명령으로서의 효력을 가진다고 판시하고 있다.

(4) 검토 및 사안의 경우

행정현실에서 필요성 및 경제성 측면에서 행정규칙형식으로 규정할 필요성이 없다는 점을 고려하면, 법령보충적 행정규칙은 법규성이 인정된다고 보는 것이 타당하다. 사안에서 표준지의 선정 및 관리지침은 부동산공시법에 위임이 있고 이들 법령과 결합하여 대외적 구속력을 가지므로 법규성이 인정된다.

2. 표준지공시지가의 위법성 및 정도

(1) 위법성 여부

법규성이 있는 해당 표준지의 선정 및 관리지침을 위반하여 산정된 표준지공시지가는 위법성을 면치 못할 것이다.

(2) 위법성 정도

중대명백설에 따르면 법규성이 인정되는 표준지의 선정 및 관리지침의 위반은 중대성이 인정되나, 일반인의 시각에서 명백한 하자라고 보기는 어려우므로 취소 정도라고 본다.

3. 권리구제수단

부동산공시법 제7조 표준지공시지가에 대한 이의신청이 중앙행정심판위원회의 재결례 변경을 통해 특별행정심판이 아니라고 보고 있으므로, 甲은 표준지공시지가 결정의 취소를 구하는 취소심판을 통해 권리구제를 도모할 수 있다. 또한 행정심판을 거쳐 또는 거치지 않고 표준지공시지가 결정의 취소를 구하는 취소소송을 통해 권리구제를 도모할 수 있다.

V. 사례의 해결

표준지공시지가는 처분성이 인정되고, 표준지의 인근 토지소유자에게도 표준지공시지가 결정을 다툴 법률상 이익이 인정되며, 해당 표준지공시지가는 취소 정도의 하자를 갖고 있는 바, 취소심판 또는 취소소송을 통해 권리구제를 도모할 수 있다.　　　　　　　　　　〈끝〉

Question 02 20점

I. 논점의 정리

재산권에 대한 제한이 사회적 제약인가 아니면 특별한 희생인가에 대한 구분은 보상을 요하는지 아니면 보상을 하지 않아도 되는지를 결정하는 기준이 된다. 헌법 제23조 제1항 및 제2항의 재산권 내용 및 한계규정과 헌법 제23조 제3항의 공용침해와 손실보상의 제도가 분리되어 별개의 제도인가 아니면 하나의 제도로 보는가의 차이에 따라 〈경계이론〉과 〈분리이론〉이 제기된다. 이러한 양 이론은 사회적 제약과 특별한 희생에 대한 구별기준이 달라질 수 있는바 논의의 실익이 있다.

II. 경계·분리이론의 개관

1. 의의

경계이론은 사회적 제약과 공용침해는 별개의 제도가 아니며, 공공필요에 의한 재산권의 제한과 그에 대한 구제를 손실보상의 문제로 보는 견해이다. 이 견해에 의하면 공공필요에 의한 재산권의 제약이 재산권에 내재하는 사회적 제약을 넘는 특별한 희생이 있는 경우에 그에 대한 보상을 하여야 한다고 본다.

2. 분리이론의 의의

입법자의 의사에 따라 재산권에 대한 제한의 문제를 헌법 제23조 제1항 및 제2항에 의한 재산권의 내용과 한계의 문제와 제23조 제3항의 공용침해와 손실보상의 문제로 구분하는 견해이다. 두 제도는 완전히 분리된 서로 다른 제도라고 본다.

Ⅲ. 사회적 제약과 특별한 희생의 구별기준

1. 경계이론의 적용

사회적 제약과 특별한 희생의 구별기준에 대해 ① 〈형식적 기준설〉은 재산권에 대한 침해가 특정인 또는 한정된 범위의 사람에게 가해진 경우 특별한 희생에 해당된다고 보는 견해이다. 반면 ② 〈실질적 기준설〉은 공용침해의 실질적 내용, 즉 침해의 본질성 및 강도를 기준으로 특별한 희생과 사회적 제약을 구별하려는 견해로, 여기에는 목적위배설, 사회적 제약설, 보호가치설, 수인한도설 등이 있다. ③ 각각의 견해가 타당성을 가지는 바 이를 종합하여 사회적 제약과 특별한 희생을 구별하는 것이 타당하다.

2. 분리이론의 적용

재산권의 내용적 제한과 적용의 구분기준은 입법의 목적과 형식이 되며, 무엇이 재산권의 내용규정이고 무엇이 수용인지는 입법자의 결정에 따라 형식적으로 결정된다. 법률의 규정에 의한 재산권의 제한이 일반적인 공익을 위하여 일반적·추상적으로 재산권을 새롭게 정의하려는 목적을 가진 경우에는 헌법 제23조 제1항 및 제2항의 재산권의 내용과 한계의 문제로 보고, 법률의 규정에 의한 재산권의 제한이 특정한 공익을 위하여 개별적, 구체적으로 기존의 재산권을 박탈 내지 축소하려는 목적을 가진 것인 경우에는 헌법 제23조 제3항의 공용제한과 손실보상의 문제로 본다.

Ⅳ. 결(분리이론의 도입에 대하여)

분리이론은 독일 연방헌법재판소에 의해 취해진 이론으로 존속보장을 강화하여 재산권 보장에 기여할 수 있다는 점을 들어 도입에 찬성하는 견해가 있으나, 오히려 구제조치를 통한 권리구제가 지연되는 문제점과 헌법 제23조 제2항은 재산권의 수용뿐만 아니라 사용과 제한도 규정하고 있는바 공공필요에 의한 재산권의 제한은 공용제한과 손실보상문제로 보는 것이 타당하

므로 분리이론의 도입에 찬성할 수 없다. 〈끝〉

Question **03** 20점

Ⅰ. 논점의 정리

과거 공익사업으로 인하여 발생한 소음, 진동 등의 물리적·기술적 손실은 간접침해로 보상하여 사회적·경제적 손실인 간접손실과 구분하였으나, 최근 판례(대판 2019.11.28, 2018두227)에서는 간접침해와 간접손실을 하나의 손실보상 논리로 보고 있는바 판례를 위주로 이하에서 설명하고자 한다.

Ⅱ. 간접손실보상의 개관

1. 간접손실보상의 의의 및 취지[토지보상법 제79조]

간접손실보상이란 공익사업으로 인하여 사업지 밖의 재산권자에게 가해지는 손실 중 공익사업으로 인하여 필연적으로 발생하는 손실에 대한 보상을 말하며, 피해자 구제에 취지가 있다.

2. 간접손실보상의 유형

① 사회적·경제적(어업, 영업, 농업 등) 손실인 간접손실, ② 물리적·기술적(소음, 진동, 수고갈, 전파장애) 손실인 간접침해보상으로 나뉘며, 최근 판례(대판 2019.11.28, 2018 두227)는 사회적·경제적 손실은 물론 물리적·기술적 손실도 간접손실의 유형으로 보아 피수용자 권익보호를 한층 강화하고 있다.

3. 간접손실보상의 법적 성질

① 간접보상은 손실이 있은 후에 행하는 〈사후보상〉의 성격을 가지며, ② 원인행위가 간접적이라는 점을 제외하고는 일반 손실보상과 동일하므로 〈재산권 보상〉에 해당하고, ③

침해가 있기 전 생활상태의 회복을 위한 것이라는 점에서 〈생활보상〉의 성격을 가지며, ④ 손실보상청구권에 대한 판례의 태도에 따라 〈공법상 권리〉의 성질을 가진다고 봄이 타당하다.

4. 간접손실보상의 요건

간접손실보상은 ① 공익사업의 시행에 포함된 사업지구 밖의 제3자가 입은 손실일 것, ② 손실의 예견가능성이 있고, 손실범위를 특정할 수 있을 것, ③ 특별한 희생일 것, ④ 보상 규정이 존재할 것을 요건으로 한다.

Ⅲ. 보상규정결여 시 보상청구가능성

1. 관련 학설의 태도

① 간접보상규정에 규정하지 않은 간접손실은 보상의 대상이 되지 않는다는 〈보상부정설〉, ② 간접손실보상에 관한 규정을 유추적용하여 손실보상 청구가 가능하다는 〈유추적용설〉 ③ 헌법 제23조 제3항에 근거하여 보상청구권이 인정된다는 〈직접적용설〉 등이 대립한다.

2. 관련 판례의 태도

판례는 손실이 발생하리라는 것은 쉽게 예견할 수 있고, 손실의 범위도 구체적으로 이를 특정할 수 있는 경우라면 그 손실의 보상에 관하여 특례법 시행규칙의 관련 규정 등을 유추적용할 수 있다고 해석함이 상당하다고 판시한바 있다.

3. 검토

정당보상을 지향하는 헌법 제23조 제3항의 손실보상 범위 안에는 간접손실 보상도 당연히 포함된다고 보아야 하므로, 보상규정이 결여되더라도 토지보상법 제79조 제2항을 공익사업에 따른 손실보상의 일반근거조항으로 보고 간접손실보상을 청구할 수 있다고 보는 것이 타당하다고 판단된다.

Ⅳ. 간접손실에 대한 불복

1. 관련 판례의 태도

(1) 재결전치주의

공익사업시행지구 밖에서 영업을 휴업하는 자가 영업손실에 대한 보상을 받기 위해서는, 토지보상법 제34조, 제50조 등에 규정된 재결절차를 거친 다음 재결에 불복이 있는 때에 토지보상법 제83조 내지 제85조에 따라 권리구제를 받을 수 있다고 판시하였다.

(2) 보상 재결에 대한 불복

손실보상대상에 해당함에도 관할 토지수용위원회가 사실을 오인하거나 법리를 오해함으로써 손실보상대상에 해당하지 않는다고 잘못된 내용의 재결을 한 경우에는, 사업시행자를 상대로 토지보상법 제85조 제2항에 따른 보상금증감청구소송을 제기하여야 한다.

2. 검토

관련 판례의 태도에 따르면 재결절차를 거쳐 사업시행자를 상대로 토지보상법 제85조 제2항에 따른 보상금증감청구소송을 통하여 불복할 수 있다고 판단된다.

Ⅴ. 사안의 해결

최근 판례는 간접침해 또한 간접손실의 유형으로 보아 피수용자의 권익 보호를 한층 강화하고 있으므로, 간접손실보상의 대상이 된다고 판단되며, 이에 대한 불복은 보상금증감청구소송을 제기하는 것이 타당하다고 판단된다.

Question 04 20점

Ⅰ. 논점의 정리

감정평가사 A의 권리구제와 관련해 해당 자격취소의 법적 성질을 검토하고, 자격취소 행위의 주체, 내용, 절차, 형식상 하자가 있는지 검토한 뒤, 하자가 있다면 위법성이 어떠한지 규명한다.

Ⅱ. 자격취소의 법적 성질

1. 강학상 철회

철회란 적법하게 성립한 행정행위의 효력을 새로운 사정으로 인하여 공익상 그 효력을 더 이상 존속시킬 수 없는 경우에 본래의 행정행위의 효력을 장래에 향하여 상실시키는 행정행위를 말하며, 사안에서 자격취소는 강학상 철회에 해당한다.

2. 재량행위

감정평가법 제39조 제1항에서는 '제2항 각 호의 어느 하나에 해당하는 징계를 할 수 있다'라고 규정하고 있어 자격취소처분은 재량행위로 판단된다.

Ⅲ. 자격취소의 위법성 여부 및 위법성 검토

1. 하자의 유형

행정행위의 하자에는 주체에 관한 하자, 절차에 관한 하자, 형식에 관한 하자, 내용에 관한 하자가 있다. 사안에서는 자격취소처분을 국토교통부장관이 하였으므로 주체의 하자는 없다. 이하 절차, 형식, 내용상 하자를 검토한다.

2. 형식적 하자의 검토

감정평가법에는 어떠한 형식으로 처분하여야 하는지 규정이 있지 아니하며 따라서 행정절차법 제24조에 따라 원칙적으로 문서로 하여야 한다. 사안의 자격취소는 경미한 사안이 아니며, 신속을 요하는 처분이 아니므로 문서로 처분하지 않고 구술 등으로 처분하였다면 자격취소는 형식상 하자를 갖는다.

3. 절차상 하자의 검토

(1) 절차상 하자의 유무

자격취소처분은 침익적 처분이므로 행정절차법 제21조에 따라 사전통지가 필요하며, 감정평가법 제45조에 따라 청문을 실시하여야 하고, 행정절차법 제23조에 따라 처분의 이유제시가 있어야 한다. 이러한 절차 중 하나라도 결여하는 경우에는 절차상 하자를 갖게 된다.

(2) 절차상 하자의 독자적 위법성 인정 여부

절차상 하자만으로도 행정행위가 위법하게 되는지가 문제된다. 학설은 소송경제에 반하므로 절차상 하자의 독자적 위법성을 부정하는 견해와, 절차규정의 중요성에 따라 절차상 하자의 독자적 위법성을 인정하는 견해, 기속행위와 재량행위를 구분하여 재량행위에 있어서만 절차상 하자의 독자적 위법성을 인정하는 견해가 대립한다. 판례는 재량행위뿐만 아니라 기속행위에 있어서도 적극설 입장에 있다. 생각건대, 취소판결의 기속력이 절차의 위법을 이유로 취소된 경우에도 준용하고 있는 점과 적극설을 취하면 절차중시의 행정을 유도할 수 있어 적극설이 타당하다.

(3) 위법성의 정도

절차상 하자의 경우도 일률적으로 그 효과를 말하기 어렵다. 청문 결여의 경우, 학설은 무효사유로 보는 견해도 있으나, 판례는 절차상 하자를 대체로 취소사유로 보고 있다.

4. 내용상 하자의 검토

자격취소처분이 재량행위이므로 재량의 일탈·남용을 검토하여야 한다. 판례는 재량권의 일탈·남용 여부에 대한 심사는 사실오인, 비례·평등의 원칙 위배, 해당 행위의 목적위반

이나 동기의 부정유무 등을 그 판단 대상으로 한다고 보고 있다. 사안에서 자격증 양도대여의 사실 오인이나 비례원칙에 위반되는 경우 등에는 자격취소처분은 위법하다고 볼 수 있다.

Ⅳ. 사례의 해결(권리구제수단)

자격취소에 하자가 있고, 그 위법성이 무효 또는 취소사유인 경우에는 취소심판, 무효등확인심판, 취소소송, 무효등확인소송을 통해 권리구제를 도모할 수 있다. 또한 위법한 자격취소로 인하여 A가 손해를 입었다면 국가배상청구소송도 고려해 볼 수 있는 권리구제수단이다. 또한 취소소송 등 제기 시 집행정지 신청을 통해 본안 판단 시까지 임시적 권리구제를 도모하는 방법도 있다. 〈끝〉

– 이하 여백 –

택지조성사업을 하고자 하는 기업자 甲은 국토교통부장관에게 사업인정을 신청하였다. 甲의 사업인정신청에 대해 국토교통부장관은 택지조성사업 면적의 50%를 택지 이외의 다른 목적을 가진 공공용지로 조성하여 기부채납할 것을 조건으로 사업인정을 하였다. 甲은 해당 부관의 내용이 너무 과다하여 수익성을 도저히 맞출 수 없다고 판단하고 취소소송을 제기하려 한다. 어떠한 해결가능성이 존재하는지 검토하시오. 40점

(구)토지수용법상 환매권의 목적물과 그 행사요건을 설명하시오. 20점

甲시장은 개별공시지가를 乙에게 개별통지하였으나, 乙은 행정소송 제기기간이 경과하도록 이를 다투지 않았다. 후속 행정행위를 발령받은 후에 개별공시지가의 위법성을 이유로 후속 행정행위를 다투고자 하는 경우, 이미 다툴 수 있다고 인정한 바 있는 대판 1994.1.25, 93누8542 판결과 대비하여 그 가능성 여부를 설명하시오. 20점

공공사업시행 시 잔여지 및 잔여건물 보상에 관하여 설명하시오. 20점

Question 01 40점

Ⅰ. 논점의 정리

사업인정을 받은 사업시행자 甲은 사업인정에 부가된 부관만을 취소하는 것이 자신에게 가장 유리한 방법인바, 부관만을 독립적으로 취소소송의 대상으로 삼을 수 있는지를 검토한다. 만약, 부관에 대한 독립쟁송이 가능하다면 해당 부관의 위법성을 부관의 한계를 통해 검토하고 위법한 부관만을 독립적으로 취소할 수 있는지 검토한다.

Ⅱ. 관련 행정작용의 법적 성질

1. 사업인정(토지보상법 제2조 제7호, 제20조)

사업인정이란 특정사업이 공익사업이라는 것을 인정하고 사업시행자에게 일정한 절차를 거쳐 그 사업에 필요한 토지 등을 수용 또는 사용하는 권리를 설정하여 주는 행위를 말한다. 통설과 판례는 사업인정은 일정한 절차를 거칠 것을 조건으로 하는 일정한 내용의 수용권을 설정해주는 행정처분의 성질을 갖는다고 보며, 공공필요의 인정에 있어 행정청의 재량이 인정된다고 본다.

2. 기부채납조건

① 부관이란 행정기관에 의하여 주된 행정행위에 부가된 종된 규율을 말한다. ② 부관의 종류 중 부담이란 행정행위의 주된 내용에 부가하여 그 행정행위의 상대방에게 작위, 부작위, 급부, 수인 등의 의무를 부과하는 부관을 말하며, 그 자체가 독립된 행정행위이다. 사안에서 기부채납 부관은 기부채납을 조건으로 사업인정의 효력이 발생한다고는 볼 수 없고, 처분청의 객관적 의사는 사업시행자에게 택지조성 면적의 50%를 기부채납하라는 의무를 부과한 것으로 볼 수 있어 부담으로 보는 것이 타당하다.

Ⅲ. 부관의 독립쟁송가능성과 쟁송형태

1. 부관의 독립쟁송 가능성

(1) 학설

① 〈제1설〉은 부담만이 독립된 처분성을 가지므로 진정일부취소소송으로 다투고, 나머지 부관은 부진정일부취소소송으로 다투어야 한다고 본다.

② 〈제2설〉은 부관이 주된 행정행위로부터 분리 가능 시 독립쟁송이 가능하다고 보며, 부담은 진정일부취소소송으로 그 외 부관은 부진정일부취소소송이 가능하다고 본다.

③ 〈제3설〉의 경우 소의 이익이 있는 한 모든 부관에 대하여 독립쟁송이 가능하고, 소의 형태는 부진정일부취소소송이라고 본다.

(2) 판례

부담만이 직접 행정소송의 대상이 될 수 있다고 보고, 부담은 진정일부취소소송이 가능하며, 나머지 부관은 전체취소소송을 제기하여야 한다고 본다. 부진정일부취소소송을 인정하지 않는다.

(3) 검토

부담은 독립된 행정행위이므로 진정일부취소소송이 가능하며, 나머지 부관은 독립하여 처분이 될 수 없지만 국민의 권리구제를 위하여 부진정일부취소소송으로 다툴 수 있게 하는 것이 타당하다고 사료된다.

2. 사안의 경우

사안에서 기부채납 조건은 부담에 해당하므로 부담만을 독립하여 취소소송의 대상으로 삼을 수 있고, 소송의 형태는 진정일부취소소송이 될 것이다. 또한 부담 취소소송에서 침익적 처분의 직접상대방인 사업시행자 甲은 해당 부담의 취소를 구할 법률상 이익이 인정되며, 다른 소송요건도 문제의 취지상 모두 갖춘 것으로 본다.

Ⅳ. 본안판단

1. 기부채납 부관의 위법성 여부 및 위법성 정도

(1) 부관의 가능성

종래 기속행위에는 부관의 부착이 불가능하고, 재량행위에는 가능하다는 견해가 지배적이었으나 최근 판례는 행정청이 수익적 행정처분을 하면서 특별한 근거규정이 없더라도 부관으로 부담을 붙일 수 있다고 보았다. 사안에서 사업인정이 재량행위이므로 토지보상법상에 부관부착에 관한 명문의 근거규정 없이도 기부채납조건을 붙일 수 있다.

(2) 부관의 내용상 한계

1) 비례의 원칙의 의의(행정기본법 제10조)

비례의 원칙이란 행정주체가 행정목적을 실현함에 있어 그 목적과 수단 사이에 합리적인 비례관계가 있어야 한다는 원칙으로 적합성의 원칙, 필요성의 원칙, 상당성의 원칙의 단계적인 검토가 요구된다.

2) 부당결부금지의 원칙의 의의(행정기본법 제13조)

행정기관이 행정권을 행사함에 있어서 그것과 실체적 관련성이 없는 반대급부를 결부시켜서는 안 된다는 원칙을 말한다. 요건으로는 권한행사가 있어야 하며, 권한행사와 반대급부가 결부 또는 의존되어 있어야 한다. 또한 권한행사와 반대급부 사이에는 실체적 관련성이 없어야 한다.

3) 사안의 경우(비례의 원칙 및 부당결부금지 원칙 검토)

공익사업과 목적이 다른 공공용지 조성 후 기부채납은 사업인정의 목적 달성에 적합한 수단이 아니며, 또한 전체 면적의 50%를 기부채납하는 것은 필요성의 원칙이나 상당성의 원칙에도 부합하지 못해 비례원칙 위반이 성립된다. 기부채납조건은 사업인정의 목적을 실현하기 위하여 꼭 필요한 것이 아니며, 토지보상법상 사업인정을 허용하는 목적과 취지에도 실체적 관련성이 없어 부당결부금지원칙에도 위반되어 위법하다.

(3) 위법성의 정도

중대명백설에 의하면 해당 부관은 일반원칙에 위배되어 중대한 하자이나, 일반인의 시각에서 명백한 하자라고 보기는 어려우므로 취소사유라고 본다. 판례 역시 주택사업과 무관한 토지를 기부채납하도록 하는 부관은 위법하지만 당연무효는 아니라고 보았다.

2. 부관만의 독립취소 가능성

(1) 학설

① 기속행위와 재량행위를 구별하여 기속행위에만 독립취소가 가능하다는 견해, ② 위법한 모든 부관에 있어 부관만 취소가능하다는 견해, ③ 부관이 주된 행정행위의 본질적 부분인지에 따라 부관만의 독립취소가능성을 판단하는 견해, ④ 부관만의 분리가능성을 판단하여 독립취소가능성을 판단하는 견해 등이 대립한다.

(2) 판례 및 검토

판례는 부진정일부취소소송의 형태를 인정하고 있지 아니하고, 부담에 대해서만 진정일부취소소송을 인정하므로 부담에 대한 취소소송에서 부담이 위법하면 부담만을 독립적으로 취소가 가능하다고 본다. 국민의 권익구제와 행정목적 실현을 적절히 조화시키기 위하여 부관이 주된 행정행위의 본질적 부분인지에 따라 부관의 독립취소가능성을 판단하는 것이 타당하다고 본다.

(3) 사안의 경우

해당 기부채납조건은 사업인정의 본질적인 부분이 아니므로 위법한 해당 부관은 독립적인 취소의 대상이 된다. 따라서 甲은 기부채납조건만을 대상으로 하여 해당 부관의 취소를 구하는 소송을 통해 권리구제를 도모할 수 있다.

V. 사례의 해결

사안의 기부채납조건은 부담이므로 해당 부담만의 취소를 구하는 부담취소소송을 제기하면 된다. 기부채납조건은 비례원칙, 부당결부금지 원칙에 반하여 위법하며 취소정도의 하자이다. 甲은 취소소송을 통해 권리구제가 가능하다. 〈끝〉

Question 02 [20점]

I. 서(의의 및 취지)

공익사업을 위한 토지 등의 취득 및 보상에 관한 법률(이하 '토지보상법')상 환매권이란 공익사업을 위해 취득된 토지가 해당 사업에 필요 없게 되거나 일정기간 동안 해당 사업에 이용되지 않고 있는 경우에 일정한 요건하에서 해당 토지의 소유권을 되찾을 수 있는 권리를 말한다. 환매권의 이론적 근거로 공평의 원칙과 피수용자의 감정존중에서 찾는 견해도 있지만, 재산권의 존속보장에서 찾는 것이 일반적이다. 환매권의 법적 근거는 토지보상법 제91조에 의한다.

II. 환매권의 목적물

1. 관련 규정의 검토

환매권의 목적물은 현행 토지보상법 제91조에서 '토지'라고 규정하여 토지에 대해서만 환매권을 인정하고 있다. 단, 잔여지의 경우 접속된 부분이 필요 없게 된 경우가 아니면 환매가 불가하다.

2. 환매목적물을 토지로 제한하는 것의 위헌 여부

헌법재판소는 환매목적물을 토지로 제한하고 있는 토지보상법 제91조 제1항이 위헌성이 없다고 보았다. 생각건대, 공익사업을 위하여 목적물이 취득된 후 공사의 진행으로 보통은 토지 이외의 다른 목적물은 철거 등에 의해 소실되기 마련이므로 토지 이외의 목적물에

대한 환매권을 인정한다는 것은 별다른 실익이 없다고 보이므로 환매목적물을 토지만으로

제한하는 것이 타당하다고 판단된다.

Ⅲ. 환매권의 행사요건

1. 전부 또는 일부가 필요 없게 된 때[제91조 제1항]

토지의 취득일로부터 10년 이내에 해당 사업의 폐지·변경 그 밖의 사유로 인하여 취득한

토지의 전부 또는 일부가 필요 없게 된 경우의 구분에 따른 날부터 10년 이내에 그 토지를

환매할 수 있다.

2. 해당 사업에 이용하지 아니하는 경우[제91조 제2항]

취득일로부터 5년 이내에 취득한 토지의 전부를 해당 사업에 이용하지 아니하였을 때에는

환매권 취득일로부터 6년 이내에 환매권을 행사하여야 한다.

3. 제1항 및 제2항의 관계

제1항과 제2항의 환매권 행사요건은 그 요건을 서로 달리하고 있으므로, 어느 한쪽 요건에

해당되면 다른 쪽의 요건을 주장할 수 없게 된다고 할 수 없고, 양쪽 요건에 모두 해당한다

고 하여 더 짧은 제척기간을 정한 제2항에 의하여 제1항의 환매권 행사가 제한된다고 할

수도 없다.

4. 환매요건의 특칙

토지보상법 제91조 제6항에서는 사업인정을 받은 사업으로 사업시행자가 국가·지방자치단

체 또는 공공기관이 취득한 토지가 토지보상법 제4조 제1호 내지 제5호까지 규정된 다른

공익사업으로 변경된 경우에는 환매권 행사기간은 관보에 해당 공익사업의 변경을 고시한

날부터 기산한다고 규정하고 있다. 이는 환매와 재수용이라는 무용한 절차의 반복을 피하기

위함인바, 환매권 행사요건 검토 시 공익사업변환 여부도 함께 검토하여야 할 것이다.

IV. 결(환매권의 통지)

토지보상법 제92조에서는 환매할 토지가 생긴 때에는 지체 없이 이를 환매권자에게 통지하도록 사업시행자에게 의무를 부과하고 있다. 이러한 통지가 있는 경우에는 토지보상법 제91조 제1항 및 제2항에도 불구하고 통지를 받은 날 또는 공고를 한 날부터 6개월이 지난 후에는 환매권을 행사할 수 없다. 사업시행자가 통지를 하지 않아 환매권 행사가 불가능하게 되어 환매권자가 손해를 입게 되는 경우 판례는 사업시행자의 불법행위로 인한 손해배상책임을 지우고 있다. 〈끝〉

Question 03 20점

I. 논점의 정리

개별공시지가의 결정과 그에 기초하여 산정되어 부과된 과세처분 간에 하자승계를 인정하여 개별공시지가의 위법을 이유로 후속 행정행위인 과세처분을 다툴 수 있는지가 문제된다. 먼저 하자승계의 가능성에 대한 기준을 검토하고, 그 기준에 따라 사안의 경우와 대판 1994.1.25, 93누8542 판결의 사안과 대비하여 하자승계가능성을 검토한다.

II. 하자승계의 가능성

1. 하자승계의 의의 및 필요성

하자승계란 일련의 행정행위에서 선행 행정행위의 위법을 이유로 적법한 후행 행정행위의 위법을 주장할 수 있는 것을 말한다. 이는 행정행위에 불가쟁력이 발생한 경우라도 국민의 권리보호와 재판받을 권리보장을 위하여 필요성이 인정된다.

2. 하자승계논의의 전제조건

① 선·후행행위가 모두 처분이어야 하고, ② 선행행위의 위법이 취소사유에 불과하여야 한다. ③ 선행행위에 불가쟁력이 발생하여야 하며, ④ 후행행위가 적법해야 한다.

3. 하자승계 인정 여부 판단기준

(1) 학설

① 전통적 하자승계론은 양 행위가 결합하여 동일 효과를 목적으로 하는 경우에는 선행 행위의 하자승계를 인정한다.

② 새로운 견해인 구속력론은 선행행위의 불가쟁력이 후행행위를 구속하여 하자승계를 부정하려면, 대물적·대인적·시적 한계, 예측·수인가능성이 요구된다고 본다.

(2) 판례

판례는 하자승계 인정 여부 판단을 원칙적으로 선·후행행위의 법률효과 동일성 여부로 판단하면서도 예외적으로 법률효과가 서로 다른 경우라도 수인가능성과 예측가능성을 고려하여 판단하고 있다.

(3) 검토

하자승계 인정 여부는 행정법관계의 안정성과 실효성 보장 측면과 국민의 권리구제의 요청을 조화하는 선에서 결정되어야 할 것이다. 행정행위의 법률효과 목적뿐만 아니라 예측가능성과 수인가능성을 고려해야 한다고 사료된다.

Ⅲ. 사안의 경우와 대판 1994.1.25, 93누8542 비교

1. 하자승계 전제조건 충족 여부

개별공시지가는 직접 과세산정의 기준이 되어 국민의 권리의무에 직접영향을 미치므로 행정처분으로 보는 것이 판례의 입장이며, 과세처분은 하명으로서 처분에 해당한다. 불가쟁력 및 위법성 요건은 논의를 위하여 충족된 것으로 본다.

2. 사안의 경우 하자승계 가능성

개별공시지가와 과세처분은 별개의 독립된 처분으로서 서로 독립하여 별개의 법률효과를 목적으로 하는 것이다. 사안에서 토지소유자 乙은 개별공시지가 결정에 대한 개별통지를 받고도 불복하지 않고 있다가 불가쟁력이 발생한 경우로 이는 수인한도를 넘는 가혹한 것이나 예측불가능하다고 볼 수 없어 하자승계를 부정하는 것이 타당하다.

3. 대판 1994.1.25, 93누8542와 사안의 비교

해당 판결의 사안에서는 토지소유자에게 개별공시지가 결정이 개별통지되지 않아 토지소유자가 개별공시지가 결정의 내용을 알고 있지 못한 경우로 본 사안과 통지 여부의 차이가 있으며, 판결에서는 수인한도를 넘는 것으로 보아 하자승계를 인정하였다.

Ⅳ. 결

사안의 경우는 개별통지를 받고도 행정소송을 제기하지 않은 귀책사유가 본인에게 있으므로 수인가능성과 예측가능성이 없다고 보기 어려운 경우이고, 대판 1994.1.25, 93누8542 판결의 경우에는 개별통지가 되지 않아 수인가능성과 예측가능성이 없는 경우에 해당된다. 〈끝〉

Question 04 20점

Ⅰ. 서

공익사업에 필요한 토지나 건물 이외의 토지나 건물을 확대하여 수용하는 것을 확장수용이라 한다. 공익사업시행지구에 편입되는 토지나 건물의 일부가 편입되고 남게 되는 부분은 가치가 감소하거나 종래 목적대로 사용할 수 없는 경우 토지보상법에는 확장수용 중 하나인 잔여지와 잔여 건축물에 대한 보상규정을 마련해 놓고 있다. 이하에서는 이에 대해 검토하도록 한다.

II. 잔여지에 대한 보상

1. 잔여지의 의의

잔여지란 동일한 토지소유자에게 속하는 일단의 토지 중 일부만이 공익사업에 제공되고 남는 토지로서 종래의 목적이나 용도에 이용할 수 없게 되거나 다른 용도로 이용할 수 없게 된 토지를 말한다.

2. 잔여지의 가치하락 및 공사비 보상(토지보상법 제73조)

토지보상법 제73조에 의거하여 잔여지의 가격이 감소하거나 그 밖에 손실이 있는 때 또는 잔여지에 공사가 필요한 때에는 국토교통부령이 정하는 바에 따라 그 손실이나 공사비를 보상하여야 한다. 잔여지 가격이 하락된 경우에는 편입되기 전 잔여지의 가격에서 편입 후 잔여지의 가격을 뺀 금액으로 평가하며 공사비는 공사에 필요한 비용으로 평가한다. 잔여지의 가치손실 또는 공사비의 보상은 해당 사업의 공사완료일부터 1년이 지난 후에는 청구할 수 없다.

3. 잔여지 매수 및 수용청구(법 제74조)

잔여지를 종래의 목적에 사용하는 것이 현저히 곤란할 때에는 해당 토지소유자는 사업시행자에게 잔여지를 매수하여 줄 것을 청구할 수 있으며, 사업인정 이후에는 관할 토지수용위원회에 수용을 청구할 수 있다. 이 경우 수용의 청구는 매수에 관한 협의가 성립되지 아니한 경우에만 할 수 있으며, 사업완료일까지 하여야 한다. 잔여지의 판단은 시행령 제39조에 의거한다.

III. 잔여 건축물에 대한 보상(법 제75조)

1. 잔여 건축물의 가치손실 보상과 보수비 보상

잔여 건축물의 가격이 감소되거나 그 밖의 손실이 있을 경우에는 그 손실을 보상하여야 한다. 보상액은 공익사업시행지구에 편입되기 전의 잔여 건축물의 가격에서 공익사업시행

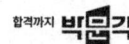

지구에 편입된 후의 잔여 건축물의 가격을 뺀 금액으로 평가한다. 보수비는 건축물의 잔여 부분을 종래의 목적대로 사용할 수 있도록 그 유용성을 동일하게 유지하는데 통상 필요하다고 볼 수 있는 공사에 사용되는 비용으로 평가한다.

2. 잔여 건축물의 매수 또는 수용청구[법 제75조의2 제2항]

잔여지와 마찬가지로 사업시행자 및 관할 토지수용위원회를 상대로 매수청구가 가능하며, 사업인정 이후에는 관할 토지수용위원회에 수용을 청구할 수 있다. 이 경우 수용의 청구는 매수에 관한 협의가 성립되지 아니한 경우에만 하되, 사업완료일까지 하여야 한다.

IV. 결(잔여지수용청구에 대한 토지수용위원회의 재결에 불복)

토지수용위원회가 잔여지수용청구에 대해 기각재결을 내리는 경우 피수용자의 권리구제수단이 문제된다. 이의신청과 재결취소소송으로 다툴 수 있으나 판례는 보상금증감청구소송으로 다툴 수 있다고 보았다. 생각건대, 보상금증감청구소송에서 기각재결의 위법확인을 전제로 보상금의 증액 또는 바로 주장할 수 있기 때문에 항고소송의 활용가능성은 높지 않다. 따라서 이러한 경우 보상금증감청구소송이 실효적인 구제수단이 된다. 〈끝〉

– 이하 여백 –

Question 01

공익사업을 위한 토지 등의 취득 및 보상에 관한 법률(이하 '토지보상법') 제67조 및 동법 제70조는 다음과 같이 규정하고 있다. 이 규정과 관련하여 아래의 물음에 답하시오.

(구)토지수용법 제46조(산정의 시기 및 방법)

① 손실액의 산정은 제25조 제1항의 규정에 의한 협의의 경우에는 협의성립 당시의 가격을 기준으로 하고 제29조의 규정에 의한 재결의 경우에는 수용 또는 사용의 재결 당시의 가격을 기준으로 한다.

② 제1항의 규정에 의한 보상액의 산정방법은 다음 각 호와 같다.

1. 협의취득 또는 수용하여야 할 토지에 대하여는 지가공시 및 토지 등의 평가에 관한 법률에 의한 공시지가를 기준으로 하되, 그 공시기준일로부터 협의성립 시 또는 재결 시까지의 관계법령에 의한 해당 토지의 이용계획, 해당 공익사업으로 인한 지가의 변동이 없는 지역의 대통령령이 정하는 지가변동률, 도매물가상승률 기타 해당 토지의 위치·형상·환경·이용상황 등을 참작하여 평가한 적정가격으로 보상액을 정한다.

2. 사용하여야 할 토지에 대하여는 그 토지 및 인근 토지의 지료·임대료 등을 참작한 적정가격으로 보상액을 정한다.

③ 제2항의 규정에 의한 공시지가는 제16조의 규정에 의한 사업인정고시일 전의 시점을 공시기준일로 하는 공시지가로서 해당 토지의 협의성립 또는 재결 당시 공시된 공시지가 중 해당 사업인정고시일에 가장 근접한 시점에 공시된 공시지가로 한다.

〈공익사업을 위한 토지 등의 취득 및 보상에 관한 법률〉

제67조(보상액의 가격시점 등)

① 보상액의 산정은 협의에 의한 경우에는 협의 성립 당시의 가격을, 재결에 의한 경우에는 수용 또는 사용의 재결 당시의 가격을 기준으로 한다.

② 보상액을 산정할 경우에 해당 공익사업으로 인하여 토지 등의 가격이 변동되었을 때에는 이를 고려하지 아니한다.

제70조(취득하는 토지의 보상)

① 협의나 재결에 의하여 취득하는 토지에 대하여는 「부동산 가격공시에 관한 법률」에 따른 공시지가를 기준으로 하여 보상하되, 그 공시기준일부터 가격시점까지의 관계 법령에 따른 그 토지의 이용계획, 해당 공익사업으로 인한 지가의 영향을 받지 아니하는 지역의 대통령령으로 정하는 지가변동률, 생산자물가상승률(「한국은행법」 제86조에 따라 한국은행이 조사·발표하는 생산자물가지수에 따라 산정된 비율을 말한다)과 그 밖에 그 토지의 위치·형상·환경·이용상황 등을 고려하여 평가한 적정가격으로 보상하여야 한다.

② 토지에 대한 보상액은 가격시점에서의 현실적인 이용상황과 일반적인 이용방법에 의한 객관적 상황을 고려하여 산정하되, 일시적인 이용상황과 토지소유자나 관계인이 갖는 주관적 가치 및 특별한 용도에 사용할 것을 전제로 한 경우 등은 고려하지 아니한다.

③ 사업인정 전 협의에 의한 취득의 경우에 제1항에 따른 공시지가는 해당 토지의 가격시
   점 당시 공시된 공시지가 중 가격시점과 가장 가까운 시점에 공시된 공시지가로 한다.
④ 사업인정 후의 취득의 경우에 제1항에 따른 공시지가는 사업인정고시일 전의 시점을
   공시기준일로 하는 공시지가로서, 해당 토지에 관한 협의의 성립 또는 재결 당시 공시
   된 공시지가 중 그 사업인정고시일과 가장 가까운 시점에 공시된 공시지가로 한다.
⑤ 제3항 및 제4항에도 불구하고 공익사업의 계획 또는 시행이 공고되거나 고시됨으로
   인하여 취득하여야 할 토지의 가격이 변동되었다고 인정되는 경우에는 제1항에 따른
   공시지가는 해당 공고일 또는 고시일 전의 시점을 공시기준일로 하는 공시지가로서 그
   토지의 가격시점 당시 공시된 공시지가 중 그 공익사업의 공고일 또는 고시일과 가장
   가까운 시점에 공시된 공시지가로 한다.
⑥ 취득하는 토지와 이에 관한 소유권 외의 권리에 대한 구체적인 보상액 산정 및 평가방
   법은 투자비용, 예상수익 및 거래가격 등을 고려하여 국토교통부령으로 정한다.

(1) 토지보상법 제70조 제1항 및 동조 제3항과 제4항의 입법취지에 대하여 설명하시오.
   10점

(2) 토지보상법 제70조 제1항이나 부동산 가격공시에 관한 법률 등에 의하여 손실보상액
   을 산정함에 있어, 보상선례를 참작할 수 있는가에 대하여 설명하시오. 10점

(3) 토지보상법 제67조 및 동법 제70조에서 규정하는 산정방법에 의하여 보상액을 산정
   하는 것이 정당보상에 합치되는지 논하시오. 10점

Question 02
사업시행자 甲이 산업단지를 조성하기 위해 매립·간척사업을 시행하게 됨에 따라 해당
지역에서 수산업법 제44조의 규정에 의한 신고를 하고 어업에 종사해 온 乙은 더 이상
신고한 어업에 종사하지 못하게 되었다. 그러나 甲은 乙에게 수산업법 제81조 제1항 제
1호의 규정에 의한 손실보상을 하지 아니하고 공유수면매립사업을 시행하였다. 이 경우
乙의 권리구제방법은? 30점

Question 03
(구)토지수용법상 사업인정의 법적 성질과 권리구제에 대하여 논하시오. 30점

Question 04
감정평가 및 감정평가사에 관한 법률 제28조 제1항의 규정에 의한 감정평가법인등의 손
해배상책임에 대하여 설명하시오. 10점

Question 01 30점

I. 논점의 정리

〈물음 1〉에서는 보상액을 산정함에 있어 해당 공익사업으로 인한 개발이익을 배제하는 취지와 토지보상법상 개발이익의 배제방법을 살펴보고, 〈물음 2〉에서는 손실보상액 산정에서 기타요인을 참작할 수 있는지 검토한다. 〈물음 3〉에서는 공시지가 기준평가와 개발이익의 배제평가가 헌법 제23조 제3항의 정당보상에 합치하는지 검토한다.

II. 〈물음 1〉에 대하여

1. 개발이익의 의미

개발이익이란 공익사업의 계획 또는 시행이 공고 또는 고시되거나 공익사업의 시행 그 밖에 공익사업 시행에 따른 절차로서 행하여진 토지이용계획의 설정·변경·해제 등으로 토지소유자가 자기의 노력에 관계없이 지가가 상승되어 뚜렷하게 받은 이익으로서 정상지가 상승분을 초과하여 증가된 부분을 말한다.

2. 개발이익의 배제원칙(법 제67조)

개발이익 배제란 보상액의 산정에 있어서 해당 공익사업으로 인하여 토지 등의 가격에 변동이 있는 때에는 이를 고려하지 않는 것을 말한다.

3. 개발이익 배제의 방법

토지보상법 제70조 제1항 및 동조 제3항과 4항은 보상액을 산정하는 경우 공시지가를 기준으로 보상하되, 그 공시기준일로부터 가격시점까지는 해당 공익사업으로 인한 지가의 영향을 받지 아니하는 지역의 지가변동률을 이용하여 적정가격으로 보상하고 있다.

4. 토지보상법 제70조 제1항 및 동조 제3항과 제4항의 입법취지(개발 이익 배제의 필요성)

개발이익은 미실현된 잠재적 이익이고, 토지소유자의 노력과 관계가 없으므로 사회에 귀속 되도록 하는 것이 형평의 원리에 부합한다. 개발이익은 공익사업에 의해 발생하므로 객관 적 가치가 아니며, 주관적 가치 부여에 지나지 않는 바 토지소유자의 손실이 아니기 때문에 토지보상법에서는 개발이익 배제를 위하여 이와 같은 법률을 규정하였다.

Ⅲ. 〈물음 2〉에 대하여

1. 기타요인 보정의 의미성(그 밖의 요인 보정)

기타요인이란 토지보상법 제70조의 해석상 토지의 위치, 형상, 환경, 이용상황 등 개별적 요인을 제외한 요인으로서 해당 토지의 가치에 영향을 미치는 사항을 의미한다. 기타요인 보정이란 적정가격 수준으로 보정하는 작업이다.

2. 문제점

현행 토지보상법에 기타요인을 참작할 수 있다는 규정이 없다. 따라서 기타요인을 참작하 여 보상액을 산정할 수 있는지가 문제된다.

3. 학설

① 〈부정설〉은 기타요인 참작의 법적인 근거가 없으며, 공시지가는 적정가격이라는 점과 감정평가사의 자의성을 배제하기 위하여 불가하다고 보는 입장이며, ② 〈긍정설〉은 공시 지가가 시가에 미달하므로 기타요인을 참작하여 정당보상이 되도록 하여야 한다고 보는 입장이다.

4. 판례

대법원은 기타요인으로 인근 유사토지의 정상거래사례 또는 보상사례 등을 참작할 수 있고, 정상적인 것으로서 사업에 따른 개발이익이 포함되지 않고, 적정한 평가에 영향을 미칠 수 있는 경우에 한하여 가능하다고 판시하였다.

5. 검토

헌법 제23조 제3항의 정당보상을 실현하기 위하여는 기타요인을 참작하여 보상액을 산정할 수 있다고 보아야 한다. 다만, 감정평가사의 자의성을 배제하기 위하여 기준이 설정되어야 할 것이다.

Ⅳ. 〈물음 3〉에 대하여

1. 헌법 제23조 제3항의 '정당한 보상'의 의미

헌법 제23조 제3항은 공용침해에 따른 손실보상은 정당한 보상이 되어야 한다고 규정하고 있다. 이러한 정당한 보상에 대하여 완전보상이라는 견해와 상당보상이라는 견해가 있으며, 대법원과 헌법재판소는 '피침해재산이 갖는 객관적이고 완전한 보상'이라고 보아 완전보상설 입장에 있다.

2. 공시지가 기준보상과 정당보상의 관계

(1) 견해대립

공시지가 기준보상이 산정방법을 제한하는 것이며, 공시지가가 시가에 미달될 수 있어 정당보상이 아니라고 보는 견해와 개발이익의 배제를 위한 것으로 정당보상으로 보는 견해가 대립한다.

(2) 판례 및 검토

공시지가는 평가의 기준이나 절차로 미루어 대상 토지가 대상지역 공고일 당시 갖는 객관적 가치를 평가하기 위한 것으로 적정성을 가지며, 표준지와 대상토지 사이에 가격의 유사성을 인정할 수 있도록 표준지 선정이 보장되므로 위헌이 아니라는 판례의 태도로 볼 때,

공시지가 기준보상이 정당보상에 위배되는 것은 아니라고 봄이 타당하다.

3. 개발이익 배제가 정당보상에 합치하는지 여부

개발이익은 사업시행자의 투자에 의한 것으로 피수용자인 토지소유자의 노력이나 자본에 의하여 발생하는 것이 아니므로 개발이익을 배제하고 손실보상액을 산정한다고 하더라도 위헌이 아니라는 판례의 태도에 따라 개발이익의 배제는 정당한 보상 원칙에 위반되지 않는다고 판단된다.

V. 사례의 해결

개발이익의 배제를 규정한 토지보상법상의 규정들은 헌법상 정당보상원칙에 위배되는 것은 아니며, 또한 공시지가 기준보상도 정당보상에 합치되지 않는 것으로 보기 어렵다. 보상액 산정에서 기타요인은 정당보상을 실현하기 위하여 사용 가능할 것이나 객관적인 기준 설정이 필요하다.　　　　　　　　　　　　　　　　　　　　　　　　　　　　　〈끝〉

Question 02 30점

I. 논점의 정리

사업시행자 甲이 손실보상하지 않고 관계법령에 따라 공익사업을 진행하여 더 이상 신고한 어업에 종사할 수 없게 된 피수용자 乙의 권리구제수단이 문제된다. 乙은 손실보상금을 받거나 손해배상을 받는 것을 고려해 볼 수 있다. 이에 권리구제수단으로 손실보상청구소송과 손해배상청구소송을 검토한다. 또한 손해배상의 경우에 어떻게 배상금이 결정되는지 검토한다.

Ⅱ. 손실보상청구권의 성립 여부

1. 손실보상청구권의 의의

손실보상청구권이란 공공필요에 의한 적법한 공권력의 행사로 특정 개인의 재산권에 가해진 특별한 희생에 대하여 사유재산권 보장과 공평부담의 견지에서 행정주체가 행하는 조절적 재산전보를 말한다.

2. 손실보상청구권의 법적 성질

(1) 학설

손실보상은 그 원인행위인 공권력 작용과 일체관계에 있으므로 손실보상청구권을 〈공권〉설과, 사법상의 채권채무관계로 보는 〈사권〉설이 대립한다.

(2) 판례

국민의 재산상의 사익을 위한 권리라는 점을 논거로 사권설에 입장이었으나, 최근 대법원은 하천법상 손실보상청구권을 하천법 규정에 의해 발생하는 공권이라고 보았다.

(3) 검토

행정상 손실보상은 재산권에 대한 공권적 침해로 인하여 발생한 특별한 희생을 보전하기 위한 공법상 특유의 제도이므로 공권설이 타당하며, 공권설로 보는 경우 공법상 당사자소송으로 손해배상을 청구할 수 있다.

3. 손실보상 성립요건

손실보상은 ① 공공필요가 있을 것, ② 재산권에 대한 공권적 침해가 있을 것, ③ 침해의 적법성이 인정될 것, ④ 특별한 희생이 발생하였을 것, ⑤ 보상규정이 존재할 것을 요건으로 한다.

4. 사안의 경우

사안에서는 산업단지조성사업은 공공필요가 있고 공행정작용에 의한 乙의 재산권 침해가 있었으며, 신고어업을 더 이상 종사하지 못하게 된 것은 乙에게 수인하기 어려운 손실로서 특별한 희생에 해당하고 수산업법 제81조 제1항 제1호에 보상규정이 존재한다. 그러나 관계법률에 따라 사업을 진행하면서 보상 없이 진행한 것은 위법행위가 된다. 따라서 사안의 경우 손실보상청구권이 성립하지 못한다. 이하 손해배상에 대하여 검토하기로 한다.

Ⅲ. 손해배상청구권 성립 여부

1. 사업시행자 甲이 공무수탁사인인지 여부

사안에서 사업시행자 甲이 국가인지, 지방자치단체인지 아니면 사업인정을 통해 수용권을 설정받은 사인인지가 불분명하다. 이러한 논의는 손해배상책임자의 구별과 손해배상의 성질이 국가배상인지 아니면 민법상 손해배상인지를 구분하는 근거가 될 것이다. 이하에서는 사업시행자 甲을 공무수탁사인으로 보고, 사업시행자 甲이 배상책임자이며, 민법상 손해배상설에 따라 논의를 계속한다.

2. 불법행위에 의한 손해배상청구 가능성

민법 제750조는 '고의 또는 과실로 인한 위법행위로 타인에게 손해를 가한 자는 그 손해를 배상할 책임이 있다.'고 규정하고 있다. 사안에서는 사업시행자 甲이 손실보상을 하지 않은 것은 고의가 아니더라도 과실에는 해당하며, 손실보상 없이 사업진행으로 乙의 재산권을 침해한 것은 위법성이 인정되므로 불법행위에 해당한다. 乙은 신고어업을 더 이상 계속할 수 없는 손해를 입었고, 乙의 손해와 甲의 불법행위는 인과관계가 있어 손해배상청구권이 성립한다.

3. 손해배상청구소송 및 손해배상금의 산정

검토한 바와 같이 국가배상법에 공무수탁사인의 배상책임을 규정하고 있지 아니하므로

민법상 손해배상청구소송을 제기하여야 할 것이다. 또한 판례의 태도에 따라 허가업자들이

입은 손해는 그 손실보상금 상당액이라고 보았다.

IV. 사례의 해결

법령에 손실보상을 규정하고 있음에도 보상을 하지 않고 사업을 진행하여 피수용자에게

손해를 입혔다면, 사업시행자의 불법행위가 인정되므로 乙은 사업시행자를 상대로 손해배

상청구소송을 제기하여 권리구제를 도모할 수 있다. 이때 손해배상금은 판례의 태도에 따라

乙이 입은 손실에 대한 보상금 상당액이 될 것이다.   〈끝〉

Question 03 30점

I. 서(사업인정의 의의 및 취지)

사업인정은 (구)토지수용법 제2조 제7호에 의거 공익사업을 토지 등을 수용 또는 사용할

사업으로 결정하는 것을 말하며, 사업시행자가 일정한 절차를 거칠 것을 조건으로 수용권

을 설정해주는 국토교통부장관의 설권적 행정행위에 해당한다. 사업인정은 공용수용의 제

1단계 절차로서 수용행정의 적정화와 공익성 판단을 통한 피수용자의 권익보호에 취지가

있다.

II. 사업인정의 법적 성질

1. 처분성(행정행위)

사업인정으로 사업시행자 및 토지소유자 등에게 구체적인 법적 효과가 발생한다. 즉, 사업

시행자에게는 수용권이 설정되며, 토지소유자 등에게는 사업인정 고시가 있은 후에는 고시

된 토지에 대하여 형질변경이나 물건의 손괴 등을 할 수 없게 되는 토지보전의무가 주어진

다(토지보상법 제25조). 따라서 사업인정은 행정청이 구체적 사실에 대한 법집행으로서 국

민의 권리와 의무에 영향을 미치는바 권력적 행위인 공법행위로 항고소송의 대상이 된다.

2. 형성행위인지 확인행위인지 여부

학설은 〈형성행위설〉과 특정한 사업이 토지 등을 수용할 수 있는 사업에 해당하는 것을 확인하고 선언하는 〈확인행위설〉의 견해가 있지만, 통설과 판례는 사업시행자에게 사업인정 후 일정한 절차를 거칠 것을 조건으로 수용권을 설정하여 주는 형성행위로 본다.

3. 제3자효 행정행위 여부

사업인정이 제3자효 행정행위인지 문제된다. 생각건대 사업인정은 사업시행자에게는 수익적 효과를 발생하는 것은 분명하며, 토지소유자등에게는 토지보상법 제25조에 따라 토지보존의무 등이 발생하므로 침익적 효과를 가져온다고 볼 수 있다. 따라서 사업인정은 제3자효 행정행위라고 보는 것이 타당할 것이다.

4. 재량행위인지 기속행위인지 여부

통설과 판례의 태도에 따라 사업인정은 단순한 확인행위가 아니라 형성행위이고, 행정청은 그 사업이 공용수용을 할 만한 공익성이 있는지 여부를 모든 사정을 참작하여 구체적으로 판단하여야 하는 것이므로 사업인정의 여부는 행정청의 재량에 속한다고 보는 것이 타당하다고 생각된다. 따라서 사업인정은 재량행위성이 인정된다고 본다.

Ⅲ. 사업인정에 대한 권리구제

사업인정 시에 이해관계가 있는 자의 의견청취절차가 있으므로(법 제21조) 사업인정에 대한 절차적 참여를 통해 권리구제를 도모할 수 있다. 이하에서는 사후적인 권리구제수단을 검토한다.

1. 행정쟁송

사업인정은 앞서 검토한 바와 같이 행정행위로 항고소송의 대상이 되는 처분에 해당한다. 사업인정에 대한 권리구제에 대해 토지보상법에 명문의 규정이 없으므로 행정심판법이나 행정소송법에 따라 행정심판과 행정소송을 통해 권리구제를 도모할 수 있다.

(1) 행정심판

행정심판의 경우 청구요건을 갖춘 경우에 위법 또는 부당한 사업인정에 대하여 취소심판, 무효등확인심판이 가능하고, 사업인정부작위에 대하여는 의무이행심판의 제기가 가능할 것이다.

(2) 행정소송

행정소송의 경우 소송요건을 갖춘 경우에 위법한 사업인정에 대하여는 취소소송, 무효등확인소송이 가능하고, 사업인정 부작위에 대하여는 부작위위법확인소송이 가능할 것이다. 행정심판을 거쳐서 취소소송을 제기하는 경우 취소소송의 대상이 무엇인가가 문제된다. 이때 행정소송법 제19조에 따라 원처분주의가 적용된다. 행정심판의 재결에 의해 사업인정이 취소된 경우에는 사업인정을 받았던 사업시행자는 해당 행정심판의 재결을 대상으로 행정소송을 제기할 수 있다.

2. 사업인정과 수용재결의 하자승계

사업인정의 위법이 수용재결에 승계될 수 있는지 문제된다. 학설의 경우 견해가 대립하며, 판례의 경우는 하자의 승계를 부정하고 있다.

3. 가구제

행정소송법 제23조 제2항은 집행정지를 인정하고 있다. 집행정지요건을 충족하는 경우 사업인정 취소소송이나 무효등확인소송에서 본안소송에서 승소판결을 받을 때까지 임시적 권리구제수단으로 고려할 수 있다. 민사집행법상 가처분을 행정소송법 제8조 제2항을 통해 적용할 수 있는지에 대해서는 견해가 대립하며, 판례는 부정한다.

4. 국가배상청구소송

국토교통부장관은 국가공무원임에 분명하므로 국토교통부장관의 위법한 사업인정으로 인해 손해를 입은 경우 국가배상법 제2조 제1항의 요건을 충족하면 국가배상을 통해 권리구제가 가능할 것이다. 국가배상법 제2조 제1항은 국가 또는 지방자치단체는 공무원이 그 직무를 수행하면서 고의 또는 과실로 법령을 위반하여 타인에게 손해를 입히는 경우 해당 법에 의하여 손해를 배상해야 함을 명시하고 있다.

IV. 결

사업인정은 일련의 수용절차 가운데 제1단계 절차로 해당 사업의 공공성 내지 공익성을 판단하여야 하는데, 공공성은 추상적 개념으로 법률적으로 정할 수 없어 행정청이 이를 판단하게 하도록 하기 위해 사업인정제도를 두고 있다. 공용수용은 사인의 재산권을 강제적으로 취득하는 것이기 때문에 사업인정 시 이를 위한 공권력 행사에 신중을 기하여야 할 것이다. 〈끝〉

Question 04 10점

I. 서(감정평가법 제28조 손해배상책임의 의의)

감정평가법인등이 타인의 의뢰에 의한 감정평가 시 고의 또는 과실로 감정평가 당시의 적정가격과 현저한 차이가 있게 감정평가하거나 감정평가서류에 허위의 기재를 함으로써 감정평가의뢰인이나 선의의 제3자에게 손해를 발생하게 한 때에는 그 손해를 배상할 책임이 있다.

II. 손해배상책임의 성립요건

타인의 의뢰에 의하여 감정평가를 함에 있어서 업자의 고의 또는 과실이 있을 것, 부당한 감정평가, 감정평가의뢰인 또는 선의의 제3자에게 손해발생, 상당인과관계, 위법성 등을 성립요건으로 한다. 감정평가법 제28조에 손해배상 책임요건으로 위법성을 명시적으로 요구하고 있지 아니하나 부당한 감정평가 개념 속에 위법성 요건이 포함된 것으로 보는 것이 타당하다고 생각된다.

Ⅲ. 손해배상액과 손해배상책임의 보장

1. 손해배상액

손해배상책임의 성립요건이 모두 충족된 경우 감정평가법인등은 손해배상책임을 지게 되며, 이에 따라 부당한 감정평가와 상당인과관계가 있는 모든 손해를 배상하여야 하고 과실상계의 원칙에 따라 감정평가 의뢰인이 부당한 감정평가 성립에 원인을 제공하였거나, 용인을 한 경우에는 이를 참작하여 배상액을 정하여야 한다.

2. 손해배상책임의 보장

감정평가법인등은 보증보험에 가입하거나 협회가 운영하는 공제사업에 가입하여야 하고, 의제 감정평가법인은 수수료의 100분의 2 이상을 손해배상충당금으로 적립하여야 하며, 적립된 손해배상충당금은 국토교통부장관의 승인 없이는 이를 다른 용도로 사용할 수 없다.

Ⅳ. 사안의 해결(신설 규정의 입법취지)

최근 감정평가법 제28조 제3항 및 제4항에서는 확정판결을 통한 손해배상이 결정된 경우에는 국토교통부장관에게 알려야 하고, 손해배상능력 등에 대한 기준을 정할 수 있다고 신설한 바 있다. 이는 국민의 권리구제 측면에서 손해배상책임의 중요성을 높이기 위함에 취지가 있다고 판단된다.   〈끝〉

― 이하 여백 ―

Question 01

토지소유자인 甲은 중앙토지수용위원회의 수용재결에 불복하여 이의신청을 제기하였으나 기각되었다. 이에 따라 甲은 행정소송으로서 취소소송을 제기하고자 한다.

(1) 이때 甲은 무엇을 대상으로 행정소송을 제기할 수 있는가와 관련하여 판례의 태도를 설명하고 이를 논평하시오. 30점

(2) 甲이 행정소송을 제기하는 경우에 이것이 토지에 대한 수용효력에 영향을 미치는가를 설명하시오. 10점

Question 02

감정의뢰인 甲은 감정평가사 乙이 고의로 자신의 토지를 잘못 평가하였음을 주장하여 국토교통부장관에게 乙에 대한 제재조치를 요구하였다. 이에 따라 국토교통부장관은 감정평가 및 감정평가사에 관한 법률상의 권한을 행사하여 일정한 제재조치를 취하고자 한다. 이 경우에 국토교통부장관이 취할 수 있는 절차와 구체적인 제재조치 내용을 설명하시오. 30점

Question 03

공공사업의 시행으로 인하여 공공사업지구 밖에서 발생한 피해에 대한 보상의 이론적 근거, 실제유형과 보상의 한계에 대하여 논술하시오. 20점

Question 04

공공사업시행 시 사업인정을 받은 토지상의 지상권자가 지상권의 손실보상을 청구하는 경우 그 지상권의 소멸절차를 설명하시오. 10점

ⓠuestion 01 40점

Ⅰ. 〈물음 1〉에 대하여

1. 논점의 정리

(구)토지수용법 제75조의2 제1항의 해석과 관련하여 재결주의를 취하는 듯한 규정을 두고 있었다. 그러나 현행 토지보상법 제85조에서는 "제34조의 재결에 대하여 불복이 있을 때는 이의신청을 거치지 않고 또는 이의신청을 거쳐 행정소송을 제기할 수 있다."고 규정하고 있어 원처분주의를 확인하고 있다. 이하 토지보상법 제83조, 제85조의 규정과 행정소송법 제19조의 단서와 최근 판례의 태도 등을 검토하여 원처분주의와 재결주의를 논하도록 한다.

2. 논의의 전제

원처분과 재결은 모두 공권력의 작용인 행정행위로서 항고소송의 대상이 될 수 있다(행정소송법 제19조, 제2조 제1항 제1호). 그러나 판결의 모순 또는 저촉이나 소송경제를 고려하여 소송의 대상을 제한할 필요가 있다. 이에 대한 입법주의의 원처분주의와 재결주의가 있다.

3. 원처분주의와 재결주의의 의의

(1) 원처분주의

원처분주의란 원처분과 재결에 다 같이 소를 제기할 수 있으나 원처분의 위법은 원처분에 대한 항고소송에서만 주장할 수 있고, 재결에 대한 항고소송에서는 재결 자체의 고유한 하자에 대해서만 주장할 수 있도록 하는 제도이다.

(2) 재결주의

재결주의란 원처분에 대한 제소는 허용되지 않고 재결에 대해서만 행정소송의 대상으로 인정하되, 재결에 대한 취소소송 또는 무효등확인소송에서 재결 자체의 위법뿐만 아니라 원처분의 위법사유도 아울러 주장할 수 있도록 하는 제도를 말한다.

4. 행정소송법 및 토지보상법의 태도

(1) 행정소송법 제19조

행정소송법 제19조는 '취소소송은 처분 등을 대상으로 한다. 다만, 재결취소소송의 경우에는 재결 자체에 고유한 위법이 있음을 이유로 하는 경우에 한한다.'고 하여 원처분주의를 채택하고 있다.

(2) 토지보상법 제85조

토지보상법 제85조는 '제34조의 재결에 대하여 불복이 있을 때는 이의신청을 거치지 않고 또는 이의신청을 거쳐 행정소송을 제기할 수 있다.'고 규정하고 있으며, 동조 제2항에서는 피고에서 재결청을 제외하여 원처분주의를 확인하고 있다.

5. 원처분주의 위반의 효과

(1) 문제점

재결 자체의 고유한 위법이 없음에도 재결에 대해 취소소송을 제기한 경우 소송상 처리에 관해 견해 대립이 있다.

(2) 학설

① 행정소송법 제19조 단서를 소극적 소송요건으로 보아 각하판결을 해야 한다는 견해, ② 재결 자체의 위법 여부는 본안판단사항이기 때문에 기각판결을 해야 한다는 견해가 있다.

(3) 판례 및 검토

판례는 재결 자체에 고유한 위법이 없는 경우에는 원처분의 당부와는 상관없이 해당 재결 취소소송은 이를 기각하여야 한다고 판시하고 있다. 재결 자체의 위법 여부는 본안판단사항이므로 기각판결해야 한다는 견해가 타당하다고 생각된다.

6. 최근 원처분주의 관련 판례(2008두1504)

수용재결에 불복하여 취소소송을 제기하는 때에는 이의신청을 거친 경우에도 수용재결을 한 중앙토지수용위원회 또는 지방토지수용위원회를 피고로 하여 수용재결의 취소를 구하여야 하고, 다만 이의신청에 대한 재결 자체에 고유한 위법이 있음을 이유로 하는 경우에는 그 이의재결을 한 중앙토지수용위원회를 피고로 하여 이의재결의 취소를 구할 수 있다고 판시하였다.

7. 결(해당 취소소송에서 피고적격 및 소송대상)

현 행정소송법 원처분주의 입장에서 甲은 수용재결에 대해 항고소송을 제기하여야 할 것이다. 토지보상법 제83조, 제85조의 문언상 내용과 행정소송법 제19조의 단서 등을 종합하고, 최근 판례에 따라 원처분주의에 입각하여 수용재결을 대상으로 항고소송을 제기해야 할 것이다.

Ⅱ. 〈물음 2〉에 대하여

1. 논점의 정리

해당 사안에서는 행정소송 제기가 토지수용에 있어 어떠한 효력을 미치는지에 대하여 토지보상법 제88조의 검토를 통해 설명하도록 한다.

2. 토지보상법 제88조(처분효력의 부정지)

토지보상법 제88조는 관할 토지수용위원회의 수용재결에 대한 법 제83조의 이의신청이나 제85조의 행정소송의 제기는 사업의 진행 및 토지의 수용 또는 사용을 정지시키지 아니한다고 규정하고 있다.

3. 행정소송법 제23조와 토지보상법 제88조의 관계

(1) 행정소송법 제23조

행정소송법 제23조 제1항은 집행부정지 원칙을 규정하고 있으며, 동법 제23조 제2항에서는 예외적으로 집행정지를 규정하고 있다. 행정소송법이 집행부정지 원칙을 취한 것은 행정목적의 실효적인 달성을 보장하기 위해서이다.

(2) 행정소송법 제23조와 토지보상법 제88조의 관계

행정소송법의 위와 같은 규정에도 불구하고 토지보상법 제88조에서는 특별히 집행부정지만을 규정하고 있다. 이는 피수용자의 불복에도 불구하고 사업을 진행시켜 사업의 원활한 진행을 기하기 위함이다.

4. 소결

사안의 수용재결에 대한 항고소송이 토지수용효력에 미치는 영향은 공공사업의 원활한 시행 및 집행정지의 남용방지라는 토지보상법의 특수한 목적으로 규정된 토지보상법 제88조에 따라 사업의 진행 및 토지의 수용 또는 사용을 정지시키지 아니한다.　　　　　　　〈끝〉

Question 02 30점

Ⅰ. 논점의 정리

사안의 해결을 위하여 먼저 국토교통부장관은 감정평가의뢰인 甲의 주장대로 감정평가사 乙에게 감정평가법 제25조의 성실의무 위반이 있었는지 조사하여야 한다. 만약 乙에게 의무위반사실이 있다면 감정평가법상 어떠한 제재조치가 가능한지 검토하고, 이러한 제재조치를 취하려는 경우에 국토교통부장관은 어떠한 절차를 거쳐야 하는지 감정평가법 및 행정절차법의 조문을 위주로 문제를 검토하도록 한다.

Ⅱ. 감정평가사의 성실의무

1. 성실의무 등(감정평가법 제25조)

감정평가사는 감정평가업무를 행함에 있어 품위를 유지하여야 하고, 신의성실로써 공정하게 감정평가를 하여야 하며, 고의 또는 중대한 과실로 잘못된 평가를 할 수 없는 등의 의무를 부담한다. 구체적 내용으로 ① 고의 또는 중대한 과실로 잘못된 평가금지, ② 자기 또는 친족 소유, 그 밖에 불공정한 감정평가 금지, ③ 토지 등의 매매업 금지, ④ 수수료 및 실비 외 수수금지, ⑤ 둘 이상 법인·감정평가사사무소 소속금지가 있다.

2. 사안의 경우

사안의 경우 구체적으로 감정평가사 乙의 성실의무 위반 여부에 대한 근거가 제시되지 않아 판단이 어려우나, 乙에게 의무위반사실이 없다면 제재조치를 취할 수 없는바, 이하에서는 乙에게 의무위반사실이 있는 경우를 전제로 물음에 답하도록 한다.

Ⅲ. 국토교통부장관이 취할 수 있는 절차 및 징계절차

1. 지도·감독권 등 징계절차

(1) 지도·감독 등(감정평가법 제47조)

감정평가사 乙이 고의로 甲의 토지를 잘못 평가한 데 대해 국토교통부장관은 乙이 평가한 사항에 대해 보고하도록 할 수 있으며 보관하고 있는 감정평가서의 원본과 그 관련 서류를 제출하게 하거나 국토교통부 공무원으로 하여금 乙의 사무소를 출입하여 감정평가서의 원본과 그 관련 서류를 검사하게 할 수 있다.

(2) 감정평가에 대한 타당성조사

국토교통부장관은 乙의 감정평가가 감정평가법 또는 다른 법률에서 정하는 절차와 방법 등에 따라 타당하게 이루어졌는지 조사할 수 있다. 타당성 조사를 할 경우에는 해당 감정평가법인등인 乙 및 이해관계인에게 의견진술의 기회를 주어야 한다. 타당성 조사의 결과

고의 또는 중대한 과실이 있다면 감정평가법상 일정 제재조치를 취하게 된다.

(3) 감정평가법령상 징계절차

국토교통부장관은 감정평가법 시행령 제34조에 의해 징계위원회에 징계 의결 요구를 하여야 하고, 징계위원회에는 징계 요구를 받은 경우 지체 없이 징계요구 내용과 징계심의기일을 해당 감정평가사에게 통지하여야 한다. 징계의결 요구 내용을 검토하기 위한 소위원회를 두어 그 내용을 심사할 수 있다. 징계위원회의 징계의결이 있는 경우 국토교통부장관은 이 의결에 따라 징계를 할 수 있다.

2. 행정절차법상 침익적 처분절차

(1) 개설

상기절차에 따라 일정 사실관계가 파악되면 국토교통부장관은 제재조치를 할 수 있다. 이는 乙에게 침익적 처분으로써 행정절차의 일반법인 행정절차법이 적용된다.

(2) 처분의 사전통지(행정절차법 제21조)

행정청은 제재조치를 취하는 경우에 미리 당사자 등에게 처분의 사전통지를 하여야 한다. 다만, 공공복리를 위한 긴급한 처분 또는 일정한 처분을 하여야 하는 것이 객관적으로 증명된 때, 또는 처분의 성질상 의견청취가 곤란하거나 명백히 불필요한 경우에는 사전통지를 생략할 수 있다. 사안에서는 처분의 사전통지를 생략할 만한 사정이 없는 바, 국토교통무장관은 처분 시 미리 사전통지를 하여야 한다.

(3) 의견청취(행정절차법 제22조 제3항)

행정청은 처분 시 당사자에게 의견제출의 기회를 주어야 한다. 다만, 사전통지의 예외사유나 당사자가 의견진술을 포기하는 경우에는 의견청취를 생략할 수 있다. 사안에서는 감정평가사 乙이 의견진술기회를 포기한다는 뜻을 명백히 표시하지 않는 한 업무정지처분 시 반드시 의견진술기회를 주어야 한다.

(4) 처분의 이유제시(행정절차법 제23조)

행정절차법 제23조에 따라 처분 시에 당사자에게 그 근거와 이유를 구체적으로 제시하여야 한다. 다만, 신청내용을 모두 인정한 처분, 단순·반복처분 등, 긴급을 요하는 경우에는 처분의 이유제시가 생략될 수 있다. 사안에서는 처분의 이유제시를 생략할 만한 사정이 있는 것은 아니므로 행정청은 처분 시 반드시 이유제시가 필요하다.

Ⅳ. 국토교통부장관이 취할 수 있는 제재조치의 내용

1. 행정상 제재수단

감정평가법 제39조 제1항 제9호에 의거하여 감정평가사 乙에 대해서는 감정평가관리·징계위원회의 의결에 따라 징계를 할 수 있다. 징계는 등록의 취소, 2년 이하의 업무정지, 견책 등을 할 수 있다. 등록취소나 업무정지를 받은 경우 등록증을 국토교통부장관에게 반납하여야 한다.

2. 형사상 제재수단

① 감정평가사 乙의 행위는 감정평가법 제49조 제5호에 해당되는바, 3년 이하의 징역 또는 3천만원 이하의 벌금에 처해질 수 있다. ② 감정평가법 제10조 제1호 및 제2호의 업무(「부동산 가격공시에 관한 법률」에 따라 감정평가법인등이 수행하는 업무 등)를 수행하는 감정평가라면 乙은 형법 제129조 내지 제132조 적용 시 공무원으로 의제될 것이다. ③ 감정평가법 제49조 적용 시 乙소속의 법인 또는 사무소의 사용자도 형사상 제재조치의 대상이 되나, 법인 또는 사무소의 사용자가 그 위반행위를 방지하기 위하여 해당 업무에 관하여 상당한 주의와 감독을 게을리하지 아니한 경우에는 대상에서 제외된다.

V. 결

고의로 잘못된 평가를 하였다면 乙은 감정평가법 제25조 제1항의 위반에 해당한다. 따라서 국토교통부장관은 지도·감독권 및 타당성조사권을 행사하여 사실관계를 파악하고 그 경중에 따라 제재조치를 취할 것이다. 일반적인 침익적 절차로는 행정절차법 제21조 내지 제23조의 침익처분 절차를 거쳐야 하겠으며, 감정평가사의 직무위반이므로 행정적 제재조치 및 형사적 제재조치가 이루어질 것이라 판단된다. 〈끝〉

Question 03 20점

Ⅰ. 논점의 정리

공익사업으로 인한 손실은 공익사업시행지구만이 아니라 사업시행지구 밖에서도 발생하며, 이를 간접손실이라 한다. 이러한 공익사업시행지구 밖에서 발생하는 손실이 보상의 대상이 되는지 여부와 보상이 된다면 어떤 방식으로 구제하여야 하는지 문제된다. 이하에서는 간접손실보상에 대하여 살펴보고, 현행 토지보상법령의 관련 규정과 기타사례를 검토하여 이러한 간접손실보상이 갖는 한계와 문제점 등을 검토한다.

Ⅱ. 간접손실의 의의 및 보상의 이론적 근거

1. 간접손실의 의의[토지보상법 제79조]

간접손실이란 공익사업의 시행으로 인하여 사업시행지 밖의 재산권자에게 필연적으로 발생하는 손실을 말하며, 간접손실 보상은 이러한 간접손실을 보상하는 것을 말한다.

2. 간접손실보상의 이론적 근거

간접손실도 공익사업이 원인이 되어 발생한 것이므로 특별한 희생이 발생한 경우에는 공적 부담 앞의 평등의 원칙상 보상하여야 한다. 따라서 간접손실보상도 손실보상의 개념에 포함되는 것으로 보아야 할 것이며, 대법원도 간접손실을 헌법 제23조 제3항에 규정된 손실보상의 대상이 된다고 보았다. 또한 간접손실보상은 침해가 있기 전의 생활상태의 회복을 위하여 인정되는 것이고, 대물보상의 한계와 현대복지국가의 요청에 따라 인정되는 것이므로 생활보상으로 볼 수 있다고 판단된다.

Ⅲ. 간접손실의 실제유형

1. 물리적·기술적 손실과 사회적·경제적 손실

간접손실의 유형은 일반적으로 물리적·기술적 손실과 사회적·경제적 손실로 구분될 수 있다. 물리적·기술적 손실은 공익사업의 시행으로 발생하는 소음·진동·먼지, 용수고갈, 토사유출 등으로 인한 피해를 말하며, 이는 간접침해라고도 한다. 반면 사회적·경제적 손실은 공익사업의 영향으로 주민이 이전하거나 생산체계나 유통구조가 변화되어 경제활동에 미치는 영향으로 받은 손실을 말한다. 최근 판례(대판 2019.11.28, 2018두227)는 사회적·경제적 손실은 물론 물리적·기술적 손실도 간접손실의 유형으로 보아 피수용자 권익 보호를 한층 강화하고 있다.

2. 토지보상법상 간접손실

토지보상법 제79조 제1항에서는 공익사업으로 인한 사업시행지구 밖의 토지에 통로, 도랑, 담장 등의 신설이나 그 밖의 공사가 필요한 경우 공사비보상을 규정하고 있다. 동법 제79조 제2항 및 시행규칙 제59조 내지 제65조에서는 공익사업시행지구 밖의 대지, 건축물, 공작물 등에 대하여 손실보상 규정을 마련해두고 있다.

Ⅳ. 간접손실 보상의 한계

1. 실정법상 보상의 한계

토지보상법에 규정된 간접손실 보상에 관한 규정은 간접손실의 유형 중 일부만을 규정하고 있다. 따라서 간접손실 중에는 보상규정이 없는 경우가 많고, 특히 물리적·기술적 손실에 대한 보상규정은 전혀 마련되어 있지 못하다. 또한 토지보상법령에 마련되어 있는 간접손실보상의 규정은 요건을 너무 경직되게 규정하고 있다는 문제점이 있다.

2. 현실적 보상의 한계

간접손실에 대한 유형이 다양하여 이를 일일이 입법화할 수 없다는 한계와 국가재정상 피해의 유형마다 보상을 할 수 없다는 한계가 있다. 또한 간접손실 유형 중에는 손실보상으로 구제할 것인지 사법상 손해배상으로 할 것인지의 범위와 기준설정이 어렵다는 점에서 한계가 있다.

V. 결

간접손실도 공익사업의 시행으로 발생하는 것이므로 특별한 희생에 대한 공평부담의 원칙 하에 보상이 이루어져야 한다. 그러나 간접손실의 유형이 다양하며, 손실을 사전에 예측하기 어려운 경우 등의 문제가 있는바, 이를 위해 간접손실의 개념을 명확히 하고 관련 규정의 문제점을 개선하려는 노력이 필요하다 할 것이다. 〈끝〉

Question 04 10점

I. 개설

토지에 대한 지상권은 토지보상법 제3조에 의거 공익사업을 위한 취득 대상에 속하는 권리이며, 동법 제2조 제5호에서 지상권자는 관계인에 속한다. 또한 공익사업의 시행으로 인하여 토지소유자나 관계인이 입은 손실은 보상하여야 하는바, 지상권 역시 손실보상의 대상이 됨이 분명하다 할 것이다. 이하에서 지상권의 소멸절차를 설명하도록 한다.

II. 지상권의 소멸절차

1. 물건조서 작성(토지보상법 제27조)

사업인정 후 사업시행자는 토지에 출입하여 이를 측량하거나 조사할 수 있으며, 토지조서 및 물건조서를 작성하고 보상계획의 공고·통지 및 열람, 보상액의 산정절차를 거친다.

2. 협의 및 협의성립 확인(토지보상법 제26조, 제29조)

사업시행자는 산정된 보상에 관하여 지상권자와 성실하게 협의하여야 한다. 협의가 성립된 경우에는 재결의 신청기간 이내에 지상권자의 동의를 얻어 관할 토지수용위원회에 협의성 립 확인을 신청할 수 있다. 협의성립확인은 재결로 간주한다.

3. 화해(토지보상법 제33조)

협의가 성립되지 아니하여 사업시행자가 재결을 신청한 경우 관할 토지수용위원회는 재결 이 있기 전에 사업시행자와 지상권자에게 화해를 권고할 수 있다. 화해가 성립하면 당사자 간 화해조서와 동일한 내용의 합의가 성립된 것으로 본다.

4. 재결(토지보상법 제34조)

관할 토지수용위원회의 재결이 있고 사업시행자가 재결에서 정한 시기까지 보상금을 지급하 거나 일정한 요건의 경우 공탁하게 되면 개시일에 해당 지상권은 소멸하게 된다.   〈끝〉

– 이하 여백 –

01 식량자원화 시대에 즈음하여, A회사는 비료공장을 건설하고자 공장부지를 매입하려고 하였으나, 여의치 않아 국토교통부장관에게 신청하여 사업인정을 받았다. 그 후 (구)토지수용법상의 협의가 성립되지 못하였고, 중앙토지수용위원회의 재결에 의하여 수용이 행하여졌다. 피수용자인 甲은 사기업을 위한 해당 토지의 수용은 위법하다고 주장하고, 비록 적법하다고 하더라도 보상금이 충분하지 못하다는 이유로 이의신청을 하였지만, 중앙토지수용위원회는 기각재결을 하였다. 이에 甲은 행정소송을 제기하고자 한다.

(1) 사기업인 A회사의 비료공장건설사업에 대한 사업인정의 적법 여부 및 위법하다고 인정되는 경우의 권익구제방법을 논술하시오. 10점

(2) 甲이 보상금증액을 청구하는 소송을 제기하는 경우, 그 소송의 형태와 성질 등의 내용을 논술하시오. 30점

02 토지수용위원회, 부동산가격공시위원회, 보상협의회를 비교 논술하시오. 20점

03 (구)토지수용법상의 확대보상을 설명하고, 확장수용청구가 거부된 경우 그 불복방법을 논급하시오. 20점

04 공공용지의 취득과 손실보상에 관한 중요한 법으로 (구)토지수용법과 (구)공공용지의 취득 및 손실보상에 관한 특례법이 있다. 이 두 법령의 상호관계를 설명하고, 두 법령의 통합설(공익사업을 위한 토지 등의 취득 및 보상에 관한 법률 2003.1.1. 통합시행)을 논평하시오. 20점

ⓠuestion 01 40점

Ⅰ. 논점의 정리

〈물음 1〉에서는 사기업인 A회사의 비료공장건설사업에 대한 사업인정의 적법 여부 및 위법하다고 인정되는 경우의 권익구제방법에 대하여 사업인정의 요건을 토대로 설명한다.

〈물음 2〉에서는 보상금증액청구소송의 의의 및 취지를 살펴보고, 해당 소송이 단일소송인지, 형식적 당사자소송인지, 형성소송인지 등을 검토하고, 보상금증감청구소송의 소송의 성질, 요건 등에 대해 살펴본다.

Ⅱ. 〈물음 1〉에 대하여

1. 사업인정의 의의, 취지, 법적 성질(토지보상법 제2조 제7호, 제20조)

① 사업인정이란 토지 등을 수용 또는 사용할 사업으로 결정하는 것을 말하며, ② 사업의 공익성 판단 및 피수용자의 권리보호에 취지가 있고, ③ 처분, 강학상 특허, 재량행위, 제3자효 행정행위의 성질을 가진다.

2. 사업인정의 적법 여부

(1) 사업인정의 요건

사업인정은 ① 토지보상법 제4조 공익사업에 해당할 것, ② 공공필요가 있을 것, ③ 공공필요는 비례의 원칙으로 판단할 것, ④ 사업시행자의 공익사업 수행 능력과 의사가 있을 것을 요건으로 한다.

(2) 사업인정의 적법 여부

사안의 비료공장건설사업은 과거에는 토지보상법 제4조에 해당하는 사업이었으나, 현행법상 토지보상법 제4조에 해당하는 사업이 아니므로 요건 불비로 사업인정의 적법성이 인정되지 않는다고 판단되며, 위법성 정도는 중대명백설에 따라 중대하나, 일반인의 시각에서 명백하다고 보기 어려워 취소사유에 해당한다고 판단된다.

3. 사업인정의 권익구제 방법

(1) 행정쟁송

사업인정의 불복에 대하여 토지보상법에 아무런 규정이 없으므로 특별법 우선의 원칙에 따라 행정심판법 제3조 제1항 및 행정소송법 제8조 제1항에 의거 행정심판법과 행정소송법이 적용되어 취소소송의 제기가 가능할 것으로 판단된다.

(2) 손해배상 및 손실보상 청구권

① 토지보상법에는 규정이 없으나 위법한 사업인정으로 인하여 손해를 입은 자는 국가배상법 제2조에 따라 국가배상을 통하여 권익구제를 받을 수 있다고 판단되며, ② 손실보상청구권은 적법한 사업인정으로 인해 손실이 발생한 경우 제기가 가능한바, 사안의 경우에는 사업인정의 위법성이 인정되어 손실보상은 불가할 것으로 판단된다.

4. 사안의 해결

사안의 경우 비료공장건설사업은 토지보상법 제4조에 해당하지 않는 사업으로서 사업인정 요건을 충족하지 못하여 사업인정은 위법하고, 이에 대하여 甲은 취소소송 및 손해배상으로 권익구제를 받을 수 있다고 판단된다.

Ⅲ. 〈물음 2〉에 대하여

1. 보상금증감청구소송의 의의 및 취지(토지보상법 제85조 제2항)

보상금증감청구소송은 수용재결 중 보상금에 대하여 이의가 있는 경우에 보상금의 증감을 다투는 소송을 말한다. 이는 시행자, 소유자가 피고가 되고 보상재결 취소 없이 보상금에 관련 분쟁해결로 보상대상의 증감을 다투는바 분쟁의 일회적 해결, 소송경제, 권리구제의 신속성 및 실효성 확보에 취지가 있다.

2. 소송의 구조

(구)토지수용법에서는 재결청을 피고에 포함하고 있어 제기방식에 있어서 피고의 공동인지, 소송의 병합인지 논란이 있었고, 대법원은 필요적 공동소송(지금은 민사소송법이 개정되어 '필수적 공동소송')으로 보았다. 그러나 현행 토지보상법은 재결청을 피고에서 제외하여 1인의 원고와 1인의 피고를 당사자로 하는 단일소송이 되었다.

3. 소송의 형태(형식적 당사자소송)

형식적 당사자소송이란 행정청의 처분 등을 원인으로 하는 법률관계에 관한 소송으로서, 직접 다투는 것은 아니지만 실질적으로 처분 등을 다투면서도 행정청을 피고로 하지 않고 그 법률관계의 한쪽 당사자를 피고로 하는 소송이다. 현행 토지보상법은 토지수용위원회를 피고에서 제외하고 있어 보상금증감청구소송을 형식적 당사자소송으로 보는 것이 일반적인 견해이다.

4. 소송의 성질

(1) 학설

① 〈형성소송설〉은 공정력을 가진 보상재결의 적극적 변경 또는 소극적 변경을 구하는 소송이라는 점에서 형성소송이라고 보는 견해이다. ② 〈확인·급부소송설〉은 재결의 취소, 변경과 같은 우회적 절차를 거칠 필요 없이 직접 법원이 정당보상액을 확인하고 부족액의 급부를 구하는 것으로 보는 견해이다.

(2) 판례 및 검토

판례는 이의재결에서 정한 보상금액이 증액, 변경될 것을 전제로 하여 보상금의 지급을 구하는 확인·급부소송으로 보고 있다. 생각건대, 형성소송설은 권력분립에 반할 수 있으며, 보상액의 확인 및 부족액의 급부를 구하고, 일회적 권리구제를 도모하기 위해 확인·급부소송으로 보는 것이 타당하다.

5. 소송의 요건

(1) 당사자

행정소송이 보상금의 증감에 관한 소송인 경우 해당 소송을 제기하는 자가 토지소유자 또는 관계인인 때에는 사업시행자를 사업시행자인 때에는 토지소유자 또는 관계인을 각각 피고로 한다.

(2) 제기기간

토지보상법 제34조의 규정에 의한 재결에 대하여 불복할 때에는 재결서를 받은 날부터 90일 이내에, 이의신청을 거친 때에는 이의신청에 대한 재결서를 받은 날부터 60일 이내에 각각 행정소송을 제기할 수 있다.

(3) 관할

보상금증감청구소송에서 피고의 소재지 관할 행정법원과 토지의 소재지 관할 행정법원이 같지 아니한 경우 어느 행정법원에 제소하여야 하는가가 문제된다. 대법원은 이 경우 두 피고 중 어느 하나의 관할에 속하여도 그 법원에 제소할 수 있다고 한다.

(4) 소송의 대상

보상금증감청구소송은 취소소송과 달리 당사자소송의 성질을 띠고 있는 바, 원처분주의 또는 재결주의로 해석할 것은 아니라고 본다. 따라서 보상금에 관한 법률관계만이 소송의 대상이 된다는 견해가 타당하다.

Ⅳ. 사례의 해결

〈물음 1〉에서는 사업인정 요건을 충족하지 못하여 사업인정은 위법하고, 이에 대하여 甲은 취소소송 및 손해배상으로 권익구제를 받을 수 있다고 판단된다.

〈물음 2〉에서는 현행 토지보상법에서 재결청을 피고에서 제외하고 있는 바, 보상금증감청구소송은 단일 소송이며 형식적 당사자소송에 해당한다. 〈끝〉

Question 02 20점

Ⅰ. 논점의 정리

토지보상법상 토지수용위원회와 보상협의회, 부동산공시법상 부동산가격공시위원회의 근거와 법적 지위, 구성, 권한 등에 대하여 비교·검토한다.

Ⅱ. 토지수용위원회(토지보상법 제49조 내지 제60조)

1. 법적 성격

토지수용위원회는 공익사업에 필요한 토지 등의 수용 또는 사용에 대한 재결을 목적으로 설치되어 있다는 점에서 독립적 행정기관이며, 다수의 구성위원의 합의에 의해 독립적으로 토지수용위원회의 이름으로 재결을 하는 점에서 합의적 행정청이다. 또한 준사법적 행정기관에 해당하며, 법에서 반드시 설치하도록 하고 있어 필수기관으로 본다.

2. 설치 및 구성

토지수용위원회는 중앙토지수용위원회와 지방토지수용위원회가 있으며, 중앙토지수용위원회는 국토교통부에 두고 위원장 1명을 포함한 20명 이내의 위원으로 구성한다. 위원장은 국토교통부장관이 되며, 위원장은 위원회를 대표하고 위원회의 업무를 총괄한다. 지방토지수용위원회의 위원장은 시·도지사가 된다.

Ⅲ. 보상협의회(토지보상법 제82조)

1. 법적 성격

보상협의회 설치는 임의적 사항이나, 공익사업지구 면적이 10만제곱미터 이상이고, 토지 등의 소유자가 50인 이상인 공익사업의 경우에는 필수적으로 설치하여야 하는 필수기관이다.

2. 설치 및 구성

위원장 1명을 포함한 위원 8명 이상 16명 이내의 위원으로 구성하되, 사업시행자를 위원에 포함시키고, 위원 중 1/3 이상은 토지소유자 또는 관계인으로 구성하여야 한다. 위원장은 해당 특별자치도 시·군 또는 구의 부지사·부시장·부군수 또는 부구청장이 된다.

3. 심의사항

공익사업이 시행되는 해당 지방자치단체의 장은 보상액 평가를 위한 사전 의견수렴에 관한 사항, 잔여지의 범위 및 이주대책의 수립에 관한 사항, 해당 사업지역 내 공공시설의 이전 등에 관한 사항 토지소유자 또는 관계인 등이 요구하는 사항 중 지방자치단체의 장이 필요하다고 인정하는 사항, 그 밖에 지방자치단체의 장이 부의하는 사항을 심의한다.

IV. 부동산가격공시위원회(부동산공시법 제24조, 제25조)

1. 법적 성격

부동산가격공시위원회는 부동산공시법 제24조 및 제25조의 내용을 심의하기 위하여 설치되는 행정기관으로서 심의기관에 해당한다. 법령에서 반드시 설치하도록 규정하고 있어 필수기관이다.

2. 설치 및 구성

중앙부동산가격공시위원회와 시·군·구 부동산가격공시위원회가 있으며 중앙부동산가격공시위원회의 위원장은 국토교통부 제1차관이 된다. 위원회는 위원장을 포함한 20명 이내의 위원으로 구성한다. 시·군·구 부동산가격공시위원회는 시장·군수 또는 구청장 소속하에 둔다. 위원장 1명을 포함한 10명 이상 15명 이하의 위원으로 구성한다. 위원장은 부시장·부군수 또는 부구청장이 된다.

3. 심의사항

중앙부동산가격공시위원회에서는 표준지, 표준주택, 공동주택 등의 선정 및 관리지침, 이에 관한 이의신청 등에 관하여 심의한다. 시·군·구 부동산가격공시위원회의 경우 개별공시지가, 개별주택가격의 결정에 관한 사항 및 개별공시지가에 대한 이의신청에 관한 사항 등을 심의 · 결정한다.

V. 결

위의 검토와 같이 각각의 위원회는 근거법령, 법적 성격, 설치 및 구성, 심의 또는 협의사항 등에 차이가 있다. 그러나 모두 행정기관으로 관련된 공 · 사익의 조절적 기능을 담당하는 측면에 있어 유사하다. 〈끝〉

Question 03 20점

I. 논점의 정리

수용은 공익사업을 위하여 강제적으로 목적물을 취득하는 것이므로, 목적물의 범위는 원칙적으로 공익사업을 위해 필요한 최소한도에 그쳐야 한다. 그러나 예외적으로 공익사업에 필요한 범위를 넘는 수용은 피수용자의 권리구제 및 공익사업의 원활한 실시 등을 위해 필요하다. 이하에서는 확장수용에 대해 설명하고, 확장수용청구가 거부된 경우 불복방법에 대해 논하도록 한다.

II. 확장수용의 의의 및 법적 성질

1. 확장수용의 의의

확장수용이란 특정한 공익사업을 위하여 목적물의 필요한 범위 또는 정도를 넘어서는 것을 말한다. 수용목적물의 확장은 강학상으로 확장수용과 지대수용으로 구분되며, 전자는 완전수용, 잔여지수용, 이전수용으로 나누어진다.

2. 법적 성질

확장수용은 피수용자의 이익을 보호하기 위한 손실보상에 그 의의가 있으므로 본래의 수용

개념과 구별되나 확장수용은 피수용자의 청구를 요건으로 하고 사업시행자의 권리취득행

위이기 때문에 일반적인 수용과 다를 바 없는바 공용수용으로 봄이 타당하다.

Ⅲ. 확장수용의 종류

1. 완전수용(토지보상법 제72조)

완전수용이란 사업시행자의 토지사용으로 해당 토지이용이 현저한 장애 내지 제한을 가져

오는 경우 수용보상을 가능하게 하기 위해 마련된 제도로서 '사용에 갈음하는 수용'이라고

도 한다. 완전수용의 요건으로는 사업인정고시 후 ① 토지를 사용하는 기간이 3년 이상인

때, ② 토지의 사용으로 인하여 토지의 형질이 변동되는 때, ③ 사용하려는 토지에 토지소

유자의 건축물이 있는 경우로서, 토지소유자는 사업시행자에게 토지의 매수 또는 수용을

청구할 수 있다.

2. 잔여지수용(토지보상법 제74조)

잔여지수용이란 일단의 토지의 잔여지를 매수 또는 수용청구하는 것을 말한다. 잔여지수용

은 ① 동일한 토지소유자에게 속하는 일단의 토지의 일부가 협의에 의해 매수되거나 수용

될 것, ② 잔여지를 종래 목적에 사용하는 것이 현저히 곤란할 것, ③ 수용의 청구는 매수

에 관한 협의가 성립되지 아니할 것, ④ 사업완료일까지 청구할 것을 요건으로 한다.

3. 이전수용(토지보상법 제75조)

건축물 등의 이전료로 보상하는 것이 원칙이다. 그러나 ① 이전이 어렵거나, 그 이전으로 인하여

종래 목적으로 사용이 곤란한 경우, ② 이전비가 물건의 가격을 넘는 경우, ③ 사업시행자가

공익사업에 직접 사용할 목적으로 취득하는 경우에는 예외적으로 그 물건을 아울러 수용할 수

있도록 할 필요가 있으며, 이러한 수용을 이전수용 또는 이전에 갈음하는 수용이라 한다.

Ⅳ. 확장수용이 거부된 경우 그 불복방법

1. 이의신청(토지보상법 제83조)

토지보상법 제83조의 이의신청으로 관할 토지수용위원회의 거부재결에 대하여 중앙토지수용위원회에 이의를 신청할 수 있다.

2. 보상금증감청구소송(토지보상법 제85조 제2항)

(1) 학설

보상금증감청구소송으로 다툴 수 없다는 견해와 토지보상법의 보상금증감청구소송으로 다툴 수 있다는 견해, 일반 당사자소송으로 보상금청구소송을 제기하여야 한다는 견해가 대립한다.

(2) 판례 및 검토

판례는 잔여지수용청구권은 손실보상의 일환으로 토지소유자에게 부여된 권리로서 그 요건을 구비한 때에는 형성권적 성질을 가지므로, 잔여지수용청구를 받아들이지 않은 토지수용위원회의 재결에 대하여 보상금의 증감에 관한 소송에 해당하여 사업시행자를 피고로 하여야 한다고 판시하였다. 잔여지수용의 문제는 궁극적으로 보상금의 증감에 관한 문제이므로 확장수용거부에 대한 불복은 분쟁의 일회적 해결을 위해 보상금증감청구소송으로 보는 것이 타당하다.

Ⅴ. 결

확장수용은 수용자와 피수용자 간의 이해관계를 합리적으로 조정하고, 피수용자에 대한 권리구제에 이바지하며, 사업의 원활한 실시를 위해 필요하다. 이러한 확장수용의 거부에 대하여는 토지보상법 제83조의 이의신청과 제85조의 행정소송으로 다투는 것이 타당하며, 특히 보상금증감청구소송은 분쟁의 일회적 해결을 위해 인정될 수 있다. 〈끝〉

Question 04 20점

I. 논점의 정리

공익사업에 관한 손실보상제에 대해 일반법적 지위를 갖는 공익사업을 위한 토지 등의 취득 및 손실보상에 관한 법률(이하 '토지보상법')은 2003년 1월 1일부터 시행되었다. 이 법은 토지수용법과 공공용지의 취득 및 손실보상에 관한 특례법이 통합된 것으로 보상체계의 일원화, 공익사업의 범위 조정, 입회공무원 날인제도의 폐지, 개발이익의 배제, 환매제도의 일원화 등이 규정되었고, 보상에 관한 절차의 개선과 기준의 변경 및 이의제도가 바뀌었다. 이하에서는 이러한 통합법안인 토지보상법의 입법목적 및 그 내용에 대하여 논평하도록 한다.

II. 토지보상법의 입법목적

토지보상법의 제정은 (구)토지수용법과 (구)공특법으로 이원화되어 있는 공익사업 용지의 취득과 손실보상에 관한 제도를 하나로 통합함으로써 손실보상에 관한 절차와 기준을 체계화하고, 각종 불합리한 제도를 개선하여 국민의 재산권을 충실히 보호함과 아울러 공익사업의 효율적인 추진을 도모하기 위하여 이루어졌다.

III. 통합시행의 주요 내용

1. 보상절차의 체계화・일원화

토지보상법에서는 이러한 문제점을 해소하여 보상절차를 「토지・물건조서작성 ⋯ 보상계획 공고・열람 ⋯ 보상액 산정 ⋯ 협의 ⋯ 사업인정 ⋯ 수용재결」로 일원화하여 사업인정 후에 토지・물건조서 내용에 변동이 없을 경우에는 재협의 절차를 생략할 수 있도록 하였다. 이는 이원적인 보상절차를 일원화하여 효율성 제고에 그 취지가 인정된다.

2. 공익사업 범위의 합리적 조정

토지보상법에서는 관계법률에 의하여 허가 등을 받아 공익을 목적으로 시행하는 사업만이 공익사업의 대상이 되게 하였고, 제철·비료 등의 사업을 공익사업의 범위에서 제외하였다. 이는 공익을 위하여 반드시 필요한 사업만 국민의 재산권을 침해할 수 있는 공익사업으로 규정하여 수용권이 남발되지 않도록 제도를 개선한 것이다.

3. 개발이익 배제의 원칙

종전의 토지수용법에서는 개발이익의 배제에 관한 명문의 규정이 없었으나, 토지보상법에서는 이를 명문화하였다. 이는 개발이익은 형평의 관념에 비추어 볼 때 토지소유자에게 당연히 귀속되어야 할 성질의 것은 아니고, 오히려 투자자인 사업시행자 또는 궁극적으로는 국민 모두에게 귀속되어야 한다는 헌법재판소의 내용에 기인한 것으로, 토지보상법 제67조 제2항 및 시행규칙 제23조 등에서 이를 규정하고 있다.

IV. 결

통합된 토지보상법은 공익사업에 필요한 토지의 수용과 사용에 관한 사항을 규정하여 공공복리의 증진과 사유재산권과의 조절을 도모함으로써 국토의 합리적인 이용, 개발과 산업의 발전에 기여하고 있다. 향후, 변화되는 현실에 맞는 입법적 보완과 꾸준한 개발이 필요하다 할 것이다. 〈끝〉

― 이하 여백 ―

Question 01 택지개발사업이 시행되는 지역에 농지 4,000m²를 소유하고 있던 甲은 보상금으로 사업 주변지역에서 같은 면적의 농지를 대토하고자 하였다. 이 지역의 농지가격수준은 사업이 시행되기 이전만 하더라도 주변지역과 같게 형성되고 있었다. 그러나 해당 사업으로 인해 주변지역의 지가가 상승하여 甲은 보상금으로 3,000m² 밖에 매입할 수 없었다. 40점

(1) 甲이 받은 보상은 정당보상에 해당한다고 볼 수 있는가?

(2) 甲과 사업주변지역 토지소유자와의 불공평관계에서 나타나는 문제점과 개선대책은?

Question 02 공익사업을 위한 토지 등의 취득 및 보상에 관한 법률 시행규칙 제23조는 용도지역 지구의 지정과 같은 공법상 제한을 받는 토지를 평가할 때에는, 제한받는 상태대로 평가하도록 규정하고 있다. 이와 같은 기준에 의거하여 토지를 평가하도록 하는 이론적 근거에 대하여 설명하시오. 20점

Question 03 토지소유자 A는 감정평가법인 B에게 소유부동산의 감정평가를 의뢰하고, B는 이를 접수하여 소속 감정평가사인 C로 하여금 감정평가업무에 착수하게 하였다. 이 경우 다음 사항을 설명하시오. 20점

(1) A와 B의 법률관계의 성질 및 내용은?

(2) A가 국토교통부장관이고 C의 업무내용이 표준지공시지가의 조사·평가라면 A와 B의 법률관계와 C의 법적 지위는?

Question 04 부동산 가격공시에 관한 법률상의 감정평가행위와 지가산정행위의 같은 점과 다른 점을 약술하시오. 20점

Question 01 40점

I. 논점의 정리

헌법 제23조 제3항은 공공필요에 의한 재산권의 수용, 사용 또는 제한은 법률로써 하되 정당한 보상을 지급하여야 한다고 규정하고 있으며, 정당한 보상과 관련하여 이것이 무엇을 의미하는지 문제된다. 토지보상법에서는 보상기준으로 개발이익의 배제 및 공시지가 기준평가를 채택하고 있는바, 헌법상 정당한 보상에 합치되는지와 사업시행지구 주변 토지 소유자와의 형평성 문제는 없는지 검토하도록 한다.

II. 〈물음 1〉에 대하여

1. 헌법 제23조 제3항의 '정당한 보상'의 의미

(1) 학설

손실보상은 ① 공용침해로 발생한 피수용자의 재산권의 객관적 손실 전부를 보상하여야 한다는 〈완전보상설〉과 ② 피침해 이익의 성질 및 강도와 함께 침해행위의 공공성을 고려하여 보상이 행하여질 때의 사회통념에 비추어 객관적으로 타당하다고 여겨지는 보상을 의미하는 〈상당보상설〉 등의 견해대립이 있다.

(2) 판례

판례는 손실보상액의 결정에 있어서 객관적 가치를 충분히 보상하여야 된다는 〈완전보상설〉의 입장을 취하며 나아가 보상의 시기, 방법 등에 있어서 어떠한 제한을 받아서는 아니 된다는 것을 의미한다고 판시하였다.

(3) 검토

헌법 제23조 제3항의 정당한 보상이란 재산권 보장의 관점에서 볼 때 완전한 보상을 의미하는 것으로 보는 것이 피수용자의 권리구제 차원에서 타당하다고 본다.

2. 정당보상 여부의 검토

(1) 공시지가 기준평가와 정당보상

1) 견해대립

① 공시지가를 기준으로 보상액을 산정하는 것은 산정방법을 제한하는 것이며, 공시지가가 시가에 미달되어 보상액이 시가에 미달될 수 있으므로 공시지가 기준보상은 정당보상이 아니라고 보는 견해와, ② 공시지가 기준평가는 개발이익의 배제를 위한 것으로 목적의 정당성이 있는 바 정당보상에 합치한다는 견해의 대립이 있다.

2) 판례

판례는 수용대상토지의 적정가격을 정함에 있어 공시지가 기준보상이 위헌이라고 할 수 없다고 판시하였다.

3) 검토

공시지가는 토지의 특성상 가격형성요인이 복잡하여 적정가격을 판단하기 어렵고 왜곡되기 쉬운 문제점을 해결하고, 지가체계의 일원화를 위해 만든 제도이다. 따라서 공시지가가 시장 가격에 못 미친다고 하면 기타요인 등을 통해서 완전보상에 이르게 하면 되고, 공시지가기준은 객관성이 있으므로 정당보상이 위배되는 것은 아니라고 봄이 타당하다.

(2) 개발이익의 배제와 정당보상

1) 견해대립

① 〈합헌성〉을 인정하는 견해는 개발이익은 국가 등의 투자에 의해 발생하는 것이고, 토지소유자 노력이나 투자에 의한 것이 아니므로 형평의 원칙상 개발이익은 토지소유자에게 귀속시켜서는 아니 되며 국민 모두에게 귀속되어야 할 것으로 본다.

② 〈위헌성〉을 주장하는 견해는 개발이익이 배제된 보상금으로 종전과 같은 생활을 유지할 수 없고, 개발이익을 향유하는 사업지 주변 토지소유자의 형평성도 맞지 아니하므로

헌법상 재산권 보장 및 평등원칙에 위배된다고 본다.

2) 판례

판례는 개발이익은 피수용자인 토지소유자의 노력이나 자본에 의하여 발생하는 것이 아니므로, 이러한 개발이익은 형평의 관념에 비추어 볼 때 개발이익의 배제는 정당한 보상 원칙에 위반되지 않는다고 판시하였다.

3) 검토

개발이익은 피수용자의 노력이나 자본투자에 의해 결정되는 것이 아니므로 토지소유자에게 귀속시키는 것은 타당하지 못하다.

3. 사안의 경우

사안에서 甲에게 개발이익을 배제하고 보상하여 3,000제곱미터 밖에 대토할 수 없더라도 정당보상의 원칙이 부정되었다고 할 수는 없을 것이고, 공시지가의 수준을 정당보상에 합치되도록 상향조정하는 것이 중요한 선결과제라고 할 수 있다.

Ⅲ. 〈물음 2〉에 대하여

1. 개발이익의 사유화 및 문제점

사업시행으로 발생하는 개발이익을 누구에게 귀속시키느냐 하는 것이 개발사업의 정의와 형평성 확보에 따르는 중요한 문제이다. 사업시행지구 주변에서 발생하는 개발이익을 어떻게 환수하여 피수용자와 형평을 유지하도록 할 것인가에 대한 것이 문제가 된다.

2. 해소방안

(1) 완전보상의 충실한 이행

공시지가를 기준으로 한 보상평가는 공시지가가 시가에 미달된다는 문제가 제기되는바,

공시지가의 현실화 또는 기타요인 반영 등을 통해 정당보상이 이루어지도록 하여야 할 것이다.

(2) 개발이익의 환수를 위한 법제 도입

공익사업시행지구 주변지역 토지소유자로부터 불로소득이 완전히 환수될 수 있어야 한다. 이는 피수용자와의 형평성 차원에서도 정당하다. 공익사업시행지구 주변지역에서 발생하는 개발이익의 환수가 정당화된다면 이를 환수할 수 있는 새로운 제도의 도입은 마땅하다.

(3) 대체농지의 보상

수용 당하는 농지와 대체할 수 있는 다른 농지를 지급하여 보상금으로 사업지 주변에서 대체토지를 구입하기 어려운 문제를 해결할 수 있다. 이러한 방법은 피수용자의 불만을 축소하며 주변 토지소유자와 형평성 문제도 해결할 수 있다. 다만, 대체농지의 마련이 어려울 수 있고, 수용되는 토지의 효용과 동일한 효용판단에도 어려움이 있다.

(4) 기타 해소방안

각종 토지세제의 감면 등을 통하여 피수용자와 사업시행지구 주변 토지소유자와 형평성 문제를 해소하는 방안을 강구할 수 있을 것이다.

IV. 사례의 해결

개발이익을 배제한 보상금으로 공익사업시행지구 주변에서 3,000제곱미터 밖에 대토할 수 없더라도 이것만으로 정당보상에 위배된다고 보기 어렵다. 개발이익의 환수에 대한 정당성이 인정된다면 사업시행지구 주변 토지소유자의 개발이익을 어떻게 환수하여 형평성 문제를 해결할 것인가에 초점이 맞추어져야 할 것이며, 이를 위한 새로운 제도의 도입이 시급하다. 다른 한편으로는 피수용자의 불만을 감소시키기 위해 대체지 지급방식의 보상수단을 고려하는 것도 좋은 방법이라 생각된다.　　　　　　　　　　　　　　　　　　　　　　　〈끝〉

Question **02** 20점

I. 공법상 제한받는 토지의 개관

1. 공법상 제한받는 토지의 의의 및 취지(토지보상법 시행규칙 제23조)

공법상 제한을 받는 토지란 관계법령에 의해 토지의 각종 이용제한 및 규제를 받고 있는 토지를 말하며, 개발이익 내지 손실을 제외하는데 취지가 있다.

2. 공법상 제한받는 토지의 구분

(1) 일반적 제한

일반적 제한은 그 자체로 행정 목적이 달성되는 경우의 제한을 말하며, 일반적 제한인 경우 제한받는 상태대로 평가하며, 그 제한이 해당 공익사업 시행을 직접 목적으로 하여 가하여진 경우에는 제한이 없는 상태를 상정하여 평가한다.

(2) 개별적 제한

개별적 제한은 그 제한이 구체적 공익사업의 시행을 필요로 하는 경우를 말하며, 그 제한을 받지 아니한 상태를 기준으로 평가한다.

II. 공법상 제한 토지평가의 이론적 근거

1. 특별한 희생과 사회적 제약의 구별

(1) 관련 학설의 대립

① 재산권 침해의 인적 범위의 특정 여부로 구별하는 〈형식설〉과 ② 본질성과 강도에 의하여 구별하는 〈실질설〉이 대립하며, 실질설에는 목적위배설, 사적효용설, 보호가치설, 수인한도설, 중대설, 상황구속성설, 사회적 비용설 등이 있다.

(2) 관련 판례의 태도

과거 대법원에서는 개발제한구역을 정하고 있는 제한은 적합한 합리적인 제한으로 특별한

희생은 아니라고 판시한바 있고, 헌법재판소는 사회적 제약의 범위를 넘어 특별한 손해가 발생하였는지 여부는 객관적 상황을 종합적으로 고려하여 판단하여야 한다고 판시한바 있다.

(3) 검토

관련 판례의 태도에 따르면 실질적 기준만으로는 불충분하고 형식적 기준 또한 동시에 고려하여 상호 보완적으로 종합적으로 고려하는 것이 타당하다고 판단된다.

2. 공법상 제한이 특별한 희생인지 여부

(1) 일반적 제한의 경우

일반적 제한은 그 지정 목적이 전체 토지이용의 합리적인 조정 등 공익을 위한 것이고, 모든 토지들에게 가하여지고 있으므로 〈사회적 제약〉에 해당한다고 판단된다. 따라서 그러한 제한을 받는 상태대로 평가하는 것이 타당하다고 판단된다.

(2) 개별적 제한의 경우

개별적 제한은 구체적인 사업의 시행을 위한 것으로 특정인에게만 가하여지는 제약이므로 〈특별한 희생〉에 해당한다고 볼 수 있는바, 제한을 받지 않는 상태대로 평가하는 것이 타당하다고 판단된다.

Ⅲ. 관련 판례의 유형별 검토

① 자연공원법에 의한 용도지구 지정은 특별한 사정이 없는 한 일반적 계획제한에 해당한다고 판시한바 있다.

② 문화재보호구역의 확대 지정이 당해 공공사업인 택지개발사업의 시행을 직접 목적으로 하여 가하여진 것이 아님이 명백하므로 공법상 제한을 받는 상태대로 평가하여야 한다고 판시한바 있다.

Ⅳ. 사안의 해결

공법상 제한받는 토지는 일반적 제한과 개별적 제한으로 나누어지며, 양자의 구별 기준은 특별한 희생으로서 공법상 제한이 사회적 제약을 넘어 특별한 희생을 가져오게 되면 이에 대한 보상이 있어야 한다고 판단된다. 〈끝〉

Ｑuestion 03 20점

Ⅰ. 논점의 정리

〈물음 1〉에서는 토지소유자 A와 감정평가법인 B의 관계가 감정평가의뢰관계로서, 그 관계의 성질과 내용을 묻는 문제이다. 〈물음 2〉에서는 국토교통부장관 A와 감정평가법인 B의 업무내용이 표준지공시지가의 조사·평가인 경우에 A와 B의 법률관계의 성질과 소속 평가사 C의 법적 지위를 검토하도록 한다.

Ⅱ. 〈물음 1〉(감정평가의뢰인과 감정평가법인등의 법률관계)

1. 공법관계인지 사법관계인지

감정평가의 의뢰는 상호 대등한 관계에서 행해지는 것이므로 사법관계의 성질을 갖는다고 볼 수 있다. 다만, 감정평가의 사회성·공공성에 비추어 공적 성질도 내포하고 있다고 볼 수 있다. 공적업무를 위탁받는 경우 공법상 관계이다.

2. 도급계약인지 위임계약인지

(1) 도급계약이라는 견해

해당 견해에 의하면 일의 완성을 목적으로 수수료라는 보수를 지급하는 것이므로 감정평가 의뢰인과 감정평가법인등 간의 계약은 도급계약이라고 본다. 수급인은 보수지급청구권과 일의 완성의무를 지니며, 평가보고서의 인도의무, 목적물에 대한 하자담보책임 또는 손해 배상의무를 부담한다.

(2) 위임계약이라는 견해

위임계약이라는 견해에 따르면 감정평가법인등의 승낙으로 계약이 성립하는 점 등에서 위임계약으로 본다. 수임인은 보수청구권, 선량한 관리자의 주의로써 위임사무를 처리할 의무를 부담한다.

Ⅲ. 〈물음 2〉에 대하여

1. 국토교통부장관과 감정평가법인등의 법률관계

표준지의 적정가격 조사·평가 업무는 국토교통부장관이 감정평가법인등에게 의뢰하는 것이며, 표준지공시지가의 결정·공시는 토지시장의 지가정보 및 국가·지방자치단체 등이 그 업무와 관련하여 지가를 산정하는데 기준이 되므로 공익을 위하는 점, 부동산공시법은 공법의 성질을 갖는 점 등에서 국토교통부장관과 감정평가법인등의 법률관계는 공법관계라 볼 수 있다. 또한 국토교통부장관이 감정평가법인등과 대등한 관계에서 공행정을 수행함에 있어 맺은 관계로 비권력적 관계로 볼 수 있다. 따라서 공법상의 권리의무 관계가 성립한다.

2. 감정평가사 C의 법적 지위(행정보조자)

(1) 의의

행정보조자로서 사인이란 행정청의 고권적 임무의 처리에 있어서 단순한 도구로서 사용되는 자를 말한다. 도로교통법상 견인업무를 대행하는 자동차견인업자, 부동산공시법상 표준지공시지가 평가 및 개별공시지가를 검증하는 감정평가사 등이 이에 해당한다.

(2) 법적 지위

행정보조인은 국민과 직접적인 법률관계의 당사자가 되지는 않으며, 행정청이 당사자가 된다. 따라서 감정평가업무에 있어서 피고는 감정평가사가 아니라 감독행정청이 된다.

(3) 사안의 경우

감정평가법인에 소속하고 있는 감정평가사는 행정청인 국토교통부장관의 업무를 보조하는 역할로, 행정보조자는 내부적인 책임만을 지게 된다. 따라서 행정보조인에 있어서 공무수행이 공행정작용에 속하는 경우에는 행정보조인이 속한 국가 또는 지방자치단체를 상대방으로 국가배상청구를 하여야 한다. 〈끝〉

Question 04 [20점]

Ⅰ. 서

감정평가행위란 토지 등의 경제적 가치를 판정하여 그 결과를 가액으로 표시하는 것을 말한다. 표준지의 평가, 보상평가, 국공유지 처분 및 매각평가, 자산재평가, 소송 또는 경매평가 등이 감정평가행위에 해당한다. 한편, 지가산정행위란 시·군·구청장이 각종의 세금 등에 사용할 목적으로 관할 지역 안에 위치하고 있는 개별토지의 단위면적당 가격을 산정하는 행위를 말하며, 개별공시지가 등이 있다.

Ⅱ. 같은 점

1. 지가형성행위

감정평가행위나 지가산정행위는 모두 지가를 형성하는 행위라는 점에서 유사하다.

2. 평가기준

표준지공시지가는 국가·지방자치단체 등의 기관이 그 업무와 관련하여 지가를 산정하거나 감정평가법인등이 개별적으로 토지를 감정평가하는 경우에 그 기준이 된다. 따라서 감정평가행위의 기준도 표준지공시지가가 되며, 개별공시지가 산정행위의 기준도 표준지공시지가가 평가기준이 된다.

Ⅲ. 다른 점

1. 평가주체 및 평가목적

감정평가행위의 주체는 감정평가법인등이며, 지가산정행위의 주체는 시장·군수·구청장이 된다. 감정평가행위의 평가목적은 표준지공시지가나 보상평가 등을 위해 이루어지는 반면, 지가산정행위는 개별토지와 관련된 각종 과세기준을 위한 목적이 있다.

2. 평가방법

감정평가행위는 인근 유사토지의 거래가격, 임대료 및 비용추정액, 인근지역 및 다른 지역과의 형평성·특수성, 표준지공시지가 변동의 예측 가능성 등 제반사항을 종합적으로 참작하여 평가한다. 그러나 지가산정행위는 표준지공시지가를 기준으로 토지가격비준표를 사용하여 산정된다.

3. 평가절차

표준지공시지가는 둘 이상의 감정평가법인등에 평가 의뢰하여 감정평가법인등이 평가한 가격을 산술평균하여 결정한다. 그러나 개별공시지가는 시·군·구청장이 산정하고 감정평가법인등에게 그 타당성을 검증받아 결정된다.

4. 경제적 가치성 판단유무

표준지공시지가는 3방식에 의한 평가로 어느 정도 시장성이 반영된다. 그러나 개별공시지가는 거래가격과는 별도로 기계적으로 평가된다. 따라서 경제적 가치성 판단에 어려움이 있다.

5. 행정구제절차

표준지공시지가와 개별공시지가는 모두 이의신청절차를 규정하고 있다. 행정쟁송제기 가능성은 표준지공시지가와 개별공시지가의 법적 성질이 처분성이 인정되는지 여부에 따라 결정된다. 판례는 표준지공시지가와 개별공시지가 모두 처분성을 인정하므로 각각 행정심판과 행정소송으로 다툴 수 있다. 양자 간의 하자승계는 부정되고 있다.　〈끝〉

－ 이하 여백 －

Question
01 법률이 공익목적을 위하여 재산권의 수용·사용 또는 제한을 규정하고 있으면서도 그에 따른 보상규정을 두고 있지 않은 경우 재산권을 침해당한 자가 보상을 청구할 수 있는지 여부가 헌법 제23조 제3항의 정당한 보상과의 관련하에 문제된다. 이 문제에 관한 해결 방법을 논하라. 50점

Question
02 표준지공시지가와 개별공시지가를 비교하라. 20점

Question
03 (구)토지수용법상의 협의와 (구)공공용지의 취득 및 손실보상에 관한 특례법상의 협의를 비교하라. 20점

⇨ 개정법 수정 : 공익사업을 위한 토지 등의 취득 및 보상에 관한 법률상 사업인정 전 협의와 사업인정 후 협의를 비교하라. 20점

Question
04 공익사업을 위한 토지 등의 취득 및 보상에 관한 법률상의 토지사용기간 만료 시의 법률 관계를 설명하라. 10점

Question 01 50점

Ⅰ. 논점의 정리

헌법 제23조 제3항은 '공공필요에 의한 재산권의 수용·사용 또는 제한 및 그에 대한 보상은 법률로써 하되, 정당한 보상을 지급하여야 한다.'라고 규정하여 손실보상제도에 대한 헌법상의 근거를 마련하고 있다. 공용수용과 공용사용의 경우에는 대체적으로 그에 대한 보상규정을 법률에 마련하고 있는데, 공용제한의 경우에는 보상규정을 마련하고 있지 않은 경우가 많다. 따라서 공용침해 시 특별한 희생이 발생하였음에도 법률에 보상규정이 없는 경우에 손실보상이 가능한지가 문제된다.

Ⅱ. 손실보상의 의의 및 보상주체

손실보상이란 공공필요에 의한 적법한 공권력 행사로 인해 국민의 재산권에 가해진 특별한 희생에 대하여 사유재산권 보장과 공적부담 앞의 평등의 원칙에 따라 손실을 보상해주는 것을 말한다. 손실보상의 주체는 일반적으로 개인의 재산권을 수용·사용 또는 제한한 행정주체 내지 공용부담권을 부여받은 사업시행자가 된다.

Ⅲ. 손실보상의 요건

1. 공공필요

공공필요는 대표적인 불확정 개념으로 비례원칙에 의하여 공용침해를 통하여 추구하는 공익과 재산권자의 이익을 비교·형량하여 판단한다. 공공필요는 공용수용의 실제적 허용요건이자 본질적 제약요소라고 할 수 있다.

2. 공행정작용에 의한 재산권 침해

공행정작용에 의한 재산권 침해는 헌법 제23조 제3항에서 의미하는 공용수용 또는 공용사용 및 제한 등 재산적 가치를 감소시키는 일체의 공행정작용을 의미한다. 따라서 행정주체의 사법상 작용으로 인한 재산권 침해는 공용침해에 해당하지 않는다.

3. 침해의 적법성

국가배상청구권과 달리 손실보상청구권은 침해의 적법성을 요구하고 있다. 재산권의 수용·사용·제한 등 공용침해는 법률에 위배되어서는 안 되며, 헌법 제23조 제3항에 따라 법적 근거가 있어야 한다. 여기서 법적 근거라 함은 의회에서 제정한 형식적 의미의 법률을 가리킨다.

4. 특별한 희생

(1) 특별한 희생의 의의 및 구별실익

특별한 희생이란 재산권에 일반적으로 내재된 사회적 제약을 넘는 특별한 공용침해를 말하며, 헌법 제23조 제2항에 규정한 사회적 제약에 해당될 경우 보상을 요하지 않는바 구별실익이 존재한다.

(2) 특별한 희생의 판단 기준

1) 관련 학설의 대립

① 재산권 침해의 인적 범위가 특정되어 있는가의 여부로 구별하는 〈형식설〉, ② 재산권 침해의 본질성과 강도에 의하여 구별하는 〈실질설〉이 대립하고, 실질설에는 목적위배설, 사적 효용설, 보호가치성설, 수인기대가능성설, 중대성설, 상황구속성설, 사회적 비용설이 대립한다.

2) 관련 판례의 태도

과거 대법원에서는 개발제한구역을 정하고 있는 제한은 적합한 합리적인 제한으로 특별한 희생은 아니라고 판시한바 있고, 헌법재판소는 사회적 제약의 범위를 넘어 특별한 손해가 발생하였는지 여부는 객관적 상황을 종합적으로 고려하여 판단하여야 한다고 판시한바 있다.

3) 검토

판례의 태도에 따르면, 실질적 기준만으로는 불충분하고 보충적으로 형식적 기준 또한 동시에 고려됨이 타당하다고 판단되는바, 상호 보완적으로 적용하여 판단하는 것이 타당하다고 판단된다.

5. 보상규정의 존재

보상규정 이외에 손실보상요건이 충족하는 경우 법률에 보상규정 없이도 손실보상이 가능한지 문제된다.

IV. 헌법 제23조 제3항의 효력논의

1. 문제점

공용침해에 따른 특별한 희생이 발생하였음에도 공용침해를 규정한 법률에서 보상규정을 두고 있지 아니한 경우에 헌법 제23조 제3항에 근거하여 보상이 가능한지가 문제된다.

2. 학설

① 헌법 제23조 제3항의 규범적 효력을 부인하는 〈방침규정설〉, ② 헌법 제23조 제3항을 불가분조항으로 보아 보상규정이 없는 경우는 위헌무효이며 국가배상청구소송으로 해결해야 한다는 〈위헌무효설〉, ③ 헌법 제23조 제3항을 직접근거로 손실보상을 받을 수 있다는 〈직접효력설〉, ④ 헌법 제23조 제3항 및 관계규정을 유추적용하여 손실보상을 받을 수 있다는 〈유추적용설〉이 있으며, ⑤ 〈보상입법부작위위헌설〉은 공용제한을 규정하면서 손실보상을 규정하지 않는 것은 그 공용제한규정 자체는 헌법에 위반되는 것은 아니라고 보고, 손실보상을 규정하지 않은 입법부작위가 위헌이라고 보는 견해이다.

3. 판례

대법원은 시대적 상황과 여건에 따라 태도를 달리 하고 있는바, 제3공화국 시기에는 헌법

규정의 해석상 직접효력설을 통한 손실보상을 인정하기도 하며, 보상법률주의로 헌법이

개정된 이후에는 위헌무효설과 유추적용설을 취한 판례가 있다. 헌법재판소는 공익목적을

위한 보상규정이 없는 재산권 제한을 분리이론 입장에서 재산권의 내용과 한계를 정한

것으로 판단된다.

4. 검토

손실보상의 문제는 원칙적으로 판례의 태도와 같이 입법적으로 해결하여야 하나, 정당보상

의 원칙과, 국민의 권리구제 실효성을 고려하면 〈직접효력설〉이 타당하다고 판단된다.

V. 사례의 해결

직접효력설에 따르면 보상규정을 두고 있지 않더라도 헌법 제23조 제3항을 직접 근거로 하여

보상을 청구할 수 있다고 판단된다. 다만, 이는 일시적 해결로서 보여지고, 근원적 해결은

입법 정비를 통하여 해결하는 것이 타당하다고 판단된다.   〈끝〉

Question 02 20점

I. 서(양자의 의의)

표준지공시지가란 부동산 가격공시에 관한 법률의 규정에 의한 절차에 따라 국토교통부장

관이 조사·평가하여 공시한 표준지의 단위면적당 적정가격을 말한다. 개별공시지가란 시

장·군수 또는 구청장이 조세 및 각종 부담금 산정 등의 행정목적 달성을 위해 부동산공시

법이 정하는 절차를 거쳐 결정·공시한 개별토지의 단위면적당 가격을 말한다. 두 지가는

토지가격이라는 점에서 유사성이 있으나 그 산정절차 및 효력 등에서 차이가 난다.

Ⅱ. 양자의 비교

1. 조사·산정방법 및 산정의 주체

(1) 표준지공시지가

국토교통부장관이 부동산공시법 제3조의 규정에 따라 표준지의 적정가격을 조사·평가하는 경우에는 인근 유사토지의 거래가격, 임대료 및 해당 토지와 유사한 이용가치를 지닌다고 인정되는 토지의 조성에 필요한 비용추정액, 인근지역 및 다른 지역과의 형평성·특수성, 표준지공시지가 변동의 예측 가능성 등 제반사항을 종합적으로 참작하여야 하며, 둘이상의 감정평가법인등에게 이를 의뢰하여야 한다.

(2) 개별공시지가

개별공시지가의 산정은 시·군·구청장이 개별토지와 유사한 이용가치를 지닌 표준지공시지가를 기준으로 토지가격비준표를 사용하여 지가를 산정한다.

2. 공시절차

(1) 표준지공시지가

표준지공시지가는 표준지의 선정, 표준지의 조사·평가, 관할 시·군·구청장의 의견청취 후 중앙부동산가격공시위원회의 심의를 거쳐 결정·공시한다.

(2) 개별공시지가

시·군·구청장은 산정한 지가의 타당성을 감정평가법인등에게 검증을 받고, 토지소유자 및 그 밖의 이해관계인의 의견을 듣고 시·군·구 부동산가격공시위원회의 심의 후 결정·공시한다.

3. 이의신청

① 표준지공시지가 대해 이의신청이 가능한 자는 토지소유자, 토지의 이용자, 법률상 이

해관계를 가진 자이다. 이의신청은 국토교통부장관에게 공시일부터 30일 이내에 한다.

② 개별공시지가는 토지소유자 등이 시·군·구청장에게 개별공시지가 결정공시일부터 30일 이내에 한다. 시·군·구청장은 이의신청을 심사하기 위해 필요한 때에는 감정평가법인등에 검증을 의뢰할 수 있다.

4. 적용범위 내지 효력

① 표준지공시지가는 토지시장의 지가정보를 제공하고 일반적인 토지거래의 지표가 되며, 국가·지방자치단체 등의 기관이 그 업무와 관련하여 지가를 산정하거나 감정평가법인등이 개별적으로 토지를 감정평가하는 경우에 그 기준이 된다.

② 개별공시지가의 경우 개발부담금의 부과 그 밖의 다른 법령이 정하는 목적을 위한 지가산정에 사용된다.

5. 법적 성질

① 표준지공시지가에 대한 법적 성질에 대하여는 〈행정계획설〉, 〈행정규칙설〉, 〈행정행위설〉 등이 대립한다.

② 개별공시지가의 법적 성질에 대하여는 〈행정행위설〉, 〈행정규칙설〉, 〈사실행위설〉 등이 대립한다. 판례는 표준지공시지가와 개별공시지가의 〈처분성〉을 인정하여 행정소송의 대상이 된다고 보았다.

Ⅲ. 결(표준지공시지가와 개별공시지가의 하자승계)

판례는 표준지공시지가와 개별공시지가의 하자승계 가능성에 대하여 양자의 법률효과의 목적이 상이함을 이유로 하자승계를 부정하였다. 반면, 개별공시지가 과세처분 간 하자승계에 대하여는 개별공시지가가 개별통지되지 않은 경우 예측, 수인가능성이 결여되어 하자승계를 인정한다고 판시한바 있다. 〈끝〉

Question 03 20점

I. 서

현행 토지보상법에서는 사업인정 전 협의취득과 사업인정 후 협의취득을 규정하고 있다. 사업인정 후 협의취득은 강제취득절차 중 하나의 절차로서 이루어진다. 사업인정 전·후 협의는 사업시행자와 토지등소유자와 임의적 합의에 의해 목적물이 취득된다는 점에서는 같다. 이하에서 토지보상법상 사업인정 전·후 협의를 비교·설명한다.

II. 양자의 차이점

1. 법적 성질

사업인정 전·후 협의의 법적 성질에 대하여 공법상 계약인지, 사법상 계약인지 견해가 대립한다.

① 사업인정 전 협의의 경우 사업시행자가 수용권을 취득하기 전 당사자의 협의에 의하므로 사법상 계약으로 보는 것이 다수견해이자 판례의 태도이다.

② 사업인정 후 협의에 대해서는 판례는 사법상 계약설의 입장이나 사업인정 후 사업시행자가 수용권을 취득하므로 공법상 계약으로 봄이 타당하다.

2. 토지취득의 형태

① 사업인정 전 협의를 사법상 계약이라고 보면 해당 협의에 의해 취득되는 형태는 승계취득에 불과하다.

② 사업인정 후 협의를 공법상 계약으로 보는 입장에서 토지의 취득형태는 원시취득으로 입장과 승계취득으로 보는 견해가 대립한다.

3. 협의성립확인 가능성

① 사업인정 전 협의는 강제취득절차가 아니므로 협의성립확인이 불가하다.

② 그러나 사업인정 후 협의는 토지보상법 제29조에 따라 협의성립 후에는 협의성립 확인

이 가능하다. 즉, 사업시행자와 토지소유자 및 관계인 간에 사업인정 후 협의가 성립한 경우에는 사업시행자는 재결의 신청기간 이내에 해당 토지소유자 및 관계인의 동의를 얻어 관할 토지수용위원회에 협의성립의 확인을 신청할 수 있다.

4. 권리구제수단

① 사업인정 전 협의를 사법상 계약으로 보면 그에 대한 다툼은 민사소송에 의하나,

② 사업인정 후 협의를 공법상 계약으로 보면 공법상 당사자소송에 의한다.

III. 양자의 유사점

1. 취지

사업시행자와 토지소유자 및 관계인 간의 임의적 합의를 전제로 한다는 점에서 '최소침해원칙'을 구현하고, 원활한 공익사업의 시행을 도모하기 위한 취지가 있다는 점에서 유사하다.

2. 계약의 형태 및 취득의 효과

양자 모두 공공성이 인정되고, 공공용지의 취득을 위함이며, 쌍방적 행위인 계약의 형태라는 점에서 유사하다. 또한 모두 계약에 의한 승계취득이라는 점에서 동일하다.

3. 협의의 내용

사업인정 전·후 모두 협의의 내용으로 목적물의 범위, 목적물의 취득시기, 손실보상의 구체적 내용 등을 검토한다는 점에서 유사하다.

IV. 결(협의의 필수절차 여부)

사업인정 전 협의가 필수적 절차인지 문제되는데, 토지보상법상 사업인정 전 협의는 임의절차라고 해석되는 견해가 일반적이다. 다만, 사업인정 후 협의를 반드시 거쳐야 하는 절차라 본다. 사업인정 후 협의도 사업인정 전 협의를 거쳤으며, 조사내용에 변동이 없는

때에는 절차의 중복을 피하기 위해 사업인정 후 협의를 거치지 않아도 되는 특례를 두고
있다. ⟨끝⟩

Question 04 10점

Ⅰ. 개설

공익사업을 위한 토지사용은 특정인의 토지 등에 관한 권리를 사업시행자가 일시적, 영속
적으로 점유하여 지배하고, 그 목적에 따라 이용하는 것을 말한다. 토지보상법상 사용은
사업상의 사용권이 아니라 공법상의 사용권으로 해석되며, 공익사업을 위해 사용권의 설정
또는 권리제한을 가져오는 효과를 지닌다. 토지사용기간이 만료되면 토지보상법은 원상회
복 반환을 원칙으로 규정하고 있다.

Ⅱ. 토지사용 절차

1. 보통사용절차

보통사용절차는 보통수용절차와 동일하다. 즉, 사업인정을 받고, 토지조서 및 물건조서를
작성하여 피수용자와 협의하고, 협의 간 불성립 시에는 관할 토지수용위원회에 사용재결을
신청하여 사용재결에 따라 보상금을 지급하고 토지를 사용하면 된다. 토지사용기간은 재결
에서 정한 기간이 된다.

2. 약식사용절차

약식사용절차란 보통사용절차의 모든 단계를 거치지 않고, 그 절차 중 일부를 생략하고
행하는 사용이 약식사용절차에 해당한다. 토지보상법 제38조 및 제39조에는 천재지변 시
의 토지사용과 시급을 요하는 토지의 사용을 규정하고 있다.

Ⅲ. 반환 및 원상회복의무

사업시행자는 토지나 물건의 사용기간이 만료된 때 또는 사업의 폐지·변경 그 밖의 사유로 인하여 사용할 필요가 없게 된 때에는 지체 없이 해당 토지나 물건을 토지나 물건의 소유자 또는 그 승계인에게 반환하여야 한다. 사업시행자는 토지소유자의 원상회복 청구가 있는 때에는 미리 그 손실을 보상한 경우를 제외하고는 해당 토지를 원상으로 회복하여 반환하여야 한다. 〈끝〉

– 이하 여백 –

Question **01** 무효인 재결과 취소할 수 있는 재결을 예시하여 설명하고 양자의 구별실익을 논급하시오. 50점

Question **02** 개별공시지가의 검증 20점

Question **03** 수몰민에 대한 보상 20점

Question **04** 어업에 관련된 영업보상 10점

Question 01 50점

Ⅰ. 서론

재결은 사업시행자가 수용 또는 사용에 대한 재결신청을 하는 경우 토지수용위원회의 판단

으로 토지수용의 최종절차에 해당한다. 재결의 법적 성질은 사업시행자 수용권설에 의하면

사업시행자에게 부여된 수용권의 구체적 내용을 결정하고 그 실행을 완성시키는 형성적

행정행위며 처분성을 갖는다. 또한 재결은 독립성과 전문성이 보장된 토지수용위원회에

의해 사법절차에 준하는 절차에 따라 행해지므로 준사법적인 행위라고 볼 수 있으며, 토지

수용위원회의 수용재결은 원행정행위에 속한다. 이러한 수용재결에 하자가 있는 경우에는

하자의 정도에 따라 취소할 수 있는 재결과 무효인 재결이 있다. 이하 무효와 취소인 재결

의 예시 및 그 구별실익에 대하여 후술하도록 한다.

Ⅱ. 무효와 취소의 구별기준

1. 문제점

행정행위가 흠이 있는 경우 무효사유인지 취소사유인지 구별은 법령에 규정이 되어 있지

않아 학설과 판례를 통해 검토하도록 한다.

2. 학설

① 〈중대명백설〉에 의하면 행정행위의 하자의 내용이 중대하고, 그 하자가 외관상 명백한

　　때에는 해당 행정행위는 무효가 되고, 그중 어느 한 요건 또는 두 요건 전부를 결한

　　경우에는 취소할 수 있는 행정 행위에 불과하다고 본다.

② 〈명백성보충요건설〉은 행정행위가 무효로 되기 위하여는 흠의 중대성은 항상 그 요건

　　이 되지만, 명백성은 항상 요구되는 것은 아니고 행정의 법적 안정성이나 제3자의 신뢰

　　보호의 요청이 있는 경우에만 가중적으로 요구되는 요건으로 파악하는 견해이다.

③ 〈중대설〉은 행정행위에 중대한 하자만 있으면 무효가 되고 명백성은 무효요건이 아니

　　라고 본다. 이는 무효사유를 넓혀 국민의 권리구제를 확대하기 위하여 주장되고 있다.

④ 〈구체적 가치형량설〉은 구체적 사안마다 권리구제의 요청과 행정의 법적 안정성의 요
청 및 제3자의 이익 등을 구체적이고 개별적으로 이익형량하여 무효인지 취소할 수
있는 행정행위인지를 결정하여야 한다는 견해이다.

3. 판례

판례는 하자 있는 행정처분은 당연무효가 되기 위하여는 하자가 법규의 중요한 부분을
위반한 중대한 것으로서 객관적으로 명백한 것이어야 하며, 하자가 중대하고 명백한 것
인지 여부를 판별함에 있어서는 법규의 목적, 의미, 기능 등을 목적론적으로 고찰함과
동시에 구체적 사안 자체의 특수성에 관하여도 합리적으로 고찰함을 요한다고 하여 원칙
상 중대명백설을 취하면서도 구체적 상황의 고려 여지를 남기고 있다.

4. 검토

국민의 권리구제 측면과 법적 안정성의 요청을 조정하기 위하여 통설과 판례의 입장인
〈중대명백설〉이 타당하다고 본다.

Ⅲ. 무효인 재결

1. 의의

재결이 외관상 성립하였으나 그 하자의 중대함으로 인하여 재결이 애초부터 아무런 효력을
발생하지 않는 경우를 말한다.

2. 무효인 재결의 예시

(1) 주체의 하자인 경우

관할 토지수용위원회가 수용재결의 주체임에도 불구하고 다른 관할의 토지수용위원회가
재결을 내린 경우나 국토교통부장관이 단독으로 재결을 내린 경우 등의 그 재결은 무효사
유가 될 것이다. 또한, 토지수용위원회는 합의제 행정기관인데 적법한 소집 없이 재결을

내린 경우, 의사 또는 정족수가 미달한 경우로 내린 재결, 결격사유가 있는 위원이 참가하여 내린 재결 등은 무효사유로 보는 것이 타당하다.

(2) 절차상 하자의 경우

토지수용위원회의 재결은 사업시행자의 재결신청을 받고서 열람 및 심리 등을 거쳐 내려진다. 그런데 사업시행자의 재결신청이 없었음에도 불구하고 내려진 토지수용위원회의 재결은 무효가 된다.

(3) 형식적 하자의 경우

토지보상법 제34조 제1항은 토지수용위원회의 재결은 서면으로 한다고 규정하고 있다. 따라서 재결을 서면으로 하지 않고 구두로 하는 경우에는 명백한 하자로서 무효사유가 된다.

(4) 내용상 하자의 경우

토지보상법 제50조 제1항에서 재결사항을 정하고 있다. 토지수용위원회가 재결을 내리면서 수용 또는 사용할 토지의 구역을 정하면서도 그에 대한 손실보상금을 정하지 않고 내리는 재결은 무효사유라 보는 것이 타당하다. 또한 사업인정을 의미 없게 만드는 재결 역시 무효사유라 보아야 한다.

Ⅳ. 취소할 수 있는 재결

1. 의의

취소할 수 있는 재결이란 하자가 중대명백하지 않은 토지수용위원회의 재결을 말한다.

2. 취소할 수 있는 재결의 예시

(1) 절차상 하자의 경우

토지보상법 제31조에서는 재결신청서가 접수되면 토지수용위원회는 이를 공고하고 공고

한 날부터 14일 이상 관계서류 사본을 일반인이 열람할 수 있도록 해야 한다고 규정하고 있다. 공고나 열람의 절차상 하자는 토지수용위원회의 재결을 취소할 수 있는 사유로 보는 것이 타당하다.

(2) 형식적 하자의 경우

형식적 하자는 재결서에 경미한 하자가 있는 경우에 해당한다. 즉, 위원장이나 위원의 기명날인을 누락한 재결의 경우는 취소사유라고 보는 것이 타당하다.

(3) 내용상 하자의 경우

내용상 하자의 경우 토지수용위원회의 재결에서 정한 토지의 범위나 보상금에 경미한 하자가 있는 경우 등에 해당할 것이다.

V. 양자 구별의 실익

1. 행정쟁송의 방식과의 관계

취소할 수 있는 행정행위는 취소심판과 취소소송을 통해 그 취소를 구할 수 있다. 무효인 행정행위는 무효확인심판과 무효확인소송을 통해 무효확인을 구할 수 있다.

2. 행정쟁송불복 제기기관의 관계

취소쟁송은 행정심판법 및 행정소송법에 규정된 제기기간을 준수하여야 한다. 그러나 무효확인쟁송은 그러한 제한을 받지 아니하나, 무효선언을 구하는 취소소송은 제소기간을 준수하여 제기되어야 한다. 행정심판전치주의와의 관계에 대해서는 개별법에서 정한 행정심판전치주의는 취소소송에 적용되지만, 무효확인소송에는 적용되지 않는다.

3. 선결문제와의 관계

선결문제란 소송에서 본안판단을 함에 있어서 그 해결이 필수적으로 전제가 되는 법문제를 말한다. 취소할 수 있는 행정행위는 당사자소송이나 민사소송에서 선결문제로서 그 효력을 부인할 수 없으며, 형사소송의 경우 학설의 대립이 있다. 그러나 무효인 행정행위는 당사자소송, 민사소송, 형사소송에서 그 선결문제로 무효를 받을 수 있다.

4. 행정행위의 효력

무효인 행정행위는 애초부터 효력을 발생하지 않으며 따라서 무효인 행정행위에는 공정력, 불가쟁력이 인정되지 않는다. 그러나 취소할 수 있는 행정행위는 일정한 불복기간이 경과하면 불가쟁력이 발생한다.

VI. 결어

재결은 국민의 재산권을 강제적으로 수용하게 하는 결정을 내리게 되므로 엄격한 형식과 절차가 요구된다. 또한 재결은 합의제행정청인 토지수용위원회가 내리는 행정행위이므로, 재결에 위법사유가 있다면 이는 취소할 수 있는 사유 또는 무효사유가 된다. 재결과 관련된 사업시행자, 토지소유자 또는 관계인의 권리구제를 위하여 토지보상법 제83조 및 제85조에서는 재결에 대한 불복 수단으로 이의신청과 행정심판을 규정하고 있다.　　　　　〈끝〉

Question 02 20점

I. 서(의의)

개별공시지가 검증이란 시장·군수·구청장이 산정한 지가에 대하여 감정평가법인등이 비교표준지의 선정, 토지특성조사의 내용 및 토지가격비준표의 적용 등의 타당성을 검토하여 산정지가의 적정성을 판별하고, 지가 간의 균형성을 유지, 기타 지가변동 등을 종합적으로 참작하여 적정한 가격을 제시하는 것을 말한다. 이는 담당 공무원의 비전문성을 보완하고 개별공시지가의 객관성, 신뢰성을 확보하기 위해 인정되는 제도이다.

II. 검증의 법적 성질 및 주체와 책임

1. 검증의 법적 성질(부동산공시법 제10조 제5항 및 제6항)

검증은 그 자체로서 외부적으로 어떤 법률효과가 발생하는 것은 아니며, 검증의뢰를 받아 개별토지가격이 제대로 산정되었는지 여부를 단순히 확인하고, 의견을 제시하는 〈사실행위〉에 해당한다.

2. 검증의 주체 및 책임

시장·군수 또는 구청장이 검증을 받으려는 때에는 해당 지역의 표준지의 공시지가를 조사·평가한 감정평가법인등 또는 감정평가실적 등이 우수한 감정평가법인등에게 의뢰하여야 한다. 감정평가법인등은 형법 제129조부터 제132조 적용 시 공무원으로 본다.

III. 검증의 유형 및 효력

1. 산정지가검증

(1) 의의 및 특성

시장·군수 또는 구청장이 개별토지가격 산정 후에 그 타당성을 검토하기 위해 감정평가법인등에게 의뢰하여 실시하는 검증을 말한다. 원칙상 개별공시지가 산정 대상의 전체필지에 대하여 실시하며, 필수적 절차로 지가 열람 전에 실시한다.

(2) 검토 및 확인사항

검증을 의뢰받은 감정평가법인등은 비교표준지 선정, 가격산정의 적정성, 산정된 개별토지가격과 공시지가의 균형, 산정된 개별토지 가격과 인근 토지 지가 및 전년도 지가와 균형유지, 기타 시장·군수 또는 구청장이 의뢰한 사항에 대하여 의견을 제시한다.

(3) 검증의 생략

검증이 필요 없다고 인정되는 경우 검증을 생략할 수 있다. 전년도 개별공시지가와 비교하여

그 변동 폭이 작은 순서로 검증을 생략할 수 있다. 단, 개발사업이 시행되거나 용도지역·

지구가 변경되는 등의 사유가 발생한 토지에 대하여는 검증을 실시하여야 한다.

2. 의견제출 지가 및 이의신청 지가에 대한 검증

의견제출 지가 검증이란 토지소유자 및 이해관계인이 지가열람 및 의견제출기간에 의견을

제출한 경우 실시하는 검증을 말한다. 이의신청 지가에 대한 검증은 개별공시지가를 결정

·공시한 후에 토지소유자 등이 이의신청을 제기한 경우에 실시하는 검증을 말한다. 이러

한 검증은 현장조사를 통한 검증을 실시하며, 의견이 제출된 토지나 이의가 제기된 토지에

대하여만 실시한다.

3. 검증의 효력

검증 자체는 처분성이 부정되나, 검증이 필요한 경우에 검증 생략 시 절차상 하자를 갖는다.

IV. 문제점 및 개선안

검증기간의 부족, 자료부족, 검증수수료의 현실화 문제 등이 있다. 이에 대하여 충분한 검증기

간의 부여, 공무원의 협조요청, 검증수수료의 현실화 등의 방안을 모색하여야 한다. 〈끝〉

Question 03 20점

I. 논점의 정리

수몰이주민이라 함은 댐건설사업의 시행으로 인하여 생활의 근거를 상실하게 되는 자로서

공익사업을 위한 토지 등의 취득 및 보상에 관한 법률(이하 '토지보상법') 제78조 제1항의

규정에 의한 이주대책대상자를 말한다. 다만, 수몰민에 대한 개념을 광의로 해석하면 단순히

댐건설사업지구 내의 이주민뿐만 아니라 댐건설로 인해 남게 되는 소수잔존자를 포함시키는

것이 타당하다고 본다. 이하에서는 수몰민과 관련된 생활보상의 관점에서 검토하도록 한다.

Ⅱ. 수몰민에 대한 생활보상

1. 수몰민에 대한 생활보상의 필요성

생활보상은 피수용자가 종전과 같은 생활을 유지할 수 있도록 실질적으로 보장하는 보상을 말한다. 생활보상은 재산권에 대한 금전보상의 한계로 등장하였으며, 댐건설로 인하여 생활터전을 옮겨야 하는 이주민들에게 단순히 재산권 보상뿐만 아니라 종래 생활을 유지할 수 있도록 생활보상이 필요하다.

2. 수몰이주민에 대한 생활보상 내용

(1) 수몰이주민에 대한 이주대책

댐건설사업으로 인하여 생활의 근거를 상실하게 되는 사업지구 내 주민에 대하여 토지보상법 제78조 및 동법 시행령 제40조 등에 따라 사업시행자는 이주대책을 수립·실시하여야 한다. 이주대책의 내용에는 이주정착지에 대한 도로·급수시설·배수시설 그 밖의 공공시설 등 통상적인 수준의 생활기본시설이 포함되어야 하며, 이에 필요한 비용은 사업시행자의 부담으로 한다.

(2) 이주정착지 미이주자 등에 대한 이주정착금 지원

수몰이주민 중에서 이주정착지가 아닌 다른 지역으로 이주하고자 하는 경우에는 토지보상법 시행령 제41조에서 이주정착금을 지급하도록 규정하고 있다. 댐건설·관리 및 주변지역지원 등에 관한 법률 제39조 및 동법 시행령 제31조에서는 이주정착지 미이주자에게는 이주정착금지원금 및 생활안정 지원금을 지급할 수 있다고 규정하고 있다.

(3) 주거이전비 보상

토지보상법 제78조 제6항 및 동법 시행규칙 제54조에서 사업지구에 편입되는 주거용 건축물의 소유자에 대하여는 주거이전에 필요한 비용을 보상하도록 규정하고 있다. 주거용 건물 소유자의 경우 가구원수에 따른 2개월분의 주거이전비를, 세입자인 경우에는 가구원수에 따른 4개월분의 주거이전비를 지급하도록 하여 경제적 약자를 배려하고 있다.

(4) 주택도시기금의 지원

토지보상법 제78조 제3항 및 댐건설·관리 및 주변지역지원 등에 관한 법률 제40조에서는 환경부장관은 수몰이주민이 원활하게 이주하여 정착할 수 있도록 주택의 신축 등 생활기반 조성을 위하여 필요하다고 인정되는 경우 주택도시기금법에 따른 주택도시기금을 우선하여 지원하도록 국토교통부장관에게 요청할 수 있다고 규정하고 있다.

Ⅲ. 간접손실보상

댐건설사업지구 내에 거주하는 주민은 아니지만 해당 댐건설로 인하여 사업지구 주변에 거주하는 주민들이 재산권이나 생활환경에 특별한 희생이 따르는 경우에는 이들에게도 정당보상 차원에서 보상이 이루어져야 할 것이다. 토지보상법 제79조 제2항 및 동법 시행규칙 제59조부터 제65조에서 공익사업지구 밖에서 발생한 손실에 대한 보상을 규정하고 있다. 특히 소수잔존자에 대한 보상은 소수잔존자들의 생활이 현저히 침해받음으로써 다른 곳으로 이주하기를 희망하는 경우 수몰이주민에 대한 생활보상에 준하여 보상이 이루어져야 할 것이다.

Ⅳ. 결

댐건설로 인한 수몰지역의 거주자에 대한 보상은 단순히 재산권 보상에 그쳐서는 아니 되며, 생활터전이 바뀌어도 이들이 종래에 누렸던 생활수준이 유지되게 보상하여야 할 것이다. 따라서 생활보상의 필요성이 인정되며, 관련 법령에서 수몰이주민에 대한 보상을 규정하고 있다. 다만, 댐건설 사업지역 내에 거주하는 주민은 아니지만 해당 댐건설에 따른 소수잔존자가 생활상 커다란 불편을 겪는 경우 등에는 수몰이주민에 준하는 생활보상이 요구된다.　〈끝〉

Question 04 10점

Ⅰ. 어업권의 의의 및 어업의 종류

어업권이란 수산업법의 면허어업에 관한 규정에 따라 면허를 받아 어업을 경영할 수 있는 권리를 말한다. 〈면허어업〉은 수산업법에 의하여 시장·군수 또는 자치구청장의 면허를 받아서 하는 정치망 어업, 해조류양식업 등이 있으며, 〈허가어업〉에는 농림수산식품부장관 또는 시·도지사의 허가를 받아 하는 어업이며, 〈신고어업〉은 시장·군수 또는 자치구청장에게 신고하여야 하는 어업을 말한다.

Ⅱ. 어업별 손실액 산출방법

1. 면허어업

어업권이 취소되거나 어업권 유효기간의 연장이 허가되지 아니한 경우, 〈평년수익액/연리 (12%) + 어선·어구 또는 시설물의 잔존가액〉으로 산정한다. 어업권의 정지 시 〈평년수익액 × 정지기간 + 시설물 등 또는 양식물의 이전·수거 등에 드는 손실액 + 어업의 정지기간 중에 발생하는 통상적인 고정비〉로 산정한다. 제한 시에는 제한기간이나 제한 정도 등을 고려하여 산출한 손실액으로 산정한다.

2. 허가어업 및 신고어업

허가어업 및 신고어업이 취소된 경우 〈평년수익액의 3년분 + 어선·어구 또는 시설물의 잔존가액〉으로 산정하고, 정지된 경우에는 〈평년수익액 × 정지기간 또는 어선의 계류기간 + 어업의 정지기간 또는 계류기간 중의 통상적 고정비〉로 산정한다.

3. 허가 등을 받지 아니한 어업의 보상

허가 등을 받지 아니한 영업의 손실보상에 관한 특례규정은 어업에 대한 보상에 관하여 준용한다. 이는 무허가 등의 영세어업자를 보호하기 위한 규정이다.　　　　　〈끝〉

- 이하 여백 -

 공익사업을 위한 토지 등의 취득 및 보상에 관한 법률 제23조에 의한 「사업인정의 실효」가 있는 경우 이로 인하여 불이익을 받게 되는 피수용자에게 손실보상청구권이 있는지 여부를 논하시오. 40점

 (구)공공용지의 취득 및 손실보상에 관한 특례법에서 「보존등기가 되어 있지 아니한 토지에 대한 보상절차와 내용」을 설명하시오. 30점 ⇨ 법령 개정으로 공익사업을 위한 토지 등의 취득 및 보상에 관한 법률에서 삭제[법률 제8665호, 2007.10.17. 일부개정]

> 소유사실확인서 발급제도 폐지(현행 제18조 삭제)
> (1) 현재는 소유권 보존등기 또는 실제의 소유자에게 이전등기가 되어 있지 아니한 토지 등이 있는 때에는 시장·구청장 또는 읍·면장이 발급한 확인서에 의하여 정당한 권리자로 인정되는 자에게 보상금을 지급하고 있으나, 확인서에 의한 등기는 실체적 권리관계에 부합하는 등기로 추정할 수 없어 사업시행자가 소유권을 안정적으로 확보할 수 없고, 확인서를 발급받는 자가 취득세·등록세 및 양도소득세를 탈세할 우려가 있는 등 부작용이 있으므로 관계 법률에 따라 소유권 보존등기 또는 이전등기를 한 정당한 권리자에게 보상금을 지급할 필요성이 있음.
> (2) 소유사실확인서 발급제도를 폐지함.

 부동산 가격공시에 관한 법률이 규정하고 있는 부동산가격공시위원회의 구성과 권한을 설명하시오. 30점

Question 01 40점

I. 논점의 정리

현행 토지보상법 제23조에서는 사업시행자가 사업인정고시가 있은 날부터 1년 이내에, 재결신청을 하지 아니한 때에는 사업인정고시가 있은 날부터 1년이 되는 날의 다음 날에 사업인정은 그 효력을 상실한다고 규정하고 있다. 또한 사업인정이 실효됨으로 인하여 토지소유자 또는 관계인이 입은 손실은 보상하여야 한다고 규정하고 있다. 수용재결신청이 사업시행자에게만 부여되고 있어 수용을 둘러싼 법률관계의 조속한 안정과 재결신청 지연에 따른 피수용자의 불이익을 배제하기 위한 것이다. 이하에서 사업인정 실효로 인하여 발생하는 토지소유자 및 관계인의 손실과 그에 대한 손실보상청구권의 성립 여부를 구체적으로 검토한다.

II. 손실보상청구권의 의의 및 보상주체

헌법 제23조 제3항은 공공필요에 의한 공용침해에 대하여 정당한 보상을 하도록 하여 손실보상제도의 근거를 마련하고 있다. 손실보상의 주체는 일반적으로 개인의 재산권을 수용ㆍ사용 또는 제한한 행정주체 내지 공용부담권을 부여받은 사업시행자가 된다. 사안에서는 토지보상법 제23조 제2항에서 사업인정의 실효로 인하여 발생한 손실에 대해 사업시행자가 보상하도록 규정하고 있다.

III. 손실보상청구권의 성립요건

1. 공행정작용에 의한 재산권의 침해

(1) 재산권의 의미

헌법 제23조 제1항에서 보장하고 있는 재산권 개념은 소유권뿐만 아니라 법에 의하여 보호되고 있는 일체의 재산적 가치가 있는 권리를 의미한다.

(2) 공행정작용에 의한 침해

재산권에 대한 공행정작용에 의한 침해는 헌법 제23조 제3항에서 의미하는 수용・사용 및 제한 등 재산적 가치를 감소시키는 일체의 공행정작용을 의미한다.

(3) 사안의 경우

토지 등의 수용을 위한 공용수용 절차 중 첫 번째 절차인 사업인정은 공행정작용이며, 사업인정 실효로 인해 발생한 토지소유자 및 관계인이 입은 재산상 손실은 공행정작용에 의한 재산권의 침해에 해당한다. 구체적으로 사업인정 실효로 인해 발생할 수 있는 피수용자의 재산상 손실을 검토해보면, 공익사업을 신뢰하여 지출한 비용, 공익사업에 협력하기 위해 미리 공작물, 입목 등을 제거함으로써 발생한 손실 등이 있을 것이다.

2. 공공의 필요

(1) 공공의 필요

수용에 있어 공공필요란 널리 국민에게 인간다운 생활을 보장하는 데 필요한 재산권의 제한・박탈을 일반적으로 승인한다고 하는 의미로 해석할 수 있다. 공공필요는 공용수용의 실질적 허용요건이자 본질적인 제약요소이다. 오늘날 공공필요는 공익사업의 실현, 국가안전보장, 질서유지 등의 공익목적을 달성하기 위해 재산권의 공용침해가 불가피한 경우를 의미한다.

(2) 사안의 경우

사업인정의 처분청은 해당 사업이 외형상 토지 등을 수용 또는 사용할 수 있는 사업에 해당된다 하더라도 행정주체로서는 그 사업의 내용과 방법에 대하여 사업인정처분에 관련된 자들의 이익을 공익과 사익 간에서는 물론, 공익 상호 간 및 사익 상호 간에도 정당하게 비교・교량하여야 하고, 그 비교・교량은 비례의 원칙에 적합하도록 하여야 한다. 따라서 사업인정을 받은 공익사업은 공공필요가 인정된다.

3. 침해의 적법성

(1) 침해의 적법성

국가배상청구권과는 달리 손실보상청구권은 침해의 적법성을 요구하고 있다. 재산권의 수용·사용·제한 등 공용침해는 법률에 위배되어선 안 되며, 아울러 헌법 제23조 제3항에 따라 법률의 근거가 있어야 한다. 여기서 법률이라 함은 의회에서 제정한 형식적 의미의 법률을 가리킨다.

(2) 사안의 경우

토지보상법에 근거하여 공용수용절차가 진행되고 있으므로 침해의 적법성은 인정된다.

4. 특별한 희생

(1) 구별기준

1) 학설

〈형식설 기준설〉에 의하면 침해가 특정인 또는 특정 집단에 가하여지는 경우 평등의 원칙에 위배되는 특별한 희생이 주어진다고 보며, 〈실질적 기준설〉에 의하면 피침해자의 침해상태 및 강도 등 실질적 요소에 초점을 두어 판단한다. 여기에는 목적위배설, 사적효용설, 보호가치성설, 수인한도성설, 상황구속성설 등이 있다.

2) 검토

재산권과 사회적 제약과 특별한 희생을 구별함에 있어서 절대적인 기준은 없으며, 형식설과 실질설을 종합하여 판단하는 것이 타당하다.

(2) 사안의 경우

공익사업시행지구 내 피수용자의 재산상 손실은 침해의 개별성이 인정되며, 공익사업을 신뢰하여 지출한 비용 및 공익사업에 협력하기 위해 미리 공작물·입목 등 이전에 소요된 비용 등 피수용자가 입은 손실은 보호가치가 있으며, 보상 없이 수인하기 어려운 경우에 해당하므로 형식설과 실질설을 종합적으로 고려하더라도 특별한 희생에 해당한다.

5. 손실보상규정의 존재

헌법 제23조 제3항은 공행정작용에 의하여 개인의 재산권이 침해되어 특별한 희생이 발생된 경우에는 반드시 이에 대한 정당한 보상을 규율하도록 입법자에게 의무를 부과하고 있다. 토지보상법 제23조 제2항에서는 사업인정 실효로 인해 발생한 손실에 대하여 사업시행자에게 보상의무를 규정하고 있으므로 피수용자가 입은 손실에 대한 보상규정이 존재하는 경우이다.

Ⅳ. 손실보상청구권 발생 시기 및 청구기간 등

1. 손실보상청구권 발생시점

토지보상법 제23조 제1항에서는 사업인정고시가 있은 날부터 1년 이내에, 재결신청을 하지 아니한 때에는 사업인정고시가 있은 날부터 1년이 되는 날의 다음 날에 사업인정은 그 효력을 상실한다고 규정하고 있다. 따라서 손실보상청구권도 해당 사업인정의 효력이 상실되는 때 발생한다고 봄이 타당하다.

2. 청구기간

사업인정의 실효로 인해 손실이 발생하는 경우 그에 대한 보상은 토지보상법 제9조 제5항부터 제7항까지 규정을 준용하도록 토지보상법 제23조 제3항에서 규정하고 있다. 따라서 동법 제9조 제5항에 따라 손실이 있는 것을 안 날부터 1년이 지나거나 손실이 발생한 날부터 3년이 지난 후에는 해당 손실보상을 청구할 수 없다.

Ⅴ. 사례의 해결

사업인정 실효로 인해 토지소유자 및 관계인이 입은 재산상 손실에 대한 보상은 공익사업에 대한 신뢰보호 및 피해구제를 위하여 인정된다. 토지보상법 제23조에서 사업인정 실효로 인해 발생한 손실에 대한 보상을 사업시행자가 하도록 명문으로 규정하고 있다. 따라서 손실을 입은 피수용자는 사업시행자에 대한 손실보상청구권을 갖게 된다. 〈끝〉

Question 02 30점

(구)공공용지의 취득 및 손실보상에 관한 특례법에서 「보존등기가 되어 있지 아니한 토지에 대한 보상절차와 내용」에 대한 특례규정이 삭제된 바, 답안을 생략한다. 〈끝〉

Question 03 30점

Ⅰ. 개설(의의)

부동산가격공시위원회란 부동산공시법상의 내용에 관련된 사항을 심의하는 위원회를 말하며, 국토교통부장관 소속하에 두는 중앙부동산가격공시위원회와 시·군·구청장 소속하에 두는 시·군·구 부동산가격공시위원회가 있다.

Ⅱ. 법적 근거 및 법적 지위

부동산가격공시위원회의 법적 근거로는 부동산공시법 제24조 및 제25조와 동법 시행령 제71조 및 제74조에 근거한다. 부동산가격공시위원회는 부동산공시법 제24조 및 제25조의 내용을 심의하기 위하여 설치되는 행정기관으로서 심의기관에 해당하며, 법령에서 반드시 설치하도록 규정하고 있어 필수기관에 해당한다.

Ⅲ. 부동산가격공시위원회의 구성

1. 중앙부동산가격공시위원회

(1) 위원회의 구성

위원회는 위원장을 포함한 20명 이내의 위원으로 구성하며, 위원회의 위원장은 국토교통부 제1차관이 된다. 위원회의 위원은 기획재정부, 행정안전부, 농림축산식품부, 보건복지부 및 국토교통부의 장이 지명하는 6명 이내의 공무원과 기준을 만족하는 사람 중 국토교통부장관이 위촉하는 사람이 된다. 공무원이 아닌 위원의 임기는 2년으로 하되, 한차례 연임할 수 있다.

(2) 위원회의 회의

위원장은 회무를 통할하며 위원회를 대표한다. 부위원장은 위원회의 위원 중 위원장이 지명하는 사람이 되며, 위원장을 보좌하고 위원장이 부득이한 사유로 직무를 수행할 수 없는 때에는 그 직무를 대행한다. 위원장 및 부위원장이 모두 부득이한 사유로 직무를 수행할 수 없는 때에는 위원장이 미리 지명한 위원이 그 직무를 대행한다.

2. 시·군·구 부동산가격공시위원회

시·군·구 부동산가격공시위원회는 위원장 1명을 포함한 10명 이상 15명 이하의 위원으로 구성하며, 성별을 고려하여야 한다. 위원장은 부시장·부군수·또는 부구청장이 되고, 위원은 부동산 가격공시 또는 감정평가에 관한 학식과 경험이 풍부하고 해당 지역의 사정에 정통한 사람 또는 시민단체에서 추천한 사람 중에서 시장·군수 또는 구청장이 위촉한다. 부동산공시법 제74조 제1항부터 제4항까지에서 규정한 사항 외에 시·군·구 부동산가격공시위원회의 구성과 운영에 필요한 사항은 해당 시·군·구의 조례로 정한다.

Ⅳ. 부동산가격공시위원회의 권한

1. 중앙부동산가격공시위원회

① 부동산 가격공시 관계법령의 제정·개정에 관한 사항 중 국토교통부장관이 심의에 부치는 사항, ② 표준지의 선정 및 관리지침, ③ 조사·평가된 표준지공시지가, ④ 표준지공시지가에 대한 이의신청에 관한 사항, ⑤ 표준주택, 공동주택 및 비주거용 부동산에 관한 사항 등을 심의한다.

2. 시·군·구 부동산가격공시위원회

① 개별공시지가의 결정에 관한 사항, ② 개별공시지가에 대한 이의신청에 관한 사항, ③ 개별주택가격의 결정에 관한 사항, ④ 개별주택가격에 대한 이의신청에 관한 사항, ⑤ 비주거용 개별부동산가격의 결정에 관한 사항, ⑥ 비주거용 개별부동산가격에 대한 이의신청에 관한 사항, ⑦ 그 밖에 시장·군수 또는 구청장이 심의에 부치는 사항 등을 심의한다.

Ⅴ. 결

공시된 부동산가격은 국민의 재산권과 관련되므로 토지, 주택 등 부동산의 가격산정이나 공시 등과 같은 관련된 사항의 합리적인 위원회의 운영을 통해 국민의 재산권을 보호하고, 나아가 국민경제의 발전에 이바지할 수 있을 것으로 기대한다. 〈끝〉

– 이하 여백 –

Question 01

토지수용의 효과를 논하시오. 50점

Question 02

개별공시지가의 결정절차상 하자에 대한 불복절차를 설명하시오. 30점

Question 03

농업보상을 약술하시오. 20점

Question 01 50점

I. 논점의 정리

공용수용이란 공공필요를 위하여 타인의 재산권을 강제적으로 취득하는 것으로, 공용수용의 목적물이란 사인의 재산권으로 토지, 물건의 소유권 및 그 밖에 권리를 말한다. 사안에서는 공용수용 중 '토지'에 대한 수용으로서, 공용수용은 토지소유권을 중심으로 제도화되어 있다. 따라서 이하에서는 토지수용의 효과, 즉 공용수용의 효과 전반에 대해 살펴보도록 한다.

II. 토지수용의 개관

1. 토지수용의 개념 및 제도적 의의

토지수용이란 공익사업을 위해 특정한 자가 소유하고 있는 토지에 관한 권리를 사업시행자가 강제적으로 취득하고 권리를 소멸시키는 것을 말한다. 공용수용은 타인의 재산권을 강제적으로 취득하는 제도이므로 일정한 절차를 거쳐 수용자와 피수용자 간의 이해관계를 적절히 조정할 필요가 있는바, 그 제도적 의의를 갖는다.

2. 토지수용의 절차

토지수용절차는 소정의 절차를 모두 거치는 〈보통절차〉와 특별한 경우 절차의 일부를 생략하는 〈약식절차〉로 구분한다. 토지보상법상 토지수용의 보통절차는 사업인정, 조서작성, 협의, 토지수용위원회의 수용재결로 이루어진다.

3. 토지수용효과의 발생시기

수용의 절차는 재결로 완성되지만 권리의 취득과 소멸의 효과는 재결이 있는 즉시 발생하지 아니하고 수용의 개시일에 발생한다. 즉, 사업시행자는 수용의 개시일에 토지나 물건의 소유권을 취득하며, 그 토지나 물건에 관한 다른 권리는 이와 동시에 소멸한다. 토지수용위원회의 재결로 인정된 권리는 소유권이나 사용권의 취득에 관한 규정에 불구하고 소멸되거나 그 행사가 정지되지 아니한다.

Ⅲ. 피수용자에 대한 토지수용의 효과

1. 손실보상청구권

공용수용은 공익사업을 위한 재산권의 강제적 취득이고, 피수용자에게는 특별한 희생이므로 정당한 보상이 주어져야 한다. 토지보상법상 명문의 규정은 없으나, 재결이 행해지면 피수용자는 사업시행자에 대한 손실보상청구권이 발생하고, 수용의 시기에 사업시행자의 손실보상과 함께 피수용자의 목적물의 인도이전이 이루어지면 수용의 효과가 완성된다.

2. 수용목적물의 인도 및 이전의무

토지소유자 및 관계인 그 밖에 토지소유자나 관계인에 포함되지 않는 자로서 수용 또는 사용할 토지나 그 토지에 있는 물건에 관하여 권리를 가진 자는 수용 또는 사용의 개시일까지 해당 토지나 물건을 사업시행자에게 인도하거나 이전하여야 한다.

3. 환매권(토지보상법 제91조)

토지보상법상 환매권이란 공익사업을 위해 취득된 토지가 해당 사업에 필요 없게 되거나 일정기간 동안 해당 사업에 이용되지 않는 경우에 원소유자가 일정한 요건하에 해당 토지의 소유권을 회복할 수 있는 권리를 말한다. 이는 재산권 존속보장 및 토지소유자의 소유권에 대한 감정존중을 도모하고 공평의 원칙에 취지가 인정된다.

Ⅳ. 사업시행자에 대한 토지수용의 효과

1. 보상금의 지급 또는 공탁의무

사업시행자는 천재지변 시의 토지사용 및 시급을 요하는 경우를 제외하고는 수용 또는 사용의 개시일까지 관할 토지수용위원회가 재결에서 정한 보상금을 지급하여야 한다. 다만, 토지보상법 제40조 제2항의 공탁사유에 해당하는 때에는 수용 또는 사용의 개시일까지 보상금을 공탁할 수 있다. 그러나 사업시행자가 수용의 개시일까지 보상금을 지급 또는 공탁하지 아니한 때에는 재결의 효력이 상실된다. 이때 재결의 효력상실로 인해 토지소유자 또는 관계인이 입은 손실에 대하여는 사업시행자가 보상하여야 한다.

2. 수용목적물의 인도·이전에 대한 대행 및 대집행

(1) 대행(토지보상법 제44조)

토지나 물건을 이전하여야 할 자가 고의나 과실 없이 그 의무를 이행할 수 없을 때 또는 사업시행자가 과실 없이 토지나 건물의 인도·이전할 의무가 있는 자를 알 수 없을 때 사업시행자의 신청에 의하여 시·군·구청장이 이를 대행하는 것으로 이는 사업의 원활한 시행을 위해 인정된다.

(2) 대집행(토지보상법 제89조)

공법상 대체적 작위의무의 불이행 시 행정청이 그 의무를 스스로 행하거나 제3자로 하여금 행하게 하고 의무자로부터 비용을 징수하는 제도이다. 이는 공익사업의 원활한 수행을 위한 제도적 취지가 인정된다.

(3) 토지·물건의 인도·이전의무가 대집행의 대상이 되는지 여부

1) 문제점

인도·이전의무는 비대체적 작위의무인데 토지보상법 제89조에서는 의무로 규정하고 있는 바 대집행법의 특례규정으로 보아 대집행을 실행할 수 있는지가 문제된다.

2) 견해의 대립

〈긍정설〉은 토지보상법 제89조의 수용자 본인이 인도한 것과 같은 법적효과 발생을 목적으로 하므로 대집행을 긍정하는 견해이며, 〈부정설〉은 제89조의 의무도 대체적 작위의무에 한정된다고 보아 부정하는 견해이다.

3) 판례 및 검토

판례는 수용대상토지의 인도의무를 대체적 작위의무가 아니라고 보고 특별한 사정이 없는 한 행정대집행법에 의한 대집행의 대상이 될 수 있는 것은 아니라고 보았다. 신체에 의한 점유를 하고 있는 경우에는 대집행을 할 수 없다고 봄이 타당하며, 토지나 건물의 인도의무는 비대체적 작위이므로 행정대집행의 대상이 될 수 없다. 동법 제89조는 대집행이 가능한 경우에 한하여 인정되는 것으로 보아야 할 것이다.

3. 위험부담의 이전(토지보상법 제46조)

토지수용위원회의 재결이 있다 하더라도 수용의 시기까지는 목적물의 권리가 피수용자에게 있기 때문에 목적물의 멸실·훼손에 대하여는 토지소유자나 관계인이 책임을 져야 한다. 그러나 토지보상법은 피수용자의 손실과 부담을 최소화하여 완전보상을 실현시키기 위하여 이 경우 부담을 사업시행자에게 전가하고 있다. 즉, 토지수용위원회의 재결이 있은 후 수용 또는 사용할 토지나 물건이 토지소유자 또는 관계인의 고의나 과실 없이 멸실 또는 훼손된 경우 그로 인한 손실은 사업시행자의 부담으로 한다.

4. 담보물권자의 물상대위

담보물권의 목적물이 수용 또는 사용된 경우 해당 담보물권은 그 목적물의 수용 또는 사용으로 인하여 채무자가 받을 보상금에 대하여 행사할 수 없다. 다만, 그 지급 전에 이를 압류하여야 한다.

Ⅴ. 토지수용재결에 대한 권리구제

1. 이의신청(토지보상법 제83조)

토지수용위원회의 위법 또는 부당한 재결처분으로 인해 권리 또는 이익을 침해당한 자가 복심적 재결기관인 중앙토지수용위원회에 그 처분의 취소 또는 변경을 구하는 행정심판절차이다. 이의신청은 재결의 관할에 따라 중앙토지수용위원회의 재결에 대한 것과 지방토지

수용위원회의 재결에 대한 것으로 구분된다.

2. 행정소송

행정소송은 취소소송 또는 무효확인소송(판례인정)과 보상금증감청구소송이 있다. 토지보상법의 특례규정 이외에는 행정쟁송에 관한 일반법인 행정심판법과 행정소송법이 당연 적용된다.

(1) 취소소송(토지보상법 제85조 제1항)

토지수용위원회의 재결 또는 이의신청에 대하여 중앙토지수용위원회의 재결이 위법함을 이유로 그 재결의 취소 또는 변경을 구하는 소송이다.

(2) 무효확인소송

토지수용위원회의 재결에 대하여 무효확인소송이 제기 가능하며, 판례에서 이를 인정하고 있다. 이때 제소기간의 제한은 없으며, 개별법에서 행정심판을 거치도록 규정하고 있어도 무효등확인소송에서는 행정심판 임의적 전치주의가 적용된다. 토지보상법에서는 이의신청이 임의적 전치주의로 규정되어 있다. 나머지 소송요건과 관련하여는 취소소송을 준용한다.

(3) 보상금증감청구소송(토지보상법 제85조 제2항)

보상금증감청구소송은 수용재결 중 보상금에 대해서만 이의가 있는 경우에 보상금의 증액 또는 감액을 청구하는 소송이다. 이는 사업시행자, 토지소유자 각각을 피고로 소를 제기하여 재결 자체의 취소 없이 보상금과 관련된 분쟁을 일회적으로 해결하여 신속한 권리구제를 도모함에 취지가 있다.

VI. 결

수용은 공익사업을 위하여 타인의 재산권을 강제적으로 취득하는 제도이므로 법률이 정하고

있는 일정한 절차하에 이루어져야 한다. 위와 같은 토지수용의 효과를 이해하고, 공익과 사익

간의 조화가 이루어질 수 있는 방안이 필요하다 할 것이다. 〈끝〉

Question 02 30점

I. 논점의 정리

개별공시지가란 시장·군수 또는 구청장이 조세 및 각종 부담금 산정 등의 행정목적 달성

을 위해 부동산공시법이 정하는 절차를 거쳐 결정·공시한 개별토지의 단위가격당 적정가

격이다. 이러한 개별공시지가는 국민의 재산권과 밀접한 관련이 있어 신뢰성이 낮은 경우

토지정책의 효율적 집행이 어렵고, 조세저항이 발생할 수 있는바, 산정절차상 하자가 있다

면 그에 대한 불복절차를 통해 객관성을 확보해야 할 것이다.

II. 개별공시지가의 법적 성질 및 공시절차

1. 개별공시지가의 법적 성질

(1) 학설

개별공시지가는 과세기준이 되어 국민의 권리·의무에 직접 영향을 미친다는 〈행정행위

설〉의 견해와, 행정행위의 개념징표인 개별성·구체성이 결여된다는 〈행정규칙설〉, 개별

토지가격을 알리는 사실행위라는 견해인 〈사실행위설〉 등의 견해가 대립한다.

(2) 판례

개별토지가격 결정은 관계법령에 의한 토지초과 이득세, 택지초과 소유부담금 또는 개발부

담금 산정의 기준이 되어 국민의 권리·의무에 직접적으로 영향을 미치는바 행정소송의

대상이 되는 〈행정처분〉에 해당한다고 판시하였다.

(3) 검토

조세부과 등에 있어 직접적 구속력을 가지므로 국민의 재산권에 대한 법적 규율성을 가진다고 할 수 있다. 또한 개별토지의 성질이나 상태에 대한 규율로서 물적 행정행위로 볼 수 있는 바 처분성을 인정하는 것이 타당하다.

2. 개별공시지가의 공시절차

(1) 산정(부동산공시법 제10조 제4항)

시·군·구청장은 개별토지와 유사한 이용가치를 지닌 표준지공시지가를 기준으로 토지가격비준표를 사용하여 지가를 산정한다. 이때 토지가격과 표준지공시지가가 균형을 유지하도록 하여야 한다.

(2) 지가의 타당성 검증 및 의견청취(부동산공시법 제10조 제5항, 제6항)

산정지가의 타당성에 대한 감정평가의 검증을 받고, 토지소유자 그 밖의 이해관계인의 의견을 들어야 한다. 다만, 검증이 필요 없다고 인정될 때에는 감정평가의 검증을 생략할 수 있다.

(3) 심의 및 결정공시(부동산공시법 제10조 제1항)

시·군·구 부동산가격공시위원회는 심의를 거쳐 매년 5월 31일까지 개별공시지가를 결정·공시하여야 한다. 해당 시·군·구 게시판에 게시하고 필요시 개별통지할 수 있다.

III. 개별공시지가 결정의 절차하자 유형 및 정도

1. 절차하자의 유형

산정된 지가의 타당성을 감정평가법인등에게 검증을 거쳐야 함에도 불구하고 검증을 거치지 않은 경우, 토지소유자 그 밖의 이해관계인의 의견을 듣지 아니하거나 또는 부동산가격공시위원회의 심의를 거치지 않은 경우는 개별공시지가 결정의 절차상 하자가 된다.

2. 절차하자의 독자적 위법성 여부

(1) 문제점

행정행위에 실체적 하자가 없고 절차적 하자만 있는 경우에 해당 행정행위의 위법성을 인정할 수 있는지가 문제된다.

(2) 학설

절차상 하자를 이유로 취소하더라도 행정청은 절차의 하자를 치유하여 동일한 내용의 처분을 다시 할 수 있으므로 이는 행정상 소송경제에 반하므로 절차하자의 독자적 위법성을 부정하는 〈소극설〉과 이를 취하면 절차적 규제가 유명무실해진다고 보아 독자적 위법성을 인정하는 〈적극설〉이 있다.

(3) 판례 및 검토

판례는 재량행위뿐만 아니라 기속행위에 있어서도 적극설의 입장이다. 생각건대, 취소판결의 기속력이 절차의 위법을 이유로 취소된 경우에도 준용하고 있는 점과 적극설을 취하면 절차중시행정이 유도 가능한바 절차하자의 독자적 위법성을 인정함이 타당하다 판단된다.

3. 하자의 검토

중대명백설에 따라 판단하면, 개별공시지가 결정의 절차상 하자는 일반인의 시각에서 우선 명백한 하자라 판단하기 어려운바 취소 정도의 하자라 볼 수 있다.

IV. 절차하자에 대한 불복절차

1. 이의신청[부동산공시법 제11조]

개별공시지가에 이의가 있는 자가 개별공시지가 결정공시일로부터 30일 이내에 서면으로 개별공시지가 결정의 주체인 시장·군수·구청장에게 이의를 신청하고 이를 시장·군수·구청장이 심사하는 제도이다.

2. 행정심판

개별공시지가가 처분성이 인정된다는 입장에서 절차상 하자가 있는 개별공시지가에 대하여 하자의 정도에 따라 취소심판 또는 무효확인심판을 행정심판법에 따라 제기할 수 있다.

개별공시지가의 이의신청이 임의적 절차이므로 이의신청을 거쳐서 또는 거치지 않고 직접 행정심판을 제기할 수 있다.

3. 행정소송

개별공시지가의 처분성을 인정하는 입장에서 개별공시지가의 하자 정도에 따라 취소소송 또는 무효등확인소송을 행정소송법에 따라 제기할 수 있다. 이의신청과 행정심판 모두 임의적 절차이므로 이들의 불복방법을 거쳐 행정소송을 거쳐도 되며, 거치지 않고 직접 행정소송을 제기하여도 된다.

V. 결

개별공시지가는 국민의 재산권과 밀접한 관련이 있으므로 처분성을 인정하여 위법한 경우 이를 다투게 하여 국민의 권익을 보호하는 것이 타당하다. 또한 개별공시지가에 대한 이의신청이 단순한 불복절차에 불과한 바 절차상 하자를 지니는 개별공시지가에 대해서는 부동산공시법상 이의신청뿐만 아니라 행정심판법의 행정심판, 행정소송법의 행정소송을 통해서도 권리구제가 가능할 것이다. 〈끝〉

Question 03 20점

I. 논점의 정리

과거 농업보상은 농작물의 평가, 축산에 대한 평가, 잠업에 대한 평가로 이루어져 있었다. 따라서 이에 대하여 현행법령을 적용하여 설명한다.

Ⅱ. 농작물의 보상

1. 관련 규정의 검토(토지보상법 제75조 제2항)

해당 규정에서는 농작물에 대한 손실은 그 종류와 성장의 정도 등을 종합적으로 고려하여 보상하여야 한다고 규정하고 있다.

2. 농작물의 평가 기준(토지보상법 시행규칙 제41조)

농작물을 수확하기 전에 토지를 사용하는 경우의 농작물의 손실은 농작물의 종류 및 성숙도 등을 종합적으로 고려하여 ① 파종 중 또는 발아기에 있거나 묘포에 있는 농작물은 가격시점까지 소요된 비용의 현가액으로, ② 그 외의 농작물은 예상 총수입의 현가액에서 장래 투하비용의 현가액을 뺀 금액으로 평가한다. 이때 예상총수입이란 해당 농작물의 최근 3년간의 평균총수입을 말한다.

3. 농작물 보상에서의 문제점

현행 농작물 보상기준으로는 다양한 농작물의 상황에 적용이 어렵다는 문제가 있으며, 사업시행자가 공익사업에 편입될 것이므로 경작금지를 통지하였으나 토지소유자 등이 농작물을 경작하는 경우 보상 여부에 대하여 문제된다. 이때의 보상 여부는 사업시행자에게 소유권이 넘어갔는지에 따라 보상 여부가 정해질 것으로 판단된다.

Ⅲ. 축산업의 손실에 대한 보상

1. 손실보상의 대상이 되는 축산업(시행규칙 제49조 제2항)

① 축산법 제22조에 따라 허가를 받았거나 등록한 종축업·부화업·정액 등 처리업 또는 가축사육업, ② 가축별 기준마리수 이상의 가축을 기르는 경우, ③ 가축별 기준마리수 미만의 가축을 기르는 경우로서 그 가축별 기준마리수에 대한 실제 사육마리수의 비율의 합계가 1 이상인 경우에 손실보상의 대상에 해당한다.

2. 보상대상의 요건

① 보상대상이 되는 축산업에 해당하여야 하고 ② 영업보상의 대상이 되는 시행규칙 제45조의 기준에 부합하여야 한다.

3. 축산업 손실평가 기준

공익사업으로 인한 축산업을 휴업하거나 폐업하게 되는 경우에는 토지보상법 시행규칙 제45조부터 제47조의 영업손실평가 기준을 준용하며 [별표3]에 규정된 가축 외에 이와 유사한 가축에 대하여는 제2항 제2호 또는 제3호에 따라 평가할 수 있다.

4. 손실보상의 대상이 되지 아니하는 가축의 평가

손실보상의 대상이 되지 아니하는 가축에 대하여는 이전비로 평가하되, 이전으로 인하여 체중감소·산란율 저하 및 유산 그 밖의 손실이 예상되는 경우에는 이를 포함하여 평가한다.

IV. 잠업의 손실에 대한 보상(토지보상법 시행규칙 제50조)

공익사업으로 인해 잠업을 폐업하거나 휴업하게 되는 경우에는 토지보상법 시행규칙 제45조부터 제47조에 규정된 영업보상의 규정을 준용하여 평가하여 보상하도록 규정하고 있다.

〈끝〉

- 이하 여백 -

Question **01**
A시는 도로건설용지로 사용하기 위하여 甲 소유 토지 1,000m²를 수용하기 위해 재결을 신청하였다. 이에 관할 지방토지수용위원회는 1993년 8월 20일자로 수용재결을 하려고 한다. 이 경우 수용위원회가 재결을 함에 있어서 적용할 현행법상의 보상기준에 대하여 논하고, 그 보상기준과 정당보상과의 관계를 언급하라. 50점

Question **02**
부동산 가격공시에 관한 법률에 근거하여 시장·군수·구청장이 행하는 개별공시지가 결정의 법적 성질에 대하여 설명하라. 30점

Question **03**
공익사업을 위한 토지 등의 취득 및 보상에 관한 법률이 규정하고 있는 생활보상적 성격을 지닌 보상에 관하여 설명하라. 20점

Question 01 50점

Ⅰ. 논점의 정리

공용수용을 통해 토지를 강제적으로 취득하는 경우 헌법 제23조 제3항에서 정당한 보상을 지급하도록 규정하고 있다. 정당한 보상에 대해 견해의 대립이 있으며 어떤 학설을 취하는 지의 여부에 따라 보상액의 산정이 달라질 수 있다. 헌법은 정당보상의 원칙과 함께 보상의 구체적 기준과 방법은 법률로 정하도록 규정하고 있으며, 토지보상법에서는 구체적인 보상 기준을 마련하고 있다. 이하에서는 헌법상 보상기준과 토지보상법상의 구체적인 손실보상기 준을 검토하고, 정당보상에 해당되는지 검토한다.

Ⅱ. 손실보상의 기준

1. 헌법 제23조 제3항의 '정당한 보상'의 의미

(1) 학설

손실보상은 피침해재산이 가지는 재산적 가치에 대하여 완전한 보상을 해야 한다는 〈완전 보상설〉과 재산권에 대한 제한을 가하는 목적인 공공의 필요 정도, 이를 필요로 하는 사회 적·경제적 사정 등을 고려하여 산정되는 상당 또는 합리적 보상으로 해야 한다는 〈상당보 상설〉 등의 견해가 대립한다.

(2) 판례

대법원은 시기, 방법 등의 제한 없는 완전한 보상을 의미한다고 판시한바 있으며, 헌법재 판소는 피수용자의 객관적 재산가치를 완전하게 보상해야 한다고 판시한바 있다.

(3) 검토

정당한 보상은 재산권 보장의 관점에서 볼 때 완전한 보상을 의미한다고 본다.

2. 정당보상의 의미 확대

보상의 대상은 일반적으로 해당 재산권에 대한 객관적 가치로 이해되어 왔으나 손실보상이론에 사회복리국가이념이 도입됨에 따라 보상은 부대적 손실까지 포함하는 재산권 보상은 물론 피수용자의 생활안정까지 확대하여 생활권 보상도 포함하여야 한다는 주장이 일반화되고 있다. 따라서 정당보상의 의미는 부대적 손실을 포함하는 재산권 보상에서 나아가 생활권 보상으로까지 확대되는 경향을 보이고 있다.

3. 토지보상법상 보상기준

(1) 보상의 가격시점(법 제67조 제1항)

토지보상법 제67조 제1항에서 보상액의 산정은 협의에 의한 경우 협의성립 당시의 가격을, 재결에 의한 경우 수용 또는 사용의 재결 당시 가격을 기준으로 한다고 규정하고 있다.

(2) 공시지가 기준평가(법 제70조 제1항)

토지보상법 제70조 제1항에서 협의 또는 재결에 의하여 취득하는 토지는 공시지가를 기준으로 하여 보상하도록 규정하고 있다. 또한 동법 시행규칙 제22조 제1항에서 평가대상토지와 유사한 이용가치를 지닌다고 인정되는 하나 이상의 표준지의 공시지가를 기준으로 평가하도록 규정하고 있다. 사안에서 甲소유 토지와 유사한 이용가치를 지닌 표준지의 공시지가를 기준으로 보상액을 평가하면 된다.

(3) 개발이익 배제평가(법 제67조 제2항)

토지보상법 제67조 제2항에서는 해당 사업으로 인한 토지가격 변동은 보상액 산정에서 고려하지 않도록 규정하고 있다. 그 구체적인 방법으로 해당 공익사업으로 인한 지가의 영향을 받지 아니하는 지역의 지가변동률을 적용하며, 해당 사업인정고시일에 가장 가까운 시점의 공시된 공시지가를 적용하여 개발이익을 배제하고 있다. 사안에서는 사업인정이 언제 있었는지가 명확하지 않으며 공익사업의 공고 또는 고시로 지가가 변동된 경우인지

알 수 없다. 다만, 사업인정 후 수용재결을 통한 토지취득이므로 적용공시지가의 소급적용을 통해 개발이익을 배제하고 평가하여야 한다.

(4) 현금보상원칙의 예외로서 채권보상

토지보상법 제63조 제1항에서 손실보상은 현금보상을 원칙으로 규정하고 있다. 동조 제7항 및 제8항에서 현금보상의 예외로서 채권보상을 규정하고 있다.

Ⅲ. 보상기준과 정당보상과의 관계

1. 가격시점과 정당보상과의 관계

보상의 가격시점을 앞당기면서 손실보상금의 지불시기를 늦게 하면 피수용자가 종전의 재산가치를 회복할 수 없게 되어 위헌의 문제가 발생할 우려가 있다. 따라서 보상의 기준시점과 보상금의 지불시기를 적정하게 할 필요가 있으며, 이런 관점에서 보상의 기준시점과 보상금의 지불시기를 일치시켜야 한다는 주장이 있다. 하지만 보상의 기준시점은 개발이익 배제를 위해 보상금의 지불시기와 일치시킬 수 없는 한계가 있다. 따라서 재결일을 가격시점으로 하는 경우 헌법상 정당보상에 위배된다고 보기 어렵다.

2. 공시지가 기준평가와 정당보상과의 관계

(1) 문제점

헌법 제23조 제3항의 정당한 보상은 완전보상을 의미하며, 완전보상은 보상의 시기나 방법 등에 있어서도 어떠한 제한을 두어서는 아니 된다. 그런데 토지보상법에서 보상금 산정시에 공시지가를 기준으로 평가하도록 하고 있어 이것이 헌법상 정당보상에 합치되는가가 문제된다.

(2) 학설

① 공시지가 기준평가는 보상액 산정방법을 제한하는 것이고, 공시지가가 시가에 미달하

므로 완전보상이 어렵다는 점에서 공시지가 기준평가는 위헌이라고 보는 견해가 있다. ②

반면, 합헌이라는 견해는 공시지가를 통한 개발이익의 배제목적이 정당하며, 기타사항 등

의 반영을 통해 정당보상에 이르도록 할 수 있다고 본다.

(3) 판례 및 검토

판례는 공시지가 기준보상을 헌법 제23조 제3항에 위배되지 않는다고 판시하였다. 공시지

가는 토지의 특성상 가치형성요인이 복잡하여 적정가격을 판단하기 어렵고 왜곡되기 쉬운

문제점을 해결하고, 지가체계를 일원화하기 위해 만든 제도이다. 따라서 공시지가가 시장

가격에 못 미친다고 하면 기타요인 등을 통해서 완전보상에 이르게 할 수 있고, 개발이익의

배제와 손실보상의 객관화를 이룰 수 있는바, 공시지가 기준평가는 위헌이라고 할 수 없다.

3. 개발이익 배제와 정당보상과의 관계

(1) 견해대립

① 합헌성을 인정하는 견해는 개발이익은 국가 등의 투자에 의해 발생하는 것이고 토지소

유자의 노력이나 투자에 의한 것이 아니므로, 형평의 원칙상 개발이익을 토지소유자에게

귀속시켜서는 아니되며, 국민 모두에게 귀속되어야 할 것으로 본다. ② 개발이익의 보상을

주장하는 견해는 개발이익이 배제된 보상금으로 종전과 같은 생활을 유지할 수 없고, 개발

이익을 향유하는 사업지 주변 토지소유자와의 형평성도 맞지 아니하므로 헌법상 재산권

보장 및 평등원칙에 위배된다고 본다.

(2) 판례 및 검토

판례는 개발이익은 피수용자의 노력이나 자본투자에 의해 발생하는 것이 아니므로 개발이

익 배제는 위헌이 아니라고 본다. 판례의 태도에 따라 개발이익을 토지소유자에게 귀속시

키는 것은 타당하지 못하다고 판단된다.

4. 채권보상과 정당보상의 관계

(1) 견해의 대립

① 채권보상이 지급방법과 절차에 부당한 제한을 가하고, 사실상 사후 보상이 되는바 위헌이라는 견해와 ② 채권보상으로도 보상 또는 공탁할 수 있어 반드시 사전보상원칙에 어긋나는 것은 아니라는 점에서 합헌이라고 보는 견해의 대립이 있다.

(2) 검토

채권보상을 통해 달성되는 공익을 고려하고, 정기예금이자를 통한 정상수익률을 보장하며, 보상금의 투기자금화를 차단하는 순기능이 있으므로 헌법에 위반된다고는 보기 어려울 것이다.

Ⅳ. 결어

침해된 재산가치에 대하여 어느 정도로 보상할 것인가에 대하여는 각국의 입법태도나 헌법을 뒷받침하는 사회논리적 가치관의 차이에 따라 서로 다르다. 헌법 제23조 제3항의 정당한 보상은 완전한 보상을 이해하는 것이 타당하며, 토지보상법상 토지보상기준들은 수용되는 재산의 가치를 완전하게 보상하기 위한 기준으로 판단된다. 〈끝〉

Question 02 30점

Ⅰ. 서(의의 및 취지)

개별공시지가란 시장·군수 또는 구청장이 조세 및 각종 부담금 산정 등의 행정목적을 달성하기 위해 부동산 가격공시에 관한 법률(이하 '부동산공시법')이 정하는 절차를 거쳐 결정·공시한 개별토지의 단위면적당 가격을 말한다. 이는 조세 및 개발부담금 산정의 기준이 되어 행정의 효율성 제고를 도모함에 제도적 취지가 인정된다.

Ⅱ. 개별공시지가의 법적 성질

1. 학설

① 개별공시지가는 조세부과처분 등의 별도의 행정처분이 개입되나 후행처분을 함에 처분청은 개별공시지가에 구속을 받으므로 국민의 권리·의무에 직접 영향을 미치는 것으로 보는 〈행정행위설〉, ② 개별공시지가는 행정행위의 개별성, 구체성이 결여되는 일반적·추상적인 규율로 보는 〈행정규칙설〉, ③ 시장에 지가정보를 제공하는 〈사실행위설〉 등의 견해대립이 있다.

2. 판례

개별토지가격 결정은 관계법령에 의한 토지초과이득세, 택지초과소유부담금 또는 개발부담금 산정의 기준이 되어 국민의 권리나 의무 또는 법률상 이익에 직접적으로 관계되는 것으로 행정소송법 제2조 제1항 제1호 소정의 행정청이 행하는 구체적 사실에 관한 법집행으로서 공권력 행사이므로 항고소송의 대상이 되는 행정처분에 해당한다 판시하였다.

3. 검토

개별공시지가의 결정·고시가 있다고 해서 그 자체로 일정한 권리나 의무가 발생하는 것은 아니지만, 개별공시지가는 세금이나 부담금의 산정기준이 되어 개인의 재산권에 영향을 준다고 볼 수 있다. 따라서 그 처분성을 인정하는 것이 타당하다.

Ⅲ. 개별공시지가의 공시절차 및 효력

1. 개별공시지가의 절차

(1) 산정(부동산공시법 제10조 제4항)

시장·군수·구청장은 개별토지와 유사한 이용가치를 지닌 표준지공시지가를 기준으로 토지가격비준표를 사용하여 지가를 산정한다. 해당 토지가격과 표준지공시지가가 균형을 유지하도록 하여야 한다.

(2) 지가의 타당성 검증 및 의견청취(부동산공시법 제10조 제5항 및 제6항)

산정의 타당성에 대해 감정평가법인등의 검증을 받고, 토지소유자 그 밖의 이해관계인의 의견을 들어야 한다. 다만, 검증이 필요 없다고 인정되는 때에는 감정평가법인등의 검증을 생략할 수 있다.

(3) 심의 및 결정공시(부동산공시법 제10조 제1항)

시·군·구 부동산가격공시위원회의 심의를 거쳐 매년 5월 31일까지 개별공시지가를 결정·공시하여야 한다. 해당 시·군·구 게시판에 게시하고 필요시 개별통지할 수 있다.

(4) 이의신청

이의 있는 자는 결정·공시일부터 30일 이내에 서면으로 시장·군수·구청장에게 이의를 신청할 수 있고, 타당하다고 인정되는 경우 조정하여 다시 결정·공시하여야 한다. 이의신청 기간이 만료된 날부터 60일 이내에 이의신청을 심사하여 그 결과를 신청인에게 서면으로 통지하여야 한다. 이의신청 내용이 타당하다고 인정될 때에는 해당 개별공시지가를 조정하여 다시 결정·공시하여야 한다.

2. 개별공시지가의 효력

개별공시지가는 개발부담금의 부과, 농지전용부담금의 부과, 재산세 및 양도소득세 부과처분 등 과세표준이 되며, 행정목적의 지가산정기준이 된다. 개별공시지가에 대한 담보가치에 대한 구속력은 없다.

Ⅳ. 개별공시지가의 권리구제

개별공시지가 결정의 법적 성질을 어떻게 보는가에 따라 불복절차 내용이 달라진다.

1. 처분성 부정 시

개별공시지가의 처분성을 부정하는 경우 과세처분단계에서 개별공시지가의 하자를 다투어야 하며, 개별공시지가에 대하여 이의가 있는 자는 시장·군수·구청장에게 이의를 신청할 수 있다.

2. 처분성 긍정 시

개별공시지가의 처분성을 인정하는 경우 항고쟁송이 가능하다. 최근 개별공시지가와 관련된 판례는 개별공시지가에 대한 이의신청을 행정심판으로 보지 않고, 이의신청을 제기한 이후에도 별도로 행정심판을 제기할 수 있다고 판시한바 있다. 따라서 개별공시지가의 처분성을 인정하는 입장에서는 이의신청을 거쳐 행정심판, 행정소송을 제기하거나, 이의신청을 거치지 않고 바로 행정심판이나 행정소송을 제기할 수 있다. 물론 이의신청이나 행정심판을 제기하지 않고 바로 행정소송으로 다툴 수 있다.

V. 결어

개별공시지가는 조세산정 및 각종 부담금 산정의 기준이 되어 국민의 권익에 영향을 준다. 따라서 법정 산정절차, 검증제도, 의견청취, 직권정정 등의 제도를 두고 있다. 이에 제도를 올바르게 지키고 관련 지가산정 공무원의 지속적인 교육 등을 통해 개별토지가격의 적정성 확보를 위한 노력이 필요하다. 〈끝〉

Question 03 20점

Ⅰ. 논점의 정리

생활보상이란 피수용자가 종전과 같은 생활을 유지할 수 있도록 실질적으로 보장하는 보상을 말한다. 이는 생활의 근거를 상실한 자에게 인간다운 생활을 할 수 있도록 마련된 제도이다. 최근 복지국가 이념의 도입과 대물적 보상의 한계를 보완하여 생활보상 및 간접보상에 대한 중요성이 증대되고 있는 실정이다. 이하에서는 생활보상의 법적 근거 및 범위에 대해 살펴보고, 구체적인 생활보상의 내용에 대해 검토하도록 한다.

Ⅱ. 생활보상의 법적 근거 및 범위

1. 생활보상의 법적 근거

① 생활보상의 법적 근거로 헌법 제23조 제3항을 근거로 보는 〈정당보상설〉, ② 헌법 제34조에 근거한다는 〈생존권설〉, ③ 헌법 제23조 및 제34조를 동시에 근거하는 〈통일설〉이 있으며, 판례는 〈통일설〉의 입장이다. 정당보상은 재산권 보상뿐만 아니라 생활보상까지 포함하는 것으로 사회보장의 성격을 가지므로 〈통일설〉이 타당하다.

2. 생활보상의 범위

① 재산권의 객관적 가치 이외의 유기체적 생활보상을 그 범위로 보는 〈광의설〉, ② 재산권 보상과 부대적 손실을 제외한 나머지로 보는 〈협의설〉의 견해가 대립한다. 재산권 보상의 범위를 넓히고 생활보상의 범위를 좁게 보는 것이 권리구제에 유리함으로 〈협의설〉이 타당하다.

Ⅲ. 생활보상의 내용

1. 주거대책

(1) 의의

피수용자가 종전과 같은 주거를 획득하는 것을 보장하는 보상을 말한다. 주거대책으로는 이주정착지의 조성과 분양, 이주정착금 지급, 주거이전비의 보상, 공영주택의 알선, 국민주택자금의 지원 등이 있다.

(2) 이주대책(토지보상법 제78조)

주거용 건축물을 제공하여 생활의 근거를 상실하는 자에게 택지 및 주택을 공급하거나 이주정착금을 지급하는 제도를 말한다. 개정된 토지보상법에서는 이주대책의 대상자를 주거용 건축물 제공자에서 공장부지 제공자까지 확대하여 국민의 권리구제를 두텁게 하고 있다.

(3) 주거이전비(토지보상법 시행규칙 제54조)

주거용 건축물이 편입되어 주거이전이 불가피한 경우, 이로 인해 발생한 손실에 대한 전보를 의미한다. 이는 헌법 제34조와 국가의 정책적 배려에 그 취지가 인정된다.

(4) 주거용 건물의 보상특례

토지보상법 시행규칙 제58조에서는 주거용 건축물에 대하여 최저보상액으로 600만원을 규정하고 있다. 또한 공익사업의 시행으로 인하여 주거용 건축물에 대한 보상을 받은 자가 20년 이내에 다른 공익사업시행지구에 편입되는 경우 재편입가산금을 지급하고 있다.

2. 생활대책(생계대책)

생활대책이라고도 하며 이는 종전과 같은 경제수준을 유지할 수 있도록 하는 조치를 말한다. 생계대책으로는 이농비·이어비 보상, 상업·농업용지 등 용지공급, 고용 또는 고용알선, 각종 상담, 보상금에 대한 조세감면 조치 등을 들 수 있다.

3. 간접손실보상

생활보상을 광의적으로 이해할 때 간접손실보상도 생활보상의 일종으로 보는 견해가 있다.

:

간접손실보상이란 공익사업시행지 밖의 재산권자에게 필연적으로 발생하는 손실에 대한 보상을 말한다.

IV. 결

최근 복지국가 이념의 도입과 대물적 보상의 한계를 보완하여 생활보상 및 간접보상에 대한 중요성이 증대되고 있으나, 실정법상으로는 제도가 완벽하게 정비되어 있지 못하다. 헌법상 완전보상을 실현하기 위해 생활보상 및 간접보상에 대한 체계적 입법이 필요하며, 이를 통한 균형과 통일성 있는 보상이 이루어져야 할 것이다. 〈끝〉

– 이하 여백 –

01 토지수용의 재결에 대한 불복을 논하라. 50점

02 공익사업을 위한 토지 등의 취득 및 보상에 관한 법률상 개발이익의 배제에 대하여 논하라. 20점

03 다음 문제를 약술하라.

(1) 채권보상 10점

(2) 이주대책 10점

(3) 공시지가의 적용 10점

Question 01 50점

Ⅰ. 논점의 정리

재결이란 사업시행자에게 부여된 수용권의 구체적인 내용을 결정하고 그 실행을 완성시키는 형성적 행위로서 수용의 최종적 단계이다. 이러한 토지수용의 재결에 대한 불복은 토지수용위원회의 재결에 불복하는 자가 쟁송절차에 따라 토지수용위원회의 재결의 취소·변경을 구하는 것이다. 이하에서는 토지수용 재결의 불복수단인 토지보상법 제83조의 이의신청과 동법 제85조의 행정소송에 대하여 논하도록 한다.

Ⅱ. 이의신청(토지보상법 제83조)

1. 의의

토지수용위원회의 위법 또는 부당한 재결처분으로 인해 권리 또는 이익을 침해당한 자가 중앙토지수용위원회에 그 처분의 취소 또는 변경을 구하는 행정심판절차를 말한다. 이의신청은 재결의 관할에 따라 중앙토지수용위원회의 재결에 대한 것과 지방토지수용위원회의 재결에 대한 것으로 구분된다.

2. 법적 성질

이의신청은 행정심판의 성질을 가지며, 토지보상법상 재결에 대한 이의신청에 관한 규정은 행정심판법에 대한 특별규정이다. 이의신청은 주관적 쟁송이며, 항고쟁송이고, 복심적 쟁송의 성질을 갖는다.

3. 이의신청의 요건

재결에 대하여 이의가 있는 경우 사업시행자 및 토지소유자는 재결서 정본을 받은 날부터 30일 이내에 처분청을 경유하여 이의를 신청할 수 있다. 이의신청은 임의적 전치절차이며, 형식은 문서에 의하여야 한다. 중앙토지수용위원회의 재결은 중앙토지수용위원회에, 지방토지수용위원회의 재결은 지방토지수용위원회를 경유하여 중앙토지수용위원회에 제기하여야 한다.

4. 이의신청의 효과

이의신청이 제기되면 중앙토지수용위원회는 이의 신청에 대해 심리·재결해야 할 의무를 진다. 이의신청의 제기는 사업의 진행 및 토지의 수용 또는 사용을 정지시키지 아니한다.

5. 이의재결의 효력

① 재결이 위법 또는 부당하다고 인정할 때에는 그 재결의 전부 또는 일부를 취소하거나 보상액을 변경할 수 있다. ② 이의재결에서 보상금이 늘어난 경우 사업시행자는 재결의 취소 또는 변경의 재결서 정본을 받은 날부터 30일 이내에 보상금을 받을 자에게 그 늘어난 보상금을 지급하여야 한다. ③ 쟁송기간경과 등으로 이의재결이 확정된 경우에는 확정판결이 있는 것으로 보고 재결서 정본은 집행력 있는 판결의 정본과 동일한 효력을 갖는 것으로 본다.

III. 취소소송(토지보상법 제85조)

1. 의의

토지수용위원회의 재결 또는 이의신청에 대한 중앙토지수용위원회의 재결이 위법함을 이유로 재결의 취소 또는 변경을 구하는 소송이다.

2. 제기요건

(1) 대상

1) 문제점

이의신청에 대한 중앙토지수용위원회의 이의재결에 대하여도 만족하지 못하고 취소소송으로 다투려는 경우 취소소송의 대상이 원재결인지 아니면 이의재결인지 문제된다.

2) 현행법 규정

행정소송법 제19조는 '취소소송은 처분 등을 대상으로 한다. 다만, 재결취소소송의 경우에는 재결 자체에 고유한 위법이 있음을 이유로 하는 경우에 한한다.'고 하여 원처분주의를 채택하고 있다. 토지보상법 제85조 제2항에서는 피고에서 재결청을 제외하여 원처분주의를 규정하고 있다.

3) 원처분주의 판례

대법원은 수용재결에 불복하여 취소소송을 제기하는 때에는 이의신청을 거친 경우에도 수용재결을 한 중앙토지수용위원회 또는 지방토지수용위원회를 피고로 하여 수용재결의 취소를 구하여야 하고, 다만 이의신청에 대한 재결 자체에 고유한 위법이 있음을 이유로 하는 경우에는 그 이의재결을 한 중앙토지수용위원회를 피고로 하여 이의재결의 취소를 구할 수 있다고 판시하였다.

(2) 제기요건 및 효력

사업시행자 토지소유자 및 관계인은 재결서 정본을 받은 날부터 90일, 이의재결서 정본을 받은 날부터 60일 이내에 각각 소송을 제기하여야 한다. 취소소송의 제기는 사업의 진행 또는 토지의 수용·사용의 효과를 정지시키지 아니한다.

Ⅳ. 무효등확인소송

1. 의의

무효등확인소송이란 관할 토지수용위원회의 재결 또는 이의재결의 효력유무 또는 존재 여부를 확인하는 소송이다. 토지보상법은 무효등확인소송을 규정하지 않고 있다.

2. 무효등확인소송의 인정(판례)

대법원은 토지수용에 관한 수용재결은 구체적으로 일정한 법률효과의 발생을 목적으로 하는 점에서 일반 행정처분과 다를 바 없으므로 수용재결처분이 무효인 경우에는 재결자체 에 대한 무효확인을 소구할 수 있다고 판시하였다.

3. 취소소송에 관한 사항의 일부 적용배제

무효등확인소송은 관계법에서 행정심판 필요적 전치를 규정하고 있는 경우에도 그 적용을 받지 않고, 제소기간의 제한도 적용여지가 없다. 나머지 소송요건과 관련하여는 취소소송을 준용한다.

V. 보상금증감청구소송

1. 의의 및 취지(토지보상법 제85조 제2항)

보상금증감청구소송은 수용재결 중 보상금에 대하여만 이의가 있는 경우 사업시행자와 토지소유자가 각각을 피고로 보상금의 증액 또는 감액을 청구하는 소송이다. 이는 재결 자체에 대한 취소 없이 보상금과 관련된 분쟁을 일회적으로 해결하여 신속한 권리구제를 도모함에 취지가 있다.

2. 소송의 형태(형식적 당사자소송)

형식적 당사자소송이란 행정청의 처분 등을 원인으로 하는 법률관계에 관한 소송으로서, 직접 다투는 것은 아니지만 실질적으로 처분 등을 다투면서도 행정청을 피고로 하지 않고 그 법률관계의 한쪽 당사자를 피고로 하는 소송이다. 현행 토지보상법은 토지수용위원회를 피고에서 제외하고 있어 보상금증감청구소송을 형식적 당사자소송으로 보는 것이 일반적인 견해이다.

3. 소송의 성질

(1) 학설

① 〈형성소송설〉은 공정력을 가진 보상재결의 적극적 변경 또는 소극적 변경을 구하는 소송이라는 점에서 형성소송이라고 보는 견해이다.

② 〈확인·급부소송설〉은 재결의 취소, 변경과 같은 우회적 절차를 거칠 필요 없이 직접 법원이 정당보상액을 확인하고 부족액의 급부를 구하는 것으로 보는 견해이다.

(2) 판례 및 검토

판례는 이의재결에서 정한 보상금액이 증액, 변경될 것을 전제로 하여 보상금의 지급을 구하는 확인·급부소송으로 보고 있다. 생각건대, 형성소송설은 권력분립에 반할 수 있으며, 보상액의 확인 및 부족액의 급부를 구하고, 일회적 권리구제를 도모하기 위해 확인·급부소송으로 보는 것이 타당하다.

4. 소송의 요건

행정소송이 보상금의 증감에 관한 소송인 경우에는 해당 소송을 제기하는 자가 토지소유자 또는 관계인인 때에는 사업시행자를, 사업시행자인 때에는 토지소유자 또는 관계인을 각각 피고로 한다. 토지보상법 제34조의 규정에 의한 재결에 불복이 있을 때에는 재결서를 받은 날부터 90일 이내에, 이의신청을 거친 때에는 이의신청에 대한 재결서를 받은 날부터 60일 이내에 각각 행정소송을 제기할 수 있다.

VI. 결

재결의 불복수단으로 토지보상법은 이의신청과 행정소송을 규정하고 있으며, 행정소송에는 취소소송과 판례에서 인정하는 무효등확인소송과 보상금청구소송이 있다. 토지보상법의 특례규정 이외에는 행정쟁송에 관한 일반법인 행정심판법과 행정소송법이 적용될 것이다. 〈끝〉

Question 02 20점

I. 논점의 정리

개발이익이란 공익사업 시행의 계획이나 시행이 공고 또는 고시되어 토지소유자의 노력과 관계없이 지가가 상승하여 뚜렷하게 받은 이익으로 정상지가상승분을 초과하여 증가된 부분을 말한다. 토지보상법 제67조 제2항에서는 개발이익의 배제를 명문으로 규정하고 있는바, 이하에서 개발이익의 배제의 내용을 살펴보고, 개발이익 배제가 헌법상 정당보상의 원칙에 위배되는지 검토한다.

Ⅱ. 토지보상법상 개발이익의 배제

1. 개발이익의 배제원칙

토지보상법 제67조 제2항에서는 해당 공익사업으로 인하여 토지 등의 가격에 변동이 있는 때에는 이를 고려하지 아니한다고 하여 개발이익의 배제를 규정하고 있다.

2. 개발이익의 배제방법

(1) 지가변동률 적용 시 배제방법

토지보상법 제70조 제1항에서는 공시지가의 공시기준일부터 가격시점까지는 지가변동률을 적용하여 보상액을 산정하되, 해당 공익사업으로 인한 지가의 영향을 받지 아니한 지역의 지가변동률을 사용하도록 규정하고 있다. 동법 시행령 제37조 제2항에서는 해당 토지가 속한 시·군·구의 지가가 변동된 경우에는 해당 공익사업과 관계없는 인근 시·군·구의 지가변동률을 적용한다고 규정하고 있다.

(2) 적용공시지가의 소급적용

토지보상법 제70조 제5항에서는 공익사업의 계획 또는 시행이 공고 또는 고시됨으로 인하여 취득하여야 할 토지의 가격이 변동되었다고 인정되는 경우에는 해당 공익사업의 공고일 또는 고시일에 가장 가까운 시점에 공시된 공시지가를 적용하도록 규정하고 있어, 해당 공익사업으로 지가가 변동된 경우에는 적용공시지가를 소급적용하여 개발이익을 배제하도록 규정하고 있다.

(3) 해당 공익사업의 시행을 직접목적으로 변경된 용도지역 등 적용 배제

토지보상법 시행규칙 제23조 제2항에서는 해당 공익사업의 시행을 직접목적으로 변경된 용도지역·지구 등은 변경되기 전의 용도지역·지구 등을 기준으로 평가하도록 규정하고 있다.

Ⅲ. 개발이익 배제가 헌법상 정당보상의 원칙에 위반되는지 여부

1. 견해대립

① 합헌성을 인정하는 견해는 개발이익은 국가 등의 투자에 의해 발생하는 것이고, 토지소유자의 노력이나 투자에 의한 것이 아니므로 형평의 원칙상 개발이익은 토지소유자에게 귀속시켜서는 아니 되며, 국민 모두에게 귀속되어야 할 것으로 본다. ② 개발이익의 보상을 주장하는 견해는 개발이익이 배제된 보상금으로 종전과 같은 생활을 유지할 수 없고, 개발이익을 향유하는 사업지 주변 토지소유자와의 형평성도 맞지 아니하므로 헌법상 재산권 보장 및 평등원칙에 위배된다고 본다.

2. 판례 및 검토

판례는 개발이익은 피수용자의 노력이나 자본투자에 의해 발생하는 것이 아니므로 개발이익 배제는 위헌이 아니라고 본다. 판례의 태도에 따라 개발이익을 토지소유자에게 귀속시키는 것은 타당하지 못하다고 판단된다.

Ⅳ. 결(보완책)

개발이익의 배제를 규정한 토지보상법상의 규정들은 헌법상 정당보상의 원칙에 위배되는 것은 아니다. 다만, 사업시행지 주변의 토지소유자들과의 형평성을 위하여 관련 법제도를 개선하여 개발이익의 환수를 이루어야 할 것이다. 〈끝〉

Question 03 30점

Ⅰ. 채권보상

1. 의의 및 취지[토지보상법 제63조 제7항, 제8항]

채권보상이란 현금보상의 원칙에 대한 예외로서 채권으로 하는 손실보상을 말한다. 이는 과도한 투기자금의 공급을 방지하고 사업시행자의 유동성 확보에 목적이 있다.

2. 채권보상의 요건

(1) 임의적 채권보상(토지보상법 제63조 제7항)

사업시행자가 국가, 지방자치단체, 대통령령으로 정하는 공공기관 및 공공단체인 경우로서 ① 토지소유자나 관계인이 원하는 경우 또는 ② 사업인정을 받은 사업의 경우 부재부동산 소유자의 토지에 대한 보상금이 1억원을 초과하는 경우로서 그 초과금액에 대하여 사업시행자가 발행하는 채권으로 지급할 수 있다.

(2) 의무적 채권보상(토지보상법 제63조 제8항)

토지투기가 우려되는 지역으로서 대통령령으로 정하는 공공기관 및 공공단체는 택지개발사업, 산업단지개발사업, 그 밖에 대규모 개발사업으로서 대통령령이 정하는 사업을 시행하는 경우, 부재부동산 소유자의 토지에 대한 보상금 중 1억원 이상의 일정금액 초과 부분에 대하여는 해당 사업시행자가 발행하는 채권으로 지급하여야 한다.

3. 채권보상의 방법

채권의 상환기한은 5년을 넘지 않는 범위 안에서 정하여야 한다. 이율은

① 상환기한이 3년 이하인 채권은 부재부동산 소유자에게 지급 시는 3년 만기 정기예금이자율을, 부재부동산 소유자가 아닌 자가 원하여 지급하는 경우는 3년 만기 국고채 금리와 3년 만기 정기예금이자율 중 큰 이율을 적용한다. ② 상환기한이 3년 초과 5년 이하인 채권은 5년 만기 국고채 금리를 적용한다.

4. 채권보상의 정당성 논의

채권보상제도가 보상방법에 대한 제한으로 헌법 제23조 제3항의 정당한 보상에 위반되는지 견해의 대립이 있다. 판례는 위헌이 아니라고 보며, 채권보상을 통해 달성되는 공익과 정기예금이자를 통한 정상수익률의 보장에 비추어 볼 때 위헌이라고 볼 수 없다.

Ⅱ. 이주대책

1. 의의 및 취지(토지보상법 제78조)

이주대책이란 공익사업의 시행으로 인하여 주거용 건축물을 제공함에 따라 생활의 근거를 상실하게 되는 자를 종전과 같은 생활상태를 유지할 수 있도록 다른 지역으로 이주시키는 것을 말한다. 이는 피수용자의 생활안정과 공익사업의 원활한 도모를 위해 인정된다.

2. 법적 성격

이주대책은 생활보호 차원의 시혜적인 조치로서 정책배려로 마련된 제도이다. 따라서 생활보상의 성격을 가지며, 판례도 이주대책을 생활보상의 일환으로 보고 있다. 생활보상의 성격을 손실보상의 일환으로 보게 되면 이주대책도 공법상 관계로 볼 수 있다.

3. 요건 및 절차

(1) 수립요건

토지보상법 시행령 제40조 제2항에서는 이주정착지에 이주를 희망하는 자가 10호 이상인 경우 원칙적으로 이주대책을 수립 및 실시하여야 한다고 규정하고 있다.

(2) 수립절차

사업시행자는 해당 지역자치단체와 협의하여 이주대책을 계획하고, 그 내용을 이주대책대상자에게 통지한 후 이주대책의 신청 및 대상자 확인결정을 통하여 분양절차를 마무리한다.

Ⅲ. 공시지가의 적용

1. 표준지공시지가의 의의 및 취지(부동산공시법 제3조)

표준지공시지가란 부동산공시법에 의한 절차에 따라 국토교통부장관이 조사·평가하여 공시한 표준지의 단위면적당 가격을 말한다. 이는 적정한 부동산 가격형성을 도모하고, 국토의 효율적 이용 및 국민경제의 발전, 조세형평성을 향상시키는 데 취지가 인정된다.

2. 표준지공시지가의 공시절차

국토교통부장관은 표준지 선정 및 관리지침에 따라 ① 표준지를 선정하고, ② 둘 이상의 감정평가법인등에게 표준지의 적정가격을 조사·평가 의뢰하며, 감정평가법인등은 관할 시·군·구청장의 의견을 들은 뒤, ③ 공시일 현재의 적정가격을 조사·평가한다. 이후 ④ 국토교통부장관은 중앙부동산가격공시위원회의 심의를 거쳐 표준지공시지가를 공시해야 한다.

3. 표준지공시지가의 효력[부동산공시법 제9조]

표준지공시지가는 ① 토지시장의 지가정보를 제공하고, ② 일반적인 토지거래의 지표가 되며, ③ 국가·지방자치단체 등의 기관이 그 업무와 관련하여 지가를 산정하거나, 감정평가법인등이 개별적으로 토지를 감정평가하는 경우에 그 기준이 된다.

4. 적용범위

표준지공시지가는 개별공시지가 산정의 기준이 되고, 표준지공시지가를 감가조정하여 공공용지의 매수, 토지의 수용·사용에 대한 보상, 국·공유지의 취득 및 처분 등 행정목적을 위한 산정의 기준이 된다.

5. 공시사항

표준지의 지번, 단위면적당 가격, 면적 및 형상, 표준지 및 주변토지의 이용상황, 지목, 지리적 위치, 용도 지역, 도로 및 교통, 지세, 그 밖에 지가공시에 관하여 필요한 사항이 공시대상이 된다. 〈끝〉

— 이하 여백 —

Question
01 피수용자의 법적 지위에 관하여 설명하여라. 50점

Question
02 감정평가법인등의 의무와 책임을 설명하여라. 30점

Question
03 다음 문제를 약술하라.
(1) 보상액의 산정시기 10점
(2) 간접보상의 대상사업과 보상기준 10점

Question 01 50점

I. 논점의 정리

공익사업시행에 있어서 피수용자란 수용의 목적물인 재산권의 주체 및 수용에 의해 영향을 받는 기타 관계 권리자를 말한다. 사업시행자는 공익사업을 위해 목적물을 수용하는 경우에 헌법 제23조 제3항에서 정당한 보상을 하도록 규정하고 있다. 또한 원활한 공익사업의 진행을 위해서는 피수용자의 협조가 필요하다. 이러한 의미에서 피수용자의 법적 지위가 보장되어야 하며, 최근 공공필요의 확대에 따라 수용의 대상도 확대되고 있는바, 피수용자의 법적 지위는 더욱더 의미를 갖게 된다 하겠다. 피수용자의 법적 지위란 토지소유자 및 관계인으로서의 권리·의무관계로서 이하에서 이를 검토하도록 한다.

II. 피수용자의 의의

1. 의의

피수용자란 수용의 목적물인 재산권의 주체 및 수용에 의해 영향을 받는 기타 관계 권리자를 말한다. 토지수용의 경우 토지소유자 및 관계인이 피수용자이다. 토지보상법은 수용의 객체를 토지소유자 및 관계인으로 하고 있다. 사업인정 전 협의에 의한 취득의 경우는 단순한 토지소유자와 관계인이고, 사업인정 후 취득하는 경우의 토지소유자와 관계인은 피수용자에 해당한다.

2. 토지소유자

토지소유자란 공익사업에 필요한 토지의 소유자를 말한다(토지보상법 제2조 제4호). 진실한 소유자를 확정할 수 없는 경우 토지보상법은 사업시행자의 과실 없이 보상금을 받을 자를 알 수 없을 때 보상금을 공탁할 수 있도록 함으로써 사업시행자의 토지취득을 원활하게 하고 있다(동법 제40조 제2항 제2호).

3. 관계인

관계인이란 ① 사업시행자가 취득하거나 사용할 토지에 관하여 지상권·지역권·전세권

·저당권·사용대차 또는 임대차에 따른 권리 또는 그 밖에 토지에 관한 소유권 외의 권리를 가진 자나 ② 그 토지에 있는 물건에 관하여 소유권이나 그 밖의 권리를 가진 자를 말한다. 다만, 사업인정의 고시가 된 후에 권리를 취득한 자는 기존의 권리를 승계한 자를 제외하고는 관계인에 포함되지 아니한다.

III. 피수용자의 권리

1. 사업인정과 재결절차상 의견제출권(토지보상법 제21조)

국토교통부장관은 사업인정을 하고자 하는 때에는 미리 중앙토지수용위원회 및 사업인정에 관하여 이해관계가 있는 자의 의견을 들어야 한다.

2. 물건조서작성 시 이의제기권(토지보상법 제27조)

사업인정고시가 있은 후에는 토지소유자 또는 관계인이 토지조서 및 물건조서의 내용에 대하여 열람기간 이내에 이의를 제기하는 경우를 제외하고는 작성된 토지조서 및 물건조서의 내용에 대하여 이의를 제기할 수 없다. 다만, 토지조서 및 물건조서의 내용이 진실에 반하는 것을 입증하는 때에는 그러하지 아니하다.

3. 재결신청청구권(토지보상법 제30조)

사업인정고시가 있은 후 협의가 성립되지 아니한 때에는 토지소유자 및 관계인은 서면으로 사업시행자에게 재결을 신청할 것을 청구할 수 있다.

4. 사용하는 토지매수청구권 및 권리존속청구권

사업인정고시가 있은 후, ① 토지를 사용하는 기간이 3년 이상인 때, ② 토지의 사용으로 인하여 토지의 형질이 변경되는 때, ③ 사용하고자 하는 토지에 그 토지소유자의 건축물이 있는 때에는 사업시행자에게 그 토지의 매수를 청구하거나 관할 토지수용위원회에 수용을 청구할 수 있다.

5. 잔여지 등의 매수 및 수용청구권(토지보상법 제73조, 제74조)

동일한 토지소유자에 속하는 일단의 토지의 일부가 협의에 의하여 매수되거나 수용됨으로

인하여 잔여지를 종래의 목적에 사용하는 것이 현저히 곤란한 때에는 해당 토지소유자는

사업시행자에게 잔여지를 매수하여 줄 것을 청구할 수 있으며, 사업인정 후에는 관할 토지

수용위원회에 수용을 청구할 수 있다.

6. 환매권 및 손실보상권(토지보상법 제91조)

토지가 필요 없게 된 경우나 취득한 토지의 전부를 사용하지 아니한 때에 종전 토지소유자

는 환매권을 행사할 수 있다. 수용재결이 있은 후에는 피수용자는 사업시행자에 대한 손실

보상청구권을 갖는다.

7. 행정쟁송권

토지수용위원회의 재결에 불복하는 경우 토지보상법 제83조의 이의신청이나 제85조의 행

정소송을 제기할 수 있다. 다른 행정처분에 대하여는 행정심판법과 행정소송법에 따라 행

정쟁송을 제기할 수 있다.

Ⅳ. 피수용자의 의무

1. 사업시행자의 토지출입에 따른 인용의무

토지소유자는 정당한 사유 없이 사업시행자가 토지보상법 제10조에 따라 통지하고 출입·

측량 또는 조사하는 행위를 방해하지 못한다.

2. 토지 등의 보전의무(토지보상법 제25조)

사업인정고시가 있은 후에는 누구든지 고시된 토지에 대하여 사업에 지장을 초래할 우려가

있는 형질의 변경이나 물건을 손괴 또는 수거하지 못한다. 사업인정고시가 있은 후에는

고시된 토지의 건축물의 건축·대수선, 공작물의 설치 또는 물건의 부가·증치를 하고자

하는 경우 특별자치도지사, 시장·군수 또는 구청장의 허가를 받아야 한다.

3. 토지·물건의 인도와 이전의무[토지보상법 제43조]

토지소유자 및 관계인은 그 밖에 토지소유자나 관계인에 포함되지 않는 자로서 수용 또는
사용할 토지나 그 토지가 있는 물건에 관하여 권리를 가진 자는 수용 또는 사용의 개시일까
지 해당 토지나 물건을 사업시행자에게 인도하거나 이전하여야 한다.

4. 피수용자의 권리·의무의 승계[토지보상법 제5조]

피수용자에게는 단지 절차승계만이 인정될 수 있을 따름이다. 사업인정고시가 있은 후 새
로운 권리를 취득한 자는 기존 권리를 승계하기 때문이다.

V. 피수용자의 권리구제

1. 사전적 권리구제

사업인정이나 재결절차 시 피수용자의 의견진술권이 인정된다. 또한 문서 열람권이나 정보
공개청구권 등을 생각해 볼 수 있다.

2. 사후적 권리구제

(1) 재결에 대한 불복

토지수용위원회가 내리는 재결에 대하여 불복하는 경우에는 토지보상법 제83조의 이의신
청이나 동법 제85조의 행정소송으로 다투면 된다.

(2) 기타 행정처분에 대한 권리구제

피수용자는 침익적 행정처분에 대하여는 행정심판법상 행정심판과 행정소송법상 행정소송
을 통해 권리구제를 도모할 수 있다.

(3) 손해배상청구

사업시행자의 위법한 행위로 인하여 손해를 입은 피수용자는 사업시행자를 상대로 손해배상 요건이 성립된 경우에는 손해배상청구를 할 수 있다.

Ⅵ. 결

공용수용은 헌법상 재산권 보장의 원칙의 예외적인 경우로 일정한 요건을 갖춘 경우에 인정된다. 따라서 피수용자의 권익보호를 위한 제도가 사후적인 쟁송제기권만이 아니라 사전적 권리 구제수단에 대해 입법적으로 보완이 필요하다 할 것이다. 〈끝〉

Question 02 30점

Ⅰ. 논점의 정리

부동산 적정가격의 형성을 도모하고 나아가 국토의 효율적인 이용과 국민경제의 발전에 이바지하기 위해 부동산 가격공시제도가 도입되었다. 이를 위하여 감정평가제도의 필요성이 인정되며, 부동산이 갖는 사회적·국가적 측면에서 그 중요성이 크다 할 것이므로 감정 평가법인등의 의무와 책임이 막중하다 하겠다. 따라서 부동산공시법 및 감정평가법에서는 감정평가법인등의 의무와 책임에 대해 구체적으로 규정하고 있는 바, 이하에서 감정평가법 인등의 의무와 책임을 검토하기로 한다.

Ⅱ. 감정평가법인등의 정의

감정평가법 제2조 제3호에서는 감정평가업이란 타인의 의뢰에 의하여 일정한 보수를 받고 토지 등의 감정평가를 업으로 행하는 것이라 규정하고 있다. 동조 제4호에서는 감정평가법 인등이라 함은 동법 제21조에 따라 사무소를 개설한 감정평가사와 동법 제29조에 따라 인가를 받은 감정평가법인을 말한다고 규정하고 있다.

Ⅲ. 감정평가법인등의 의무

1. 법령준수의무 및 적정가격 평가의무

감정평가법인등은 부동산공시법, 감정평가법 및 감정평가준칙 등 모든 법령을 준수할 의무가 있다. 또한 부동산공시법 및 감정평가법에 명시적으로 규정하고 있지는 않지만, 부동산공시법 및 감정평가법의 목적에서 나타난 바와 같이 부동산의 적정가격 공시와 이를 위한 감정평가에 관하여 규정하므로 감정평가법인등은 부동산의 감정평가 시 적정가격 평가의무가 발생한다.

2. 성실의무 등[감정평가법 제25조 및 제26조]

감정평가법인등은 업무를 수행함에 있어 품위를 유지하고 신의와 성실로 공정하게 감정평가를 하여야 하며, 고의 또는 중대한 과실로 잘못된 평가를 하여서는 아니 된다. 또한, 등록증 또는 인가증의 대여금지, 불공정감정평가가 우려되는 경우 평가금지, 매매업 영위금지, 수수료 및 실비 외 금품수수금지, 비밀누설금지, 중복소속금지 등의 의무가 있다.

3. 감정평가서 발급 및 보존의무[감정평가법 제6조]

감정평가법인등이 감정평가를 의뢰받은 때에는 지체 없이 감정평가를 실시하여 감정평가 의뢰인에게 감정평가서를 발급하여야 한다. 감정평가서에는 감정평가법인등의 사무소 또는 법인의 명칭을 기재하고, 감정평가를 행한 감정평가사가 그 자격을 표시하고 서명날인을 하여야 한다. 감정평가법인은 감정평가서의 원본은 발급일로부터 5년, 감정평가서 관련 서류는 발급일로부터 2년 이상 보존하여야 한다.

4. 국토교통부장관의 지도·감독에 따를 의무[감정평가법 제47조]

국토교통부장관은 감정평가법인등 및 협회에 대하여 감독상 필요한 때에는 그 업무에 관한 사항을 보고하게 하거나 자료의 제출 그 밖의 필요한 명령을 할 수 있으며, 소속 공무원으로 하여금 그 사무소에 출입하여 장부·서류 등을 검사하게 할 수 있다. 이때 감정평가법인등은 지도·감독에 따를 의무가 있다.

5. 신고·인가의무 등(감정평가법 제21조, 제29조)

감정평가법인등은 소속 감정평가사 또는 사무직원을 고용하거나 고용관계가 종료된 때에는 국토교통부령으로 정하는 바에 따라 국토교통부장관에게 신고하여야 한다. 감정평가법인은 정관을 변경하려는 경우에 국토교통부장관에게 인가를 받아야 한다. 다만, 경미한 사항의 경우 신고할 수 있다.

6. 타인토지출입 시 증표와 허가증 소지 및 제시의무

감정평가법인등은 표준지공시지가 산정 또는 개별공시지가 산정을 위하여 타인토지에 출입 시 그 권한을 표시하는 증표와 허가증을 지니고 이를 관계인에게 내보여야 한다.

7. 명칭사용의무(감정평가법 제22조)

개설한 감정평가사무소는 그 사무소 명칭에 '감정평가사무소'라는 용어를 사용하여야 하며, 인가받은 법인은 그 명칭에 '감정평가법인'이라는 용어를 사용하여야 한다. 이러한 명칭사용은 의무이자 권리이다.

IV. 감정평가법인등의 책임

1. 민사상 책임(감정평가법 제28조)

고의 또는 과실로 적정가격과 현저한 차이가 있게 평가한 경우 또는 감정평가서류에 거짓으로 기재하여 평가의뢰인이나 선의의 제3자에게 손해가 발생한 경우에는 감정평가법인등이 그 손해를 배상할 책임이 있다.

2. 행정상 책임

(1) 법인설립인가 취소 또는 업무정지처분(감정평가법 제32조)

국토교통부장관은 감정평가법인등이 성실의무위반 등이 있는 경우에 그 설립인가를 취소하거나 업무정지를 명할 수 있다.

(2) 과징금 부과처분(감정평가법 제41조)

국토교통부장관은 감정평가법인등에게 제32조 제1항의 업무정지를 하여야 하는 경우로서 그 업무의 정지처분이 공익을 해칠 우려가 있는 경우에는 업무정지처분에 갈음하는 과징금을 부과할 수 있다.

(3) 과태료 부과처분(감정평가법 제52조)

국토교통부장관은 감정평가법 제52조에 규정된 위반사유가 있는 경우 감정평가법인등에게 과태료를 부과할 수 있다.

3. 형사상 책임

감정평가법인등은 감정평가법 제49조와 제50조에 규정된 위반사유에 해당하는 경우에는 징역형이나 벌금형에 처해질 수 있다. 또한 공적평가업무를 수행하는 경우 공무원으로 의제하여 알선수뢰 등 가중처벌을 받을 수 있고, 동법 제51조에 따라 양벌규정이 적용된다.

Ⅴ. 결(감정평가 권익구제를 위한 제도적 장치)

이상 감정평가사에 대한 권리와 의무, 의무 위반 시 제재조치에 대하여 검토하여 보았으나 감정평가 권익구제를 위한 제도적 장치에 대한 검토도 필요하다. 감정평가법 제45조에서는 국토교통부장관은 감정평가법인 설립취소를 하려는 경우에 청문을 실시한다고 규정하고 있다. 또한 의무를 과하거나 권익을 제한하는 처분을 하는 경우 행정절차법에 따라 처분의 사전통지, 의견청취가 필요하다. 마지막으로 행정심판법 및 행정소송법에 따라 침익적 처분에 대한 쟁송을 제기하여 권익구제를 도모할 수 있다. 〈끝〉

Question 03 20점

I. 보상액의 산정시기

1. 의의

손실보상의 적정성과 객관성을 도모하기 위해서 보상액의 가격시점이 필요하다. 보상액 산정 시기란 보상액을 산정하는 기준일, 즉 가격시점을 의미한다.

2. 가격시점

(1) 협의에 의한 취득 시

토지보상법 제67조 제1항에서는 보상액의 산정은 협의에 의한 경우에는 협의성립 당시의 가격을 기준으로 하도록 하고 있다. 이것은 정당보상과 함께 개발이익을 배제하기 위한 것이다.

(2) 재결에 의한 취득 시

토지보상법 제67조 제1항에서는 재결에 의한 경우에는 수용 또는 사용의 재결 당시의 가격을 기준으로 한다고 규정하고 있다. 이는 정당보상을 위한 것이다. 개발이익은 공시지가를 기준으로 시점수정을 하는 방법에 의해 배제하고 있다.

3. 가격시점과 정당보상의 관계

보상의 가격시점을 앞당기면서 손실보상금의 지불시기를 늦게 하면 피수용자가 종전의 재산가치를 회복할 수 없게 되어 위헌의 문제가 발생할 우려가 있다. 따라서 보상의 기준시점과 보상금의 지불시기를 적정하게 할 필요가 있으며, 이런 관점에서 보상의 기준시점과 보상금의 지불시기를 일치시켜야 한다는 주장이 있다. 하지만 보상의 기준시점은 개발이익 배제를 위해 보상금의 지불시기와 일치시킬 수 없는 한계가 있다. 따라서 재결일을 가격시점으로 하는 경우 헌법상 정당보상에 위배된다고 보기 어렵다.

Ⅱ. 간접보상의 대상사업과 보상기준

1. 간접보상의 의의(토지보상법 제79조)

간접보상이란 토지·건물 등 재산권이 직접 공익사업을 위한 용지의 취득대상 또는 수용대상이 되지는 않으나, 대상물건이 공익사업으로 인하여 본래의 기능을 수행할 수 없게 됨으로써 그 소유자 등이 입은 손실을 보상하는 것이다.

2. 간접보상의 성격

사후적 보상의 성격을 갖고, 특별한 희생을 발생시킨 원인행위가 간접적이라는 점만 손실보상과 다르므로 보상의 내용은 재산권 보상으로 볼 수 있다. 또한 침해가 있기 전의 생활상태의 회복을 위하여 인정되는 것이고, 대물보상의 한계와 현대복지국가의 요청에 따라 인정되는 것이므로 생활보상의 성격도 갖는다.

3. 대상사업

간접보상은 주로 대규모 공익사업의 시행으로 인하여 발생하는 사업시행지 밖의 보상인데, 그 사업에는 댐건설, 택지조성사업, 산업단지조성사업, 신도시개발사업 등을 생각해 볼 수 있다.

4. 보상기준

토지보상법 시행규칙 제59조 내지 제65조에서는 사업시행지구 밖의 손실에 대한 보상으로 손실 입은 자의 청구에 따라 사업시행자가 이를 공익사업시행지구에 편입된 것으로 보아 보상하도록 규정하고 있다. 〈끝〉

— 이하 여백 —

Question 01 공익사업을 위한 토지 등의 취득 및 보상에 관한 법률상의 사업인정을 설명하고 권리구제에 대하여 논급하시오. 50점

Question 02 공시지가는 어떻게 작성되며 지가의 고시는 어떠한 성질과 효력을 가지는가에 대하여 설명하시오. 30점

Question 03 환매요건을 약술하시오. 10점

Question 04 실농보상을 약술하시오. 10점

Question 01 50점

I. 논점의 정리

공용수용이란 손실보상을 전제로 공공필요를 위하여 타인의 재산권을 법의 힘을 빌어 강제적으로 박탈하는 것으로서, 이는 취득하는 재산권 보장의 예외적인 행정작용으로 그 집행은 법이 정한 엄격한 내용과 절차상 요건을 지켜야 한다. 토지보상법상 토지수용의 보통절차는 사업인정, 조서작성, 협의, 토지수용위원회의 수용재결로 이루어진다. 이하에서는 토지수용의 제1단계 절차인 사업인정에 대해 법적 성질, 절차, 고시, 효력 등에 대해 살펴보고, 권리구제방법에 대하여 논급하도록 한다.

II. 사업인정의 개관

1. 사업인정의 의의 및 취지[토지보상법 제2조 제7호, 제20조]

사업인정이란 토지보상법 제2조 제7호에 의거 공익사업을 토지 등을 수용·사용할 사업으로 결정하는 것을 말한다. 이는 절차를 법정화함으로써 사전적 권리구제, 수용행정의 적정화, 피수용자의 권리보호에 취지가 있다.

2. 사업인정의 법적 성질

(1) 처분성(행정행위)

사업인정으로 사업시행자 및 토지소유자 등에게 구체적인 법적 효과가 발생한다. 따라서 사업인정은 행정청이 구체적 사실에 대한 법집행으로서 국민의 권리와 의무에 영향을 미치는 바 권력적 행위인 공법행위로 항고소송의 대상이 된다.

(2) 형성행위

학설은 〈형성행위설〉과 특정한 사업이 토지 등을 수용할 수 있는 사업에 해당하는 것을 확인하고 선언하는 〈확인행위설〉의 견해가 있지만, 통설과 판례는 사업시행자에게 사업인정 후 일정한 절차를 거칠 것을 조건으로 수용권을 설정하여 주는 형성행위로 본다.

(3) 제3자효 행정행위

사업인정은 사업시행자에게는 수익적 효과를 발생시키고, 토지소유자 등에게는 토지보상법 제25조에 따라 토지보존의무 등이 발생하므로 침익적 효과를 가져온다고 볼 수 있다. 따라서 사업인정은 제3자효 행정행위에 해당한다.

(4) 재량행위성

사업인정의 요건으로 공익의 필요 외에는 별다른 규정을 두고 있지 않은바, 공공필요를 판단함에 있어 관련 이익의 형량을 포함하는 전문적이고 정책적인 판단이 행해지므로 행정청에게 재량권이 인정된다고 봄이 타당하다.

Ⅲ. 사업인정의 요건

1. 사업인정의 대상이 되는 공익사업

사업인정이 행해지기 위해서는 법률의 근거가 있어야 한다. 토지보상법은 사업인정의 대상이 되는 공익사업을 구체적으로 열거하지 않고 개괄적으로 규정하고 있으며, 토지보상법 이외 개별법에서도 규정하고 있다.

2. 공공의 필요가 있을 것

법률에서 수용할 수 있는 공익사업으로 규정된 사업이라도 당연히 공공사업이 인정되는 것은 아니다. 사업의 공공성은 개별적으로 판단되어야 한다.

3. 비례성(정당한 이익형량)

공익사업으로 인하여 달성되는 공익과 해당 사업으로 인해 침해되는 이익 사이에는 비례성이 유지되어야 한다.

4. 사업시행자의 수행의사와 능력

최근 판례에서는 사업을 수행할 의사와 능력을 상실한 경우 그 사업인정에 기하여 수용권을 행사하는 것은 수용권의 남용이라고 보아 사업시행자의 수행의사와 능력을 사업인정의 또 다른 요건으로 볼 수 있다.

Ⅳ. 사업인정의 절차

1. 사업인정의 신청(토지보상법 시행령 제10조)

사업인정을 받고자 하는 자는 사업신청서를 특별시장·광역시장·도지사·특별자치도지사를 거쳐 국토교통부장관에게 제출하여야 한다. 사업시행자가 국가인 경우에는 해당 사업을 시행할 관계 중앙행정기관의 장이 직접 사업인정신청서를 국토교통부장관에게 제출할 수 있다.

2. 협의 및 의견청취(토지보상법 제21조 제1항, 제2항)

국토교통부장관은 사업인정을 하려면 관계 중앙행정기관의 장 및 특별시장·광역시장·도지사·특별자치도지사와 협의하여야 하며, 미리 중앙토지수용위원회 및 사업인정에 관하여 이해관계가 있는 자의 의견을 들어야 한다.

3. 중앙토지수용위원회의 검토(토지보상법 제21조 제3항)

중앙토지수용위원회는 협의요청을 받은 경우 사업인정에 이해관계가 있는 자에 대한 의견수렴 절차 이행 여부, 사업의 공공성, 수용의 필요성 등을 검토하여야 한다.

4. 의견제시 및 보완요청(토지보상법 제21조 제5항 내지 제7항)

① 중앙토지수용위원회는 협의를 요청받은 날부터 30일 내 의견을 제기하여야 하고, 30일 범위 내에서 한 차례 그 기간을 연장할 수 있으며, ② 검토 결과 자료 등을 보완할 필요가 있는 경우 허가권자 등에게 14일 이내 기간을 정하여 보완을 요청할 수 있다.

5. 사업인정의 고시[토지보상법 제22조]

국토교통부장관은 사업인정을 하였을 때에는 지체 없이 그 뜻을 사업시행자, 토지소유자 및 관계인, 관계 시·도지사에게 통지하고, 토지의 세목을 관보에 고시하여야 한다. 사업인정의 사실을 통지받은 시·도지사는 관계 시장·군수 및 구청장에게 이를 통지하여야 한다. 사업인정은 고시한 날부터 그 효력이 발생한다.

V. 사업인정의 효과

1. 수용권의 발생

사업인정이 고시됨으로써 사업시행자는 공익사업을 위하여 일정한 절차를 거칠 것을 조건으로 목적물을 수용할 수 있는 권한이 부여된다.

2. 수용목적물의 확정

국토교통부장관이 사업인정을 고시할 때 토지의 세목을 함께 고시하도록 하고 있다. 따라서 사업인정이 고시되면 수용하거나 사용할 토지의 범위가 특정된다.

3. 관계인의 범위확정

사업인정고시가 있은 후 권리를 취득한 자는 기존 권리를 승계한 자를 제외하고는 관계인에 포함되지 아니한다. 사업인정고시가 있은 후 새로이 권리를 취득한 자는 관계인으로 인정되지 않는다.

4. 토지 등의 보전의무

사업인정고시가 있은 후에는 누구든지 고시된 토지에 대하여 사업에 지장을 초래할 우려가 있는 형질의 변경이나 물건을 손괴 또는 수거하지 못한다. 사업인정고시가 있은 후에는 고시된 토지의 건축물의 건축·대수선, 공작물의 설치 또는 물건의 부가·증치를 하고자 하는 경우 특별자치도지사, 시장·군수 또는 구청장의 허가를 받아야 한다.

5. 토지・물건조사권과 보상의무

사업인정의 고시가 된 후에는 사업시행자 또는 감정평가를 의뢰받은 감정평가법인등은 해당 토지나 물건에 출입하여 이를 측량하거나 조사할 수 있다. 사업시행자는 이러한 행위로 인하여 발생하는 손실을 보상하여야 한다.

VI. 사업인정의 효력소멸

1. 재결신청기간의 경과로 인한 효력소멸

사업시행자가 사업인정고시가 된 날부터 1년 이내에 재결신청을 하지 아니한 경우에는 사업인정고시가 된 날부터 1년이 되는 날의 다음 날에 사업인정은 그 효력을 상실한다.

2. 사업의 폐지 및 변경으로 인한 실효

사업의 전부 또는 일부를 폐지하거나 변경함으로 인하여 토지 등의 전부 또는 일부를 수용하거나 사용할 필요가 없게 되었을 때, 시・도지사의 고시가 있으면 사업인정의 효력은 상실한다.

VII. 사업인정에 대한 권리구제

1. 피수용자의 경우

피수용자에 대한 사전적 권리구제수단으로는 의견청취, 예방적 금지소송과 가처분제도가 있다. 사후적 권리수단으로는 위법한 사업인정에 대한 행정쟁송 및 국가배상 청구가 가능하며, 적법한 사업인정에 대해서는 손실보상으로 권리구제가 가능하다.

2. 사업시행자의 경우

(1) 거부한 경우

사업인정 신청에 대해 국토교통부장관이 거부하는 경우 사업시행자는 의무이행심판을 제기할 수 있으며, 판례에서 거부처분취소소송을 인정하여 제기 가능하다. 행정청의 거부처분,

또는 부작위에 대하여 법상의 작위의무의 이행을 청구하는 의무이행소송에 대해 판례는 이를 부정하고 있다.

(2) 부작위한 경우

사업인정 신청에 대해 국토교통부장관이 부작위하는 경우 행정심판법에 따른 의무이행심판, 행정소송에서는 부작위위법확인소송이 가능하다. 의무이행소송과 가구제에 대해서는 판례가 부정하고 있다.

3. 제3자의 권리구제

사업인정에 대한 직접 상대방은 사업시행자라 할 수 있고, 사업인정에 대한 제3자란 토지수용자와 관계인, 간접손실을 받을 자, 사업시행지구 밖의 인근주민이 될 수 있다. 이는 원고적격과 관련하여 문제된다.

Ⅷ. 결

사업인정은 일련의 수용절차 가운데 제1단계 절차로 해당 사업의 공공성 내지 공익성을 판단하여야 하는데, 공공성은 추상적 개념으로 법률적으로 정할 수 없어 행정청이 이를 판단하도록 하기 위해 사업인정제도를 두고 있다. 공용수용은 사인의 재산권을 강제적으로 취득하는 것이기 때문에 사업인정 시 이를 위한 공권력 행사에 신중을 기하여야 할 것이다.　　　　　　　〈끝〉

Question 02 30점

Ⅰ. 서(의의)

표준지공시지가란 부동산공시법에 의한 절차에 따라 국토교통부장관이 조사·평가하여 공시한 표준지의 단위면적당 가격을 말한다. 이는 적정한 부동산 가격형성을 도모하고, 국토의 효율적 이용 및 국민경제의 발전, 조세형평성을 향상시키는 데 취지가 인정된다. 이하에서

는 표준지공시지가의 결정절차 및 법적 성질과 효력에 대하여 설명하도록 한다.

Ⅱ. 표준지공시지가의 결정절차

1. 표준지의 선정(부동산공시법 제3조 제1항)

국토교통부장관은 표준지를 선정할 때에는 일단의 토지 중에서 해당 일단의 토지를 대표할 수 있는 필지의 토지를 선정하여야 한다. 표준지의 선정은 표준지의 선정 및 관리지침에 따라야 한다.

2. 표준지가격의 조사·평가(법 제3조 제4항, 제5항)

국토교통부장관이 둘 이상의 감정평가법인등에게 표준지의 적정가격에 대한 조사·평가를 의뢰한 뒤, 감정평가법인등은 이를 평가 후 표준지의 관할 시·군·구청장의 의견을 들어야 하며, 시·군·구청장은 시·군·구 부동산가격공시위원회의 심의를 거쳐야 한다. 국토교통부장관은 감정평가법인등이 제출한 적정가격을 산술평균하여 결정하며, 중앙부동산가격공시위원회의 심의를 거쳐 공시한다.

3. 재조사·평가(부동산공시법 시행령 제8조)

① 국토교통부장관은 감정평가법인 등이 제출한 보고서의 조사·평가가 관계법령에 위반하여 수행되었다고 인정되는 경우에는 해당 감정평가법인등에게 사유를 통보하고 다른 감정평가법인등 2인에게 다시 의뢰하여야 하며, ② 부적정하거나 최고평가액이 최저평가액의 1.3배를 초과하는 경우에는 해당 감정평가법인등에게 다시 제출하게 할 수 있다.

4. 중앙부동산가격공시위원회 심의(법 제3조 제1항)

일련의 절차를 거쳐 조사·평가된 표준지의 가격을 공시지가의 공신력 제고와 공시지가의 적정성 확보 및 지역 간 균형 확보를 위해 중앙부동산가격공시위원회의 심의를 거쳐야 한다.

5. 지가공시 및 열람(부동산공시법 제6조)

국토교통부장관은 공시기준일을 1월 1일로 한 표준지의 적정가격을 공시하여야 한다. 국토교통부장관은 지가를 공시한 때에는 그 내용을 특별시장·광역시장 또는 도지사를 거쳐 시장·군수 또는 구청장에게 송부하여 일반으로 하여금 열람하게 하고, 이를 관계 행정기관 등에 공급하여야 한다.

6. 이의신청

표준지공시지가에 대하여 이의가 있는 자는 표준지공시지가의 공시일부터 30일 이내에 서면으로 국토교통부장관에게 이의를 신청할 수 있다. 국토교통부장관은 이의신청을 심사하여 이를 통지하여야 하며, 이의신청의 내용이 타당하다고 인정할 때에는 해당 표준지공시지가를 조정하여 다시 공시하여야 한다.

Ⅲ. 표준지공시지가의 법적 성질

1. 학설

① 〈행정계획설〉은 표준지공시지가는 능률적인 지가정책의 집행을 위해 설정되는 활동기준이라 보며, ② 〈행정규칙설〉은 표준지공시지가는 일반적·추상적 기준을 설정하는 것으로 처분성을 지니지 않는다고 보며, ③ 〈행정행위설〉은 표준지공시지가는 개발부담금 등의 산정기준이 되므로 국민의 구체적인 권리·의무에 직접 영향을 미치는 행정행위로 본다.

2. 판례

판례는 표준지공시지가에 대하여 불복하기 위하여는 처분청인 국토교통부장관을 피고로 하여 공시지가의 결정의 취소를 구하는 행정소송을 제기한다고 하여 처분성을 인정하고 있다.

3. 검토

〈행정계획설〉은 공시지가에 행정목표설정과 행정 수단의 조정·통합의 개념적 징표가 없는 점, 〈행정행위설〉은 공시지가 목적에 따라 가감조정된다는 점에서 구속적 효력이 없으므로 타당하지 못하다. 따라서 일반적·추상적 기준 설정인 입법행위로서 처분성을 부정하는 견해가 타당하다.

IV. 표준지공시지가의 효력 및 적용범위

1. 효력

표준지공시지가는 ① 토지시장의 지가정보를 제공하고, ② 일반적인 토지거래의 지표가 되며, ③ 국가·지방자치단체 등이 그 업무와 관련하여 지가를 산정하거나, ④ 감정평가법인등이 개별적으로 토지를 감정평가하는 경우에 그 기준이 된다.

2. 적용범위

표준지공시지가는 개별공시지가 산정의 기준이 되고, 표준지공시지가를 감가조정하여 공공용지의 매수, 토지의 수용 및 사용에 대한 보상, 국·공유지의 취득 및 처분 등 행정목적을 위한 산정의 기준이 된다.

V. 결

종전의 다원화된 지가체계는 상호 연계성이 결여되어 객관적인 가격수준을 제시하지 못하였고, 통일된 기준이 없어 토지정책의 혼란을 야기시켜 일원화가 요구되었다. 이러한 요구에 공시지가제도는 전국시가를 동일시점에서 평가하여 공시함으로써 지가의 활용성 및 신뢰성을 높였다. 최근 표준지공시지가의 현실화에 대한 문제점도 있으나, 공시지가는 모든 토지평가의 기준으로 제도화되었으며, 감정평가제도를 효율화 했음에 기여했다 판단된다. 〈끝〉

ⓠ estion 03 10점

Ⅰ. 환매권의 의의(토지보상법 제91조)

토지보상법상 환매권이란 공익사업을 위해 취득된 토지가 해당 사업에 필요 없게 되거나

일정기간 동안 사업에 이용되지 않는 경우에 일정한 요건하에서 해당 토지의 소유권을

되찾을 수 있는 권리를 말한다. 이는 토지보상법 제91조에 근거한다.

Ⅱ. 환매권의 행사요건

1. 전부 또는 일부가 필요 없게 된 때

토지의 취득일로부터 10년 이내에 해당 사업의 폐지·변경 그 밖의 사유로 인하여 취득한

토지의 전부 또는 일부가 필요 없게 된 경우 필요 없게 된 때부터 1년 또는 그 취득일로부

터 10년 이내에 그 토지를 환매할 수 있다(토지보상법 제91조 제1항).

2. 해당 사업에 이용하지 아니하는 경우

취득일로부터 5년 이내에 취득한 토지의 전부를 해당 사업에 이용하지 아니한 때에는 환매

권은 취득일로부터 6년 이내에 이를 행사하여야 한다(토지보상법 제91조 제2항).

3. 토지보상법 제91조 제1항 및 제2항의 관계

제1항과 제2항의 환매권 행사요건은 서로 독립적으로 성립하므로 어느 한쪽의 요건에 충

족되지 못하더라도 다른 쪽의 요건을 주장할 수 있다.

4. 환매요건 특칙

토지보상법 제91조 제6항에서는 사업인정을 받은 사업으로 사업시행자가 국가·지방자치

단체 또는 공공기관이 취득한 토지가 토지보상법 제4조 제1호부터 제5호까지에 규정된

다른 공익사업으로 변경된 경우 환매권 행사기간은 관보에 해당 공익사업의 변경을 고시한

날로부터 기산한다고 규정하고 있다. 이 경우 사업시행자의 동일성이 요구되는지에 대해

견해가 대립하나, 판례는 사업시행자의 동일성은 공익사업변환의 요건이 아니라고 보고

있다. 〈끝〉

Question 04 10점

I. 개설(의의 및 성격)

농업손실이란 공익사업이 시행되지 아니하였다면 영농을 계속할 수 있었으나, 공익사업의

시행으로 인하여 해당 토지가 공익사업시행지구에 편입되어 영농을 계속할 수 없게 됨에

따라 보상하는 것을 말한다. 이는 전업에 소요되는 기간을 고려한 합리적 기대이익의 상실

에 대한 보상으로 일실손실의 보상이며, 유기체적인 생활을 종전의 상태로 회복하는 의미

에서 생활보상의 성격도 존재한다.

II. 농업손실의 보상 대상(토지보상법 시행규칙 제48조)

1. 농업손실보상의 인적 범위

자경농지가 아닌 농지에 대한 영농손실액은 실제 경작자에게 지급한다. 단, 소유자가 해당

지역에 거주하는 경우 협의에 따라 보상하고, 협의가 성립되지 않을 경우 1/2씩 보상한다.

2. 농업손실보상의 물적 범위

해당 토지의 지목에 불구하고 실제로 농작물을 경작하는 경우에는 이를 농지로 본다. 다만,

① 일시적 농지로 이용되고 있는 토지, ② 불법으로 점유하여 경작하고 있는 토지, ③

농민에 해당하지 아니하는 자가 경작하고 있는 토지, ④ 사업인정고시일 등 이후부터 농지

로 이용되고 있는 토지, ⑤ 취득보상 이후 사업시행자가 2년 이상 계속하여 경작하도록

허용하는 토지는 농지로 보지 않는다.

Ⅲ. 보상의 방법

1. 보상의 방법

공익사업지구에 편입되는 농지에 대해 '해당 도별 연간 농가평균 단위 경작면적당 농작물 총수입'의 직전 3년간 평균의 2년분을 곱하여 산정한 금액을 영농손실액으로 지급한다. 다만, 국토교통부장관이 고시한 농작물로서 실제소득을 증명한 경우 농작물조수입 대신 실제소득으로 보상한다.

2. 농기구의 매각손실에 대한 보상

경작지의 2/3 이상이 공익사업시행지구에 편입되어 영농을 계속 할 수 없게 된 경우 농기구에 대하여 매각손실액으로 평가하여 보상한다. 〈끝〉

– 이하 여백 –

박문각 감정평가사

강정훈 감정평가 및 보상법규
2차 | 기출문제 암기장

제4판 인쇄 2025. 10. 15. | **제4판 발행** 2025. 10. 20. | **편저자** 강정훈

발행인 박 용 | **발행처** (주)박문각출판 | **등록** 2015년 4월 29일 제2019-0000137호

주소 06654 서울시 서초구 효령로 283 서경 B/D 4층 | **팩스** (02)584-2927

전화 교재 문의 (02)6466-7202

저자와의
협의하에
인지생략

정가 32,000원
ISBN 979-11-7519-186-0

MEMO